U0946660

1949—2009

中国农业机械化大事记

（1949—2009）

农业部农业机械试验鉴定总站
中国农业机械化科学研究院
中 国 农 业 大 学
中国农业机械化协会

中国农业出版社

1949—2009 编辑委员会

序

XU

我提议并编撰《中国农业机械化大事记》一书，除了从事农业机械化管理工作30多年，对这项事业有着深厚的、挥之不去的感情因素以外，更重要的是新中国农业机械化60年的确走过了不平凡的路程。60年来发生在中国农业机械化发展史上的每一件大事，都能折射出党和国家领导人对农业机械化事业的高度重视，广大农机人的艰苦奋斗和艰辛付出。准确地记录这些大事，是对历史的尊重、对事业的尊重、对几代农机人的尊重。通过回顾历史，总结农业机械化发展的认识和经验，以此起到鉴戒得失、裨益未来、昭示后人的作用，这是我们义不容辞的责任。在《中国农业机械化大事记》付梓之际，作为农业机械化战线上的一员老兵，我深感欣慰，翻阅起篇篇书稿，思绪不禁又回到了那些激情澎湃的岁月，那令人难忘的奋斗历程。

1950年5月，根据毛泽东同志的提议，中华人民共和国政务院在中南海举办了新式农具展览。展品是东北改良农具、华北马拉农具和从苏联引进的马拉农具。尽管这次展览的展品只有53件，参观的人数也只有1 000余人次，但在新中国建国伊始、百废待兴的情况下，在我国的政治中心举办这样的展览会，而且前来参观的是党和国家的领导人、全国政协委员以及有关方面的高级官员，其意义非同寻常。表明了我们党和国家对发展农业和农业机械化事业的高度重视，拉开了新中国农业机械化发展的序幕。

历史的脚步

旧中国留给新中国的是一个积贫积弱的局面：农业生产力极其低下，农业机械化几乎是一个空白。不用说零星分布在江浙和东北地区千台左右的拖拉机和少量的排灌机械对农业生产的作用微乎其微，即使是传统的手工工具和畜力农具也相当匮乏。有资料显示，新中国成立初，全国农村拥有的农具，只有抗日战争前的70%左右，牲畜则减少了60%。特别是连年的战乱造成很多地方的农业劳动力也严重不足。新中国的农业机械化就是在这样的情势下起步的。

第一，增补旧式农具和推广新式农具，应对农业生产工具和农具匮乏的局面。1949年，中央人民政府农业部成立了负责农具工作的专门机构；1950年，除了在中南海举办新式农具展览以外，东北人民政府也举办了新式农具展览会，农业部还在北京天安门与午门之间的广场上举办了畜力农具展览。农业部、第一机械工业部、中华全国供销合作总社多次召开全国农具会议，研究增补旧式农具以及鼓励农民个人购置和修复各种农具的具体措施。在第一个五年计划期间，新式农具推广很快，到1957年底，全国共有农具推广站591处，共推广新式畜力农具468万部以及大量的水车和植保机械，使大部分地区尤其是平原旱作地区农业生产工具缺乏的情况有了初步的改观，特别是新式农具让人们看到了增产增收的实际效果，激发了农民使用的积极性。

第二，兴办国营的机械化农场和拖拉机站，给广大农民以现代农业的示范。早在新中国成立前的1947年，按照毛泽东同志“建立巩固的东北根据地”的指示，在黑龙江创办了宁安、赵光等第一批国营机械化农场，成为北大荒开发建设的奠基者。到1949年，东北和华北已建立国营机械化农场19处，拥有拖拉机200余台，开垦荒地45万亩。这些农场除了开垦荒地外，还派出机耕队为附近农民代耕代种，使许多从来没有见过用机器种地的农民开阔了眼界。

由国家有计划地试办国营农业机械拖拉机站是我国农业机械化的发端，始于1952年秋。当年全国农业工作会议确定试办国营拖拉机站，认为“农业机器站是国家用以指导和帮助农民实行集体化，进一步发展农业生产力的有力杠杆”。1953年，全国共试办了11个国营拖拉机站。经过一段时间的试验，证明用机器耕种，比当地用人、畜力农具耕种能明显增产，且劳动效率高，降低劳动强度，坚定了发展国营拖拉机站的信心。到1957年，全国已有390个拖拉机站，拥有拖拉机1.2万标准台，机耕地面积达到2 754万亩。

新中国成立初期农业机械化的起步，比较好地应对了农业生产力落后、农具严重不足的局面，为解决迅速恢复和发展农业生产问题作出了积极贡献。更为重要的是，农业机械的应用让农民看到了机械化生产的巨大威力和美好前景，示范作用十分明显。但是，在当时的历史条件下形成的对实现农业机械化的愿景，从领导人到普通农民尽管是一致的，然而缺乏实现愿景的实际经验、具体道路和有效措施，对在薄弱的经济技术基础之上实现农业机械化的长期性和复杂性估计不足、准备仓促，一再升温的机械化热潮渐渐显出了急躁冒进的色彩。

20世纪50年代中期，我国形成了农业机械化的路线，即在农业合作化完成以后，大规模实行农业的技术改造，并且在20～25年的时间内基本上实现农业机械化。后来，这条路线又具体演化为在1980年全国基本实现农业机械化的目标。在当时的历史条件下，即使是这样大胆的设想也让人感到步伐并不是很快。1958年3月，中央在成都举行政治局会议，通过了《关于农业机械化问题的意见》，其中提到“我们的任务是：在七年内基本实现农业机械化和半机械化”。1959年，毛泽东同志作出了“农业的根本出路在于机械化”的著名论断，并且进一步提出农业机械化要“四年以内小解决，七年以内中解决，十年以内大解决”的发展步骤和时间要求，实现农业机械化急于求成的特征在以后的20年内愈益明显。

从20世纪50年代中期到70年代末期，农业机械化进程始终伴随着政治上充满激情和经济上不断起伏的背景，在正确与失误交织、成就与教训同在的环境下艰难曲折地行进。这期间，我国的农机工业和农机管理逐步形成了比较完整的体系，农机装备水平和农机作业水平有所提高，在农业生产和农村经济发展中发挥了重要作用。同时，这个时期也经历了国营拖拉机站的下放、收回、再下放，农村集体经济薄弱，难以支撑农业机械化的高昂成本，农机经营效益普遍不好，农机产品质量不高等困惑和问题普遍存在。为了加快农业机械化步伐，全国召开了3次农业机械化会议，特别是在1978年距离1980年实现农业机械化预定目标只有3年的情况下召开的全国第三次农业机械化会议，在目标实现遥遥无期的情况下，仍然决定“全党动员，决战三年，为基本上实现农业机械化而奋斗”。当然，这个目标并没有实现。

起始于20世纪70年代末、形成高潮于80年代初的农村经营体制改革，使我国的农业机械化发展环境和条件发生了根本的改变。首先是不切实际的“1980年目标”被放弃，接着是农村普遍实行家庭联产承包责任制。农村改革极大地调动了农民的生产积极性，极大地解放了农业生产力。但是，由于土地包产到户，生产经营规模普遍变小，与原来农机作业的组织形式不相适应，向建立在集体经营、较大规模生产基础上的农业机械化提出了挑战。统计表明，1979年全国机耕地作业面积占总耕地面积的42.4%，1982年机耕作业水平下降到37.3%，一时间“包产到户，农机无路”的议论广为流传。在这种情势下，农机部门审时度势，提出了改变盲目追求农业机械化的规模、速度为一切从实际出发，讲求经济效果；改变农业机械的产品构成；改变农业机械的经营规模和经营方式；改变农机企业的思想作风的“四个转变”，以应对突如其来的农业机械化发展环境的剧烈变化。当然，农业机械化实践中出现的最重要的转变是允许农民私人购置农业机械。1982年12月中共中央政治局通过的《当前农村经济政策的若干问题》即1983年中央“1号文件”确定，允许农民个人或者联户购置小型农业机械，对大中型拖拉机和汽车，原则上也不必禁止私人购置。这一政策的出台，实现了农民生产经营权与拥有农业机械自主选择权的统一。从此，农业机械化开始了“民办”和“小型化”的新趋势。农牧渔业部贯彻中央“1号文件”精神，提出了农机经营采取“多种经营形式并存，完善发展合作经营，积极支持专业户”的方针，对农户经营农业机械给予充分肯定，极大地调动了农民办机械化的积极性。到1986年底，全国农民个体和联户拥有的拖拉机达到474.3万台，占全国拥有量的87.8%；在全国农机固定资产总值中，农民私有的份额占到66.2%。

随着农机经营体制的变革，在发展农业机械化的指导思想和基本思路上出现了一系列变化：以国家投资、行政推动为主的“官办机械化”变为以农民为主体、靠经济规律调节的“民办机械化”；在运行机制上，以追求农业机械化发展速度和规模为主变为农民群众劳动致富、追求经济效益为主；在发展体制和方式上以分配农业机械为主变为开放农机市场，把农业机械作为商品接受农民的选择；在管理体制上，以组织机械化生产为主，变为以为农民提供维修、培训、技术等服务为主。这一系列以市场化为取向的多种改革，使农业机械化彻底脱离了计划经济体制的轨道，走上了以农民自主选择为基础、以经济效益为核心的发展道路。

农村改革以来，农业机械化发展有四个明显的特征：一是总体发展速度保持稳定，30年来一直平稳较快，没有出现大起大落；二是发展领域逐步拓宽，不仅种植业机械化水平持续提高，畜牧业、渔业、农产品加工等方面也都有了长足的进步；三是经济效益普遍向好。从家庭联产承包初期农民使用拖拉机进行运输，到有机械农户为无机械农户提供服务，都创造了比较好的经济效益；四是服务市场化已经形成。比较典型的是被称为“南征北战”的跨区机收作业，充分体现了市场需求、效益引导、政府协调、民间组织的市场机制作用，一到夏收季节，便有20多万台的联合收割机浩浩荡荡驰骋在广袤的大地上，是我国农业机械化发展的生动写照和独特景观。

2004年是我国农业机械化发展的新起点。这一年发生了具有标志性意义的三件大事：一是中央财政对农民购置农业机械开始实行直接补贴政策；二是11月1日，《中华人民共和国农业机械化促进法》施行；三是全国耕种收综合机械化水平显著提高，作业项目不断扩大。这些事实，集中反映了在经济和社会发展规律的作用下，农业机械化已经步入了新的发展阶段，有了加速发展的客观需求，农民发展农业机械化的愿望更为迫切，国家支持农业机械化发展的保证更为坚实，政策法规体系趋于完善，管理服务系统逐步健全，全面实现农业机械化的环境大为改善，条件基本成熟。

历史的成就

中国农业机械化60年，尽管发展的历程充满了艰难曲折，但所取得的成就是辉煌的。

第一，农机拥有量已经达到相当规模，构建了中国农业现代化发展的物质装备基础。2008年，全国农机总动力达8.22亿千瓦，是1949年8.01万千瓦的1万多倍，年平均增长速度为16.95%；全国每公顷耕地平均拥有农机动力6.75千瓦；拖拉机保有总量达到2 021.91万台，是1949年117台的17.3万倍，年均增长速度为22.68%。高性能、大功率的田间作业动力机械和配套机具增长幅度较快，特别是大中型拖拉机、小麦联合收割机、半喂入式水稻联合收割机、水稻插秧机、玉米收获机和保护性耕作机具的保有量有了大幅度增长。2008年，全国农业机械原值5 191.86亿元，每个农户平均拥有农业机械原值2 058元，占农村住户年末每户农业生产性固定资产原值的34.27%。农业机械是农村除土地以外最重要的生产资料构成，在发展农业生产和农村经济中有着至关重要的作用。

第二，农业机械化水平不断提升，已经在整体上进入了中级发展阶段。2008年底，全国耕种收综合机械化水平达到45.8%，从总体上已经进入了农业机械化中级发展阶段，我国农业机械化正处在新的历史起点上，向着更大规模、更广领域、更高水平方向发展。在主要粮食作物生产机械化迅速发展的同时，农机作业领域也由粮食作物向经济作物，由大田农业向设施农业，由种植业向养殖业、农产品加工业全面发展，由产中向产前扩展，向产后延伸。农机标准化作业程度明显提高，集收获、耕整、播种等于一体的机械化复式作业应用范围扩大，农业抵御自然灾害能力、抢收抢种能力和农业综合生产能力进一步增强。全国大部分地方农业生产普遍提高了作业质量，提高了劳动生产率，缩短了农时季节，农民普遍减轻了劳动强度。

第三，农机社会化服务日益广泛，服务经营收入成为农民增收的重要渠道。随着农业机械化事业的蓬勃发展，农机大户、农机合作社、农机专业协会、股份（合作）制农机作业公司、农机经纪人等新型农机社会化服务组织不断涌现与发展壮大。截至2008年底，全国各类农机作业服务组织达16.56万个，农机户总数已达3 833万个，农业机械化中介服务组织6 022个。农机社会化服务领域随之拓展，呈现出组织形式多样化、服务方式市场化、服务内容专业化、投资主体多元化的显著特征。农机作业的订单服务、租赁服务、承包服务和跨区作业、集团承包等服务方式，满足了农业生产和农民的迫切需要，推动了农机服务市场化快速发展。2008年，全国农业机械化服务经营收入达到3 466.5亿元，成为农民增收的一个新亮点。同时，在农业机械化进程中，全国培养了数以千万计的农民机手和农机技术人员，成为新一代农民的骨干。

第四，农业机械化技术不断发展，形成了比较完善的农业机械化生产技术体系。国家通过推动农业机械化科技创新，实施国家科技攻关、国家科技支撑计划、农业科技跨越计划、引进国际先进农业技术项目等，加大了农业机械装备关键技术和装备的研制开发和扶持力度，解决了一些关键技术环节和技术集成问题。各地农业机械化技术推广系统通过组织实施“农牧渔业丰收计划”、“科技兴农推广计划”、“农业节本增效工程技术推广”、“节水旱作机械化农业”、“保护性耕作技术”等各类农业机械化技术推广、科技示范和科技攻关项目，积极开展优质水稻、专用小麦、专用玉米、高油大豆、“双低”油菜和饲草等全程机械化生产技术试验示范，大面积推广机械化耕整地、机械深施化肥、机械化精少量播种、植保机械化、小麦机械化收获、农作物秸秆还田机械化、农作物秸秆青贮机械化、农作物秸秆气化、保护性耕作、行走式节水灌溉、机械化铺膜播种等先进和实用的机械化技术，一大批适用农业机械化新技术、新机具得到大面积推广应用。在水稻、小麦、玉米三大粮食作物中，小麦全程机械化生产技术基本实现；长期制约水稻生产机械化的种植和收获两个关键环节的技术取得突破性进展，成功探索出多种低成本规格化机械化育插秧技术及具有区域特点的水稻机械化生产技术体系和服务模式；玉米收获机械化技术取得相当进展，并已在局部地区推广应用。农业机械化技术推广部门在推进粮食生产机械化示范的基础上，逐步加大对油菜、棉花、茶叶、甘蔗、牧草、林果、蔬菜、养殖、设施农业和农产品初加工等关键环节的机械化示范推广力度，不断扩大新技术推广应用范围，在农业生产和农村经济发展中发挥了重要作用。

第五，建立了庞大的农机工业体系，国产农业机械可以基本满足国内需求并且逐步扩大了出口。旧中国的农机工业几乎是一张白纸。1949年，全国农机制造企业只有36家，工业总产值300万元，职工4 000人，机床500台，只能生产一些简单的农业机械，主要农业机械依靠进口。经过60年的发展，特别是农村改革后，农机工业通过转换经营机制，深化企业改革，实现了从农机生产弱国发展成为世界农机生产大国的历史性跨越，支撑了我国农业机械化的迅速发展。据统计，截至2008年底，全国农机制造企业约8 000家，规模以上企业达到2 021家，农机工业总产值1 915亿元，是改革开放初期1980年的18.5倍。我国农机对外开放领域也进一步扩大，成功地引进、消化、吸收了国外先进的水稻、玉米、甘蔗等作物生产机械和旱作节水农业、保护性耕作技术，促进了我国农业机械化水平提高。目前，我国农机产品不仅能满足国内市场需要，而且在国际市场上也表现出了明显的竞争优势。

第六，农机管理框架形成，政策支持体系初步建立，为农业机械化发展创造了良好环境。在长期发展农业机械化进程中，我国建立了包括农业机械制造、农机鉴定、市场流通、技术推广、技术培训、社会化服务、安全生产监理、部门管理指导等内容的比较完善的庞大体系，成为农业机械化发展的重要支持和保证。近年来，农业机械化法治和政策环境不断改善。《中华人民共和国农业机械化促进法》的颁布实施，成为我国农业机械化发展纳入法治轨道的重要标志。国务院有关部门和地方政府及其部门也相继制定了一系列法规、规章，这些法律法规规章已基本形成中国农业机械化法律法规体系框架，使农业机械化有了明确的法律地位和法制保证。依照《中华人民共和国农业机械化促进法》确定的政策和措施不断得到落实，促进了农业机械化的健康发展。

历史的启示

我国农业机械化60年发展的历史充分证明，农业机械化是复杂的技术发展过程、经济发展过程和社会发展过程。在农业生产中一切可以使用机械进行劳动的部门统统使用机械进行劳动，是经济社会发展的必然规律，是历史进步的必然趋势。然而，发展农业机械化也必须从具体的国情出发，从一个产业、一个地区经济、社会、技术、自然等具体条件出发，因地制宜，有选择、有步骤地发展，才能不断取得良好的经济效益和社会效益。从中国走过的农业机械化历程看，有几点启示非常重要。

第一，从我国的实际情况出发，因地制宜指导和推动农业机械化健康发展。从我国的具体情况出发，选择农业机械化发展道路，是马克思主义认识论和方法论在推进农业机械化过程中的最重要的体现。新中国成立后，我国农业机械化开始起步，面对的是农业生产工具极其落后、农业装备基础极其薄弱的局面，在这样的情形下，对发展农业机械化的愿望十分迫切是可以理解的。但是，农业机械化毕竟是一个经济、技术和社会发展的复杂过程，受到多重条件和多种因素的制约，发展机械化既要尽力而为，更要量力而行，这是新中国农业机械化发展最为重要的经验。我国是一个发展中国家，国家工业化尚未完成，经济基础相对薄弱，农业经济很不发达，农民收入水平比较低；我国地域广阔，不同地区经济发展程度、自然条件、农业生产技术差别很大，对农业机械化发展在技术上有着多样的、复杂的要求；我国人多地少，农业劳动力人均占有耕地面积不大，农业生产经营规模普遍很小。这些因素在一定程度上决定或者影响着农业机械化发展的速度、规模、类型和结构。从我国的实际情况出发，走中国特色农业机械化发展道路，最重要的就是从这些基本国情出发，选择和确定农业机械化的发展方向、重点、步骤和具体措施。只有这样，才能走出适合我国情况的农业机械化发展的具体道路。

第二，尊重农民对农业机械的自主选择和主体地位，保持农业机械化发展的持久动力。20世纪70年代发端于我国农村的改革，给农业机械化发展带来的最大变化是两个方面：一是农民有了拥有和选择农业机械的自主权；二是农机作为商品在市场上接受农民的自主选择。这两个方面的重大变化，反映了农业机械作为生产资料可以由农业生产者直接掌握的理论突破，反映了市场经济机制开始引入农业机械化领域的实践突破。农民自主权的获得，奠定了农业机械化发展新机制的基础，解决了发展农业机械化的基本动力问题，形成了农业机械多种所有制共存，以农户拥有为主的格局，不仅使农业机械化发展的速度加快了，更重要的是，走出了推进农业机械化仅仅是政府行为、只有国家一个积极性的困境。作为生产工具，农业机械与农业生产、与农民劳动致富结合得紧密了。由此推动了农机市场的开放和农机社会化服务市场的形成。尊重农民的选择，是实现农业机械化的最为重要的原则，须臾不可以忘记。

第三，构建多方位的农机化服务体系和广阔的农机社会化服务市场，不断提高农业机械的经济效益。尽管我国农业机械化目前已经达到了一定的水平，但实际拥有农业机械的农民还是只占少数。据统计，截至2008年，我国拥有农业机械的农户为3 833万个，不到全国农户总数的20%。并且这些有农机的农户中，绝大多数不具备综合配套的能力。在探讨中国农业机械化模式过程中不少人认为，在中国不可能家家都买农机，户户都成龙配套，这样既无必要，也必然存在巨大的资源浪费，所以，走农机共用的道路是一个必然的选择。我国历史上有着悠久的互助传统，在自然经济状态和小规模生产条件下，互助往往是感情的交换而非严格意义上的经济往来。然而，在引入市场机制的情况下，互助很容易被一种计较成本的服务行为所替代。特别是以机械为手段的互助是需要付出较高成本的，不能指望用尽义务的方式实现互助。于是，互助便上升为服务，服务作为一种劳务出现，便有了市场。我国的农机服务市场是比较早出现在农村的，先是国家、集体的农机服务组织为农户提供机耕、维修等服务，接着便有了农民自办的服务，并且内容日益广泛，范围日益扩大。一个标志性的行动是全国性的大范围农机跨区流动作业。近年来，跨区收获作物又涉及水稻、玉米等作物，展示了良好的发展前景。通过社会化服务，提高了农业机械的利用率，也为农民增加收入开辟了新的途径，成为我国农业机械化发展的重要特色。

第四，处理好农业机械技术与农业生产技术的矛盾，建立符合现代农业发展的技术体系。总的来说，农业生产技术与农业机械化技术不存在根本的冲突，一如在提高土地利用率与提高劳动生产率之间不存在根本冲突一样。然而，从我国农业技术传统分析，精耕细作是鲜明的特点，而所谓精耕细作大部分是以人畜力和简单的劳动工具为载体的，且耕作制度在不同地区之间会有很大的差别，与农业机械在适应性上缺乏天然的“亲和力”。例如，在很多地方实行间作套种技术，充分利用了土地资源和气候资源，在一块农田里种植不同的农作物，对农业机械作业就是一个很大的挑战。又比如，我国玉米收获的机械化水平目前还比较低，是制约玉米生产机械化水平提高的“瓶颈”。从实际情况看，我国的东北地区是单季生产，而华北和其他玉米主产区多为双季生产，在玉米种植农艺上有明显的不同，特别是有无垄作和玉米播种的行距、株距上差别比较大，在华北使用的机械，到了东北就不一定适用。总的来说，我国农业生产中农业技术与农机技术进一步融合的趋势是必然的，形成稳定的、比较完善的技术体系是一种现实和长远的需要。

第五，把国家支持与农民自主发展机械化结合起来，建立充满活力的农业机械化发展机制。从一般意义上说，作为替代活劳动的机械生产，其发展的经济动力来源于使用机械劳动的成本明显低于被替代的活劳动的成本，在单位劳动时间能够生产更多的农产品。然而，在我国具体的条件下，这种替代效益不是特别明显，受到了多重因素的影响：一是我国农业生产经营规模普遍比较小，农业比较效益低，提高劳动生产率在产业内部动力不足；二是我国农民收入水平比较低，农业机械比较价格高，一次性投入大，对于多数农民来说，购买机械仍然是非常重的经济负担；三是我国农业机械种类繁多，在使用中边际效益和边际成本差别比较大。直接创收作用明显的机械受到青睐，而直接效益不好的机械很难推广。总之，在我国农村经济发展水平和农民收入水平还比较低的条件下，农业机械化发展仅仅依靠农民的积极性、购买力是不够的，国家予以政策扶持非常必要，也很关键。近年来，随着国家财力的增长，财政支持农业机械化发展的力度越来越大，从2004年开始只有7 000万元，2008年是40亿元，而2009年达到了创纪录的130亿元，为农业机械化注入了强大动力。农业机械补贴的品种不断增加，范围逐渐扩大。可以预见，这种补贴的规模还会进一步扩大，作用将日益明显。更为重要的是，在以农民为主体发展农业机械化的基本动力机制形成后，国家扶持政策的实施，使农业机械化发展的协调机制更为完善，在两个机制的共同作用下，农业机械化的稳定发展才有坚实的保证。

总起来看，经过60年我们已经初步走出一条有中国特色农业机械化发展道路，这条道路以“农民自主，政府扶持；市场引导，社会服务；共同利用，提高效益”为基本特征，反映了我国农业机械化发展的特殊性和规律性。

历史的展望

马克思曾经说过：“各种经济时代的区别，不在于生产什么，而在于怎样生产，用什么劳动资料生产。劳动资料不仅是人类劳动力发展的测量器，而且是劳动借以进行的社会关系的指示器。”在经济全球化、农业现代化迅猛发展，技术革命日新月异的今天，农业机械化的含义和内容也在发展和扩张。放眼世界，一些已经在半个世纪以前甚至更早就实现了农业机械化的国家，农业机械化技术的进步仍然没有停止，精细化农业、信息化农业的发展，给农业机械化发展开辟了更为广阔的空间；很多发展中国家正在加快农业机械化的进程。从历史的角度看，农业机械化是农业现代化的重要标志和重要组成部分，是实现农业现代化的必由之路，是人类社会劳动能力增强和水平提高的重要体现，它的方向性和发展趋势是不可改变、毋庸置疑的。

20世纪末，美国工程技术界把“农业机械化”评为20世纪对人类社会进步起巨大推动作用的20项工程技术之一，列第七位。这一评价客观地反映了农业机械化在经济社会发展中的重要地位。从实现我国经济社会发展战略的宏观要求和发展现代农业的客观需要来看，进一步提高农业机械化水平，将有效地提高生产率和质量，增强农业综合生产能力；促进农业生产方式转变，提高农业劳动生产率、土地产出率和资源利用率，推动农业规模化、标准化生产和产业化经营，增强农业的素质、竞争力和效益；改善农业生产条件，减轻农民的劳动强度，体现对农业劳动者的人文关怀；保障粮食安全和农业稳定发展，推动工业化、城镇化进程。总之，农业机械化仍然是农业发展的“根本出路”。

新中国农业机械化的发展，已经为农业和农村经济发展打下了比较雄厚的技术和物质基础，也积累了比较成功的经验，特别是中国特色农业机械化发展道路的初步开辟，是我们健康推进农业机械化的方向标。然而，也必须看到，在农业机械化的进程中还存在许多亟待解决的困难、问题和矛盾：首先，农业机械化进入中级阶段，既是一个加快发展的阶段，也是一个保持较高效益相对困难的阶段。按照边际效益递减规律，农业机械化达到一定水平的情况下，农业机械化投入的边际效益会明显下降，农机总拥有量增长幅度会大于甚至远远大于机械化作业水平提高幅度，这表明农业机械化总体效益和机械利用率是下降的，而且随着机械化水平的进一步提高，这种效率“倒挂”现象会日益严重。高投入、低效率的现象必须防止。解决这个难题，要求我们不能仅仅追求农业机械化的发展速度，更要注重提高农业机械的社会化组织程度和利用率。其次，制约机械化发展的技术“瓶颈”仍然存在，需要加大技术攻关的力度。随着经济的发展、社会进步和农业生产水平的提高，农业机械化在技术、作业项目上提出很多新的问题和要求会逐步摆在我们面前。再次，农业机械化发展受劳动力转移速度、农业生产规模大小、农业组织化程度、农民收入增加速度、国家支持力度、能源消耗、环境保护等因素的制约和影响会进一步加大。农业机械化作为社会进步的重要标志，将会更多地取决于多种社会因素发育的程度，甚至包括农民自身的技术知识和技能水平，都会影响到农业机械化的进程。对农业机械化发展自身问题和外部环境问题，必须保持清醒的认识，逐步地加以解决，才能保证农业机械化步伐的扎实平稳。

按照国民经济和社会发展战略，我国将在本世纪中叶实现社会主义现代化建设的宏伟目标。据有关部门预测，与农业现代化进程相适应，到2020年我国农业机械化综合作业水平将达到65%；到本世纪中叶，将达到中等发达国家水平，基本实现农业机械化和现代化。而从现在到2020年，是我国全面建设小康社会的关键时期，也是我国由传统农业向现代农业迈进的关键时期。按照有关部门的部署，要进一步落实和完善扶持农业机械化发展政策，以发展农机服务组织为主攻点，以提升薄弱环节机械化水平为突破点，以推广先进适用农机装备和技术为着力点，重视农业机械化人才队伍建设，强化农机质量和安全监督管理，促进粮棉油糖等大宗作物耕种收机械化水平大幅度提高，养殖业、林果业、农产品初加工机械化协调推进，农业机械化服务体系不断完善，服务能力显著增强，粮食作物生产基本实现机械化，为农业稳定发展、农产品有效供给和农民持续增收提供坚实的装备支撑。

我国农业机械化事业是伟大的事业，实现农业机械化是亿万农民的愿望，时代的要求，历史的必然。我们要充分认识实现农业机械化的长期性、艰巨性和复杂性，既要坚定信心，更要有求真务实的科学精神；既要有很高的积极性和工作热情，更要有解决各种各样问题的实际措施和实际行动。我们坚信，沿着中国特色农业机械化道路稳步前进、不断探索，我们就一定会实现农业机械化的光荣理想。

是为序。并以本书献给为农业机械化事业不懈奋斗的人们！

宋树友

2009年12月30日

目录

10月

10月1日　在首都北京举行开国大典，毛泽东在天安门城楼上宣告：中华人民共和国中央人民政府成立。

10月19日　中央人民政府委员会第三次会议任命了重工业部、食品工业部、轻工业部、农业部、水利部和林垦部等各部部长。陈云任重工业部部长、杨立三任食品工业部部长、黄炎培任轻工业部部长、李书城任农业部部长、傅作义任水利部部长、梁希任林垦部部长。

11月

11月1日　中华人民共和国农业部正式办公。

ZONGGUO NONGYE JIXIEHUA

12月

12月5日 中共中央主席毛泽东在《关于1950年军队参加生产建设工作的指示》中号召全军："除继续作战和服勤务者而外，应当负担一部分生产任务，使我人民解放军不仅是一支国防军，而且是一支生产军，借以协同全国人民克服长期战争所遗留下来的困难，加速新民主主义的经济建设。"人民解放军响应毛泽东开展大生产的号召，许多军垦农场从此相继建立和发展起来。

12月17日 根据中共中央的决定，北京大学、清华大学和华北大学等3所大学的农学院合并成立北京农业大学，乐天宇为校务委员会主委。当时，北京农业大学设立了农业机械系，由原金陵大学农具厂厂长王朝杰任系主任。

12月22日 东北人民政府举办农具和优良农产品展览会，展出许多改良农具和从苏联进口的13种农具。

12月23日 政务院总理周恩来在全国农业会议上作关于《当前财经形势和新中国经济的几种关系》的讲话指出："必须把城市工业组织起来发挥领导作用，才能使农业现代化、机械化。"

12月 农业部在北京双桥农场开办拖拉机驾驶员培训班，学员从全国各大农场抽调。由张省三、刘子荣、陈临、韩丁和李直等负责。

12月 农业部决定在北京九龙山华北农业机械总厂内设立华北农业机械专科学校，学制为1年。由农业部办公厅主任张林池兼任校长，清华大学教授刘仙洲兼任教务长。

1950年

ZONGGUO NONGYE JIXIEHUA

1月

1月1日 华东大区举行农业展览。在展览中，用新旧农具的对比，说明改良农具与耕作效果的密切关系。

1月5日 农业部水利推进社与重工业部技术室合作试制成功解放式水车。该水车节约原料，减低成本，便于修理搬运，适合农村使用。

1月23日 中央人民政府副主席刘少奇关于东北农村工作问题的谈话中指出："由个体生产到集体农庄，这是一个生产方式上的革命。没有机器工具的集体农庄是巩固不了的。"

ZONGGUO NONGYE JIXIEHUA

2月

2月6日 食品工业部在北京召开第一次全国渔业会议，确定渔业生产先恢复、后发展的原则和集中领导、分散经营的方针。会议建议由国家发放贷款修船补网。

2月 辽宁省沈阳市农具厂将原有拖拉机队改建为拖拉机站，这是新中国成立后最早建立的国营拖拉机站。

3月

3月31日　农业部设立垦务局和农业器械局，分别主管国营农场和农具工作。张省三任垦务局局长、王承周任农业器械局局长。

3月　农业部聘请苏联专家举办拖拉机训练班，学员结业后分配到各农场负责机务工作。

3月　辽宁省旅大劳动改造习艺机械工厂试制出40马力轮式拖拉机。

4月

4月1日　农业部批准成立农业部机耕学校，由垦务局机务处处长李直兼任校长，狄越任副校长。该学校是在北京双桥农场开办拖拉机驾驶员培训班的基础上成立的。

4月　西北农林局建立我国第一个农业机械研究单位——西北农具研究所，后改为农业部农业机械管理局西安农具研究所。1956年8月，该所迁到北京，改建为中国农业科学院北京农业机械化研究所。

5月

5月18日　政务院在北京中南海院内举办新式农具展览。此次展览毛泽东提议由政务院主持。党和国家领导人、中央人民政府所属各单位首长、全国政协委员等参观了展览。展品有东北新式农具14件、华北马拉农具21件和苏联马拉农具18件，共53件。

5月　渤海农垦局建立津郊拖拉机站，这是华北地区最早试办的拖拉机站。

5月　沈阳农学院成立农业机具系，该系后并入哈尔滨农学院，后成为东北农学院农业机械系。

6月

6月3日　以女拖拉机手梁军命名的新中国第一个女子拖拉机队在黑龙江德都县萌芽农场成立，梁军任队长。梁军带领11名女队员庄严宣誓："我们决心团结广大新的妇女一代，一道参加生产建设，为新中国农业机械化奋斗到心脏跳动的最后一分钟！"

6月　新疆军区后勤部从苏联引进第一批马拉摇臂割麦机和马拉步犁，分配给所属生产部队使用。

7月

7月1日　农业部向政务院呈送《关于中南海新式农具展览初步报告》。这次新式农具展览是根据毛泽东主席的提议，展出东北改良农具14件、苏联马拉农具18件、华北马拉农具21件，并命由政务院主持展览、参观。主要对象是中央人民政府所属各单位首长，及全国政协委员。在政协全国会议闭幕那天，周恩来在大会上介绍了新式农具与军械展览的内容，毛泽东指出："看看新式农具与军械展览，是与大家有好处的。"参观者提出许多宝贵意见：（1）须以各地区原有农具为主，加以改良研究，以期逐步提高；（2）改良农具须顾及各地区农村动力问题；（3）推广新农具之前，须要了解各推广地区的土质种类、农具情况、耕作方式等；（4）新农具的提高与改良，须着重于小农制；（5）新农具推广，须稳步前进、重点试用，一经适合农民之使用与需要，再行大量推广。

8月

8月3日　东北人民政府发出《关于推广新式农具的决定》，指出农具制造由省负责，要集中有条件的工厂制造，以保证质量，农具要廉价出售。

10月

10月 农业部在北京天安门与午门之间的广场上举办畜力农具展览。

12月

12月17日 山西省山西机器公司试制出25马力履带式拖拉机。

12月 农业部撤销垦务局，设立国营农场管理局，张省三任局长。

1950年 农业部制定《农具站设立办法》和《农具站代耕办法》，并开始建立新式农具推广站。

1951年

1月

1月18日 农业部在北京召开新中国第一次全国农具工作会议。农业部部长李书城在会上致开幕词。李书城指出：中国人民的财富，十之八九依靠着农业，而农具又为农业生产的重要手段之一，但是几千年来中国的农民就一直被落后的生产工具束缚着。在很多偏僻地方尚在使用着极其落后的农具，如西北甘谷驿一带，还有用二牛抬杠，代替农具进行耕地的情形，察北一带尚有用效率很低的木辕犁进行耕种，用手撒播的情形更较普遍。加之长期战争的破坏和国民党的摧残，农具缺乏已成为今日农村中亟待解决的问题，据估计全国旧农具尚较战前水平缺乏20%以上。加以土地改革后农民生产情绪提高，耕地面积扩大，因此，在组织起来，提高技术和增加单位面积产量的号召下，改进和补充农具就成为当前发展生产的重要环节之一。在此次大会上我们主要希望解决下列几个问题：（1）新式农具的设计制造等技术问题之改进；（2）新式农具之推广办法与推广种类、地区之重点决定；（3）旧式农具之增补与修理问题；（4）组织铁匠炉木工铺下乡工作问题。会议指出，1950年全国农具工作获得良好成绩，全国各地共推广新式农具5万余件，大大提高了农民的生产效率。会议确定当年全国农具工作方针是以恢复、补充和修理农民原有农具为主，并有重点地进行示范和推广新式农具。在推广农具方面确定各地必须有重点地稳定地进行工作，以便积累经验，逐步推广。在农具制造方面，决定当年不建新厂，不扩大旧厂，加强成本核算，提高质量，巩固现有成果。为了降低成本和运费，今后应采取就地取材，就地制造，就地推广的办法。

1月 农业部撤销农业器械局，在农政司内设立农具处。农具处下设立农具试验鉴定组，并在晋、冀、鲁、豫、陕、苏等6省设立10个特约鉴定组，作为区域试验的基点。

2月

2月5日 新疆军区根据王震代司令员《驻新疆人民解放军的斗争方针与任务》的报告，制订了《三年（1950—1952年）建设工程计划书》，其中提出建立机耕农场。

4月

4月17日 山西省委向中共中央、华北局报告，提出动摇互助组的土地私有制，办农业生产合作社问题。刘少奇根据中国共产党七届二中全会和全国政协《共同纲领》的精神提出：现在采取动摇私有制的步骤，条件不成熟。没有拖拉机，没有化肥，不要急于搞农业生产合作社。以后又谈到：农业社会化要依靠工业。当时薄一波任第一书记的华北局也不同意山西省委的意见，当年7月25日起草的向中央的报告中提出：农业集体化，必须以国家工业化和使用机器耕种以及土地国有为条件。没有这些条件，便无法改变小农的分散性、落后性，而达到农业集体化。

5月

5月7日 中共中央书记处书记刘少奇在中国共产党第一次全国宣传工作会议上的报告中指出："农业社会化要依靠工业。""有了工人阶级的领导和帮助，有了工业的国有化和土地的国有化，然后农民才能集体化，才能供给农民大量的机器，这样农业才能普遍的集体化。"

6月

6月13日　空军派出两架波—2型飞机，进行中国历史上首次飞机药剂灭蝗。后在冀、皖、鄂等地蝗害区喷撒“六六六”药粉面积达10余万亩，治蝗效果达90%以上。历时半个月。

6月　中国民用航空总局商务处开始承办农业航空业务，并从捷克斯洛伐克引进爱罗—45型飞机10架，用于农业。

10月

10月　《机耕通讯》杂志由农业部国营农场管理局出版，1957年改名为《中国农垦》。

12月

12月15日　中共中央印发《关于农业生产互助合作的决议（草案）》指出：国营农场应该推广，每县至少有一至两个国营农场，一方面用改进农业技术和使用新式农具这种现代化大农场的优越性的范例，教育全体农民，另一方面，按照可能的条件给农业互助组和农业生产合作社以技术上的援助和指导。在农民完全同意并有机器条件的地方，亦可试办少数社会主义性质的集体农庄，例如每省有一个至几个，以便取得经验，并为农民示范。

1952年

2月

2月1日 毛泽东主席发布整编命令，驻新疆部队于1953年5月分别整编为国防部队和生产部队，一兵团二军、六军大部，五军部分和二十二兵团的全部共10个师为生产建设部队。军区成立生产管理部，负责管理生产部队。

2月15日 政务院第124次会议通过的《关于1952年农业生产的决定》指出：各大区、省在可能条件下均应建立农具制造厂，大量制造改良的新式农具，并优先供给互助组和生产合作社，以便进一步推动互助组的巩固和发展。各县在可能范围内尽量地办起和办好一两个国营农场。大规模的机械化国营农场在目前还不可能普遍发展，因之各县所办的国营农场要尽量使用改良的新式农具，采用先进的耕作技术，引种并繁殖优良品种，加强经营管理，实行经济核算，保证超过当地农民的生产量，以国营农场的优越性，对农民进行集体化的示范教育。

ZONGGUO NONGYE JIXIEHUA

4月

4月16日　农业部、中华全国供销合作总社联合发出紧急指示，要求各级农业部门和供销合作社密切配合，及时开展农具供应工作。指示强调：农具增补是提高单位面积产量的有力保证之一。各地合作社、农具站和农业部门应很好地重视农具工作，保证不违农时及时供应农民。各级农业部门和合作社，应加强农具工作的领导，做到专人负责，专款专用，有计划、有组织地生产农具和给农民供应农具。各地发放农具贷款和推广新农具都应有重点，这应由农业部门按照中央人民政府指示的精神，配合合作社，根据当地具体情况来确定。各地农业部门和合作社应加强和农村的联系，调查研究增补农具的具体办法，发动当地铁木匠组织铁木生产合作社，并发动城市铁木匠下乡打造和修理农具。

4月21日　中央人民政府政务院财经委员会同意农业部机耕学校改组扩大为农业部机械化农业专科学校，潘开茨任校长。

4月　东北大区生产的第一批马拉农具出厂，并决定当年推广500套。

ZONGGUO NONGYE JIXIEHUA

5月

5月10日　中共中央转发《中共中央东北局关于推行农业合作化的决议（草案）》。决议提出："有计划地在五六年之内，普遍使用新式马拉农具与部分拖拉机，改变过去的耕作方法。""新农具的推广，是当前农业耕作方法的重大改革。""推广与使用，需要在土地连片与统一经营（不改变私有制的基础）的前提下，才能充分发挥作用。建立相当数量的新式农具推广站与技术指导站，作为国家帮助农业生产合作社发展的据点。"

5月　中国农民代表团到苏联参观考察，历时3个月。期间，考察22个机器拖拉机站。回国后编写小册子，介绍苏联拖拉机站的做法。

ZONGGUO NONGYE JIXIEHUA

7月

7月2日　政务院财政经济委员会委员邓子恢在中国新民主主义青年团第

二次全国代表大会上讲话指出：今后农村工作的基本任务是发展农业生产，逐步实现农业的社会主义改造，逐步实现农业的机械化。

7月　农业部国营农场管理局发布《关于机具作业标定试行办法》。

ZONGGUO NONGYE JIXIEHUA

8月

8月7日　中央人民政府委员会第17次会议通过《关于调整中央人民政府机构的决议》：设立第一机械工业部，黄敬任部长，段君毅、汪道涵、黎玉任副部长。农具生产由该部负责。

8月　政务院财经委员会批准试行《国营机械农场建设程序暂行办法》。

ZONGGUO NONGYE JIXIEHUA

9月

9月3日　中南军政委员会财政经济委员会会同工业、农业、水利等有关部门，召开了中南区农业机械会议。讨论了排灌机械、新式农具制造、农业药械的生产、使用、推广和供应问题。会议明确了今后机械排灌事业的发展方针是：使用机器抽水，变个体经营为集体经营，改变生产关系推动农民组织起来，巩固工农联盟，使地方工业为农业服务，并为地方工业发展开辟道路。

9月　农业部召开国营农场会议。会议提出了国营农场的建场方针是“投资少、收效快、收益大、不与民争地”。国营农场的基本任务是为国家增产粮食，积累资金，积累经验，培养干部和示范农民。

9月　南京大学（原中央大学）、金陵大学两校农学院农业工程系合并组成南京农学院农业机械化系。

ZONGGUO NONGYE JIXIEHUA

10月

10月15日　北京农业大学农业机械系、华北农业机械专科学校和农业部机械化农业专科学校（原农业部机耕学校）等合并成立北京机械化农业学院，农业部国营农场管理局局长张省三兼任代理院长。随后由徐觉非任院长，孙文郁、孙景鲁任副院长。

10月 农业部将国营农场管理局改为国营农场管理总局，刘培植任局长。

11月

11月 农业部发布《国营机械农场机务工作规章》。规章有8章59条，8章分别为机耕作业通则、交接及试车、机具使用、保养工作、机具保管、修理工作、机具作业质量检查和安全规则。

12月

12月 罗马尼亚国家领导人赠送给毛泽东主席一台拖拉机，毛泽东主席派人送给北京机械化农业学院。

1953年

1月

1月　农业部成立农业机械管理局，下设拖拉机站管理处、计划财务处、农具处、办公室等三处一室，负责新式农具推广和筹办拖拉机站等工作。

2月

2月15日　中共中央发布《关于农业生产互助合作的决议》指出："有计划地举办若干机耕半机耕国营农场。"

3月

3月16日　中共中央发出《关于春耕生产给各级党委的指示》提出："地方国营工业应注意发展适合农民当前需要的新旧农具及其他生产资料的

制造业，推广新式农具必须根据当地具体情况与实际需要相结合，纠正推广新式农具与农村供应和收购工作中的强迫命令作风。”

3月19日　毛泽东在《解决区乡工作中的“五多”问题》中指出：“目前我国的农业，基本上还是使用旧式工具的分散的小农经济，这和苏联使用机器的集体化的农业，大不相同。”

3月26日　《人民日报》发表《领导农业生产的关键所在》的社论，总结了当时推广新式农具的经验。

4月

4月23日　中共中央农村工作部部长邓子恢在全国第一次农村工作会议上作总结报告指出：“农业的集体化、机械化，必须要靠工业的帮助，不只是拖拉机问题，有了拖拉机还得有汽油，有一系列的设备，有了拖拉机而无修理站还是不行的。忽视工业化的进程而孤立地去搞农业集体化是不行的。”“国家推销新式农具、农械、农药也还是要做的。过去推销的新式步犁，有些的确是挂在那里，如果因为不懂用法，那就帮助他们学会使用。另外区里县里要有技术指导站，有修理站，如果没有修理站，新式农具农械用坏了不能修，搁置起来，就是很大的浪费。”

5月

5月　我国第一个机械化林场，吉林通榆县开通机械造林试验站成立。同时引进了苏联造林、营林机械设备和造林技术。

6月

6月15日　毛泽东在中共中央政治局会议上讲话提出：党的过渡时期的总路线和总任务，是要在10年到15年或者更多一些时间内，基本上完成国家工业化和对农业、手工业、资本主义工商业的社会主义改造。

6月19日　周恩来针对农村工作急躁情绪的讲话中指出：“农业机械化的前途是一定要实现的。看不见这个前途，是盲目；另一方面，不承认我们的落后和不平衡的现象，就是急躁”。

6月　农业部委托九三荣军农场举办全国谷物联合收割机手训练班，学员260人，由苏联专家达维多夫和东北农学院教授程万里任教。主要讲授苏联产C—4和C—6型联合收割机的构造和修理、保养、使用技术。刘瑛是这个训练班培养的新中国第一位女联合收割机手。

7月

7月12日　河南省人民委员会和第一机械工业部中南办事处联合召开会议，在洛阳成立第一拖拉机厂筹备处。

7月13日　高等教育部、农业部联合通知北京机械化农业学院，进一步明确学院的任务是为国营农场、机器拖拉机站、集体农庄培养农业机械化高级人才和经营管理干部，专业调整为以农业机械化和社会主义农业企业经营管理为主。专业调整后，北京机械化农业学院更名为北京农业机械化学院。

8月

8月20日　水利部部长傅作义在政务院第186次会议上报告：3年来，共添置抽水机2.3万马力，扩大灌溉面积4 600万亩。

9月

9月8日　周恩来在全国政协一届四十九次常委扩大会议上的《过渡时期的总路线》报告中指出：“我们在第一个五年计划时期还不能自制拖拉机。将来对拖拉机的使用，也要考虑到不同地区不同情况，如山地即不便使用。现在还用不着顾虑使用拖拉机以后劳动力过剩的问题。”

9月　东北地方工业局组织试制生产从苏联引进的农具，其中包括24行播种机、万能中耕机、41片圆盘耙、连接器、大型脱粒机等。

10月

10月　农业部召开全国农业工作会议，会议通过了《关于加强新式农具工作的意见》、《关于建立农业机器站的意见》。《关于加强新式农具工作的意见》指出：随着农村互助合作的迅速发展，广大农民都迫切要求使用新式农具，尤其是大马力的马拉农具。因此必须大力开展新式农具推广工作，并有重点地试用大型成套马拉农具。在全国范围内推广新式步犁、三齿轻便耘锄和大型成套马拉农具。《关于建立农业机器站的意见》指出：为了吸取农业机械化的经验，准备迎接大规模的农业生产建设任务，本年度在全国试办农业机器站10处。农业机器站是国家企业，是国家用以指导和帮助农民实行集体化进一步发展生产的有力杠杆。这种新型事业在我国尚属创举，故在试办之初，务须加强领导，各大行政区和各省应直接掌握，只许办好，不许办坏。农业机器站的分配为：华北3个站，东北、华东各2个站，中南、西北、内蒙古各1个站。站长、副站长应选择具有一定文化水平的，并有组织农业生产合作经验的、能力强的县级以上干部担任。

10月 新疆军区引进苏联生产的采棉机，并在沙湾县乌兰乌苏机耕农场首次试用。

11月

11月 《人民日报》发表《领导农民走大家富裕的道路》社论指出：要逐步把劳动农民组织起来，在土地和主要工具公有制的基础上，使用新农具和新技术，实行大规模生产，并根据按劳分配原则进行分配。这是使农业生产和农民生活逐步地和普遍地提高，使全部农民合作化的一项重大措施。

12月

12月16日 中共中央通过的《关于发展农业生产合作社的决议》指出：逐步实行农业的社会主义改造，使农业落后的小规模生产个体经济，能够变成先进的大规模生产的合作经济。五年计划应包括各地准备创办的国营农场、技术推广站、新式农具站、抽水机站、拖拉机站。

12月17日 政务院第198次会议通过的《关于开展冬季农业生产工作的指示》指出："供销合作社和国营商业应根据各地的生产条件和当地群众的需要，并与农业部门的技术指导相结合，积极稳步地推广新式农具。同时，供销合作社和国营商业必须有计划地供应制造旧式农具的手工业者以生铁和木材，解决他们原料不足的困难；并通过供销业务组织手工业者按当地农民所需要的质量与样式来制造农具。各级政府需注意适时组织若干手工业者下乡，对需要修补的农具就地予以补修。”

12月 农业部召开的全国农业工作会议提出：把推广新式农具、增补和改良旧农具，继续试办拖拉机站、抽水机站、新式农具站、打草机站等作为保证实现增产任务，促进农业合作化的一项重大措施。

12月 我国开始以苏联农业机器拖拉机站为模式，试办桦川、克山、双城、海龙、榆树、沈阳、北京、长治、胶县、西华、博爱11个拖拉机站。当时共投资230亿元人民币（旧币），分别从苏联、匈牙利、捷克斯洛伐克、德国、美国和英国引进58种型号的拖拉机。

12月 农业部发布《关于1953年国营机械农场的情况和今后工作意见》，要求切实贯彻中央“投资少、收效快、收益大、不与民争地”的方针。

1月

1月8日 经毛泽东主席批示，国家正式决定在洛阳涧河以西建立规模较大的拖拉机制造厂，产品为54马力履带式拖拉机，年产1.5万台。该拖拉机制造厂是我国发展国民经济第一个五年计划期间，由苏联援建的156个重点工程中的大型项目之一。

1月 北京农业机械化学院院刊《农业机械化》创刊，孙景鲁为主编。

2月

2月15日 农业部召开第一次农业机器拖拉机站工作会议，总结11个站的建站、办站和促进农业增产增收的经验，对第一个五年计划期间拖拉机站的发展作了研究和部署。

5月

5月10日 中共中央农村工作部发出的《关于第二次全国农村工作会议的报告》指出："新研究的农具主要是北方平原地区（也是两三年内合作化发展最快的地区）大力推广马拉（或牛拉）双铧犁或新式步犁。无论制造新式农具或旧式农具，都必须力求提高质量、降低成本、降低出售价格，在数量上要能满足农民的大量需要。还应积极发展小型农田水利，修小水库，设抽水机站，制造水车，帮助农民打井。此外，已提请工业部门考虑，可否在第一个五年内利用机器制造设备的剩余生产力制造一批25马力的小型柴油拖拉机。"

ZONGGUO NONGYE JIXIEHUA

6月

6月14日 毛泽东在中央人民政府委员会第三十次会议上《关于中华人民共和国宪法草案》的讲话指出："要实现社会主义工业化，要实现农业的社会主义化、机械化，要建成一个伟大的社会主义国家。"

ZONGGUO NONGYE JIXIEHUA

7月

7月6日 农业部向中央财委、中共中央农村工作部并中共中央报告《关于农业机器拖拉机站工作会议情况》，附《建设农业机器拖拉机站试行办法（草案）》。报告指出：1952年至1953年，全国试办了11个机器拖拉机站。东北有桦川、沈阳、双城、克山、榆树、海龙。淮河以北有长治、北京、胶县、西华、博爱。此外，还有9个国营机械农场成立了拖拉机服务队。在30个使用新式农具的农业技术推广站，各成立了一个配备2～3台拖拉机的工作队，共有拖拉机63台。机械化作业的优越性，深刻地教育了农民，打破了农民保守思想，使小农的心理发生着根本的变化，使他们更深刻地体会到社会主义的好处，因而促进了农业生产合作化的迅速发展。

7月12日 东北区财经委员会关于新式畜力农具生产和推广工作的总结指出：（1）国家在过渡时期的总路线向我们明确指出，土地改革胜利完成以后，我们的农业生产力已经从封建剥削制度下面获得解放，在我国农业中占绝对优势的还是小农经济。（2）技术改革就是如何使生产工具机械化，耕作方法和技术措施科学化。（3）由于新农具有上述好处及其本身要求土地集中、统一经营和最适合农业生产合作社使用，就推动了互助合作运动，加速了对农业的社会主义改造，巩固了工农联盟。（4）培养了大批农民技术能手，促进农民学习新的农业科学技术，为今后农业逐步机械化和科学化创造了条件。

7月16日 农业部、第一机械工业部、中华全国供销合作总社联合召开全国新式畜力农具工作会议，确定今后推广新式畜力农具以犁为主，淮河以北平原地区重点推广双轮双铧犁和双轮单铧犁；讨论了统一标定图纸，严格执行质量标准，以及新式农具的供销、贷款等问题。

7月20日 农业部发出《关于群众创造发明农具的几点处理意见》。主要内容：（1）凡群众提出旧农具改进意见，由当地政府给予帮助；（2）凡群众提出新式畜力农具创造发明，及合理化建议，由省有关部门指定专人了解；（3）大型的较复杂的农机具，属于方针、政策等方面的由中央农业部负责，属于设计制造，由中央工业部负责；（4）各地试验试制群众改良的旧农具或创造发明的新式农具所需费用，由各级主办机关事业费开支；（5）凡农具的改良、创造、发明，如试验成功，应酌情给予适当奖励；（6）对于群众创造发明及合理化建议的函件，应本着负责态度处理，不能借故推诿；（7）无论旧式农具的改良，或新式农具的创造、发明，未经批准，一律不予制造推广。

8月

8月31日 第一机械工业部一局在《关于农业机械解决方案的报告》中，指定12个厂，即北京农业机械厂、沈阳十九厂、灵山农具厂、沈阳农具厂、开封机械厂、山东农具厂、德州建华铁工厂、松江机器厂、石家庄农具厂、湖南建湘机器厂、西安农业机械制造厂、蚌埠铁工厂为畜力农具的主导生产厂，必要时，再过渡为机引农具制造厂。

9月

9月23日 周恩来总理在一届全国人大一次会议《政府工作报告》中指出："如果我们不建设起强大的现代化的工业、现代化的农业、现代化的交通运输业和现代化的国防，我们就不能摆脱落后和贫困，我们的革命就不能达到目的。”“为了保证增加农业的产量以适应整个经济发展的需要，还必须在发展合作化的同时有系统地推广新式农具，推广抽水机和水车，推广良种，改进农作技术，增施肥料，防治病虫害，并且尽可能扩大耕地面积。”

9月23日 邓子恢在一届全国人大一次会议上发言指出：“由于我国现在还不能制造拖拉机，汽油生产量还很少，而农民的社会主义觉悟，又不是一下子能够提高，这就要求我们对农业的社会主义改造要分作两步走：第一步实行社会革命，达到合作化；第二步实行技术革命，达到大规模机械化”、“机械化方面，也要分两个步骤，在我国自己尚未能大量制造拖拉机、抽水机，大量生产汽油以前，应在合作化基础上，大力推广马拉双轮双铧犁和其他新式农具，使农业的生产工具得到初步改进；在国营农场及有条件的地区使用部分拖拉机，以创造经验，培养骨干；到将来自己能大量地制造拖拉机、抽水机，大量生产汽油的时候，再实行大规模的机械化”。

9月29日 国务院成立地方工业部，沙千里任部长。该部主管地方农机厂或机械厂的农机具制造。

10月

10月7日 新疆军区遵照中央军委总参电令发布命令，成立新疆军区生产建设兵团。

10月10日 中共中央农村工作部召开第四次农业互助合作会议。会议预计我国农业社会主义改造的大体步骤：第一步，先于1957年前后基本上完成初级的合作化，在第二个五年计划时期再先后转入高级合作化；在这时期内只实施初步的技术改良和部分的机械耕作。第二步，约在第三、第四个五年计划时期，将依靠发展起来的工业装备农业，实现大规模的农业机械化。

10月12日 赫鲁晓夫率领的苏联政府代表团致电毛泽东：“我们鉴于中华人民共和国正开始进行开垦生荒地和熟荒地的工作，并且愿意把苏联在这方面积累的经验介绍出来，以表示中苏两国人民的兄弟友谊和纪念中华人民共和国成立五周年，特请你们接受苏联人民赠给中国人民的，为组织拥有两万公顷播种面积的国营谷物农场必需的机器和设备。”

10月12日 毛泽东复信苏联政府代表团：“这个国营谷物农场不仅在推动中国农业的社会主义改造方面会起重要的示范作用，而且也会帮助中国训练农业生产方面的技术人才和学习苏联开垦生荒地和熟荒地的宝贵经验。”

10月 农业部把农业机械管理局改为农业机械管理总局，将原3处1室扩大为拖拉机管理处、农具处、农业科技处、政治处、办公室等4处1室。

11月

11月　第一机械工业部、农业部、中华全国供销合作总社联合召开会议，签订《关于一九五五年推广制造和供应双轮双铧犁、双轮一铧犁协议书》，确定1955年推广双轮双铧犁、双轮一铧犁40万部。在《关于新式畜力农具工作会议情况的报告》中提出：（1）确定双铧犁、一铧犁、10行和12行播种机，中耕机，摇臂收割机，脱谷机等7种农具为第一个五年计划期间的主要产品；（2）召开新式畜力农具标定会议，制定标准的统一图纸；（3）新设计的新式畜力农具必须经过设计、试制和性能试验，必须严格控制质量；（4）开始推广时要经过典型示范。

12月

12月7日　国务院发布《关于建设国营友谊农场的决定》，决定将苏联赠送的农业机械和设备，用于建设机械化为主的友谊农场。中共中央组织部、农业部从全国各地组织选拔有经验的干部和工人参加建设友谊农场，王操犁任场长，场址设在黑龙江省集贤县三道岗地区。于12月21日举行升旗仪式，友谊农场正式诞生。

12月　农业部农具试验鉴定组更名为农业部农机试验鉴定站，归农业机械管理总局领导。下设耕作机械组、播种机械组和收获机械组，孙季雨任站长。

1955年

1月

1月6日　《人民日报》发表《推广新式畜力农具》社论指出：推广新式畜力农具，是我国当前和今后相当长的时期内改革农业技术，提高农业生产和促进合作化运动的一个根本性措施。新式畜力农具的推广是一项经济工作，也是一项政治工作，在某些地区还是一项全新的工作。

1月15日　国务院批转农业部、第一机械工业部和中华全国供销合作总社《关于新式畜力农具工作会议情况的报告》及《关于一九五五年推广制造和供应双轮双铧犁、双轮一铧犁协议书》。批语指出：农具质量好坏和价格高低，对于农具推广工作具有决定性的意义，因此，在制造和供应过程中，必须注意提高质量，降低成本和售价，以便利新式农具推广工作的展开。《关于新式畜力农具工作会议情况的报告》提出今后新式畜力农具工作的方针和任务：目前正集中力量发展重工业，在一个相当长的时期还不能大量制造拖拉机，为了促进农业合作化，逐步实现技术改革，提高农业生产力，并为进一步大规模机械化创造条件，有计划地制造供应和积极地推广新式畜力农具，已成为当前农业工作中的首要任务。根据上述方针任务必须要做好下列工作：（1）统一新式畜力农具的生产计划，统一规格，保证质量；（2）加强新式畜力农具的推广工作，应贯彻重点示范积极而稳步的发展原则；（3）加强经营，做好新式畜力农具供应工作；（4）保证零件供应，有效地解决修配工作；（5）调整利润、税金，合理调整价格。

2月

2月 农业部、第一机械工业部及中华全国供销合作总社联合召开全国农具工作检查会议。会后组织了联合调查组，检查了14个省、1个市和25个工厂的新式农具的制造、供应和推广工作。会议达成共识，对上联合作报告、对下联合发通知，每周开碰头会，联合编印工作简报，有问题共同商议解决，有经验或偏向立即联合通报表扬或纠正。为把各省新式农具工作开展好，建议各省以人民委员会农林水办公室为主管，与工业、财贸办公室共同领导工业、农业、供销社和手工业管理局等部门通力合作，进行新式农具的各项工作。

3月

3月15日 农业部、第一机械工业部、中华全国供销合作总社、中国人民银行联合指示各省市所属单位，做好三齿轻便耘锄的推广、制造、供应工作。

3月15日 地方工业部在北京召开全国水车标定会议，决定统一全国解放式水车图纸及质量标准。

4月

4月1日 农业部发出《关于农业技术推广站工作的指示》明确规定：农业技术推广站是综合性的，具体任务的第一项是推广新式农具，传授使用和修理技术。

4月9日 一届全国人大常委会第十一次会议决定，设立第三机械工业部，负责地方机械工业管理，内设农业机械局主管农机工业，原地方工业部机械局撤销。任命张霖之为部长。

4月15日 我国第一台GT—4.9大型牵引式谷物联合收割机由北京农业机械厂试制成功。

4月20日 第一机械工业部、地方工业部、农业部、中华全国供销合作总社、中华全国手工业合作社联合总社筹备委员会发出《关于新式畜力农具修配和零件供应的联合通知》。

5月

5月26日 农业部发出《关于加强新式畜力农具推广工作的指示》指出：为了今后更多地推广双轮双铧犁和其他新式畜力农具，争取完成全年推广任务，必须认真贯彻以下措施：（1）继续在广大干部和群众中，反复深入地宣传，在我国还不能生产拖拉机和大量的石油以前，只能在合作化的基础上大力推广双轮双铧犁和其他新式农具，增加农业生产，有力支援国家工业化，为将来大量使用拖拉机创造条件。（2）推广新式畜力农具，必须坚持自愿原则，由农民出钱购买，无力购买者，可向银行贷款，然后到供销社去买。（3）认真贯彻先行试验鉴定，然后推广的原则。（4）继续贯彻传授技术与推广工作相结合的方法，认真做好技术传授工作。（5）积极组织农具修配和零件供应工作，保证农具坏了有处修，零件缺了有处配，这是充分发挥农具使用效率，防止"挂犁"的重要环节。（6）在大量推广新式畜力农具地区的农业技术推广站，必须把新式畜力农具工作作为首要任务，站的干部都必须学会使用和安装，负责技术指导，并与农业技术结合起来，保证增产。（7）由于今年计划推广的双轮双铧犁在数量上大大超过以往任何一年，在使用技术和领导经验方面，都是全新的工作，各级农业部门必须在当地党政领导下，对春季农具推广工作认真加以检查，部分县区间农具推广计划不切合实际的，应协同供销部门予以适当调整。

7月

7月5日 第一机械工业部、农业部、中华全国供销合作总社和中华全国手工业合作社联合总社筹备委员会联合召开第二次全国农具工作会议。会议确定农具工作方针：除大力推广新式畜力农具并重视旧农具的增补和修配外，还应因地制宜适当注意改良农具（如水田犁、山地犁等）。会议计划在第一个五年计划期间推广双轮双铧犁180万部。

7月11日 国家计划委员会给国务院总理的《关于新式畜力农具问题报告》，汇报了1955年上半年新式畜力农具的推广和生产计划完成情况。为保证农业增产，避免农具生产遭遇更大的困难，提出以下要求：（1）适当降低新式畜力农具零售价格；（2）严格保证农具质量；（3）禁止盲目扩大农具生产；（4）由农业部、供销合作总社、一机部、三机部联合召开全国农具工作会议，总结、交流经验，拟定具体实施办法。

7月30日　一届全国人大二次会议通过的《关于发展国民经济的第一个五年计划的决议》指出：在北方平原地区大力推广双轮双铧犁或新式步犁，在拖拉机还没有大量生产以前，推广这类新式农具是一项极重要的技术改良措施。5年内，准备供应农民的双轮双铧犁共180万部左右，新式步犁50万部，积极地改进山地犁和水田犁，经过试验后有步骤地加以推广。

7月31日　毛泽东在省委、市委和区党委书记会议上所作的《关于农业合作化问题》报告中指出："如果我们不能在大约三个五年计划的时期内基本上解决农业合作化的问题，即农业由使用畜力农具的小规模的经营跃进到使用机器的大规模的经营，包括由国家组织的使用机器的大规模移民垦荒在内，我们就不能解决年年增长的商品粮食和工业原料的要求同现实主要作物一般产量很低之间的矛盾，我们的社会主义工业化事业就会遇到绝大的困难，我们就不可能完成社会主义工业化。""在我国的条件下（在资本主义国家内是农业资本主义化），则必须先有合作化，然后才能使用大机器。""社会主义工业化的一个最重要的部门——重工业，它的拖拉机的生产，它的其他农业机器的生产，它的化学肥料的生产，它的供农业使用的现代运输工具的生产，它的供农业使用的煤油和电力的生产等等，所有这些，只有在农业已经形成了合作化的大规模经营的基础上才有使用的可能，或者才能大量地使用。""中国只有在社会经济制度方面彻底地完成社会主义改造，又在技术方面，在一切能够使用机器操作的部门和地方，统统使用机器操作，才能使社会经济面貌全部改观。由于我国的经济条件，技术改革的时间比较社会改革的时间会要长一些。估计在全国范围内基本上完成农业方面的技术改革，大概需要四个至五个五年计划，即二十年到二十五年时间。全党必须为了这个伟大任务的实现而奋斗。"

8月

8月20日　农业部召开棉花工作会议。会议提出在棉区合作化的基础上先一步机械化的部署，并提出两年内，机耕面积在原计划350万亩任务的基础上，在棉区再增加1000万亩。

8月26日　农业部颁发《农业机器拖拉机站暂行机务规程》，内容有：

总则、拖拉机站机务技术工作人员的职责、机具交接、机车试车、机具保养、田间工作技术安全规程、拖拉机修理厂的技术安全规程、机具修理、机具保管等共65条，明确了拖拉机田间作业安全操作规程，对机具保养、修理、保管提出具体要求。

9月

9月7日　农业部、财政部、中国人民银行、第一机械工业部、第三机械工业部、中华全国供销合作总社和中华全国手工业合作社联合总社筹备委员会联合下达《关于新式农具降低价格的通知》，规定新式畜力农具降价范围、品种、幅度。凡1955年以内国家规定工厂所生产的，通过供销社或农业部供应农民的13种新式农具（包括零件），按对农业增产作用大，适应性广而价格又高者多降，反之则少降的原则，确定重、中、轻型双轮双铧犁和重、中型双轮单铧犁，全国平均零售价降低40%；收割机、播种机降低30%；解放式水车、五轮水车降低26%；圆盘耙、钉齿耙、铲趟机、三齿轻便耘锄降低15%。

9月26日　新建的长春汽车拖拉机学院开学，隶属于第一机械工业部领导，饶斌任院长。

9月29日　国务院第七办公室批转《第二次全国农具工作会议的报告》及《新式农具统一管理暂行办法》。报告提出：农具推广实行因地制宜的原则，五年计划期间内计划推广双铧犁180万部。同时制定中央和省市两级管理制。中央管理的新式农具有7种，由中央统一编制推广和供应、制造计划，统一标定图纸，统一平衡价格。其余农具则由各省市安排生产。

9月29日　农业部、中国人民银行、中华全国供销合作总社联合发出的《关于加强部门间的联系，使农业贷款和新式农具推广工作密切结合的联合通知》指出：各省、县一直到基层，应在当地党政统一领导下，由农业、供销、银行等部门组织联合办公或定期碰头，及时沟通情况，发现和解决问题。供销合作社本身经营新式农具贷款的利息问题，各地应按国务院这年1月转批的第一次全国农具会议报告中的规定和三部门关于使用新式畜力农具贷款范围的联合通知执行。

10月

10月1日　中国第一拖拉机制造厂在河南省洛阳正式开工建设。

10月7日 《人民日报》发表《努力推广双轮双铧犁》社论指出：各地供销合作社和农业部门，必须抓紧有利时机，努力实现推销双轮双铧犁和双轮单铧犁40万部的计划，使这些新式畜力农具早日投入秋耕、冬耕，为明后年推广更多的新犁打下基础。

10月11日 毛泽东在中国共产党第七届中央委员会扩大的第六次全体会议上的总结中指出："一定要有机器才可以办社的空气现在不大了，可是也还有这个观点。这一条迷信也是能够完全破除的。"

10月11日 中国共产党七届六中全会通过的《关于农业合作化问题的决议》指出："农业部门应该有计划地将农业技术推广站建立起来，使它们成为国家在技术上（例如使用新式农具、换用和培养优良品种、改进耕作方法、防治病虫害等）援助农业生产合作社的中心。应该加强国营农场的工作，使国营农场对于合作化运动更多地起帮助和示范的作用。""机械制造工业、商业和手工业等行政部门，除了合理地降低农具的价格以外，对于农药和农药器械的价格也应适当地降低。降低价格不得降低产品的质量，而且必须力求提高产品质量。适应农业合作化运动的发展，机械工业部门应该十分重视新式农具的设计研究工作和修配工作；必须尽速地完成第一个拖拉机制造厂的建设，并且尽速地筹备第二个和第三个拖拉机制造厂的建设。机械工业部门还应该增产水利机械设备。化学工业部门应该增产肥料。"

11月

11月14日 中华全国手工业合作社联合总社筹备委员会、第一机械工业部、第三机械工业部、水利部、农业部、中华全国供销合作总社联合发布《新式农具修配工作方案》，主要内容有新式农具修配工作的分工及主要任务、组织形式、修配价格，要求少数民族地区修配工作必须跟上。

11月25日 农业部、第三机械工业部、中华全国供销合作总社、手工业管理局和中国人民银行联合召开第三次全国农具工作会议。会议提出：目前农业合作化高潮已经到来，农民迫切需要使用新式农具，国营机械化农场和拖拉机站亦日有发展，新式农具的品种、型号和数量必须不断增加，为了保证和提高农具性能质量，杜绝粗制滥造和盲目推广现象，除工业部门应负责检查农具设计及制造质量外，农业部门必须加强农具试验鉴定工作的组织和领导，设立必要的试验机构，配备一定的人员和设备，采用合乎科学实际的试验方法，制定统一的试验鉴定标准，以适合当前农具工作的需要，并为今后农业机械化事业的正常发展打下基础。会议提出以下措施：（1）设立农具试验鉴定站。1956年将1951年成立的农业机械管理总局农具试验鉴定组改为农具试验鉴定总站，充实必要的力量和设备，负责全国及华北地区（包括山东省）新式农具试验鉴定工作。第一个五年计划期内，按照农业区划建立区站7处，作为各大农业区几个省的农具试验鉴定工作中心。第二个五年计划期内，站的数量增加至20个，总站均扩充设备及人力，担任拖拉机及动力农机具试验鉴定工作。第三个五年计划期内，站的数量增加至30个，平均每省有一个中心试验站。（2）制定农业机械试验鉴定国家标准。农具试验鉴定的方法、程序及标准表格由农业部统一制定。（3）加强农具试验鉴定工作的组织和领导，农具试验鉴定工作要与国家农业机械化的发展速度相适应，走在制造推广前面。（4）解决试验鉴定干部、设备及经费问题。这年农业部开设了农具试验鉴定训练班。培训一批各省中等技术人员107人，训练期为1年，结业后均返原省担任试验鉴定工作。农具试验鉴定经费由事业费开支。

12月

12月7日 第一机械工业部一局成立农业机械研究室。

12月25日 《人民日报》发表《更多地制造质量好、价格低的新农具》社论指出："更多地制造出质量好、价格低的农具和机器，大力支持农业合作化运动。"

12月27日 毛泽东主持编辑《中国农村的社会主义高潮》一书，并写了序言，对一些文章加了按语。在《多余劳动力找到了出路》一文的按语中指出："机械化以后，劳动力更会大量节省，是不是有出路呢？根据一些机耕农场的经验仍然是有出路的，因为生产的范围大了，部门多了，工作细了，这就不怕有力无处使。"在《大社的优越性》一文的按语中指出："小社人少地少资金少，不能进行大规模的经营，不能使用机器。这种小社仍然束缚生产力的发展，不能停留太久，应当逐步合并。"

1955年 从1950年开始从苏联和东欧国家成套引进马拉农具进行试用、仿制、改进和研制，到1955年我国已经成批生产9类50种半机械化农具。耕种机械有双轮双铧犁、双轮单铧犁、无轮犁、山地犁、圆盘耙、镇压器、双行棉花播种机、马拉小麦播种机；中耕机械有铲耥机、三齿耘锄、水田除草器等；植保机械有背负式手动喷雾器、单管喷雾器、压缩式喷雾器等；场上作业机械有人力打稻机、玉米脱粒机、铡草机、切片机等；排灌机械有解放式水车、农用离心泵、混流泵和轴流泵等。

1956年

1月

1月6日　农业部召开第二次全国拖拉机站工作会议。会议强调必须贯彻棉区先一步机械化的方针，要求加强机务管理和经营管理工作，争取收支平衡，对培训干部、修理和物资供应工作也作了具体安排。会后，农业部将会议情况向国务院报告，国务院于3月26日批复，同意农业部的工作安排。

1月6日　国务院批准在山东省滋阳县（1961年改为兖州县）建立中匈友谊农业机器拖拉机站。

1月14日　中共中央召开关于知识分子问题的会议。周恩来在会议上做《关于知识分子问题的报告》指出："在农村里，实现农业机械化和电气化之后，固然需要有大批的农业机器工程师、农学家、会计师等等；就在目前，为着实现从1956年到1967年农业发展纲要（草案）中的许多马上就要着手的项目，例如为生产新式畜力农具、化学肥料和抽水机，也必须依靠科学工作者的积极参加。"

1月23日　中共中央政治局讨论通过《1956年到1967年全国农业发展纲要（草案）》，提到："国家应有计划地开荒垦地。从1956年起，在12年内要求国营农场的耕地面积由1955年的1 300多万亩增加到1亿亩左右。""推广新式农具，从1956年开始，在3年至5年内推广双轮双铧犁600万部和相应数量的播种机、中耕器、喷雾器、喷粉器、收割机、脱粒机、铡草机等，并且做好新式农具的修配工作，随着国家工业的发展，逐步地实行农业机械化。”

1月 天津汽车制配厂改名为天津拖拉机厂。当时，全厂职工899人，金属切削设备223台，锻压设备22台。

2月

2月9日 中国农业机械学会筹备委员会在北京成立，农业部杨显东副部长到会。刘仙洲、蹇先达、吴湘淦、余友泰、李克佐、王万钧、曾德超、陈伯川、孙景鲁等9人为学会筹备委员，筹备委员会挂靠在北京农业机械化学院。

2月23日 农业部农业机械管理局在杭州召开第一次全国水田农具座谈会，研究双轮双铧犁下水田问题。

3月

3月5日 毛泽东在国务院有关部门汇报手工业工作情况时指出：“国家要帮助合作社半机械化、机械化，合作社本身也要努力发展半机械化、机械化。”

3月5日 农业部发出《关于加强拖拉机站驾驶员的机务训练工作的通知》和《训练拖拉机驾驶员、队长、修理工的暂行规定》。

3月15日 农业部、第三机械工业部、中华全国供销合作总社、手工业管理局、中国人民银行向国务院、国家计划委员会和中央呈送《关于第三次全国农具工作会议情况的报告》。报告指出：我们于1955年11月25日召开了第三次全国农具会议，着重地检查了新式农具推广工作中的右倾保守思想，讨论新式农具工作的全面规划，制定了双轮双（单）铧犁的推广计划。各地1955年推广双轮双（单）铧犁57万部，超过原定推广40万部的计划，并形成严重脱销现象。按各省所定进度，在1956年内推广双轮双（单）铧犁400万部左右，但由于钢铁材料供应不足与机电工业全面安排的需要，须将推广计划改成270万部。1957年推广290万部。其他新式农具的推广计划，大体到1958年大部完成。1959年，在全国范围内，在能够使用各种新式农具和改良农具的地方，全部使用新式农具和改良农具。

4月

4月13日 中国农机学会（筹）在北京召开第一次会议。讨论通过了《中国农业机械学会会章（草案）》；推选孙景鲁为主任委员，陈伯川为秘书长，刘仙洲、曾德超、王万钧为学术委员，陈伯川、蹇先达、李克佐为组织委员；决定成立北京、南京、哈尔滨三地区分会筹备会，推举北京地区筹备会召集人为李翰如、张德骏、商志龙，南京地区筹备会召集人为蒋耀、钱定华、吴相淦，哈尔滨地区筹备会召集人为吴克騆、余友泰；成立编辑委员会，主任曾德超，副主任王万钧、陶鼎来；编辑出版《农业机械学报》、《农业机械译报》、《农业机械学会筹委会会讯》。

4月21日 农业部农业机械管理局在兰州召开山地农具试验座谈会。通过现场表演、对比试验，总结了新中国成立以来山地农具研究、生产、使用方面的经验。

4月22日 中共中央在西藏自治区筹委会成立时，赠送西藏1万部步犁。同时，中国人民解放军生产建设师在拉萨建立两个农场并开始使用拖拉机，培训第一代藏族拖拉机手。

5月

5月12日 一届全国人大常委会第四十次会议通过关于调整国务院所属部门机构的议案，决定设立农垦部，任命王震为部长，张林池、张仲翰、姜齐贤任副部长，刘培植任部长助理。撤销地方工业部、第三机械工业部。第三机械工业部主管的农业机具生产移交第一机械工业部。

5月21日 国务院第七办公室同意农业部在北京成立农业机器拖拉机站干部学校。

6月

6月5日 以农业部农业机械管理局西安农具研究所为基础，成立中国农业科学院农业机械化研究所筹备组，地址设在北京德胜门外北沙滩。

6月 国务院科学规划委员会召开会议，制定《十二年科学技术发展规划》，第44项为农业机械化、电气化规划。

7月

7月2日　国务院批转农业部、中华全国供销合作总社、第一机械工业部、中国人民银行、中华全国手工业合作社联合总社筹备委员会《关于双轮双（单）铧犁推广工作和今后意见的报告》。报告有：下半年推广计划，储备、赊销、退货问题，与推广新式农具相关单位的协作问题，及今后对双轮双（单）铧犁的管理等内容。

7月18日　《人民日报》报道：广东中山农业机器拖拉机站试验改装成功水田用的拖拉机。

7月18日　国务院发出《关于双轮双铧犁减产问题决定》，双轮双铧犁生产计划由350万部减产到165万部。

7月23日　较完善的水稻插秧机试制成功。

7月24日　农业部、农垦部派出农业技术考察团去苏联。其中国营农场小组着重研究苏联国营农场管理机构和农场内部的组织分工，实行轮作制、定额管理和计件工资方面的问题，特别是大面积开荒的成功经验。拖拉机站小组着重研究苏联拖拉机站贯彻技术责任制的经验，机站生产财务计划的编制和经济核算制等。

7月　农业部、农垦部制定《农业拖拉机驾驶员修理工技术标准（草案）》，分为农具联结手及驾驶员1～6级应知应会标准和拖拉机修理工1～8级应知应会标准。

7月　国务院对中华全国供销合作总社《关于当前提水动力机械供应工作和今后意见的报告》批示中，将排灌动力生产量由51万马力减到15万马力。

8月

8月10日　国务院第七办公室批准农业部建立中国农业科学研究院农业机械化研究所。

8月11日　志愿军捐献给朝鲜人民的500部中型双轮双铧犁运到平壤，这批农具作为志愿军庆祝朝鲜解放11周年的礼品。

ZONGGUO NONGYE JIXIEHUA

9月

9月15日　中国共产党第八次全国代表大会召开。刘少奇在政治报告中指出："我们是在没有农业机器的条件下实现农业合作化的。我国的农业，只能随着国家工业化的发展，根据不同地区的不同耕作条件，适当地逐步地实现农业机械化。"

9月　黄敬以《使机械工业向完整体系和自行设计的方向发展》为题在中国共产党第八次代表大会上发言中指出：许多机器必须根据本国资源、自然特点及使用的具体条件等进行设计。设计农业机械，要适应我国的地形、土壤、气候、耕作等特点。

ZONGGUO NONGYE JIXIEHUA

10月

10月23日　第一机械工业部一局决定将农业机械研究室扩建为第一机器工业管理局农业机械研究所，许明任所长。

10月　农垦部部长王震到北京农业机械化学院商议为农垦系统培养人才问题。

10月　中国农业机械学会筹委会编辑的《农业机械译报》杂志创刊，陈立任主编。

ZONGGUO NONGYE JIXIEHUA

11月

11月10日　中国共产党召开八届二中全会。周恩来指出：1956年生产是有成绩的，指标一般恰当，也有安排不恰当的，双轮双铧犁就多了。

2月

2月16日 国产30马力单缸轮式拖拉机——“鸭绿江号”在安东机械厂诞生。

2月27日 毛泽东在最高国务会议上发表《关于正确处理人民内部矛盾的问题》的讲话。在谈到中国工业化的道路时，毛泽东指出：“我国是一个大农业国，农村人口占全国人口的80%以上，发展工业必须和发展农业同时并举”、“随着农业的技术改革逐步发展，农业的日益现代化，为农业服务的机械、肥料、水利建设、电力建设、运输建设、民用燃料、民用建筑材料等等将日益增多，重工业以农业为重要市场的情况，将会易于为人们所理解。”

3月

3月25日 《人民日报》发表《好好使用已有的大农具》社论，针对充分发挥大农具的作用，提出要认真地训练技术员，不断地提高技术员水平；

要及时地供应零件和组织修配；要适当地组织地区间、社与社间的余缺调剂等办法。

4月

4月9日 第一机械工业部、农业部、中华全国供销合作总社联合发出《关于新式畜力农具价格问题的联合通知》，附有三部门与中华全国手工业合作社联合总社筹备委员会《关于新式畜力农具价格问题及申请亏损补贴的报告》（1956年10月）和国务院第五办公室批复《关于新式畜力农具价格问题及申请亏损补贴的报告》（1957年1月3日）。

5月

5月21日 第一机械工业部一局在北京召开农业机械设计研究座谈会，指出农业机械研究设计必须走在制造推广的前面，应以研究增产保收的农业机械为主，同时因地制宜地重视副业生产工具的研究；在研究畜力农具的同时，有必要着手拖拉机、其他动力及其农具的研究，要防止单纯追求机具的先进性等脱离中国实际情况的偏向。

6月

6月26日 一届全国人大四次会议在北京举行。薄一波在《关于1956年度国民经济计划执行结果和1957年度国民经济计划草案》的报告中指出：新式畜力农具、锅驼机及水车等农业机械1956年生产过多，1957年计划基本上停止生产。在新产品计划中，提出着手试制40马力轮式拖拉机。

8月

8月5日 中国农业科学院农业机械化研究所在北京德胜门外北沙滩成立，蹇先达任所长。

8月27日 农业部、中华全国供销合作总社联合发出《关于加强新式农具技术指导工作的指示》要求：（1）各级农业、供销合作部门，应根据实际需要，配备相应的农具技术干部；（2）省、专区农业部门负责训练县及重点农业技术推广站的农具干部，作为传授技术的师资，县负责组织训练农具手；（3）注意总结和传播推广使用新式工具的经验，帮助农业社合理规划；（4）在耕作季节，农业技术推广站和基层供销社的农具技术人员，应深入田间帮助农具手解决使用中发生的问题。

10月

10月9日 毛泽东在中国共产党八届三中全会指出：优先发展重工业不动摇，在此条件下，工农业同时并举，建成现代化的工业与现代化的农业。今后要着重多宣传农业。

10月9日 中共中央总书记邓小平在中国共产党八届三中全会上的总结发言指出："农业必须逐步机械化。中央和地方的有关部门现在即应该成立专门机构，研究设计适合我国各地具体条件的农业机械，首先是动力机械、运输机械、提水机械，也有直接用于耕作的机械尽早地投入生产"。

10月15日 中国农业科学研究院南京农业机械化研究所成立。隶属农业部，归中国农业科学院领导，顾复生任所长。该所的基础是华东农业科学研究所农具系。

10月24日 《人民日报》发表国家技术委员会主任、第一机械工业部部长黄敬的文章《我国农业机械化问题》，并于25日连载。文章阐述了为什么我国农村人多地少，还要机械化；怎样根据农业生产的特点，来设计和使用农业机械；农业机械化的制造、推广和领导问题。在农业机械的设计和使用上，必须采取以下几项原则：机械化要与我国农业原有技术基础结合；要因地制宜，就地取材；要尽可能使农业机械万能化、通用化；要使用方便可靠，价钱便宜。

10月25日 中共中央公布的《1956年到1967年全国农业发展纲要（修正草案）》指出：没有我国的农业，便没有我国的工业。必须在合作化的基础上，采取各种积极合理的措施，并且有准备地、有步骤地适合情况地积极推广农业机械化，充分发掘农业的这种潜在力量，反对保守主义。根据生产的需要，经过地区适应性的试验和改制，积极推广那些适合当地条件的改良农具和新式农具。经常注意农具的保养和修理的工作。加强新式农具使用的技术指导。随着国家工业化的发展，有步骤地积极地实行农业机械化。

12月

12月3日 国家经济委员会、水利部、农业部、第一机械工业部、中华全国供销合作总社联合召开全国农田排灌机械、农业机械化会议。研究1958年有关排灌机械生产、供应、推广、使用、维修等工作，决定1958年供应50万马力的动力排灌机械。会议讨论了农业机械化发展规划等问题。

12月12日 农业部向省、直辖市、自治区印发《山西省农业建设厅关于拖拉机站驾驶员转为农业社社员的方案（草案）》，作为各省、直辖市、自治区研究精简机站编制时的参考。

12月19日 《人民日报》发表《保证50万马力排水灌溉机械顺利下乡》社论。社论指出：推广农田排灌机械，是当前我国农业机械化最现实的步骤，是我国农业技术上的一个跃进。

12月24日 武汉制成小型万能拖拉机。

12月 根据全国人大常委会委员长刘少奇提出的“不管是创造的，学习国外的，要大胆地试，试中不硬搬、也不能不搬”的意见，国家技术委员会提出，我国国家标准不需要自己从头做起，确定了以苏联标准（ΓOCT）为基础来制订我国统一标准。农业部、第一机械工业部开始采用苏联国家标准中拖拉机和各种农业机械的试验方法。

12月 由中国农业机械学会筹委会编辑的《农业机械学报》创刊。

12月 第一机械工业部在北京成立拖拉机研究所。

1957年 全国国营拖拉机站达到352个，共进口拖拉机16 750台，此外，还有联合收割机和配套农具。我国国内已经能够生产机引五铧犁、圆盘耙、播种机、万能中耕机、大型脱粒机、谷物联合收割机等15种机引农具。第一个五年计划期间（1953—1957年）共生产机引农具3.9万台，不仅在一定程度上满足了农业生产需要，而且使农业机械的制造水平向前跨进了一步。全国农业机械制造企业已发展到276个，职工12.3万人，固定资产原值2.8亿元，金属切削机床8 000台，锻压设备900台。生产内燃机的专业厂已经发展到34个，内燃机的自给率达到79%。

1958年

1月

1月5日　毛泽东主席到浙江省农业科学研究所视察，观看经过改进的双轮双铧犁表演，还亲自扶犁耕地。他说：“你们设立一个专门部门来进行农具研究工作好不好？”在此之前，周恩来总理也到该所检查过双轮双铧犁的使用和推广情况。

1月20日　农业部在北京召开全国拖拉机站站长会议。会议在交流第一个五年计划期间试办拖拉机站经验的基础上，反对右倾保守思想，讨论积极组织拖拉机站服务区的农业生产大跃进，降低成本、迅速扭转拖拉机站赔钱的状况。此外，还讨论了从1957年出现的把拖拉机租给或者卖给农业社的经验和办法。

1月31日　毛泽东提出制定的《工作方法六十条（草案）》第53条指出：“省、自治区、直辖市，应当设立农具研究所，专门负责研究各种改良农具和中小型机械农具，同农具制造厂密切联系，研究好了就交付制造。”

1月　第一机械工业部、农业部联合颁发第一个《全国农业机械化规划》。

1月　第一机械工业部部长黄敬在中共中央直属机关、中央国家机关、中共北京市委和人民解放军驻京部队干部大会上作《工农业同时并举和农业机械化问题》的报告，分析了我国自然条件、经济条件、机械下乡的技术和组织工作等问题，提出农业机械化必须因地制宜、有步骤地进行，要积极地、实事求是地进行农业机械化的工作。根据合作经济条件来确定机械化的步骤，是机械化的根本原则。我国的机械化需要考虑到哪些经济条件呢？（1）既然我们机械化的方针是增加单位面积产量，那么机械下乡首先就要看能否增产。（2）要能够增加收入。机械化不仅能增产，而且要能增加收入。（3）为了降低机械的使用成本，机器必须综合利用。（4）我国农业的机械化将是一个比较长的过程，因此，必须注意到如何使机械同人力、畜力相结合，新的工具同旧的工具相结合，结合不好，问题很大。（5）机器要价廉物美。

2月

2月1日 农业部部长廖鲁言在全国拖拉机站站长会议的报告中指出：年年办拖拉机站，年年赔钱，主要原因是：机具使用率太低，消耗大，人多。要通过开展多种经营、精简人员、压低油耗、减少损坏等措施，扭转赔钱的局面。对今后办站经营方式，提出社有社营、国有社营、国社合营、国有国营等。

2月3日 全国拖拉机站站长会议总结中提到："估计在不久的将来，群众自己经营农业机械，将会成为主要的方式。""国营的拖拉机站在当前还是我国农业机械化中的主要形式。""在经济条件困难的地区，群众在目前也没有使用拖拉机的要求。同样，应该建立拖拉机站。积极示范于群众，给以后把拖拉机卖给合作社创造条件。"

2月8日 第一机械工业部、水利部、中华全国供销合作总社向国务院提交《关于降低农田排灌动力机械价格的报告》，对煤气机、锅驼机降低出厂价格提出了具体意见。

2月28日 廖鲁言在南方双轮双铧犁改装评比和推广使用经验交流会讲话中指出：我们的任务是建设一个具有现代工业、现代农业和现代科学文化的社会主义国家。现代农业就是农业机械化、电气化、化学化和水利化。所谓农业机械化，包括的机械有动力机械、耕作机械、排灌机械、运输机械、加工机械，还有畜牧机械、捕鱼机械等等。要逐步地由半机械化过渡到机械化；要从人力、畜力做动力的机械过渡到机械动力的机械。实现机械化，主要靠群众、靠农业合作社的力量来办。以机器拖拉机的经营方式为例，它可以有几种形式：国有国营、国有社营、国社合营、社有社营，今后的发展将以后面的几种为主要的方式。因此，各地要制定农业机械化规划，必须与合作化的积累合并考虑。实现农业机械化便是机器下乡。机器下乡是具有伟大的经济意义和伟大的政治意义的事，是逐步消灭城乡差别、工农差别的开始。各地应该充分地认识到它的意义。

3月

3月7日　刘少奇在四川郫县国营拖拉机站视察时指出：“改变国家拖拉机站的办站方法，由农业社自己购买拖拉机，由拖拉机站代培拖拉机手，以此来促进农业机械化。”

3月10日　第一机械工业部、第二商业部、中华全国手工业合作总社、中国人民银行、农业部联合发出《关于加强协作作好1958年农具工作的联合指示》。指示要求克服右倾保守思想，全面规划，加强技术指导、零件供应和修配工作，大力推广新式农具和改良农具。

3月22日　中共中央成都会议通过《关于农业机械化问题的意见》提出：农业机器应该以小型为主，配合以适当数量的大型和中型的。农业机器的性能，应该力求便于综合利用。农业机械的制造（包括机引农具、新式畜力农具和改良农具），除了大型的和技术要求较高的农业机器以外，一般的应该以地方工业为主。实现农业机械化，主要靠农业合作社自己的力量。在成都会议上毛泽东指出：“我们这样的大国不可能实现全部机械化，手工业和机械化是对立的统一。改良农具运动是迅速有效的，现在有创造，将来还有创造。”“改革农具的群众运动，应该推广到一切地方去，它的意义很大，是技术革命的萌芽，是一个伟大的革命运动。”成都会议期间，毛泽东对《洛阳第一拖拉机厂跃进规划》批示：拖拉机型号名称不可用洋字；各种拖拉机样式一定要适合我国的气候和地形；并且一定要是综合利用的；其成本一定要尽可能降低。

3月22日　《人民日报》发表《农业技术革命的萌芽》社论，提出各地党政领导机关，都要重视和抓紧领导生产工具改革运动，因地制宜，就地取材，更多地创造和改制比较进步的工具。

4月

4月6日　毛泽东主席在中南海瀛台参观全国农业合作展览，农业机械是其中的一部分。

4月8日 国务院对第一机械工业部、水利部、中华全国供销合作总社《关于降低农田排灌动力机械价格的报告》作出批示，同意降低煤气机和锅驼机价格的原则和办法。

4月8日 中共中央政治局批准成都会议通过的《关于把小型的农业合作社适当地合并为大社的意见》中指出：为适应农业生产和文化革命的需要，在有条件的地方，把小型的农业合作社有计划地适当地合并为大型的合作社是必要的。同时批准《关于农业机械化问题的意见》。

4月10日 天津拖拉机厂试制成功40马力铁牛牌轮式拖拉机。

4月20日 《人民日报》发表《尽量开发现有排灌设备的潜力》社论，介绍了江苏省挖掘现有设备潜力，提高灌溉效能的经验，还提出大量创造和推广简易提水机械，发展自流灌溉。

4月26日 《今日新闻》刊登国务院《关于依靠群众大力赶制简易提水工具的通知》。要求各地在解决提水工具不足问题的时候，把依靠群众、就地取材，因地制宜，大量赶制多种多样的简易提水工具，作为一项主要措施。

4月 农业部成立农具改革办公室，全国各地也相应建立农具改革办公室，负责掌握农具改革群众运动。

ZONGGUO NONGYE JIXIEHUA

5月

5月3日 国务院第七办公室批复全国拖拉机站站长会议总结，肯定农业机械下放到农业社，由合作社投资经营是有利于促进农业生产发展的。

5月5日 由农业部、第一机械工业部、交通部、轻工业部、商业部、农垦部、林业部等共同负责，在北京农业机械化学院举办全国农具展览会，9月20日结束。刘少奇、周恩来、彭德怀等多位党和国家领导人参观展览会。展览会共有10个馆：综合、耕作机具、农田排灌机具、农副业产品加工机具、农村运输机具、农用固定动力机具、植物保护机具、畜牧机具、经济作物机具、林业机具等，共展出4 800多件展品。展出期间共接待55万人，还接待720多位外宾。展览会评选出682件，给予奖励。其中绳索牵引犁、内燃水泵、平原发电站、煤气发生炉、深耕犁、水稻插秧机、快速割禾器等21件给予特等奖，59件发明创造给予优等奖。

5月5日 刘少奇在中国共产党第八次全国代表大会第二次会议的工作报告中指出：“使一切能够使用机器的劳动都使用机器，实现全国城市和农村的电气化；在全国的城市和农村中广泛开展改良工具和革新技术的群众运动，使机械操作、半机械操作和必要的手工劳动适当地结合起来。”

5月5日 农业部、第一机械工业部、第二商业部发出《关于农具产销工作的通知》。要求各地有关部门对当前新式大型畜力农具的推广、供应工作做一次认真的检查，帮助农业社解决使用中的具体问题，采用按乡按社统一管理、统一使用的办法，有计划地生产和供应动力加工工具。

5月6日 《人民日报》发表《进一步开展农具改革运动》社论指出：“农具改革运动是一个由量变到质变的过程，品种越多，范围越广，进步越快，也就更能加速我国农业机械化早日到来。”社论引用刘少奇在参观广东农具改革展览会时的讲话：“这样的技术革新运动，像一部车子，已经开动了，永远不会停止，一天不停，一万年不停。”

5月7日 农业部、第一机械工业部发出的《关于组织农业机械工作人员下乡上山的通知》提出：针对农村技术力量不足的困难，在全国范围内，组织农业机械工作人员，以省、自治区、直辖市和专区为单位，分期、分批地下乡上山，直接支援农业生产。两个部的第一批下乡上山人员由100人左右组成，其中70人左右下乡上山改革工具，30人左右协助地方制定农业机械化规划。

5月10日 第二商业部发出《关于迅速做好抗旱机具供应工作的指示》，针对发生的旱情，为保证农业丰收，作出6项抗旱防旱的紧急指示。

5月18日 毛泽东对辽宁安东机械厂试制成功拖拉机的报告批示：“卑贱者最聪明，高贵者最愚蠢。”

5月22日 周恩来视察北京农业机械化学院，第一机械工业部副部长段君毅陪同视察。

5月25日 周恩来到第一机械工业部农业机械研究所观看双缸内燃水泵运转情况，并和研制人员合影。在此前后几天，邓小平、陈云、聂荣臻等也曾参观。

5月 越南社会主义共和国主席胡志明到北京农业机械化学院参观全国农具展览会，并接见了越南留学生和中国学生。他欢迎中国学生毕业后到越南工作。

ZONGGUO NONGYE JIXIEHUA

6月

6月18日 农业部发出《关于作好今年水稻插秧机改进工作的通知》指出：试制的70多台103式水稻插秧机，已在南方几省早稻、中稻插秧中作了多点试验，根据试验情况看，插秧机的几个老问题仍然没有得到解决，一般均匀度（3～10株）占50%左右，匀秧占20%左右，伤秧率、漏秧率均占10%以上。在群众性的工具改革运动中，各地又试制出几种插秧机，其中以广西根叉式和双夹式与福建的船式比较成功，三者各有优缺点，希望再作进一步改进。建议各地把103式插秧机与这三种插秧机结合试验（样品由全国农具展览会供应），并综合这几种机子在分秧、送秧、插秧上的长处，在原有基础上改进提高，或重新创造新型号，以求迅速有效地克服插秧机存在着的普遍缺点。各地要力求在晚稻插秧前完成。

6月30日　国务院发布《关于水利电力部和农业部在水利方面分工的规定》提出：农田水利和农村小型水电建设的长期规划和年度计划，以农业部为主，协同水利电力部制订；大江、大河的水源分配、水利枢纽及黄河下游的渠道工程管理，由水利电力部负责；灌溉管理及灌溉渠道管理，由农业部负责；原属水利部门的灌溉管理局，拨归农业部门领导，但华北漳卫南运河管理局的领导关系，仍由农业部和水利电力部共同管理；农田机械排灌的规划和管理，由农业部负责；原属水利科学研究机关的水利灌溉、土壤改良的科学研究人员的领导骨干，由水利电力部负责分配一半给农业部；原属前水利部的灌溉研究站，拨归农业部负责管理；农田水利事业费由农业部负责掌握。

7月

7月1日　农业部和中国农业机械学会筹委会主办的《农业机械》杂志创刊。

7月1日　第一机械工业部上海内燃机研究所成立，负责研究、设计、试制农业机械用的中小型内燃机。

7月3日　《人民日报》发表《创造发明是为了推广应用》社论，列举农村劳力严重不足的困难和群众发明创造的大量新式农具，提出各地领导应建立一个“限期推广、定期检查和汇报的制度”，迅速地把改良农具推广应用到广大群众的生产活动中去。

7月12日　农业部发出《关于农具改革和拖拉机下放农业社等当前主要情况的通报》，针对存在的问题提出采取有效措施推广双轮双铧犁、对拖拉机下放要大胆积极进行、各省规划一般在5年内基本实现机械化、各地要普遍重视各种能源的发掘和利用、加强试验研究、试验鉴定工作等。

7月13日　中共中央、国务院发出《关于迅速在农村开展农具改良运动的指示》，针对改良农具推广不力的现象提出：“从省到县到社，都应当建立专门负责推广改良农具的领导组织，加强领导。经验证明，只要领导下定决心，并放手发动群众。真正做到全民动手。‘人人当工匠，户户是工厂’，就能把农具改良运动推上一个新的高潮。”

7月20日 洛阳第一拖拉机厂生产出第一台东方红牌54马力履带式拖拉机。

8月

8月1日 《新华月报》第17期刊登国务院副总理邓子恢的文章《苦战三年，基本改变农村面貌》。针对农业生产高潮中劳动力不足问题提出：“在农具改革中，必须抓住普及这一中心环节，先求普及而后再逐步提高，最后实现机械化。”“在有条件地区积极筹划机械化、半机械化，或部分机械化，特别要结合办肥料工厂争取沼气发电，结合兴修水利争取水力发电。在平原地多而又有条件买到或制造拖拉机、抽水机、汽车的地区，应争取提前耕作机械化、水利机械化、运输机械化，但这些地区也不是在一个早上就可以全盘机械化，而仍然要用土办法土材料进行农具改革。”

8月17日 中共中央政治局扩大会议在北戴河举行。会议通过了《关于在农村建立人民公社问题的决议》、《关于1959年计划和第二个五年计划问题的决议》、《关于水利工作的指示》、《关于深耕和改良土壤的指示》、《关于肥料问题的指示》等文件。毛泽东在会议的讲话中指出：“公社化了，机械化要跟上。”

8月20日 中共中央书记处召开省委书记电话会议，讨论加强工具改革的领导问题。毛泽东指出：“要求各级党委要摸清情况，全省全区有多少农具需要改良？多少农具需要装上滚珠轴承？订个规划，哪种先改，哪种后改？什么时候改完？都要具体安排。这样领导就具体了，加强了，工具改革运动就会更好的开展起来。”中央书记处书记谭震林在会上指出：运输工具滚珠轴承化是当前改良运动中的主要环节，它是我国农业生产走上半机械化的根本标志。

8月21日 《人民日报》发表《大搞工具改革》社论指出：“大部分省区都要在最近一两个月或两三个月内，把本地区的一切运输工具滚珠轴承化。”“全国各个地区都要在今年之内实行农业生产工具的改良，实现农业半机械化。”“很多地方造滚珠轴承缺乏原料，就开展一人或一户一斤铁的运动，原料问题马上解决了。”“有了坚强的领导和轰轰烈烈的群众运动，我们就一定能在今年内在全国农村中实现运转工具滚珠轴承化，就一定能够在今年内实现一切农业工具的改革。”

9月

9月5日 第十五次最高国务会议召开。毛泽东在会上指出："必须首先抓紧钢铁工业和机械工业，因为这是实现我国工业化、农业机械化和加强国防力量的基础。"

9月12日 《人民日报》发表《耕作机械化电气化的捷径》社论指出：中国农业科学院农业机械化研究所的工作人员根据江苏省风力绳索牵引机的原理，试制成功一种电力绳索牵引机（简称电犁），这种机械具有很多优点，具有很大的推广价值，将是我国加速实现农业机械化、电气化的一条捷径。

9月15日 全国工业交通展览会在北京展览馆开幕，会上展出了我国拖拉机、农业机械和内燃机工业的成就。展品中有红旗—80型和东方红—54型履带式拖拉机，铁牛—40型轮式拖拉机等品种。

9月17日 农业部在南京召开全国绳索牵引机现场会。中共中央书记处书记谭震林在会上发表讲话，他赞誉绳索牵引机是深耕的有效武器，有远大的发展前途，他号召把绳索牵引机推广到全国所有的社队，以适应当前秋种深翻的需要，并且力争在明年完成绳索牵引机的综合利用。

9月20日 国务院科学规划委员会函复林业部：同意正式成立林业科学研究院，并将林业部所属林业科学研究所、森林工业研究所和筹建中的林业机械研究所交由该院领导，定名为林业部林业机械研究所。

9月 南京农学院农业机械化系与江苏省南京农业机械化学校合并成立南京农学院农业机械化分院。

9月 农业部在南京农业机械化研究所召开了全国第五次水稻插秧机会议。通过实地表演试验，评选出南—105型插秧机、湖南醴陵插秧机、浙江诸暨插秧机、浙江余姚插秧机和江西红旗1号插秧机，向全国推荐使用。

10月

10月15日 经农垦部批准塔里木农垦大学成立，王震部长兼任校长，设农业机械专业。

10月18日 《人民日报》发表《再接再厉，大搞农具改革》社论，列举了对新农具的推广少数地方进展很迟缓的种种原因，提出深入发动群众，就可以把农具改革工作变成轰轰烈烈的群众运动，就可以获得巨大成就。

ZONGGUO NONGYE JIXIEHUA

11月

11月4日　《人民日报》发表《把工具改革运动抓到底》社论提出：各地应该首先抓住四个方面进行工具改革，一是大搞运输工具滚珠轴承化运动；二要大搞绳索牵引机；三要大搞动力能源，特别是大搞水力、风力和沼气能源；四要定任务、定期限，下决心搞推广，在短期内全国增加几千万、上亿马力的动力是不难办到的。

11月9日　毛泽东读《苏联社会主义经济问题》时谈话："斯大林不卖拖拉机等生产资料给集体农庄，我们卖给人民公社。"

11月10日　毛泽东在第一次郑州会议上指出："我们要把农业机械卖给公社，这是由集体所有制过渡到全民所有制，由社会主义向共产主义过渡的出路"。他在对郑州会议《关于人民公社若干问题的决议（草案）》修改中指出："要使人民公社具有雄厚的生产资料，就必须实现公社工业化，农业工厂化（即机械化和电气化）。"

11月13日　朱德副主席视察天津拖拉机厂。

11月21日　中国共产党八届六中全会在武昌举行。会议围绕人民公社和1959年国民经济计划，着重讨论了高指标和浮夸风的问题。会议通过了《关于人民公社若干问题的决议》。决议指出："人民公社的工业生产，必须同农业生产密切结合，首先为发展农业和实现农业机械化、电气化服务，同时又要为满足社员日常生活需要服务，又要为国家的大工业和社会主义的市场服务。"

ZONGGUO NONGYE JIXIEHUA

12月

12月2日　新疆军区生产建设兵团研制的开沟打梗机、10马力柴油机、小型铡草机、60型螺旋榨油机、天山—1.5型清棉机等10种农具在越南河内中国农垦展览会展出。

12月8日　农业部、第一机械工业部和商业部联合在北京召开全国农业机械化、电气化规划会议。会上讨论了《我国农业机械化、电气化发展道路及发展纲要》。

12月20日　农业部发出《关于加强人民公社管理农业机械的意见（修正

草案）》提出：（1）各级领导要重视、加强人民公社管理农业机械的工作；（2）健全组织领导，设立专管机构，确定专人负责；（3）进一步开辟多项作业；（4）加强技术管理工作；（5）建立生产、计划、财务、统计等经营管理制度；（6）加强修理工作；（7）妥善解决冬修零件供应；（8）培训提高农业机械化、电气化人才。

1958年 这一年农业部把农机修理工作交给第一机械工业部管理；把机器、零配件供应工作交商业部管理。

1958年 第一机械工业部决定组建松江拖拉机制造厂，生产40马力轮式拖拉机，1965年确定开始生产履带式集材拖拉机，并以年产500台规模扩建，1966年生产300台。

1959年

ZONGGUO NONGYE JIXIEHUA

2月

2月2日 毛泽东在省市委书记会上讲话中指出："要挖这么多土方，运这么多肥料，都用人挑，没有机械是不行的。割、运、打、收，没有机械，要人去割，那怎么得了。"

2月21日 《人民日报》发表《切切实实抓紧工具改革》社论提出：农业大跃进，大丰收迫切要求解决劳动力紧缺，要求开展一个更广泛、更深入、更细致，更有成效的工具改革运动。

2月21日 以国家主席刘少奇的名义，将1台南—105B型水稻插秧机赠送给缅甸总理奈温。国务院总理周恩来、副总理陈毅及中国驻缅甸大使李一氓和缅甸总理奈温及缅甸农业部长、外交部长和政府官员等百余人观看表演。

2月27日 中共中央在郑州召开政治局扩大会议，即第二次郑州会议。会议提出了调整人民公社体制问题，起草了《关于人民公社管理体制的若干规定（草案）》，规定整顿和建设人民公社的方针是：统一领导，队为基础；分级管理，权力下放；三级核算，各计盈亏；分配计划，由社决定；适当积累，合理调剂；物资劳动，等价交换；按劳分配，承认差别。毛泽东在会议上指出："我们要把农业机械卖给公社，这是由集体所有制过渡到全民所有制，由社会主义向共产主义过渡的出路。”

2月 农业部召开全国工具改革办公室主任会议，制定1959年推广麦收工具、绳索牵引机、插秧机和排灌机械等农具改革的方案，确定32项试验研究课题和34个评比选型会。会上还明确绳索牵引机和拖拉机两条腿走路，工具改革和机械化两条腿走路等方针。

3月

3月25日 中共中央在上海召开政治局扩大会议和中国共产党八届七中全会。会议通过了《关于人民公社的十八个问题》。会议纪要中指出：“解决农村劳动力不足的根本途径，是技术革命，实行工具改革，半机械化和机械化。建议工业计划部门，在1960年度拿出100万吨左右的钢材来制造农业机械，并争取有一部分机械在明年春耕时即可投入生产。同时还建议多生产一部分手推胶轮车，解决当前的农村运输和由农村到车站码头的短途运输的紧迫需要。”

4月

4月8日 《人民日报》发表《加强工具改革运动中的科学研究工作》社论指出：我国农业机械科学研究工作取得了很大成就，有了一支日益壮大的农业机械研究工作者队伍，农业机械科学工作要全面贯彻总路线，与群众性的工具改革运动密切结合，有计划有步骤地开展农业机械科学研究工作。

4月9日 商业部发出《关于加强排灌机械调拨供应工作的指示》，要求组织力量，加强排灌机械的调运工作，并做好配套和配件供应工作。

4月18日 农业部发出《关于进一步加强小农具整修增补和麦收工具准备工作的通知》，要求各地对小农具的增修和麦收工具的准备情况进行一次认真的检查摸底，限期把小农具整修增补和联合收割机、脱粒机等的检修任务完成，保证不误使用。

4月26日 北京农业机械化学院受农业部委托，召开全国农业机械化专业教材编写规划会议。全国14所院校60人参加会议，农业部宣教局副局长邢毅到会，中央农村工作部、北京市委工具改革办公室、农垦部等派代表参加。会议根据农业部党组和部长廖鲁言的指示，按照教育与生产劳动相结合的方针，确定教材编写规划与协作方案。会议对专业培养目标、教学计划、教学与科研及生产劳动相结合等方面的问题进行了讨论，推举15人组成全国农业机械化专业教材编审委员会，北京农业机械化学院院长徐觉非担任主任委员。

4月29日　毛泽东在《党内通信》发表给各省、地、县、社、队的信指出："农业的根本出路在于机械化，要有十年时间。四年以内小解决，七年以内中解决，十年以内大解决。今年、明年、后年、大后年这四年内，主要依靠改良农具、半机械化农具。每省、每地、每县都要设一个农具研究所，集中一批科学技术人员和农村有经验的铁匠、木匠，搜集全省、全地、全县各种比较进步的农具，加以比较、加以试验、加以改进，试制新式农具。试制成功，在田里试验，确实有效，然后才能成批制造，加以推广。提到机械化，用机械制造化学肥料这件事，必须包括在内。逐年增加化学肥料，是一件十分重要的事。"

5月

5月22日　毛泽东接见波兰统一工人党代表团时讲话："我们在全国范围内，靠人力，靠手工，生产效率很低，特别是农村。要机械化，工业也好，农业也好，要一个过程。假如在10年之内，能基本上解决这个问题，那就太好了。也许不行，那就再加5年。"

ZONGGUO NONGYE JIXIEHUA

6月

6月2日　农业部、商业部联合发出《关于清查库存积压的农机具以便供应生产需要的通知》，要求各省、自治区的农业、商业两个部门组织一次联合清查积压的农机具，并根据当地的具体情况合理调配，以供生产需要。

ZONGGUO NONGYE JIXIEHUA

7月

7月2日　中共中央召开政治局扩大会议和八届八中全会，即"庐山会议"。会议提出安排国民经济计划按农、轻、重的顺序，并指出每年拿出100万吨钢材制造农业机械，包括制造小农具。会议期间，毛泽东又一次提出要成立农业机械部。

8月

8月26日 二届全国人大常委会五次会议发布关于设立中华人民共和国农业机械部的决定。

9月

9月15日 农业机械部发出《关于启印办公的通知》指出："本部已筹备就绪，正式成立，并于1959年9月15日起启印办公。"陈正人任部长，黎玉、沈鸿任副部长。

9月20日 农业机械部向党中央、毛泽东第一次报告。主要内容是筹备过程中初步研究的几个问题：（1）农业机械部的性质、任务和业务范围；（2）农业机械部机构的建立；（3）目前的工作任务；（4）本年第四季度和明年生产计划问题；（5）农业机械工业的基本建设问题；（6）关于召开全国农业机械工业会议问题。

9月22日 全国人大常委会委员长朱德给国务院副总理李富春写信，对1960年农机工作提出4点意见：（1）计划应有先后顺序，动力在先，机械在后；（2）小电站、电站、水电站也要在先，机械随之；（3）农民迫切要求的是运输工具；（4）拖拉机大量出现，不可能快。

9月30日 农业机械部提出《关于加速培养农业机械工业职工队伍的意见（草案）》，建议中央教育部召集第一机械工业部、农业部、农业机械部等有关部门，共同研究如何加速培养农业机械工业所需的各种高级技术人才问题。各省、直辖市、自治区根据本地区的发展需要，结合本地区现有学校情况，培养所需中等技术人才和技术工人。发挥专、县、人民公社和现有企业的办学积极性，举办各种训练班。各级农机管理部门逐步建立或健全培训机构。

10月

10月16日 国务院副总理薄一波在《红旗》杂志第20期发表《为加速实现农业技术改造的伟大任务而奋斗》的文章。文中阐述了加速实现农业技术改造的迫切需要，批评了反对农业技术改造的各种意见，提出加速农业技术改造的措施。文章指出：“为着使工业农业能够更相适应地和持续不断地向前大跃进，当前我们的任务，就是要在加速社会主义工业化的同时，积极地和逐步地实现农业的技术改造，实现农业的机械化和电气化。这就是党的在优先发展重工业的条件下，工业和农业同时并举的方针在新形势下的新内容。具体地说来，就是要把我国的农业生产，从主要的使用手工工具和畜力工具，改变为主要的使用机器，从主要的使用人力和畜力，改变为主要的使用机械动力和电力，从主要的使用人力加工肥料的状况，改变为主要的使用机械制造肥料（其中包括化学肥料和有机肥料）的状况，以便在较短的时期内，使我国农业从目前的落后技术转移到现代化技术的基础上来。在现在，社会主义工业化也不应当离开农业技术改造而孤立地进行。我们应当把社会主义工业化和农业技术改造这样两件事情联系起来看，应当使农业技术改造的步骤和社会主义工业化的步骤相适应。可以肯定，没有现代化的工业，就没有现代化的农业，没有现代化的农业，现代化的工业也就难以迅速地不断向前发展。”“大型工业是支援农业的主力军，我们应当积极发展为农业生产服务的大型企业，扩建或者新建一批农业机械厂、拖拉机厂、化肥厂、汽车厂等等。”

10月18日 中共中央批转农业机械部向中共中央、毛泽东的第一次报告，提出：“从1958年起以10年至15年的时间实现农业现代化，即实现农业机械化、水利化、化学化、电气化的总任务和4年小解决，7年中解决，10年大解决的机械化步骤”；同意在10月内由农业机械部召开农业机械会议。

10月18日 农业机械部在北京召开第一次全国农机厅（局）长会议。会议安排了年度计划，交流了经验，制定了实现计划的措施。会议期间，周恩来总理作了重要指示，副总理李富春、谭震林、薄一波作了报告，部长陈正人作了会议总结报告。谭震林在报告中指出：实现农业机械化，10年后耕作、排灌、加工、运输机械化程度占整个农村手工操作的比重，可以达到28%～30%，提高一点可以达到40%。机械化并不是10年就可以“化了”，20年也不一定。薄一波在报告中提到：毛主席批评了我们“讲了多少次，老是不成立农业机械部，不成立不行，我来兼部长”。对解决农业机械化的方针、步骤，薄一波讲“报纸上不宣布这些目标、方针、步骤”。“4年小解决，7年中解决，10年大解决，毛主席出的题，是对我们很大的鞭策，不是轻而易举的”“这是经济问题，也是政治问题”。

10月31日 毛泽东在《河北省吴桥县王谦寺人民公社养猪经验》一文给新华社的批示中写道：“苏联伟大土壤学家和农学家威廉士强调说，农、林、牧三者相互依赖，缺一不可，要把三者放在同等地位，这是完全正确的。”“用机械装备农业，是农、林、牧三结合大发展的决定性条件。今年已经成立了农业机械部，农业机械化的实现，看来为期不远了。”

11月

11月1日　我国第一拖拉机制造厂在洛阳举行落成典礼。从这天起，该厂生产流水线正式投入生产，在当天的4小时内即装配出15台拖拉机。该厂于1955年10月开始兴建，是苏联援助我国建设的重点工厂之一。在整个建厂过程中，我国有130多个工厂为该厂提供设备，有近600个工厂为它生产各种辅助材料，还有成千上万个少先队员把拾废物、拾麦穗换来的钱寄到拖拉机厂，要求为新中国的第一座拖拉机厂贡献一份力量。该厂投产后，每年可产东方红牌履带式54马力拖拉机1.5万台。谭震林出席了第一拖拉机厂落成典礼并在大会上讲话指出：党中央和毛主席关于加速我国农业现代化的号召，给拖拉机厂的职工们提出了极其光荣的任务，第一拖拉机制造厂是在全国范围内实现技术改造的一个骨干工厂。它将以源源不断的拖拉机，开入祖国的辽阔广大的田野，代替黄牛耕田，代替黄牛车水，代替黄牛拉车。

11月2日　《人民日报》发表《为实现农业技术改造的伟大任务而奋斗》社论，为洛阳第一拖拉机制造厂投产祝贺。社论提出实现农业技术改造，必须贯彻执行大中小并举，土洋并举的方针。

11月11日　刘少奇在《政治经济学教科书》学习讨论会上的发言指出：“工农差别的消灭，主要是农业机械化的问题。”

11月15日　由国家科学技术委员会、农业机械部、农业部联合召开全国农业机械科学技术会议。会议制定了1960年农业机械科研规划，决定在全国各省设“农业机具系列化、农业机械化试点”，由国家投资1 000多万元。

11月16日　刘少奇在《政治经济学教科书》学习讨论会上的发言指出：“我国在工业中，大机器生产是占统治地位的，但在农业上还没有做到这一点。”

11月20日　陈正人在第一次全国农机厅（局）长会议上作总结报告指出：根据我国现有耕地、地形、作物等具体情况和国外的经验来看，拖拉机多少是农业机械化的主要标志。初步估算，10年左右，我国80%的耕地将实现机械化（按18亿亩，80%就是14亿亩耕地实现机械化），约需拖拉机180万标准台，再加上工业和其他建设用的，“10年以内大解决”将需要拖拉机200万～240万台，“7年中解决”约需120万台，“4年小解决”约需40万台。

11月24日 国家科学技术委员会主任聂荣臻在全国农业机械科学技术会议上发表讲话，指出：为了1960年和今后的继续跃进，工业生产要更有力地支援农业现代化建设，我们要实现国民经济的继续跃进，必须保证农业的跃进，要保证农业的不断跃进，就要求积极推动农业的技术改造，逐步实现农业机械化、水利化、化学化和电气化。我们这个会议所讨论的农业机械科学技术工作，就是实现这个伟大任务的一个重要组成部分。最近，党中央特别强调提出工业支援农业，加速农业技术改造的号召，提出逐步实现农业的机械化、水利化、电气化和化学化的任务，这是一件了不起的事情。它将彻底改变旧中国历史所遗留下来的农业技术的落后面貌，奠定我们子孙万代的幸福基础，这是我国社会主义建设事业跃进前行中的一个伟大任务。我们应该鼓足干劲，积极地有计划地去完成这个伟大的任务。为了迅速实现这个任务，必须贯彻执行大中小并举、土洋并举的方针，发动群众大闹技术革新，改造农具和运输工具，逐步试验研究、试制和推广各种农业机械，大量养猪和发展牲畜，大量积攒农家肥料，大量发展化学肥料和农药，继续兴修水利，逐步使用电气，并且除继续建设骨干企业以外，要更多地兴办简易土洋结合的农业机具、化学肥料、农药、农村小电站等中小型企业。现在农村，特别是在人民公社化以后的农村，是发展我国科学技术最肥沃的土壤。农民迫切要求科学技术，如饥似渴地要求掌握和使用改良农具、农业机械、动力机械、化学肥料、杀虫农药等科学技术的产物，甚至像同位素在农业中的应用这样最现代化的科学技术，农民也开始要求掌握。农机具要切合当时的农艺需要，并且能够很快地成套推广应用，需要做一系列的工作，从试验研究到推广应用，要环环扣紧，密切协作。

11月26日 农业机械部党组向中共中央、毛泽东主席呈报《关于一九六〇年农业机械工业基本建设计划》的报告提出：同意计委提出的今后3年内，把农业机械工业的基本建设作为一个重点，按照两条腿走路的方针，即以必要的大型企业为骨干和以中、小型企业为主的同时并举，中央和地方企业同时并举，以机械化和半机械化同时并举。以拖拉机为纲，坚持综合利用、因地制宜地进行产品设计。在全国合理布局，达到资源合理利用。

ZONGGUO NONGYE JIXIEHUA 12月

12月27日 农业机械部副部长沈鸿在全国农业机械科学技术会议上发表《谈谈农业机械科学技术工作中的几个问题》的讲话。主要内容是：农业机械科学技术工作的目的；关于农业机械研究工作的意见；勤俭办科学研究；

农业机械的科学技术普及工作；加强政治学习，进一步改进我们的思想。

12月27日　全国首届农业机械修配会议开幕。沈鸿发表讲话指出：全国首届农业机械修配会议，这是中国历史上破天荒的第一次，党中央和毛主席号召我们在十年或八年的时间内，将我国建设成为一个具有现代工业、现代农业、现代科学文化的伟大社会主义国家。到那时，我们国家将有无数的机器来代替现在的落后农具，不论耕作、播种、收割、排灌、运输就是养猪、养鸡也要用机器，今后发展到一亩地一头猪的时候，全国不知要用多少人来养猪，所以看起来要农业现代化，机械化还是第一呢。有人说："中国人口多，可以不要发展机械化。"这个论点是错误的，有人还说："要先实现国家工业化，然后再慢慢实现农业现代化。"这个观点也是错误的。现在不用机器生产，劳动力显得不够，因此应该迅速地实现机械化，目前我国工业从业人员是2 000万，如果实现了农业机械化，可以从农业中得到上亿劳动力投入工业，这力量就可观了，它相当于现有工人数的5倍，到那时，我们农业发达了，工业也更发达了。

12月31日　农业部、农业机械部在联合发出《关于开展自下而上新农具普查和评选工作的联合指示》中提出：普查评选的目的和要求、评选农具的标准、评选鉴定办法和评选工作的组织领导。

12月　农业机械部将第一拖拉机制造厂工厂设计处，由厂内独立出来，在洛阳成立农业机械部工厂设计院。

1959年　朱德到乌鲁木齐农业机械厂视察。

1960年

1月

1月1日 农业机械部制定出《1960至1967年农机技术发展纲要》提出：近三四年以改良农具、半机械化农具为主，加强企业技术改造，发展现代化农机生产；发扬独创精神，发展农机新品种，走引进、使用、改进、创造的道路，淘汰落后品种；以拖拉机为纲，综合利用，系列化、标准化、因地制宜地设计新产品；利用多种燃料，风、水资源；研究材料代用和国产钢材系列等政策。

1月13日 《人民日报》发表《农村工具改革的新发展》社论，号召大力推广和改革工具，促进农业技术的改造和农业生产的大发展。

1月 第一机械工业部所属内燃机研究所、拖拉机研究所、农业机械研究所划归农业机械部领导。

1月 农业机械部党组制定出《加速培养全国农业机械工业系统技术队伍规划》，包括3年和8年的规划。规划提出：在培训工作上必须采取两条腿走路的方针，即实行中央与地方办校同时并举，新建与扩建同时并举，正规教育与业余教育并举，长期与短期速成并举，工厂企业、科研、机关大家动手大办学校。农垦系统为了培养农业机械人才，在黑龙江八一农垦大学、新疆石河子农学院、华南热带作物学院，均设立了农业机械化专业。一些农垦中等专业学校也设立了农业机械化专业。

1月 毛泽东在关于政治经济学中的若干问题的批语中谈到机械化与半机械化的关系时指出：我们要实现像教科书上所说的全盘机械化，看来第二个十年还不行，恐怕要在第三个十年中间。在今后一个时期内，因为机器不够，半机械化和改良农具还是要我们提倡的。我们现在还不一般的提自动化。机械化要讲，但也不要讲得过头。机械化、自动化讲得过多了，会使人们看不起半机械化和土法生产。过去就曾经有过这样的偏向，大家都片面追求新技术、新机器、追求大规模、高标准，看不起土的，看不起中小的。提出土洋并举，大中小并举以后，这个偏向才克服。

2月

2月6日 新疆农业机械化研究所兵团分所（简称兵团农机所）成立，8个农业师成立农机研究室，70多个团场成立农机研究组，兵团三级农机科研网络初步形成。

2月16日 陈正人在《红旗》杂志第4期发表题为《加速农业技术改造》的文章，文章论述了农业技术改造的意义、作用，提出大中小型企业同时并举以中小型为主、中央和地方同时并举、土洋并举等建设农机工业体系和有计划地加速农机科技和学校教育工作等。

2月22日 商业部发出《关于加强农业机具供应支援防旱抗旱的通知》，要求各商业部门必须进一步加强排灌设备、维修零件、农药械等的调拨、供应工作。

2月22日 《人民日报》发表《更快更好地供应农业生产资料》社论指出：积极供应生产资料支援农业生产，是商业部门的一项极其重要的任务。必须采取“土洋并举”的方针，一方面商业部门对于国家统一安排生产的现代化装备，包括农业机具、排灌机具、运输工具等，积极与有关单位协作，及时做好供应工作；另一方面还必须根据“就地取材、就地生产、就地供应”的原则，主动组织和援助地方工业特别是县和公社工业，充分利用土铁土钢，大力生产小农具和经过鉴定的改良农具。

2月24日 交通部、公安部颁发实施《机动车管理办法》，将拖拉机列入管理范围。

2月26日 《人民日报》发表《支援人民公社修理农具》社论指出：当前，工业支援农业的一件十分重要工作，就是组织技术力量帮助人民公社赶修农械农具。

2月27日 农业机械部发出《关于支援抗旱、赶制抢修农业排灌机械的紧急指示》，要求坚决贯彻中共中央、国务院《关于动员抗旱的紧急指示》，把赶制、抢修农业排灌机械及提前完成制造与修理计划作为当前农业机械战线上的中心任务。

2月 农业机械部机关刊物《中国农业机械》创刊。

3月

3月2日 农业部发出《关于放手推广水稻插秧机的通知》指出：根据农业部、农业机械部在广东省东莞县召开的全国水稻插秧机和半机械化水田耕作农具现场评比会评定比较选出的7种插秧机，确定定型，在全国各地制造、推广。“实现半机械化、机械化，解决劳力不足的困难，是保证农业生产继续跃进的一项重大措施。”“为此，凡是种植水稻的省、专、县的农具厂，要成批制造机械化的、半机械化的和土的、洋的、土洋结合的插秧机，大量推广，并且力求保证规格质量，及时满足农业生产的需要。”

3月16日 谭震林在《红旗》第6期发表了题为《关于实现我国农业机械化的若干问题》的文章，从认识上、“化”法上作了论述。文章指出：我国的农业机械必须要适合园田化、贯彻农业“八字宪法”、符合精耕细作传统、多种多样因地制宜、大中小结合、结构精密、又能综合利用。党中央和毛泽东同志从来是十分重视我国农业机械化问题的，是把实现农业机械化作为改变我国经济落后面貌的一个根本问题来看待。为了实现我国农业机械化，学习外国的先进经验是重要的，但是不能简单地照抄，必须对我国的实际情况作充分的估计。首先，农业机械化必须适合于我国传统的精耕细作制度；其次，农业机械化必须适应我国复杂的自然条件；第三，农业机械化是我国广大农村已经普遍实现了人民公社化的情况下进行的，人民公社不仅要求实现农业机械化，而且要求各行各业都实现机械化；第四，既然我国自然条件很复杂，农作物的品种又很多。那么我们的农业机械就不能只是大型的，还必须是大中小型相结合，有中型的和小型的。实现我国的农业机械化，关键在于坚决贯彻党的鼓足干劲、力争上游、多快好省地建设社会主义的总路线和两条腿走路的方针。首先，必须放手发动群众，依靠广大群众的积极性、创造性；其次，必须两条腿走路，实行土洋并举，大中小型结合；第三，必须用最少的财力、物力在最短的时间内取得最大的效益；第四，必须充分利用现有的农业机械，为将来实现农业的全盘机械化准备条件。

3月24日 农业机械部发出《关于建立农业机械科学技术研究院、拖拉机研究所、内燃机研究所的通知》，决定在原农业机械研究所的基础上建立农业机械科学技术研究院。沈鸿兼任农业机械科学技术研究院院长。

3月30日 二届全国人大二次会议召开。国务院副总理兼国家计委主任李富春在大会上所作的《关于1960年国民经济计划草案的报告》中指出：农业机械化的目标是“争取4年小解决，7年中解决，10年大解决”。争取10年左右全国基本实现农业机械化、水利化和相当程度的电气化。农业机械部部长陈正人在这次会议上的《加强实现我国农业技术改造》发言中提出：“农业机械化的根本问题是大搞群众运动”、“农业机械化要从我国的实际需要出发”。会议通过的《1956年到1967年全国农业发展纲要》中提出：改良旧式农具，推广新式农具——根据生产的需要，经过地区适应性的试验和改制，积极推广那些适合当地条件的改良农具和新式农具。经常注意农具的保养和修理的工作。加强新式农具使用的技术指导。随着国家工业化的发展，有步骤地积极地实行农业机械化。从1956年起，在尽可能短的时间内，机械制造部门和农业部门应当经过广泛的试验研究工作，拟出一个适合我国条件的农业机械化方案，为推广农业机械化做好准备，随即制造适合各地的机械，供应农民；随时改良，积极推广。

3月 农业机械部召开第二次全国农业机械厅（局）长会议。会议对生产计划和基本建设问题作了研究。陈正人部长在会议总结报告中谈到关于我国农业机械化的道路问题时指出：我们要找到一条适合我国国情的农业机械化道路，这就要求我们每年至少有4个月深入下去，其中最少应有2个月深入到农村去，总结农具改良的成就，考察哪些是适合我国情况的农业机械，从而找出其发展的道路。

3月 农业部召开组织联合收割机支援麦收和人民公社管理农业机械会议。会议总结了人民公社经营农机一年多来取得的成绩，确定继续采取将农机下放到公社，社办和国营形式并存，两条腿走路的方针。

4月

4月21日 国家主席刘少奇视察第一拖拉机制造厂、洛阳滚珠轴承厂、洛阳矿山机器制造厂。在听取以上3厂负责人汇报时指出：搞技术革命、技术革新，不要忽视技术人员、老工人的力量。讲本事，还是技术人员、老工人大。在技术革命中，我们要鼓励唱对台戏。对台戏，就是百家争鸣，经过争鸣，然后再结合起来，就更好。

4月21日 我国政府以国务院总理周恩来名义，将1台南—105B型水稻插秧机赠送给尼泊尔政府。在尼泊尔皇宫进行操作表演。周恩来总理、陈毅副总理、尼泊尔首相柯伊腊及其他政府官员百余人观看表演。

4月 国家科委、农垦部确定，兵团农七师车排子二场（今一二七团）为国家棉田机械化系列化试点单位。

5月

5月26日 第一机械工业部、农业机械部联合在上海市召开全国机械工业技术革新、技术革命现场会议，这次会议是根据党中央和毛泽东的指示召开的，中共中央主席毛泽东、国家主席刘少奇接见了代表团领导。刘少奇在会议上讲话：要组织托拉斯，组织综合性公司，或联合性企业，这也是生产关系上的一种改革。物资管理办法也要改，我看现在就应该改，以块块为主，统一管理，像商业部门管理生活资料一样。要一切为着技术革命的发展，生产力的发展。

5月29日 陈正人在上海召开的全国机械工业技术革新、技术革命现场会上作题为《更广泛、更深入、更持久地开展技术革新技术革命运动，为加速实现我国农业机械化而斗争》的报告指出：实行农业的技术改造，实现农业的现代化，是把我国建设成为一个强大的社会主义国家的基本任务之一，是实现我国技术革命的一个极为重要的组成部分。为了更好地加速实现农业机械化，在农业机械战线上必须继续坚持城乡经济技术革命同时并举和互相结合的方针。（1）农业机械产品革命应该以农业“八字宪法”为纲；（2）产品设计要适应我国的自然条件和因地制宜的原则，产品的设计还必须适应我国现有的资源情况；（3）大力开展原材料的节约代用工作，发展多种经营，大搞资源的综合利用；（4）大力发展科学、技术研究的群众运动，加速培养和壮大农业机械的科学技术队伍，更广泛更深入地开展5亿农民的农具工具改良运动，争取更快地首先实现半机械化。实现农业半机械化，是广大农民异常迫切的要求，是加速实现农业机械化的一个发展过程，也是保证当前农业生产持续大跃进的一个极为重要的条件。

5月 农业机械部党组给中央的《关于大搞半机械化群众运动，争取1962年实现农业半机械化的意见》报告提出：3年实现农业半机械化的任务和措施，在1962年以前生产出农、林、牧、副、渔等各方面的半机械化农具、工具11 000万件。

6月

6月14日 《人民日报》发表《农业技术革命的一项伟大成就》社论，论我国插秧机的诞生，指出插秧机是“一种为亿万人民所迫切要求的新机器出世了”。

6月24日 《人民日报》发表《为新生事物开辟道路》社论，论推广插秧机的主要经验，社论针对插秧机推广中的问题，提出做新生事物的促进派。

7月

7月10日 《人民日报》发表《大力发展山区工具改革运动》社论，针对我国80%左右的国土面积居于山区和半山区，并且地广人稀、地势复杂、地块小、道路崎岖等条件，提出“必须特别地创造和推广适应山区作业的工具和机械”，要求研究和生产部门，到山区“种试验田”，开展山区的技术革新和技术革命。

7月17日 《人民日报》发表《工业企业要树立以农业为基础的思想》社论指出：工业支援农业，城市支援农村，不只是发展农业的要求，也是发展工业、交通运输业及其他经济事业的要求。从目前来说，工业支援农业最迫切的任务是大力为农业生产制造排灌设备，为农业积极制造、修理各种农具和运输工具。

7月23日 《人民日报》发表《商业要大力支援农业技术改造》社论指出：商业部门职工不仅自己要熟悉各种现代急需的商品性能、规格，学会机械的安装、使用和修理，还要帮助公社培训技术人员，从而把供应、修理、使用密切结合起来，使供应的各种农业机具在生产中充分发挥效能。

7月26日 《人民日报》发表《继续发展“厂社挂钩”》社论，介绍了辽宁省组织主要厂矿企业同人民公社直接挂钩，建立起427处农业机具修配厂的经验，认为厂社挂钩是工业支援农业的一条道路。

8月

8月10日 中共中央发出《关于全党动手，大办农业，大办粮食的指示》指出："解决农业劳动力紧张的根本方法在于机械化，农业机械化应当加紧实行，以便从根本上提高农业劳动生产率。"又指出："农业是国民经济的基础，这个思想应当成为全体干部全党全民一致的认识，并且认真贯彻到各方面的实际工作中去。工业部门应当把支援农业的任务放在头等重要的地位。国家计委指定用于农业的钢材，应当由农业书记和农村工作部长掌握，不许挪用。""在技术革新和技术革命的基础上，按照自觉自愿和不降低待遇的原则，动员一批技术工人下乡，把农机具的修配网迅速地建立起来。帮助农业技术改造，这是工业支援农业的一项重要内容，应当在市委的统一安排下，有组织、有计划地进行。"

8月20日 《人民日报》发表《实现新式农具系列化》社论指出：大抓农业工具改革，使工具改革向系列化的方向发展，不论在农田耕作、农田基本建设、畜牧业，还是集体生活福利事业，都应该尽可能地、逐步地创制和采用整套的先进工具。

8月27日 农业部农业机械管理局发出《关于防止人身伤亡和损坏机具事故的通报》，列举了造成人身伤亡和损坏机具的事故和原因，主要是：运输作业中高速行驶、拖车脱钩；非驾驶员开车；开车前未发信号；明火照明及烤车；疏忽保养和检查。

9月

9月10日 呼和浩特畜牧机械研究所成立，隶属内蒙古重工业厅和农业机械部双重领导。

10月

10月5日 中央批转农业机械部党组《关于农业机械配件生产情况和意见的报告》，提出要划一批专门生产农机配件的专业工厂，必须把配件工作作为完成计划的重要任务，必须扭转现在重产值不重配件生产的错误。

10月7日 中共中央批转晋、冀、鲁、豫、北京5省、直辖市农业书记会议纪要。纪要的第五部分农业机械化，提出："必须特别注意抓紧农业机械的修配和农具改革工作"。"所有新式农业机械和改良农具，首先要定型，再指定专厂制造，然后有步骤推广。"

10月28日 《人民日报》发表《大力开展农业机械科学技术的研究工作》社论指出：大力开展农业机械科学技术的研究工作，是当前的一项重要任务。

11月

11月2日 《人民日报》发表《积极建设农业机具修配网》社论指出：在农村中普遍建立农业机具修配工业体系，是一项规模巨大的基本建设，不能要求一蹴而就。必须贯彻土洋结合，由小到大，逐步提高等"两条腿走路"的方针。

11月15日 《人民日报》发表《抓紧修理和制造农业机具》社论，要求冬季把现有的农业机械加以很好的保养、修理，使之配套齐全。同时大规模检查、修理和制造改良农具和小农具，为来年生产做好准备。

11月22日 中央批转的农业部、农业机械部党组《关于动力绳索牵引机试验研究成果和推广意见的报告》指出：我国地形土质复杂，耕作机械化看来需要有适合不同情况的不同的农业机械。南方的深水田和烂泥田拖拉机下不去的，动力绳索牵引机是用之有效的。山地、梯田，拖拉机上山不易，田块小也转动不开，动力绳索牵引机和手扶拖拉机也是可以试用的。

11月25日 农业部、农业机械部联合召开晋、冀、鲁、豫、辽和北京市农业机械工作会议。讨论了拖拉机的分配使用问题、有关机械经营政策问题和技术准备工作问题。5省1市的农业、农机厅局长和省计委负责人参加了会议。

11月 农业机械部在北京召开第三次全国农业机械厅局长会议。根据"调整、巩固、充实、提高"的方针，会议制定了1961年的生产和建设计划，强调贯彻"小农具第一，维修第一，补齐配套第一"的方针。

12月

12月30日 中共中央批转《农业部和农业机械部党组关于晋冀鲁豫辽和北京市农业机械工作会议报告》。批语指出：我国今年已经大批生产拖拉机，1961年生产4.7万台（工业用3 000台），今后几年每年都会有所增加，到1963年可能达到年产10万台。按照这个速度，到1965年我国的拖拉机保有量可以达到50万台，按现有耕地16亿亩，按每台拖拉机平均负担2 500亩计算，到1965年就可以把拖拉机在全国摆平，使所有能用拖拉机耕地的已耕地能使用拖拉机，到这时应该说农业机械化的任务已经大体实现。拖拉机是农业机械化的核心，根据黑龙江的经验，每台拖拉机可以代替40个全劳动力和31匹畜力，有了拖拉机加上前后左右的其他机械就是机械化，如果只有其他机械而无拖拉机还不是机械化，从我国钢的产量，拖拉机制造能力，油料供应，维修能力，驾驶技术，经营管理经验，国家对农业机械化的投资和机耕费用等8个方面研究，我们采用“低标准”的方案是适当的。该报告指出：我国农业机械化的第一步是解决机耕问题，拖拉机主要应该用在耕地、耙地和部分其他的作业，再解决多种作业和综合利用，这是适合我国工业发展情况和农业发展要求的。机械化第一步长城以南地区每一标准台拖拉机负担耕地3 000亩，长城以北地区负担2 500亩，淮河以南的水田负担2 000亩，按照这个标准全国大约需要拖拉机50多万标准台，可能在1965年前后按这个标准全国摆平，这是实现粮食7年初步过关或基本过关的重要条件，也是合乎“7年中解决”的要求的。关于拖拉机的经营问题，必须坚决贯彻执行队为基础的三级所有制，拖拉机和其他大型农具是主要生产资料，实行社有社营，规模大的人民公社和生产队也可以实现社有队营，国有国营的拖拉机站一般的不再发展。

1960年 新疆军区生产建设兵团农六师在一分场首次建成电围栏草场。

1961年

1月

1月3日 毛泽东在听取国务院副总理李富春汇报时说："这两年农业减产影响了工业，看来农业机械化、化学化未上去以前，工业是不能大上的。"

1月13日 农业机械部党组关于农业机具冬修工作情况给中共中央书记处的报告，针对地方农机系统的修理力量薄弱问题，提出8个方面的措施：第一，必须坚决地全面地贯彻执行维修第一的方针；第二，集中力量，及时地多快好省地完成冬修任务；第三，迅速采取措施，扩大修理力量；第四，必须抓紧修配网的建立工作；第五，抓紧配件生产；第六，清理库存配件，支援冬修；第七，保证修理质量；第八，配件生产和供应体制，应逐步实行自产、自用、自管的原则。

1月14日 中国共产党八届九中全会在北京举行。全会通过了对国民经济进行"调整、巩固、充实、提高"的八字方针，并指出："全国必须集中力量加强农业战线，贯彻执行国民经济必须以农业为基础，全党全民大办农业，大办粮食的方针，加强各行各业对农业的支援，尽最大的努力争取农业生产获得较好的收成。在农村中必须进一步巩固人民公社，贯彻执行关于人民公社和农业经济的各项政策”。中央的《农村人民公社条例（草案）》（农业六十条）、《国营工业企业工作条例（草案）》（工业七十条）、《关于城乡手工业若干政策问题的规定（试行草案）》，农业机械部的《农机工业管理条例》、《农机企业管理条例》相继颁布，开始对整个国民经济进行调整和整顿。

1月24日 农垦部《关于冬修进展情况及存在问题给谭震林副总理、中央农村工作部和国务院农林办公室的报告》，针对零件、修配材料、资金等供应不足问题，提出请求，希望得到解决。

2月

2月4日 中央批转国家计委和国家经委1月30日《关于小农具生产和农业机械维修情况的报告》，对1961年小农具生产用钢、农机具维修、配件供应等提出意见和要求。

2月7日 农业机械部、商业部、农业部发出《关于必须在春耕前做好手推车轮和手推车配件生产供应工作的联合通知》，要求贯彻三部的分工关系规定，安排好手推车轮和配件的生产供应工作。

2月28日 《人民日报》发表《迅速为农业机械化培养干部》社论提出：为适应我国农村的农业机械逐年增多的形势，迅速有计划地培养一支使用和管理农业机械的技术队伍。

2月 农业机械部颁发《修理拖拉机的技术管理暂行办法（草案）》，内容有总则、修理制度、送修交接手续、修理过程中的技术管理、修复验收手续、拖拉机修复出厂后的规定和附则，共7章23条。

3月

3月2日 农业部、农业机械部党组向中共中央呈报《关于农业机械检修情况和组织抢修拖拉机和排灌机械的报告》，针对拖拉机和排灌机械损坏严重的情况，提出抢修的意见。

3月6日 中共中央同意农业部、农业机械部党组《关于农业机械检修情况和组织抢修拖拉机和排灌机械的报告》，希望各省、直辖市、自治区党委和中央有关部门研究执行。

3月14日 《人民日报》发表《使农业机械更好地为农业生产服务》社

论，对管好用好农机提出经营体制以“社有社营”或“队有队营”为宜，加强对机耕队、车组的领导；建立健全制度；做好修配等。

3月23日　农业部发出《关于1961年第二季度农业用油的分配通知》。根据国家计委《1961年物资分配体制的几项规定（草案）》，农用汽、柴油自第二季度开始由农业部负责归口分配。首先考虑抗旱、春灌和春耕、播种的直接用于农业生产的需要。

4月

4月6日　商业部、农业机械部、农业部发出《关于做好农药械生产供应工作的通知》，要求各地农机、农业、商业等有关部门密切协作，组织好农药械的清查、检修、生产工作。

4月　农业机械部发出《关于颁发若干基本建设管理暂行办法的通知》。

5月

5月13日　农业机械部发出《关于请即对农机配件质量进行一次普遍检查的通知》，要求各农机厅（局）对配件质量进行一次普查，不合乎质量标准的配件一律不得出厂。

5月　农业部召开冀、鲁、豫、辽、黑5省农业机械经营体制座谈会。会议认为，农机经营形式应按不同地区、不同条件，分别采取国有国营、国有社营、社有社营、公社联营、社有队营、队有队营；农业机械的使用，必须和修理、物资供应统一管理，省、直辖市、自治区建立农机管理局（处），专区建立农机管理局（科），县建立农机管理局或管理站。

6月

6月　农业机械部根据中央提出的“调整、巩固、充实、提高”的八字方针和缩短基建、工业战线，加强农业战线的精神，确定在3年内农机工作的方针仍坚持“三个第一”，即小农具和半机械化农具第一，配套和维修第一，保证质量第一。

7月

7月14日 农业机械部召开第四次全国农业机械厅（局）长会议。会议根据中央工作会议精神调整了生产基建指标，着重研究讨论了整顿产品质量和工业管理、企业管理条例等问题。会议提出了《农业机械工业管理条例》和《农业机械工业企业管理条例》。

8月

8月2日 李富春给陈正人的信中，对1961年的农机工业生产提出7点意见：（1）先安排维修和配套，再安排制造；（2）明年生产任务，必须根据现有生产能力进行安排；（3）保证成套，主机与辅件、专用与通用要同时考虑；（4）解决劳动力，以便使农业机械化和半机械化有步骤、有重点地进行；（5）农业机械要注意地方化，因地制宜；（6）切实研究各种机型，注意原材料的节约，少用料多办事；（7）厂社挂钩是个新问题，请调查研究。

9月

9月13日 农业机械部党组、手工业管理总局党组和中华全国手工业合作总社党组联合向中央呈报的《关于调整小农具管理体制意见的报告》提出：将农业机械部门管理的小农具移交给手工业部门管理。

9月14日 商业部、农业机械部给中共中央的《关于调整农业机具经营体制意见的报告》提出：由于农业机具生产、配套、供销的衔接性很强，技术性很强，由农业机械、商业部门分别去做，工作环节多，衔接不够紧密，解决问题不够及时，以致影响及时安排生产、组织配套、调拨供应等。建议农业机具的生产、配套、维修、供销工作统一由农业机械部门负责管理，除农垦系统外，现有物资、水利、农业等部门供销的农业机具，也同时移交农业机械部门。

10月

10月11日　中共中央同意农业机械部、手工业管理总局和中华全国手工业合作总社《关于调整小农具管理体制意见的报告》，将农业机械部门管理的小农具移交给手工业部门管理。

10月15日　中共中央批转商业部、农业机械部党组《关于调整农业机具经营体制意见的报告》。批语指出中央一级的分工是：农业机具的生产、配套、供销、维修及大型农业机具的地区分配、拖拉机站管理和人员培训等，由农业机械部负责。对省级的农业机械生产、供销、维修、管理等工作的分工不强求划一。拖拉机站应有自己的修理设备和修理网。农业部门或者单独设立的农业机械管理部门负责拖拉机站的经营管理工作和技术人员的培训工作。决定将农业机械供销业务由商业部移交农业机械部。农业机械部成立销售管理局以及上海、天津、沈阳采购供应站。此后，全国各地相继设立农机公司，中国农业机械公司系统开始形成。

10月21日　农业部、农业机械部、商业部发出《关于做好小型农药械生产、维修、供应工作的联合通知》要求：充分利用商业部门库存的小型农药械；切实安排和解决人民公社现有药械的检修工作；在首先利用现有药械的基础上，合理安排1962年的药械生产。

10月24日　副总理谭震林致信王观澜、沈鸿等同志，就5省1市农业机械化会议提出书面意见。对拖拉机管理使用、维修、用油等提出：要抓住拖拉机的出勤率、健全修配网、解决燃料问题等。对农业机械的经营管理问题提出：（1）农业机械归公社所有，固定到队使用，队向公社缴纳折旧费，拖拉机使用年限一般10年，每年折旧费1/10，油料、维修费、机库油库的建设费都由队自备。（2）拖拉机要实行编组，兴农社是4台一组，4台东方红即9.6个标准台，应耕地19 200亩。（3）必须实行定人、定机、定耕地面积和耕作质量、定油耗、定维修费用，超额奖励，节约归己的五定制度。（4）目前我们拖拉机不多，拖拉机主要用于机耕，对耙、播则看可能而定，不要乱调，中耕与镇压和耕、耙、播不矛盾，只要燃料能解决、机型又适合可以提倡。

10月29日　商业部、农业机械部联合发出《关于农业机具供销业务交接办法的联合通知》，对交接范围、财产交接及交接的时间和方法作出详细规定。（1）业务交接：凡现由商业部系统经营的拖拉机及机引农具，农田排灌设备（包括内、外燃动力机、电动机、水泵、水管、传动带及电器设备），各种大型农业、畜牧机械，各种半机械化农具、改良农具（包括城乡用的胶轮大车及农村用农副产品加工机具等）以及拖拉机、内燃机、康拜因和其他上述农业机具的维修配件，全部移交给农业机械部系统经营。小农具不做移交。（2）机构和人员交接：现在县（包括县级）以上商业部系统经营管理移交业务的机构和人员（包括领导干部、业务、行政干部以及技术人员），也随同业务全部移交给农业机械部系统。县以下的业务全部移交，至于有关机构和人员是否移交，由省、直辖市、自治区商业、农机厅（局）根据具体情况协商，提出意见，报请省、直辖市、自治区党委、人民委员会决定。

11月

11月　农业机械部召开第五次全国农业机械厅（局）长会议，讨论1962年农机生产计划等问题。

12月

12月23日　农业机械部党组向薄一波、李富春、谭震林3位副总理呈报《关于农业机具冬修问题的报告》，就农业机具冬修过程中钢材、橡胶轮胎、轴承短缺问题请中央批转冶金部、化工部等有关部门解决。

1962年

1月

1月3日　国务院批转手工业管理总局、中华全国手工业合作总社、农业部的《关于加强小农具生产领导的报告》，要求各省、自治区、直辖市人民委员会结合当地情况，立即部署春耕生产所必需的小农具的制造和修理工作，在安排上与其他产品生产有矛盾时，优先安排小农具生产。

2月

2月15日　新疆农业机械化研究所兵团分所更名，全称为新疆军区生产建设兵团农业机械化研究所。

3月

3月28日　周恩来在二届全国人大三次会议《政府工作报告》中指出：

"重工业必须为农业提供越来越多的各种农具、农业机械、化学肥料、木材、燃料等等，来不断地提高农业的劳动生产率。""重工业部门当前的首要任务，是保证农业生产资料的生产，增产更多的化肥和农药，增产更多的中小型农具和适合需要的、质量更好的农业机械。"

3月 农业机械部贯彻中央关于1962年继续减少城镇人口的决定，提出1962年农机企业拟在1961年已减少职工28.7万人的基础上再减少16.3万人。

3月 农业机械部党组发出《关于分期分批推行"七十条"的初步规划》的通知。

4月

4月21日 农业部、农垦部、农业机械部发出《关于手扶拖拉机试验、调运、修理的通知》，决定在北京、河南、山东等地选择5个点进行手扶拖拉机的试验工作。试验用手扶拖拉机从东北、河北、北京、湖北等地抽调。

4月23日 国家科委批复农业部、农业机械部向国家科委提出的《关于中国农业科学院农业机械化研究所与农业机械部农业机械科学技术研究院合并的报告》。成立由农业部、农业机械部共同管理的中国农业机械化科学研究院。

4月23日 国务院批转财政部、农业部和中国人民银行《关于社、队拖拉机站改为国营后资产处理的意见》，指出：在执行中，应该坚决按照"既不准平调社队的财产，也不应当以现款偿付，增加农村货币投放"的原则办事。

4月 国务院农林办公室副主任陈正人、廖鲁言召集农业机械部、农业部及中办的有关人员，部署组织到山东、河北、河南省农村调查。调查内容：生产力的破坏情况、恢复生产的速度、恢复生产采取什么措施、希望中央给予什么支援。调查历时3个月，7月份结束。

5月

5月21日 农业机械部作出《关于降低农机修理价格的指示》，要求固定收费标准，逐步试行和推广保修制；派人到使用单位进行修理工作时，使用单位只负担派出人员的往复车船费、双倍日工资和派出单位原材料、配件的运杂费等。

5月 国家计划委员会主持召开手扶拖拉机领导小组会议，讨论研究手扶拖拉机的试用、定型、试制问题。农业部、农业机械部、国家经济委员会组织了对手扶拖拉机使用情况的调查。农业机械部对手扶拖拉机组织了试验，并研究了手扶拖拉机建厂的问题。

5月 农业机械部同意江西省水稻机械研究所划归农业机械部领导。

6月

6月25日 农业机械部召开全国农业机械科学研究工作会议。会议总结农机科研经验，讨论制订科研规划，研究农机的定型选型工作。部长陈正人在报告中提出：在总结经验教训的基础上，进一步研究有关农业机械的方向道路问题和科研体制问题。邓子恢在会议讲话指出："生产队购买力很低，不是短期能解决的。因此，实现农业机械化是长期任务"。"前几年没有经验，把农业机械化看得太简单了，这也'化'，那也'化'，搞出来用途不大，都'化掉'了，其实不是那么简单的事"。

6月 农业机械部党组向中央写了《关于拖拉机发展方向问题的报告》，提出解决畜力不足造成人拉犁、人拉车问题措施之一就是发展拖拉机。过去拖拉机发展缓慢最基本原因是带有很大的盲目性，盲目要求深耕、大马力，盲目追求建立大型综合厂。今后要贯彻"大中小并举，以中小为主"的方针。认为以目前仿制生产的9种拖拉机型号为好。

7月

7月2日 中央领导人对《农业机械科学研究工作会议的一些情况》一文相继批示。7月2日李富春："请陈正人同志再让大家讨论：（1）拖拉机大、中、小型如何使用，用什么型号适合于什么土地、什么地区、什么农具工作；（2）拖拉农具问题，要发挥拖拉机的作用，现在拖拉农具，哪些是有用的，还有那些缺的；（3）电犁的使用如何。"7月4日谭震林："总理、富春阅，陈正人要求就此问题汇报一次。"7月5日周恩来："正人同志：黎玉和一机部周建南两同志在东北摸了一下农业机械问题。如他们两人已回，请邀他们也参加这一会议。"

7月7日 农业部、农业机械部联合发文，任命张文昂为中国农业机械化科学研究院院长。

7月16日 中国农业机械化科学研究院召开成立大会。

7月24日 在中国共产党八届十中全会上，毛泽东说："农业机械化要搞个文件，25年左右实现机械化，同时实现工业化。"

7月24日 农业部颁发《国营农场工作条例（草案）》，第28～32条规定了国营农场必须以机械化为发展方向和农场对农业机械管理、使用、维修等制度。

9月

9月27日 中国共产党八届十中全会通过《关于进一步巩固人民公社集体经济、发展农业生产的决定》。文件要求各行各业大力支援农业，有步骤地推进农业技术改造。文件指出党在农业问题上的根本路线是：第一步实现农业集体化，第二步实现农业的机械化和电气化。过去几年里，我国已经实现了农业集体化，现在的任务就是要在进一步巩固集体经济的同时，集中力量进行农业技术改造，争取从现在起，再经过20年到25年的时间，基本上实现农业现代化。

9月 新华社报道：全国电力排灌设备能力1962年底达100多万千瓦，为1957年的20倍。从1958年到1962年架设的农业专用输电线路将近5万公里。

10月

10月4日 国家计划委员会通知：拖拉机的制造、配件生产由农业机械部负责，拖拉机站系统的使用、维修、供应工作由农业部负责。

10月9日 中共中央、国务院发出《关于充实和调整农业科学研究机构的通知》。

10月11日 国务院批转国务院农林办公室、国家计划委员会、国家经济委员会《关于整顿现有拖拉机的报告》。报告称，1961年共有7.07万台拖拉机，其中798台是新中国成立前由美国、德国进口的；65%是由11个国家进口的，有57种型号；型号复杂是使用、管理、维修和配件供应不好的重要原因之一；针对存在问题，提出了具体整顿意见。

10月13日 国务院批转农业部、财政部、中国人民银行《关于国营拖拉机站清产核资工作有关问题处理意见的报告》，要求各级农业部门、财政部门和人民银行认真组织复查验收，彻底做好清产核资工作。在清理之后，帮助拖拉机站建立健全财务制度，搞好经营管理，发挥拖拉机站对促进农业生产的积极作用。

10月16日 农业机械部在北京召开第六次全国农业机械厅（局）长会议，部长陈正人在会上指出：邓小平指示要搞系列化，可以购买国外机器。刘少奇说要进口资本主义国家专利品，是主要关键部分，以加速我国社会主义建设。对销售体制问题，刘少奇说农业机械是否搞一个由上到下的统一公司，又要减少消费开支，又要减少国家开支，又要便利生产。

10月22日 农业部召开全国农业机械站工作会议。会议重点讨论了拖拉机站的整顿、经营管理及规划工作。会议期间，国务院农林办公室副主任廖鲁言指出：看来拖拉机下放不行，不行就收回，办国营拖拉机站；基本上恢复1957年以前的办法。会议提出争取在二三年内把现有拖拉机站的修理网点建设起来。

11月

11月20日 中共中央、国务院发出《〈关于充实和调整农业科学研究机构的通知〉的补充通知》。

11月22日 中共中央、国务院作出《整顿和改进拖拉机站工作的决定》，对拖拉机站的建立、经营、管理和分配等提出具体要求。

12月

12月18日 国家计划委员会、农业部颁发《关于机械排灌工程基本建设管理的几项暂行规定》，包括纳入国家基本建设计划的国营机械排灌工程项目类型、基本建设投资范围、建设程序、设计任务审批权限、计划编制程序、施工验收和交付生产等内容。

12月22日 《人民日报》发表项南的文章《农业机械化若干问题》。文章论述了农业集体化和农业机械化、道路和方法、要求和步骤、机械化和半机械化、综合利用和多种经营、经济资源和技术政策、全能和专业、动力和农具、制造和维修、数量和质量、推广和使用、科学研究和技术队伍等问题。

12月26日 农业部发出《关于充实农业技术推广站、加强技术推广工作的指示》，对农业技术推广站的建立健全工作提出8条意见。要求各地按照中共中央、国务院1962年10月9日《关于充实和调整农业科学研究机构的通知》和11月20日的补充通知，迅速把农业技术推广站健全充实起来，加强农业技术推广工作。

12月27日 农业机械部向中央报告拖拉机和排灌机械的选型定型意见。其中，提出拖拉机定型8种：红旗—100、东方红—54、铁牛—55、丰收—27、集材—40、东方红—20、跃进—20型拖拉机和工农—7型手扶拖拉机；柴油机定型5个系列。

12月 农业机械部关于机力农具选型向周恩来、李富春、谭震林、薄一波、聂荣臻并中央、主席报告，提出71种适用机具的主要类别、品种和需要增添130种。对当前急需的130种机力农具，提出进行农业机械化区划、试验选型鉴定和加强科研设计机构和工作的意见。对营林机具、装卸运输机具的试验研究工作提出了建议。机力农具选型的依据，基本上和拖拉机选型报告中的10条依据相同，但特别注意以下四点：（1）要适应我国农艺特点和精耕细作的要求；（2）要适应拖拉机和动力配套的要求；（3）要考虑满足主要作业项目的要求，以专业专用为主，并尽可能考虑综合利用；（4）要适应标准化、通用化、系列化的要求。

1963年

1月

年初 根据国家主席刘少奇指示，由中国科学院组织，北京农业机械化学院作为主要承担单位的“东方红—54拖拉机燃用大庆原油的试验研究”课题开始进行。并于1965年由中国科学院组织全国会议，推广交流课题研究成果。之后在全国人民代表大会期间又有华罗庚等人大代表来到北京农业机械化学院视察课题成果。该成果在第八机械工业部召开的先进技术成果会上进行现场演示。1966年该课题结束，国家科委批准为取得重要成果的课题，1月20日发表在国家科委出版的1966年第1期《科学技术研究成果公报》。

1月5日 中共中央和国务院批转农业机械部党组《关于农业机械科学会议的报告》指出：中国共产党八届十中全会提出20～25年内，基本上实现农业技术改革，从现在起应加强领导，积极地、实事求是地、有步骤地为实现农业技术改革创造条件。中央认为，目前应着手制订农业技术改革规划。应建立从中央到地方的工作的必要机构。由于目前农机工业基础薄弱，在第三个五年计划期间，应该以建设为主，生产为辅，首先争取先建成生产中小型拖拉机的几个工厂，投入生产，以逐步解决拖拉机大、中、小型配套的需要；同时还要建设与此相适应的农具工厂和配件工厂；并且切实抓紧解决系列化和标准化问题，为农业机械工业体系打下基础。同时，农业部门也要建立起修理系统，以便从第四个五年计划时期起，有可能使农业机械化向前推进一步。会议报告有6部分：（1）农机科学研究工作的现状和工作总结；（2）今后农机科研工作的方针和原则；（3）今后五到十年的主要任务；（4）科研管理体制和加强研究机构的问题；（5）加强领导，改进科学研究的工作方法；（6）要求中央和国务院解决的几个问题。

1月6日 第一次全国物价会议通过《关于中小农具价格的安排意见》指出：根据典型调查，目前各种农具的零售价格，比1957年平均上涨70%左右，提出当前必须做好五方面的工作：（1）合理安排原材料供应价格；（2）加强农具价格管理；（3）正确贯彻优质优价政策，鼓励名牌农具生产的发展；（4）合理安排购销差价；（5）合理核定中小农具修理费用标准。会后，根据会议精神，国家物价委员会、农业机械部向国务院提交《关于整顿农业机械产品价格的报告》。

1月15日 农业部、财政部颁发《关于国营拖拉机站财务管理的暂行规定（草案）》，规定国营拖拉机站是实行企业管理的单位，各项资金应该严格划清界限，加强财产管理，实行成本核算制，为人民公社服务要收取合理的报酬，以及有关工资、奖金的比例等。

1月22日 国务院副总理谭震林向农垦部副部长肖克谈有关国营农场机械化生产队问题，要求黑龙江省和东北农垦总局建设100个机械化生产队，生产队要搞土地、劳力、机具、牲畜四固定；机械化生产队要农牧结合，搞轮作，化肥试验。

1月31日 国务院农林办公室、国家计划委员会颁布《关于国营拖拉机站拖拉机报废处理的暂行规定》，对拖拉机的报废标准、报废手续、报废后的处理等事宜作出规定。拖拉机的报废：拖拉机由于长期使用（工作达到25 000～30 000小时以上的）自然磨损超过最大限度。发动机和底盘部分的报废：发动机由于气缸体镶套次数过多。缸体破裂，螺丝孔裂纹，确实无法焊补修理，以及曲轴、连杆、活塞、缸套经过多次更换或镗削，不堪再修理的，可作发动机部分报废处理。报废手续：对报废的拖拉机，拖拉机站要经过职工群众讨论，作出全面的技术检查鉴定，报省农业厅（或单独设立的农业机械管理部门，下同），经过省厅派技术人员进行复查，提出处理意见并签名盖章。确实需要报废的拖拉机，要经省厅批准并报农业部和财政部备案。报废的拖拉机经批准后即从保有量中剔除。

1月 国家经委同意农业机械部在天津市设立农业机械部设计总院。

2月

2月16日 财政部、农业部、中国人民银行发出《关于社、队拖拉机站改为国营后资产处理的意见的补充规定》，对于接受社、队拖拉机站的资产范围、如何作价、债权债务的处理等作出规定。

2月26日 农垦部副部长张林池在黑龙江地区重点机械化生产队工作会议上讲话指出：我国农业生产和林、牧、副、渔生产历来是互相结合、互相依存、互相促进的，国营农场应该以粮豆生产为主，农牧结合，多种经营。这样可以充分利用自然资源，充分发挥劳动力与设备的作用，以增加物质财富，增加收入，增加积累。重点机械化生产队的基本建设，第一要把水利与田间道路修好；第二尽快地建起晒麦场并配备相应的设备；第三根据农场的统一规划，逐步地解决生产队的电源，实现非田间作业机械化；第四充分利用农闲季节修建职工宿舍。会议要求装备重点机械化生产队，标准为：（1）粮豆平均亩产200斤；（2）每个农业工人生产粮豆3万斤；（3）商品率达80%。

2月 农业机械部、农业部派出农业机械出国考察小组，到法国、英国、丹麦进行3个多月的参观学习。考察小组回国后，在报告中建议从英国、法国购买全套四个专业工厂。

3月

3月3日 中国农业机械学会在北京正式成立并召开第一次代表大会。农业机械部副部长张逢时、中国科协书记处书记王顺桐出席大会并讲话。刘仙洲当选为理事长。

3月28日 农业部、财政部、中国人民银行颁布《关于支援穷队投资的分配、使用和管理的暂行规定》指出：支援穷队的投资只能用于添置耕畜、大车、水车、排灌机械和其他生产型设备的购置（包括大型农具和农业机械的大修费用），支付机耕费和排灌费等。

3月29日 农业部、农业机械部发布《关于加强农田排灌机械生产供应成套管理工作的联合指示》，要求各级农机生产、管理部门在农田排灌机械的生产和供应过程中，与有关部门一起切实制定成套计划，做好技术配套和成套供应，并协助使用部门做好成套安装工作。

3月 国务院批转全国物价委员会、水利电力部《关于1963年调整电价的报告》，决定降低国家对农业生产用电价格。

ZONGGUO NONGYE JIXIEHUA

4月

4月1日 国务院批转全国物价委员会、农业机械部《关于整顿农业机械产品价格的报告》，要求各省、自治区、直辖市在降低成本的基础上，根据保本微利的原则，有计划地降低农业机械产品的价格。

4月 农业机械部党组提出《关于在贵州农业机械研究所的基础上，建设农业机械部直属的专业山地农业机械研究所的报告》，明确山地农业机械研究所主要担负南方各省山区农业机械的科学研究任务，以加速我国山区的机械化。

ZONGGUO NONGYE JIXIEHUA

5月

5月9日 《人民日报》发表《一丝不苟》社论，就农业机械部为贯彻“质量第一”的精神，以“一丝不苟”作为工作的指导思想，论述了保证产品质量的重要意义。

5月11日 农业部发出《关于加强农业机械试验鉴定工作的通知》，对农业机械鉴定站工作任务、样机、仪器、经费、鉴定方法等提出意见和建议。

5月13日 国家科委批复农业机械部并农业部，同意将北京小王庄农业机械部农业机械实验农场改建为中国农业机械化科学研究院农业机械化试验站，人员编制包括在中国农业机械化科学研究院之内。

5月14日 《人民日报》发表《好好管理和好好使用农业机械》社论。管好用好农业机械的最主要的标志是既能使农业增产，又能增加农民的收入。地方党委和政府要尽快地学会管好用好农业机械这个新的重要课题。

5月 国务院副总理薄一波在国家经济委员会召开的技术工作座谈会的总结发言中指出：目前，我国工业技术水平总的来看，只相当于20世纪40年代的世界水平。品种方面的差距，拖拉机我国目前初步选定8种型号，技术上过了关的只有东方红—54型1种。机引农具，我国目前已经生产和准备生产的91种（适合需要的只有71种），而美国有1 600多种、苏联有700多种。质量方面的差距，东方红—54型拖拉机的履带板，经过提高质量以后，一般只能用2 000至3 000小时，而英国、美国等国生产的可达6 000小时以上；拖拉机中央传动齿轮，一般只能用1 500小时左右，而美国、苏联生产的可用5 000～6 000小时。

6月

6月20日 农业部、财政部发出《关于拖拉机站财务管理方面的几个问题》，对于拖拉机站的提取基本折旧和大修理折旧基金、奖金、工资附加费和会计科目及报表等问题提出了要求和操作方法。

6月 清华大学教授刘仙洲编著的《中国古代农业机械发明史》由科学出版社出版，该书全面记述了自远古时代至清代中叶中国各项农具、农器的发明创造。除引用历代文献资料外，还大量引用了考古中获得的出土实物资料。

ZONGGUO NONGYE JIXIEHUA

7月

7月29日 农业部、劳动部发出《关于调整国营拖拉机站职工工资待遇的通知》，共安排95.9万元用于对国营拖拉机站中工资标准过低的职工工资调整指标。

7月30日 农业部、水利电力部颁布《机电排灌站经营管理暂行办法（试行草案）》，由10章30条组成。

7月 农业机械部主持起草《1963—1972年科学技术发展规划（草案）》农业机械、农业机械化部分。方针原则是："农业机械科学技术工作，必须遵照选、改、创的工作程序。""农业机械的研究设计应当首先从传统农具与国外农业机械中通过认真的、系统的试验与试用，选择适用的机械；对不完全适用或有缺点的机械，加以改进；对缺门的、新型的机械进行创造。"

ZONGGUO NONGYE JIXIEHUA

8月

8月5日 财政部发出《关于国营农场、拖拉机站免征城市房地产税和车船使用牌照税的通知》，提出对国营农场、拖拉机站及其所属工商企业等在城市郊区和农村中的自有自用的房地产一律不征房地产税；自有自用的农业车船一律免征车船使用牌照税。对国营农场、拖拉机站的拖拉机，一律免征车船使用牌照税，对其综合利用兼营运输业务，也可以免征车船使用牌照税。

8月27日 财政部、农业部颁发《1963年国营拖拉机站亏损补贴办法》，规定国家对国营拖拉机站的亏损，一律列入国家支出预算，由农业部和财政部根据各省（市）、自治区拖拉机站作业收费标准、成本高低等情况，规定国家对各地区拖拉机农业作业每标准亩的平均亏损补贴定额，根据平均补贴定额和全年计划作业量，分配应补贴的总额，作为专项拨款，列入预算；国家对拖拉机站的定额亏损补贴只限于以拖拉机进行的农业作业，不同作业项目应该按照上级规定的折合系数折成标准亩。拖拉机进行的排灌作业，非农业作业等经营，国家不给亏损补贴。

8月 农业部召开全国农业机械修理工作会议，会议研究修理体制、整顿企业、提高修理质量等内容。

8月 国务院副总理谭震林在农业部、农垦部、水产部和中国科学院等单位召开的专业会议上讲话，对拖拉机站提出8个建站条件：符合集中力量、打歼灭战的原则，群众欢迎，生产上确实需要，具备发挥效益的条件，效率确实高，确实有技术力量，机具必须配套，不准亏损、一定要有利润。

9月

9月22日 毛泽东主席接见日本共产党中央委员竹中恒三郎说：“将来农业机械化了，化学肥料多了，城市人口可以增加一些，如增加到30%，那时农村人口是70%。要改变这种落后状态还要几十年。”

10月

10月19日 农业部发出《关于抓好农机冬修准备工作和及时开展冬修的通知》，要求各级主管农机修理的部门必须抓紧农机冬修工作，确保农机冬修工作顺利开展和如期完成。

10月 国家科学技术委员会、国家计划委员会联合给农业机械部、农业部、内蒙古自治区人民委员会发文，同意鄂温克、召河两个牧业试验站划归农业机械部领导。

11月

11月15日 农业部、林业部、水利电力部、水产部、财政部联合颁布《关于农业资金的分配、使用和管理的暂行规定（草案）》，其中第二部分是关于拖拉机站、机电排灌站、农机修理厂、渔业机帆船修配站改善经营管理和扭转亏损问题。

12月

12月2日 中共中央和国务院关于《1963—1972年科学发展规划》的批示中指出:“十年科学技术发展规划中农业科学技术部分，1963年10月19日，中共中央和国务院批转谭震林、聂荣臻同志关于全国农业科学技术工作会议的报告时，已经下达。规划包括制定农业机械化区划、各地区的农业机器系统和农、林、牧业机械化的综合区划。其他各专业、各学科的十年规划，责成国家科委下达。”1964年3月国家科委和农业机械部联合发出《1963—1972年科学技术发展规划研究任务通知书》。下达的规划专题中重点项目课题为“农业机械化区划的编制”和“农业机械系统的编制”，负责单位为中国农业机械化科学研究院、中国科学院地理研究所等。全国有关科研院所、高校及试验站等单位约300人参加此工作，历时3年。

12月11日 农业部发出《关于下发农机修理会议几个文件的通知》中有两个文件，一是《农业部全国农业机械修理工作会议的总结》，二是《农业部农业机器修理技术管理试行办法》。试行办法由总则、修理制度、送修交接手续、修理厂的技术管理、修复验收手续、机器修复出厂后的规定等7章31条组成。

12月27日 农业部、农业机械部《关于请核批悬挂式4.0割晒机报废的函》提出：农业部沈阳农机供应站现存的悬挂式4.0割晒机596台（价值208.6万元）是吉林省农业机械厂生产的，于1962年2月由农业机械部沈阳农机采购站收购后，由于产品质量低劣，不能销售。经联合检查认为这批割晒机已不能使用。

12月 农业部召开全国农业机械站工作会议。会议指出：“目前拖拉机站存在的主要问题是：机器利用率低，作业质量还不能完全达到要求，成本高，生产队负担不起，经营亏损大。”“要求今后两年内，每标准台拖拉机的工作量按不同地区分别达到6 000亩、5 000亩、4 000亩。每个标准亩的作业成本努力降到1.2元、1元、1元以下。要求明年全国50%的站做到不亏损，部分省做到70%不亏损，多数省做到不亏损，力争在两年内全国拖拉机站不亏损。”

1963年 农业部农业机械化管理局在北京召开第一次全国农机鉴定工作会议，明确了农机试验鉴定站的任务和要求。鉴定机具范围扩展到机械化、半机械化农具。会后农业部农机试验鉴定站制定了犁、耙、播种机、收割机、粉碎机、碾米机等机械的试验大纲、试验方法、拖拉机机组技术定额核定方法等15种规范文件。

1963年 农垦部根据谭震林的倡议，在一些大型机械化国营农场重点装备机械化生产队181个，共有耕地173万亩。内蒙古拉布达林牧场花木兰生产队每个农业工人生产粮豆14万斤，商品率92%，是全国农场中的最高水平。1964年，重点机械化生产队达到321个，耕地面积447万亩，仅占全国国营农场耕地的10%，而粮豆总产量占13.9%，上交商品粮占31.3%。

1964年

1月

1月20日 农业部农业机械管理局颁发《农业机械试验鉴定站工作规程（草案）》，由总则、鉴定站的任务、鉴定内容和要求、鉴定人员职责范围和报告制度等部分组成。

2月

2月21日 谭震林主持召开南方5省、自治区水轮泵工作会议，提出打水轮泵歼灭战。会议代表到福建、湖南、广西参观后，由水利电力部副部长钱正英和农业机械部副部长李济寰在杭州主持召开全国第二次水轮泵工作会议。

2月 农业机械部召开直属企业、事业单位工作会议，传达了国家主席刘少奇关于用经济办法管理工业企业的指示。会议提出：在1964年和1965年“集中力量打好三大会战”，除了“天拖大会战”外，把整顿企业“全面开展技术、业务大练兵”以及“发展新品种，搞农业机械系列型谱”也列入大会战。

4月

4月16日　农业部颁发《农业机械站人员编制暂行规定》，提出农业机械站是国营的农业企业，组织机构不能机关化。县设农业机械站，规定了不同规模机站的人员编制。

4月19日　《人民日报》发表《有计划地做好推广水轮泵的工作》社论。水轮泵在我国从实验研究、制造到示范和局部推广，差不多有10年历史。农业机械科学工作者、农业工作者和广大农民都认为它是适合我国农村，特别是山区丘陵地区农村的一种好机器。

4月21日　全国物价委员会批准自5月1日起，东方红—28和丰收—27型拖拉机出厂价格由18 500元、14 800元调整为13 000元。

5月

5月8日　“天津拖拉机厂大会战”举行誓师大会，农业机械部部长陈正人出席大会并指出：“天拖将解决大中型拖拉机、轮式和履带式拖拉机配套。天拖是一个大规模的，具有世界水平的现代化的拖拉机制造厂。”“大会战将全面锻炼农机工业的技术力量，从而为整个农业机械工业的建设奠定较为坚固的技术基础。”“会战”的目标是争取在1967年基本建成，保证大批量生产性能好、效率高、寿命长、成本低的拖拉机产品。

6月

6月10日　交通部、财政部、农业部发布《农业部门的拖拉机暂定减免养路费的通知》，规定轮式拖拉机从事田间作业、田间至生产队之间运输公粮以及为农机作业运送油料、材料等时，行经公路一律免征养路费；从事营业性运输时按照当地征收汽车养路费的40%征收；履带式拖拉机一律免征养路费。

7月

7月8日 农垦部批准新疆军区生产建设兵团自产自用拖拉机、内燃机、收割机及农机具计135种产品的生产计划。

7月14日 全国人大常委会委员长朱德、国家副主席董必武到农垦部试验农场（现黑龙江八五〇农场）视察。

7月29日 农业部、财政部颁发《关于农业机械站作业成本核算的暂行规定》，对农业机械站的作业成本计算原则、核算的项目和内容、各项成本分配办法等作出了规定。

8月

8月18日 《人民日报》发表《思想下乡，工作下乡，产品下乡，技术下乡》社论提出：把工业部门特别是地方机械工业部门的力量组织起来，实行思想下乡，工作下乡，产品下乡，技术下乡，支援农业技术改革。

8月26日 农业机械部和农业部联合召开全国半机械化农机具工作会议。会议提出：关于加速发展半机械化农机具与改良农具的科学研究工作、发展新产品供应工作、推广使用、计划及生产管理等意见和办法。会议决定上收19种地方管的半机械化产品由农业机械部管理。国务院副总理谭震林在会议期间指示："县厂应该又制造、又研究、又试验、又推广。""每个县一定要办好一个农机厂，要又修又造，亦工亦农，平时生产农具，战时生产枪炮。""要去农村调查，不去就搞不出好农具。先调查，然后试制，试制出来，还要到农村试验，还要教会农民使用技术，有了毛病，还要修理。"陈正人作大会总结。

8月31日 《人民日报》发表《农业机械管理工作要更好地为农业生产服务》社论提出：做好农业机械的经营管理工作，管好用好现有的农业机具，加快我国农业技术改革的进程，是当前农业机械化工作中的一个重要任务。

9月

9月16日 农业部发出《关于加强农业技术推广站半机械化农具示范推广工作的通知》，要求各地农业技术推广站除做好农业技术传授推广工作外，还应负责半机械化农具的示范推广工作，在推广半机械化农具重点地区要指定专人做农具工作。半机械化农具的推广经费，在农业事业费中解决。

9月 农业机械部在天津成立动力工厂设计院。

10月

10月3日 农业部党组向谭震林并报周恩来、中共中央《关于调整农业机械供应体制成立农业机械供应公司的意见》报告。为便于农业机械的统一经营管理，建议成立农业机械供应公司，归农业部门领导，并提出了农业机械供应公司的服务范围和经营范围。

10月8日 中共中央、国务院批转农业机械部、农业部《关于全国半机械化农机具工作会议情况的报告》，要求各级党委、人民委员会必须在抓生产力和农业技术改革工作中，一手抓机械化，一手抓半机械化，坚持机械化半机械化并举，在相当长的时期内以半机械化为主的方针。必须遵照毛泽东主席的指示，不要坐等农业机器而放松了新式畜力农具和改良农具的推广。必须教育干部全面地、正确地接受过去大搞农村工具改革的经验教训，坚持科学实验，坚持群众路线，坚持因地制宜、从实际出发的原则，扎扎实实地进行半机械化农机具的一系列工作。各级党委和人民委员会应当指定专人，把半机械化农机具研究、制造、推广、供应、使用、修理等有关方面的力量统一组织起来，健全专管机构，加强领导，切实解决工作中的实际问题，使半机械化农机具的推广工作能够更好地开展起来，以促进农业生产的发展。

10月15日 《人民日报》发表《农具改革运动要坚持自力更生的精神》社论指出：农具改革运动发展成为扎扎实实的群众运动，就一定会出现各种各样适合当地耕作条件和当地迫切需要的半机械化农机具。

12月

12月17日 农业机械部向国家经济委员会提出试办中国拖拉机内燃机公司的报告。

12月31日 《人民日报》发表周恩来在三届全国人大一次会议上的《政府工作报告》指出：今后发展国民经济的主要任务，就是要在不太长的历史时期内，把我国建设成为一个具有现代农业、现代工业、现代国防和现代科学技术的社会主义强国，赶上和超过世界先进水平。报告总结了大寨大队的先进经验，并号召学习他们的经验。

1965年

1月

1月20日 三届全国人大一次会议决定将农业机械部更名为第八机械工业部。

1月 国家经济委员会批准农业机械部《关于试办中国拖拉机内燃机公司的报告》。

4月

4月17日 国务院发布《关于降低机耕收费标准的通知》，规定不同省（自治区）每标准亩收费0.8元、0.9元和1.0元。对补贴款项开支、生产队欠缴的机耕费作了规定。

4月 农业机械部工厂设计院更名为第八机械工业部第一设计院。农业机械部设计总院更名为第八机械工业部第二设计院。第八机械工业部把在天津的动力工厂设计院更名为第三设计院，并根据国家三线建设需要，定于年内迁往四川省重庆市。

5月

5月6日 中共中央、国务院批转国务院农林办公室、第八机械工业部、农业部《关于改进农业机械化工作管理体制的报告》。原由农业部管理的农业机械（包括半机械化）的销售、修理和农机站的管理、农业机械化的规划等移交第八机械工业部统一管理，隶属于农业部管理的有关农业机械化方面的行政业务管理机构、院校、科学研究和试验鉴定机构，移交第八机械工业部。成立全国统一的农机销售公司，统管全国农机产品的销售工作。此后，农业机械化管理局、农机销售局划归第八机械工业部。

5月11日 《中国农业机械》第5期发表项南的文章《农业机械化问题考察报告》。作者考察了9个省、自治区的农业机械化。文章论述了稳产高产的农业机械化，人多地少的地方需要机械化，劳动力不愁没有出路，依靠集体经济发展机械化，机械化和半机械化并举，农业机械化综合利用，制造、维修、销售、使用四结合等问题。

5月16日 全国畜牧业机械化区划和机械系统学术会议在西宁召开。青海省委书记杨植霖和副省长张晓东出席会议并讲话。

6月

6月1日 第八机械工业部就《关于成立中国农业机械供应公司》向副总理薄一波、谭震林和国务院报告，提出9月底以前建立全国统一的农业机械供应公司，在第八机械工业部领导下，统管全国农业机械收购供应工作。

6月8日 财政部发出《关于拖拉机站库存零配件调价、削价损失处理问题的通知》，要求拖拉机站应尽量利用原有的库存材料，积极处理积压零配件，减少资金占用。

7月

7月9日 第八机械工业部召开全国农业机械经营管理工作会议。部长陈正人在报告中论述了农业机械化在社会主义建设中的重要作用和地位，实现农业机械化，不是三年五年的事，中国共产党八届十中全会指出，大约需要20年到25年的时间。这中间还要经过一个比较长的过程。在没有全面实现机械化、电气化以前，在相当长的时期内，还必须大抓半机械化和改良农具。事实证明，半机械化搞好了可以促进机械化；搞不好就会推迟机械化。机械化半机械化并举，以机械化为主，是一个长期的方针，我们绝不能忽视半机械化和改良农具的作用。从今年起，中央决定农业机械的销售、使用、修理工作由农业部移交给第八机械工业部管理，实行制造、销售、使用、修理四合一的体制。会议提出推广黑龙江省双城的"一固定、三结合"（拖拉机固定大队，农机站与大队实行计划、经营、劳动管理三结合）的办法，以期实现"扭亏为盈"。 会议期间毛泽东、刘少奇、周恩来、贺龙、李先念等党和国家领导人接见了会议代表，并合影。会后，第八机械工业部党组向中央汇报会议情况，刘少奇、周恩来、邓小平、中央书记处书记彭真、中央书记处书记兼国家计划委员会副主任李先念等听取汇报。

8月

8月1日 第八机械工业部改组中国拖拉机、内燃机配件公司，正式成立中国拖拉机内燃机工业公司。该公司管理第八机械工业部直属的拖拉机厂、内燃机厂以及拖拉机内燃机配件厂及有关科研单位和中等专业学校。

8月5日 第八机械工业部党委就农业机械经营管理的方针和任务、管理体制，以及工农业产品差价、机耕费的清理和收缴、拖拉机参加农村运输、劳动保护和扶持集体经济办农业机械化等相关政策问题，向中共中央、国务院提交《关于农业机械经营管理的几个问题》的请示报告。

9月

9月4日 第八机械工业部在《关于农机科研单位及农机试验站的业务工作由中国农业机械化科学研究院统一归口管理的通知》中提出：自1965年8月14日起，"原属本部科学技术司统一归口管理的本部直属农机（化）科研单位及农机试验站，除拖拉机研究所、内燃机研究所和许昌农业机械试验站由中国拖拉机内燃机工业公司领导外，其余均改由中国农业机械化科学研究院统一归口管理。

9月24日 第八机械工业部发出《关于调整统计报表报送关系的通

知》，规定从1965年9月份起，南京农业机械化所、山地农业机械研究所、水轮泵研究所、水田机械研究所、北京农业机械试验站、南昌农机试验站、依兰农机试验站、鄂温克畜牧机械试验站、召河畜牧机械试验站的统计报表均向中国农业机械化科学研究院报送。

10月

10月20日 第八机械工业部发出《关于部属高等院校、农机工厂的农机（化）科研工作改由中国农业机械化科学研究院统一归口管理的通知》。

10月 第八机械工业部在北京召开全国农机科研歼灭战计划会议，会议内容包括科研和新产品开发。全国有关厅局、科研院所、高校、生产厂、试验站等单位参加了会议。这是第一次以集中国内农机科技力量打歼灭战的形式，较快地解决一批迫切需要的农机研制问题。

11月

11月15日 第八机械工业部提出的《关于在100个重点县推行农业机械化的初步方案》，根据党中央集中力量打歼灭战的方针，有计划有步骤地推行农业机械化，要分期分批分片地搞，一个县一个县地“化”。第三个五年计划期间，准备在全国范围内选择130个县，作为全面推行农业机械化的重点，创造样板，积累经验，培养干部。这130个县大都分布在松辽平原、黄淮平原、河套灌区、江汉平原、珠江三角洲、长江三角洲、川西盆地、黄土高原、云南坝区等地。这130个县基本实现农业机械化，需要补充拖拉机15万标准台。设想在130个县取得一定经验后，从1969年起再开始装备300个重点县，在第四个五年计划期间完成。按此安排，在第三个五年计划期间，共计需要拖拉机20万标准台。

11月21日 朱德到中国农业机械化科学研究院参观全国农业机械展览会并题词：因地制宜，百花齐放，努力发展农业机械化，全心全意为农民服务。

11月 谭震林给黑龙江省农垦总局写信，提出要建立稳产高产的全盘机械化的社会主义大样板。在此之前，农垦部发出《关于样板农场和样板机械化生产队的通知》。

12月

12月20日 国家科学技术委员会、第八机械工业部在南京联合召开全国植保机械科学实验工作会议。会议的目的是集中全国的主要技术力量，在植保机械产品质量、品种和科学研究等方面打歼灭战。

12月 第八机械工业部召开产品设计革命会议，贯彻全国机械产品设计工作会议精神，总结交流了农机行业产品设计革命运动的经验，落实1966年产品设计试制歼灭战的计划。会议强调设计人员要下楼出院、下厂下乡，坚持“三结合”的群众路线工作方法，打破烦琐哲学和各种框框的束缚，用革命的精神为我国农业现代化设计更多更好的产品。第八机械工业部副部长冯纪新出席会议并讲话，对农业机械新产品设计提出“性能好、效率高、成本低、寿命长”的要求和要遵循的十条原则：实用、价廉、先进、配套、多能、易造、好修、就地取材、“三化”、美观。

1965年 新疆军区生产建设兵团制定了机务工作基层建设标准化要求，开展标准化运动，在一年时间内，全兵团田间作业8个主要项目的机械化程度达到90.5%，机具完好率达到94.5%，出车率达到88.5%，工时利用率达到88.2%。8个项目包括：机械作业、技术保养、机具保管、油料管理、技术档案、统计核算、零件材料保管、安全工作。

1966年

1月

1月6日 第八机械工业部颁发《农业机械站机务管理规章（草案）》和《关于农业机械站拖拉机作业标准工作量折合系数的规定（修订草案）》。

1月 第八机械工业部在北京双桥召开全国农机试验鉴定工作汇报会。当时，全国已有35个农机试验鉴定站，初步形成了一个试验鉴定网。

2月

2月5日 湖北省委制定《关于逐步实现农业机械化的设想》提出：力争在5年、7年、10年内（从第一个五年计划算起，就是20年左右的时间），在全省实现农业机械化。

2月19日 毛泽东看了湖北省委《关于逐步实现农业机械化的设想》，写信给湖北省委第一书记王任重："此件看了，觉得很好。请送少奇同志，请他酌定，是否可以发给各省、市、区党委研究。农业机械化的问题，各省、市、区应当在自力更生的基础上做出一个5年、7年、10年的计划，从少数试点，逐步扩大，用25年的时间，基本上实现农业机械化。至于25年以后，那是无止境的，那时提法也不同了，大概是：在过去25年的基础上再做一个25年的计划吧。目前是抓紧从今年起的15年。已经过去10年了，这10年我们抓得不大好。”

2月20日 湖北省委第一书记王任重给刘少奇写信提出：对于地方办的农机工厂，希望第八机械工业部不要搞“托拉斯”，这样便于发挥地方的积极性。

2月23日 刘少奇写信给周恩来、邓小平：“我赞成将湖北省委这个文件发给各省、市、区党委研究，主席批语一并转发。此外，中央还可加一个批语。你们意见如何？如同意，请小平同志办理。”

2月23日 毛泽东听取湖南省委的工作汇报指出：“农业机械化，值得各省注意。要自己搞，要有个规划，有个设想。”

2月 水利电力部、第二轻工业部、第八机械工业部联合召开北方8省、直辖市、自治区（辽宁、内蒙古、北京、河北、山东、山西、河南、陕西）抗旱防涝保丰收电话会议。陈正人在会上指出：北方的旱情比1960年和光绪三年的更为严重，要把抗旱防涝保丰收当作一个战略性问题来抓。农机系统要狠抓农机、排灌机械的修理工作；彻底清查排灌机械站、拖拉机站、修理厂、供应站的物资，凡能用于抗旱的，立即调出投入抗旱；组织配件供应；增产排灌机械，增产柴油机6万马力、手推车40万辆；凡确定调拨的抗旱物资，可直接到厂领取；从南方调剂排灌物资支援北方。

3月

3月11日 刘少奇就农业机械化问题写信给毛泽东：“要小计委就这个问题有关各方面的情况先摸一摸，提出一个方案，中央再来讨论，并要提交下次中央工作会议上加以讨论，才能使各地方的努力比较地更加符合实际。湖北省委这个文件暂缓转发各地。要小计委派人到湖北。先在湖北进行试验。”

3月12日 毛泽东写信给刘少奇：“小计委派人去湖北，同湖北省委共同研究农业机械化5年、7年、10年的方案，并参观那里自力更生办机械化的试点，这个意见很好。”“为了农业机械化，多产农林牧副渔等品类，要为地方争一部分机械制造权。”“此事应与备战、备荒、为人民联系起来，否则地方有条件也不会热心去做。”

3月 农垦部副部长肖克到黑龙江垦区蹲点，研究如何把东北垦区建成全盘机械化的大样板问题。

3月 第八机械工业部向各省、直辖市、自治区农机管理厅（局、公司）和机械工业厅（局）发出关于积极扶助人民公社管好用好社办农业机械的指示，提出：公社办农业机械的积极性越来越高。现在，社办排灌动力已达570多万马力，占全国机电排灌总动力的2/3，有21个省、直辖市、自治区的公社办了704个拖拉机站，拥有拖拉机2 342混合台，手扶拖拉机2 118台。特别要重视的是，这年即将分配的1万台手扶拖拉机将全部是社、队购买。

3月 农垦部颁发《国营农场机务工作规章》，有总则、机务管理机构和机务人员职责、机械作业、技术保养、机具和油料、物料管理、技术档案、修理工作、人员培训和奖惩、安全生产和劳动保护等10个部分55条。

3月 第八机械工业部召开北方15省、直辖市、自治区农用柴油机工作会议，讨论了推广试用农用柴油对于备战备荒的重要意义。

4月

4月9日 《人民日报》发表《湖北省委关于逐步实现农业机械化的设想》，并在编者按中指出："实现农业机械化问题，不仅是一个重大的经济问题，而且更是重大的政治问题。"

4月10日 中共中央批示湖北省委关于逐步实现农业机械化的设想，指出："实现农业机械化的具体步骤，应当由各中央局和省、市、自治区党委直接负责。""在工业方面，特别是机械制造业的生产，也要考虑提出适当的调整方案，以便适应农业机械化的需要。"

7月

7月17日 国务院在湖北省武汉市召开第一次全国农业机械化会议。这次会议是根据2月19日毛泽东看了湖北省委《关于逐步实现农业机械化的设想》所作的"用25年的时间，基本上实现农业机械化。已经过去10年了，这10年我们抓得不大好"的批示精神，在刘少奇、周恩来、邓小平直接领导下，由小计委主持召开的。代表们参观了社办机械化典型——湖北省新洲县刘集公社，并根据毛泽东关于农业机械化要与备战、备荒、为人民联系起来的战略思想，做出5年、7年、10年的规划草案，提出1980年基本上实现农业机械化的设想。会议做出地方（五小）工业产品自产自用的政策，研究了贯彻农业机械制造以地方为主、农业机械的产品以中小型为主、农业机械的购买以集体经营为主方针的具体措施。各大区和省、直辖市、自治区主管农业的书记及农机厅（局）、计委、农委等部门和国务院农办、计委、冶金、化工、一机、八机、水利、农业等有关部委的负责人共400多人参加了会议。周恩来在会议结束时到会讲话。

8月

8月16日 周恩来在第一次全国农业机械化会议上讲话提出：对于农业机械化工作，“我们今后一定要遵循毛主席的教导，坚决按照党的八中全会决定提出的，计划数字应该事实求是地（而不是主观主义）、因地制宜地（而不是千篇一律）、及时地（而不是拖拖沓沓）、有重点地（而不是分散力量）、慎重地（而不是轻率），来处理这个任务。”

8月 根据中央关于管理体制适当下放和农业机械制造一般应以地方工业为主的精神，第八机械工业部通知有关省、直辖市、自治区同意将部属武汉工学院下放给武汉市领导和管理，安徽工学院下放给安徽省领导和管理，内蒙古工学院下放给内蒙古自治区领导和管理。

8月 农业机械部、第二轻工业部在中南海展出手扶拖拉机、小型柴油机、小型耕种、植保机具、排灌机械、小型脱粒机等200多件农机具。朱德、陶铸、纪登奎、谭震林等数十位领导先后参观。

9月

9月 第八机械工业部通知各省、市、区机械厅（局）和部属企、事业单位：根据中共中央《关于无产阶级文化大革命的决定》，成立了第八机械工业部生产建设指挥部，下设生产、基建、规划等7个办公室。

1月

1月 第八机械工业部发出《关于改革农业机械产品管理体制的意见》，从1967年起逐步做到除大型复杂的少数农机产品由中央管理外，大部分均下放给省市管理。1967年先下放产品结构和协作关系比较简单、因地制宜性强，多数地区已有制造能力的产品，共385种，中央管理的产品由716种减为331种。

4月

4月8日 中国人民银行提出《关于支援社队逐步实现农业机械化的意见（试行草案）》。

5月

5月 中国民航在黑龙江八五二农场，首次进行水稻飞机播种试验成功，共飞行2.5个小时，飞播水稻400亩。

7月

7月1日 中共中央、国务院、中央军委、中央文化革命小组决定对第八机械工业部实行军事管制，成立军事管制委员会，任命周特夫为军管会主任，王乐天、孙成秀为副主任。

1月

1月 第八机械工业部召开拖拉机内燃机齿轮标准化座谈会。会议对齿轮设计参数、结构、精度、光洁度、材料、金相、热处理、图纸标注格式及检验等方面制定标准和推广选用问题提出了建议。

3月

3月 第八机械工业部分别在北京和武昌召开北方、南方17个省、直辖市、自治区的农机管理座谈会，讨论了把国营农机站的拖拉机下放给社、队经营的有关问题。

1969年

1月

1月8日 第八机械工业部军事管制委员会发出《将我部四个研究所四个试验站下放问题的函》，经国务院批准，将部属的江西水田机械研究所和江西南昌农业机械试验站、南京农业机械化研究所、贵州山地机械研究所、福建水轮泵研究所、河南许昌农业机械试验站、内蒙古鄂温克和召河畜牧机械试验站分别下放给所在省、自治区管理。

3月

3月5日 胡耀邦在给毛泽东主席的建言信中指出："斯大林是人类历史上有数的勇敢的思想家，但在这个问题上（指农业和农民——编者注）却放不开。他曾经不许集体农庄拥有自己的大型农业机械，更不许办工业，结果使苏联整个农村长期富裕不起来。"

5月

5月 农业部农业机械鉴定站撤销。

6月

6月22日 中国农业机械化科学研究院与无锡水泵厂等单位联合设计，由无锡水泵厂试制的3米直径的轴流泵试制成功。此泵安装在江苏省东台县，填补了中国大型农用水泵的空白。

8月

8月13日 第一机械工业部和第八机械工业部联合在北京召开全国建设县农机修造厂工作会议，讨论了县农机修造厂的方向、任务等问题。周恩来在接见会议代表时发表讲话，回顾了新中国成立后合作化和农业机械化的历史，对农机修造厂建设提出了意见和要求。他转达毛泽东的话，每县都要有农机修理制造厂。他指出："主席要求农业机械化已经过去14年了，还有11年。从明年起还有两个五年计划，要抓紧。从常规到高级的收获、加工、运输、电动、杀虫、塑料薄膜都要抓紧。山地那么多，各种类型机器都要跟上。"他指出："这里来的都是搞农机的，你们要终身立志于此。"

1970年

2月

2月15日 全国计划会议召开，讨论、拟定了1970年计划和第四个五年国民经济计划纲要（草案）。在“四五”计划中提出：“大力发展农业，加速农业机械化的进程”。

5月

5月1日 国务院决定将国务院农林办公室、农业部、林业部、水产部、农垦部合并为农林部，由沙风任部长，杨立功、梁昌武为副部长。

5月 经国务院业务组批准，第八机械工业部军管会决定将北京农业机械化学院迁到四川省重庆市与西南农学院合并办学。

6月

6月22日 第八机械工业部并入第一机械工业部。第一机械工业部下设农业机械化组，主管全国农业机械化工作。

6月23日 北京农业机械化学院开始从北京搬往四川重庆，9月8日初步完成搬迁任务。校名仍为北京农业机械化学院。

7月

7月23日 第一机械工业部在湖南省株洲召开全国水稻插秧机现场经验交流会。副部长徐斌洲在会上讲话指出：要加强领导，统一规划，分期分批实现水稻插秧机械化和半机械化。

8月

8月25日 国务院召开北方地区农业会议。会议提出：搞好农业机械化，“四五”期间争取耕作机械化水平达到可耕地面积的50%左右，排灌机械化水平达到60%左右。

10月

10月5日 国务院向中共中央报送的《关于北方地区农业会议的报告》中提出：“不搞农业机械化，光靠手工劳动，就不可能更快地提高农业劳动生产率，不可能改变6亿农民搞饭吃的局面，也就不可能腾出劳动力加快工业建设。”“农业机械化，应当实行‘两条腿走路’的方针，‘以各省、市、区自力更生为主’，因地制宜，适应精耕细作的要求。”

12月

12月11日 中共中央批准国务院《关于北方地区农业会议的报告》，要求根据这一报告，联系第四个五年农业发展规划的设想，提出1971年各省、直辖市、自治区的农业发展计划。

1971年

2月

2月12日 财政部发出的《关于试行农村信贷包干的通知》指出："农贷资金应当用于：对农、牧、渔区人民公社、生产大队、生产队发放生产费用和生产设备贷款（包括购置耕作、排灌、加工、运输、植物保护、畜牧、捕捞等农业机械）；对社队办小型企业发放基本建设和流动资金贷款；对社员发放灾区口粮贷款。"

4月

4月15日 农林部、第一机械工业部党的核心小组联合提出《关于筹备全国农业机械化会议的初步意见（草稿）》，就指导思想、会议任务、参会人数、开会时间、筹备单位以及准备工作提出意见。确定指导思想：认真落实毛泽东主席关于"农业的根本出路在于机械化"的决策，把农业机械化同备战、备荒、为人民联系起来，总结15年来，特别是湖北现场会以来农业机械化的经验，坚持农机制造以地方为主、农机产品以小型为主、农机购买使用以集体经济为主的方针，在自力更生的基础上，加速实现毛泽东主席提出的“用25年时间，基本上实现农业机械化”的宏伟目标。确定任务：制定一个1980年前实现农业机械化的规划，主要是“四五”期间的规划；研究实现农业机械化的方针政策，如发展地方“五小”工业、农机价格、供应、管理等问题；研究各行各业如何支援农业，加速农业机械化进程的主要措施。

6月

6月8日 国务院发出《关于召开全国农业机械化会议的通知》，要求各省、直辖市、自治区立即组织力量，从路线、方针、农业机械工业的布局、管理体制、动力技术政策、发展地方“五小”工业和农机产品价格等方面进行深入的调查研究，总结典型经验；并充分发动群众，自下而上地提出发展农业（包括林业、渔业、牧业）机械化规划的方案。为了开好这次会议，国务院决定，由第一机械工业部李水清、马仪、刘湘屏，农林部沙风、杨立功，水利电力部钱正英，燃料化工部唐克，冶金部杨维群，轻工业部谢鑫鹤，商业部赵发生，财政部王丙乾等11人组成全国农业机械化会议筹备小组，由李水清任组长，沙风任副组长。办公地点设在第一机械工业部。

7月

7月20日 第一机械工业部在江西省泰和县召开南方水田机械化现场经验交流会。会议传达了毛泽东关于“每县都要有农机修理制造厂”的指示；全国各地自力更生大办农业机械化，地方农机工业蓬勃发展，全国有95%以上的县都建立了农机修造厂，有的还建立了县、社、队三级修造网。地方“五小”工业蓬勃发展，为农机修造提供了原料，大大加速了实现农业机械化的进程。

8月

8月14日 国务院决定适当提高部分农副产品的收购价，降低部分支农产品、机械产品的出厂价和销售价。其中：内燃机、齿轮箱、联合收割机、水泵、汽车及配件等的出厂价平均降低15.7%，地方企业产品降低18.8%。

8月16日 国务院在北京召开第二次全国农业机械化会议。会议主要议题：研究要不要农业机械化和怎样实现农业机械化的问题。会议讨论和拟定了《全国农业机械化发展规划（草案）》，提出要在1980年农、林、牧、副、渔等主要作业的机械化水平达到70%以上，基本实现农业机械化，并制定相应的政策和措施。会后，国务院向毛泽东和中共中央递交《关于加速实现农业机械化问题的报告》。国务院副总理李先念代表中共中央和国务院在闭幕式上讲话。

9月

9月15日 国务院发布《全国农业机械化发展规划（草案）》，提出农业机械化的奋斗目标、第四个五年的发展水平以及有关农业机械化的工业布局。奋斗目标："要在1980年使我国农、林、牧、副、渔等主要作业的机械化水平达到70%以上，基本上实现农业机械化。""四五计划"发展水平：全国农用拖拉机拥有量，由1970年的14万台发展到40万台左右，手扶拖拉机由9万台到50万台左右，各种机引农具由60万台到260万台左右。机耕面积由占可机耕地的25%提高到50%左右。全国机电排灌动力拥有量由1 700多万马力到3 500万马力左右，水泵达到400万台左右，灌溉面积由6亿亩发展到7.5亿亩，约占机耕面积的50%。中小型机动收割机拥有量达到10万台左右，联合收割机达到2万台左右。基本上实现粮、棉、油、糖加工机械化和半机械化。运输机械仍以发展手推胶轮车、畜力胶轮大车和农业运输船为主。手动植保机械拥有量由1 600万架增加到3 500万架，机动植保机械由5万架增加到20万架。林业用油锯达到3万台，集材专用拖拉机8 000台，森林小机车1 000辆左右，主要林区基本上实现采伐、集材、运输的机械化和半机械化。努力做到牧区每个旗、县有打井机械和防疫设备，积极发展牧草收获、饲料加工、剪毛、挤奶、乳品加工和运输机械。渔业用油轮由850艘增加到1 400艘，机帆船由1.3万条增加到2.5万条左右。坚持贯彻执行机械化、半机械化并举的方针，安排好半机械化农具和小农具的生产。还对地方中小钢铁工业、化肥和农药工业、农业机械工业、县社队三级农机修造网和农村小型电站等涉及农业机械化的工业布局作出安排。

9月16日 国务院发出《关于全国农业机械化发展纲要（讨论稿）的通知》，要求各省、直辖市、自治区广泛征求意见，特别要很好地征求县、社、队和贫下中农意见，进行修改。这份1971—1980年的全国农业机械化发展纲要是为1980年基本上实现农业机械化的目标而制定的，包括党在农业问题上的根本路线、农业的根本出路在于机械化、走我国农业机械化自己的道路、用革命化领导机械化，各级都要有一个强有力的机构、加强党的一元化领导等共26条。

12月

12月3日 国务院向毛泽东、中共中央提交《关于加速实现农业机械化问题的报告》。报告分8个部分：（1）农业机械化的新高潮正在兴起。（2）坚持党在农业问题上的根本路线。（3）走我国农业机械化自己的道路。（4）今后5年和10年的奋斗目标。（5）大力发展地方“五小”工业。（6）有关农业机械化的几个政策问题。社队搞农业机械化，要处理好集体积累和社员分配的关系。要以粮为纲，多种经营，在发展生产、保证社员生活逐年有所改善的基础上，适当增加积累，购置农业机械。（7）加强对农业机械的管理。管好、用好、修好日益增多的农业机械，是关系到多快好省地发展农业机械化的大问题。县、社、队三级修造网，要有计划有步骤地在自力更生的基础上，建立起来。县农机修造厂，要平战结合，以修为主，又修又造。遵照毛主席关于“每省每地每县都要设一个农具研究所”的指示，各地应根据实际情况建立一个精干的研究机构。要坚持科学技术人员和工人、贫下中农结合，坚持科研、制造、使用相结合，坚持为农业生产服务。（8）全党要为实现农业机械化的伟大任务而奋斗。

12月4日 第一机械工业部决定，中国农业机械化科学研究院改名为第一机械工业部机械研究院农业机械研究所。

1972年

1月

1月24日 第一机械工业部在浙江省嘉兴召开南方中小型水稻收获机座谈会，着重讨论了收获机械的机型、配套和加强试验定型的有关措施，提出今后应着重研究解决的问题及建议等。

3月

3月23日 第一机械工业部、农林部给湖南、江西、贵州、陕西省革命委员会发出《关于召开四个革命纪念地农业机械化座谈会的函》提出：在自力更生的基础上，加速四个革命纪念地农业现代化进程，提前实现毛主席关于“用25年时间，基本上实现农业机械化”的伟大号召，拟定4月22日在遵义市举行。请省有关部门派人协助当地革命委员会，总结加快农业机械化的典型经验，制定一个在自力更生的基础上，提前实现农业机械化，促进农业上纲要的发展规划。

3月30日 国务院发布《中华人民共和国工商税条例（草案）》，决定在1972年扩大税制改革试点。对少数税率作出必要调整，农机、农药、化肥、水泥的税率降低了一些。这次税制变动，将复税制进一步简化，基本上成了单一税制。

4月

4月24日 第一机械工业部和农林部在遵义市召开韶山、井冈山、遵义、延安四个革命纪念地加速农业机械化座谈会。会议研究落实四地农业机械化规划，商定先抓好韶山、井冈山、长征、枣园等13个公社的农业机械化。

5月

5月29日 第一机械工业部委托机械研究院农业机械研究所在北京召开拖拉机配套农具座谈会，讨论和拟订了拖拉机配套农具发展规划（草案）和措施。

7月

7月2日 第一机械工业部和农林部在广东省东莞县联合召开南方水田机械化现场经验交流会，讨论了一批水田机械研究项目和初步实施意见。

7月6日 根据四川省教育局文件，北京农业机械化学院改名为四川农业机械学院，将四川省郫县的四川农业机械学院改名为四川农机分院。因两校容易弄混，四川省革命委员会又批准将北京农业机械化学院改名为重庆农业机械学院。

8月

8月25日 商业部、农林部、第一机械工业部在浙江省绍兴召开全国中小型茶叶机械选型交流会。会议提出：茶叶生产机械化是农业机械化的一个组成部分，必须纳入当地的农业机械化规划。

8月 第一机械工业部在山东省威海召开农机产品销售价格座谈会，讨论拟订《加强农机产品销售价格管理的意见》。

8月 第一机械工业部召开农机产品质量座谈会，分析农机产品的质量问题，研究加强企业管理、提高质量的措施，介绍莱阳动力机厂抓技术改造实现优质高产的经验。

9月

9月15日 第一机械工业部在山东省淄博市召开全国水泵行业质量检查总结会议，总结交流了加强企业管理、提高产品质量的经验。

9月 第一机械工业部在长春市召开整顿产品质量、加强企业管理经验交流会。为了有计划、有步骤地改变产品质量差的状况，全面解决机械产品质量问题，会议对编制1972—1973年整顿产品质量规划提出意见，并起草了企业新产品设计、试制工作管理办法和产品质量检验工作条例试行草案。

10月

10月9日 黑龙江省农业机械化研究所、黑龙江生产建设兵团三师和第一机械工业部机械研究院农业机械所在黑龙江生产建设兵团三师二十团召开玉米收获机械座谈会。

12月

12月25日 第一机械工业部、财政部印发《加强农机产品销售价格管理的意见》，要求统一省际调拨费率，规定了农机产品的统一调拨费率和统一进销费率最高限额。所有农机产品的经营部门，都是属于办理国家物资调拨、供应、储备的供销企业，农机产品的销价应该统一，并保持适当稳定。制定销价应以全国或本省（直辖市、自治区）统一出厂价格为基础，加上经上级批准的统一进销费率确定。关于农机产品销售价格管理中的具体问题，由第一机械工业部农机配件公司负责处理。

12月26日 第一机械工业部、农林部签发《关于农业机械使用管理和维修业务交接给国务院的报告》。遵照国务院领导同志的批示，两部商定，自1973年1月1日起，由农林部主管农机的使用管理、维修、县农机修造厂和修配网点、农机维修配件供应、农机化院校、使用管理技术力量的培训等工作。

12月 第一机械工业部、农林部召开畜牧机械座谈会，北方5省、自治区代表参加。

12月 第一机械工业部在黑龙江省双城县召开北方15省（自治区、直辖市）农机冬修现场座谈会，农林部派人参加。

1973年

1月

1月7日 全国计划会议在北京召开，决定大力加强农业，国家用于农业的财政拨款和支农工业的投资，比1972年增加19%；国家用于农业和农机化方面的钢材，比1972年增加30%；地方掌握的钢材30%～40%用于农业。

1月 农林部成立农业机械化局，负责农业机械使用管理工作。

2月

2月21日 农林部向国家计划委员会报送《关于请补充安排一批拖拉机、内燃机维修短线配件的报告》。根据各地区反映，由于拖拉机、内燃机维修配件供应不足，严重影响农业机械冬修进度，提出请一机部充分挖掘生产潜力，补充安排一批短线配件；请计委、一机部在长远规划和基本建设中，重点安排短线配件生产能力，优先分配配件生产需要的材料，合理解决主机与维修配件增长的比例关系。

2月 国家计划委员会同意对50个骨干专业拖拉机、内燃机配件厂进行技术改造，扩大生产能力。

2月 第一机械工业部农业机械局提出组织常州、莱阳、武汉、南昌等几个柴油机厂，上海、无锡油泵油嘴厂，黄县内燃机配件厂，支援工业基础较差地区，发展小型柴油机与油泵油嘴的意见。

3月

3月 第一机械工业部在北京召开产品质量行业检查评比工作座谈会。根据全国计划会议、部机械产品质量座谈会的精神，为了加强企业管理，整顿产品质量，第一机械工业部水泵行业1973年展开了一次产品质量行业检查评比工作。全国水泵行业有50个较大的专业制造厂和4个研究所分布在全国20几个省、直辖市、自治区，生产矿山、冶金、电站、石油化工、造船、军工及农田排灌等国民经济各部门需要的泵产品、共31个系列1 200个品种。

4月

4月18日 农林部、财政部发出《关于支援人民公社投资使用管理试行规定》，支援农村人民公社投资，是国家用于帮助资金困难较大的农村社队实现农业机械化，发展农业生产建设的一项无偿投资。支援人民公社投资，主要是帮助社、队购买耕作、植保、收获、运输、牧业、渔业和农副产品加工等各种农机具及其必要的维修设备。

4月27日 新华社报道：我国北方14个省、直辖市、自治区农村，从1972年10月到1973年3月底新打机井18.4万眼，完成配套11万多眼，超过历史上任何一年同期的打井数量。至此，北方地区投入农田灌溉的机井已经超过百万眼。

4月 第一机械工业部、商业部在武汉召开全国棉花加工机械选型会议，讨论了搞好标准化、通用化、系列化工作和提高产品质量问题，落实了科研项目。

5月

5月8日 农林部向国家计划委员会报送《关于拖拉机、内燃机维修配件补充安排情况的报告》。根据2月份以来维修配件的供应和缺口情况，请一机部对维修短线配件计划继续补充安排生产，需要材料的不足部分，请计委调剂增拨。请一机部加强督促有关生产企业，重视维修配件的生产，严肃执行合同。

5月26日　中国人民银行发出的《农村人民公社贷款办法（试行草案）》规定贷款对象和贷款种类，对农村社、队贷款分为5种：农业生产费用贷款，农业生产设备贷款，社、队企业贷款，信用合作社贷款和灾区口粮贷款。

5月　第一机械工业部农业机械局在河南省商丘市召开北方16个省、直辖市、自治区拖拉机配套农具会议，讨论确定开展北方旱作地区铧式犁系列设计、圆盘耙系列设计、悬挂播种机和中耕通用机架系列设计、半悬挂谷物通用联合播种机系列设计。

6月

6月28日　第一机械工业部、农林部共同主持在福建省龙海县召开南方水田机械化现场经验交流会，这是对几年来水田机械化情况的一次检查和总结。参加表演的水田机械80多种140多台。

7月

7月1日　第一机械工业部副部长徐斌洲在南方水田机械现场会上强调：在农业集体化的基础上实现农业机械化，是党在农业问题上的根本路线，要加强领导，统一规划，鼓足干劲，为实现农业机械化而奋斗。

7月11日　农林部、公安部、交通部联合发出《关于农用拖拉机重大事故的通报》。要求各级农业机械管理部门发动群众，进行一次安全生产的普遍检查工作。公社农机站或农机管理站要建立一个由领导干部、技术员、驾驶员参加的“三结合”安全生产小组，挑选1～2名经农机、公安等有关部门审批的义务安全监理员，要加强技术培训。拖拉机的使用必须坚持“以农为主，综合利用”为农业生产服务的方向，要利用农闲进行农用物资和农副产品的运输。

8月

8月15日 《人民日报》发表《坚持机械化与半机械化同时并举的方针》短评，提出抓紧现代化农业机械的制造，加快农业机械化的步伐，以便从根本上改变农业生产面貌，这是全党一项伟大的历史任务。但是，农业机械化要有一个过程。目前由于受材料、设备、技术等等方面的限制，机械化的农具还不多。为了提高农业生产效率，夺取农业生产丰收，就不能单单依靠现代化的农业机械，而应当坚持机械化和半机械化并举的方针，因地制宜地开展农具改革运动。

8月16日 农林部在河北省唐山市召开21个省、直辖市、自治区农业机械管理局工作座谈会，交流了管好用好农业机械的经验，研究了有关农业机械管理方面的政策等问题。

8月16日 新华社报道：我国水田农业机械化获得新进展。南方水稻主要产区江苏、上海、浙江、安徽、江西、福建、湖南、湖北、广东、广西、四川、云南、贵州等省、直辖市、自治区在水田翻耕、整地、植物保护，排灌和水稻脱粒等方面，已大面积推广、使用农业机械。用于水稻拔秧、插秧、中耕和收获等方面的机械研制和推广工作也有很大进展。

8月25日 农林部副部长杨立功在21个省、直辖市、自治区农业机械管理局工作座谈会上强调：一定要认识管理的重要性，管理的中心环节是做好人的工作，建立常年的培训机构，有组织有计划地大量培训农机人员。要建立农业机械的管理机构和必要的规章制度。抓典型，靠典型推动工作，靠典型教育人。

9月

9月 新华社报道：全国2 100多个县，除西藏、新疆的少数县外，都有了农机修造厂。

10月

10月12日 国务院同意并批转了重庆农业机械学院迁往河北省邢台的报

告，并改名为华北农业机械化学院。

10月27日 农林部转发《农机管理工作座谈会纪要》和《农机人员培训工作意见》。这两个文件是21个省、直辖市、自治区农业机械管理局工作座谈会讨论产生的。《纪要》提出：进一步加强农机管理工作，建立健全各级农机管理机构。农业机械的经营形式应以社队集体经营为主，抓好农机技术人员和管理干部的培训。《意见》提出：各级农机管理部门要根据农业机械化发展规划，做好各类农机人员的需要量和长远的、年度的培训计划方案。培训工作由省（直辖市、自治区）、地、县、社四级分级负责进行。遵照毛泽东主席关于“要从有实践经验的工人农民中间选拔学生”的教导招收学员，并对各类农机人员的培训效果提出技术上的要求等。

11月

11月5日 第一机械工业部在湖南省长沙市召开全国水泵行业会议。会议听取和讨论了行业质量检查组的《产品质量分析报告》，修改《水泵行业产品质量检查暂行办法》。来自21个省、直辖市、自治区42个单位的69名代表参加会议。

1973年 吉林省农业机械厂改为四平联合收割机厂，经第一机械工业部批准续建计划，生产纲领为年产自走式谷物联合收割机1 000台。

1974年

ZONGGUO NONGYE JIXIEHUA

3月

3月3日 国务院印发《关于召开全国农业机械化会议的通知》，由计委、一机、农林、水电、燃化、冶金、轻工、商业、财政等有关部门负责人负责筹备。主要任务是总结农业机械化方面的经验，拟订实现农业机械化的规划、措施，并研究有关政策。

3月7日 农林部发出《关于开展农用拖拉机安全大检查的通知》，要求各省农业机械管理部门，对农用拖拉机进行一次群众性的安全大检查。

3月28日 农林部、轻工业部、财政部、第一机械工业部、商业部印发《关于农机产品价格补贴的暂行规定》，要求价外补贴应贯彻支援农业生产，扶植地方工业发展，稳定物价的原则，一般不超过统一出厂价的30%，个别特殊情况，最高不超过统一出厂价的50%。

3月 第一机械工业部向各省、直辖市、自治区机械（农机）局发出《关于提高柴油机产品质量，抓好节油工作的通知》，要求柴油机每马力小时的燃油消耗平均下降3～5克，机油消耗平均下降1～3克。

6月

6月26日 国务院在北京召开全国农业机械化预备会议。会议拟定了农业机械化发展规划并对1971年制定的农业机械化规划作了调整，排灌动力机械由原来的6 000万马力改为7 000万马力，增加灌溉面积，要达到8.5亿～9亿亩。国务院副总理余秋里在会议讲话提出：要研究如何加快农业机械化速度的问题，调整规划，落实措施。以农业为基础，工业为主导，是一个辩证的关系，基础工业不搞上去，农业机械化也是“无米之炊”，基础工业上去了，农业机械化才上得快。搞农业机械化一定要因地制宜，从当地高产稳产、增产增收的迫切要求出发，认真研究先化什么，后化什么。会议形成国家计委财贸物价组《关于调整农业生产资料价格的初步设想》。从1975—1980年，国家降低农机产品价格的金额相当于社、队购买农机总金额的10%。先降什么，后降什么，哪些多降，哪些少降，哪些不降要根据有利于发展工农业生产，有利于加速农业机械化，有利于农民增产增收的原则，进行具体分析，全面规划、统筹安排。

7月

7月4日 财政部副部长王丙乾在全国农业机械化预备会上提出：在贯彻自力更生的前提下，国家对发展农业机械化，也要从多方面给予财力支援。（1）目前国家财政支出中，支农占10%左右，今后将逐步提高到12%左右，其中用于发展农业机械化方面的支出，将有较大的增加。（2）银行用于农业机械化的设备贷款，也要有计划地增加，目前设备贷款已占农贷总额的45%，今后可逐步提高到60%。（3）有计划有步骤地降低农业生产资料的价格。（4）地方机动财力，也要拿出一部分用于支援农业机械化。化学工业部副部长李艺林在会上谈到：在化肥、农药、燃料、橡胶、塑料产品生产中，要增加产量、品种，提高质量、降低成本，适应农业机械化和国民经济大发展的需要。轻工业部副部长谢鑫鹤在会上强调：（1）轻、手工业是加速实现农业机械化的一支重要力量。（2）在发展农业机械的同时，要重视中、小农具的生产。（3）中、小农具要实现机械化生产。（4）抓好半机械化和改良农具的生产。（5）巩固、充实、提高县、社、队三级农具修造网。

7月5日 全国农业机械化预备会形成的《农业机械产品分工管理办法（征求意见稿）》规定：部管产品是：拖拉机、大中型柴油机、大型联合收割机、大型水泵等农业机械产品共19种。地方管理的产品是：40马力以下柴油机、手扶拖拉机、配套农具、农副产品加工机械等共131种。拖拉机、内燃机和农机具的配件（包括配套和维修）都由地方管理。

7月10日 全国农业机械化预备会形成的《关于一九八〇年基本上实现农业机械化初步规划的说明（草稿）》对农业机械化的发展形势，1980年基本上实现农业机械化的主要目标，有关规划的相关问题（如对农业机械化要全面规划，分工负责；大搞技术改造，加快农机工业建设；认真抓好配件和配套农具生产；积极发展地方小钢铁，提高钢铁自给水平；加强农业机械的使用管理，提高修造能力等），以及若干政策（如价格政策、社队的购买资金、农业机械的分工管理、农业机械的“三化”工作、农业机械的经营形式等）进行说明，并提出第五个五年计划中农业机械化的发展水平和主要产品产量指标。

7月28日 国务院向中共中央报送《关于全国农业机械化预备会议情况的报告》。这次预备会着重讨论了为什么有的地方农业学大寨运动搞得轰轰烈烈，有的地方冷冷清清？为什么有的地方农业机械化、农田基本建设上得快，劲头足，有的地方踏步不前？归纳出主要原因：一是没有认真贯彻执行党的基本路线。二是没有切实贯彻执行“以农业为基础，工业为主导”发展国民经济的总方针。三是因循守旧，无所作为。四是有等、靠、要的依赖思想，不充分发动群众。不从根本上解决好这几个问题，农业学大寨就搞不起来，农业机械化的速度就快不了，农业生产就上不去。

7月 第一机械工业部在北京召开全国农机产品科技规划座谈会。

ZONGGUO NONGYE JIXIEHUA

8月

8月10日 全国水稻动力中耕机对比试验和经验交流会在江西省吉水县召开。

8月中旬 第一机械工业部根据国务院《关于召开全国农业机械化会议的通知》，经与农林部商定，在北京农展馆举办全国农业机械化展览会。展出的各种机具总计637种共773件。展品有当时已研制成功和批量生产的农、林、牧、副、渔业机械化与半机械化机具的代表产品和配套产品；在研制中有发展前途的部分机具；农机配件关键短线产品。

9月

9月12日　中国人民银行在《关于国营农业企业贷款试行办法》中明确了国营拖拉机站和农机修理的贷款。

11月

11月23日　由农林部农业机械化局、畜牧局，第一机械工业部农业机械局在武昌联合召开全国饲料粉碎机现场会，对到会的34台样机进行了评比，评选出9种11台较好样机。会议讨论了锤片式饲料粉碎机标准草案。

11月27日　财政部印发《关于农机、农具征税几个问题的通知》规定：（1）县以下的农机修造厂，属于“五小”工业企业，经省、直辖市、自治区批准，在一定时期内可以给予减税、免税照顾。（2）农机修造厂以废旧农机产品为原料，生产和修复的农机、农具及其零配件，可给予定期减税、免税照顾。（3）工厂享受价外补贴的亏损产品，其价格补贴部分的金额可列入营业收入，不征商税。（4）农机、农具的征税范围和商业经营农机产品征税，按照财政部《工商税若干问题的规定》执行。

11月　水利电力部科研所在北京市密云县召开滴水灌溉技术现场会。据不完全统计，当时全国有22个省、直辖市、自治区数百个单位研究试验喷灌技术，制成样机60余种，配套机组约5000余台，喷灌面积约20余万亩。

4月

4月5日 第一机械工业部、农林部、石油化工部、国家计划委员会物资局联合印发《关于两三年内解决农机维修配件生产供应问题的意见（草稿）》。主要内容有：解决农机维修配件以地方自力更生为主、按比例地发展主机和配件、努力提高配件质量、改进维修轴承与轮胎的生产和供应、大力开展配件收旧利废工作和加强维修配件供应工作等。保证农业机械维修配件、轮胎、轴承的及时供应，是关系到加强工农联盟和急速实现农业机械化的重大问题，要求必须在两三年内解决好。

4月20日 中共中央和中央军委决定撤销新疆军区生产建设兵团，成立新疆维吾尔自治区农垦总局。

4月 第一机械工业部、农林部在北京召开全国手扶拖拉机配套农具座谈会。讨论加快发展手扶拖拉机配套农具问题。

5月

5月16日 农林部、第一机械工业部联合印发《关于加快农机修造网建设的意见（草稿）》。全国96%的县有了农机修造厂，40%的人民公社和10%左右的生产大队建立了农机修造网点。县农机修造厂的具体任务是承担社、队修理不了的农、林（不包括国营森林采伐）、牧、副、渔（不包括国营大型渔轮）各种农业机械；修复农机旧件和轮胎；在省、直辖市、自治区统一规划下，制造一两种全省通用的农机维修配件或本地需要的一两种农机具。要求搞好规划，发动群众，大搞技术改造，提高修造能力。县农机修造厂的基本建设资金，要列入地方计划项目。

5月22日 第一机械工业部、农林部在上海市嘉定县召开水田机械现场会。1969年以来，相继在广西、湖南、江西、广东、福建召开现场会。这次现场会上，水田机器进行了大面积生产作业。

5月 第一机械工业部农业机械局委托第一机械工业部机械研究院农业机械所与陕西机械局主持召开的北方山区农机科技座谈会在西安举行。

5月 第一机械工业部在60个农机厂和配件厂之间建立定点定量生产协作关系，并和钢厂建立定点定量钢材供应。

6月

6月 第一机械工业部农业机械局召开农业机械行业组长厂座谈会，对14项农机基础件攻关项目进行讨论和落实。

6月 农林部在河北省遵化县召开全国农机人员培训工作经验交流会。

7月

7月25日 第一机械工业部农业机械局在山西省祁县召开全国喷灌技术现场经验交流会。通过全国各地的喷灌机具现场演示，交流经验，使各地的喷灌技术得以进一步提高，以推动我国喷灌机械的整体发展水平。全国21个省、直辖市、自治区的农业机械管理局及有关农业机械（化）研究所、生产厂家以及科研单位代表到会。

7月 第一机械工业部委托机械研究院农业机械研究所主持，在北京召开农业机械科技规划座谈会，各省、直辖市、自治区农机所所长参加，讨论"五五"计划期间农机科技规划。

8月

8月18日 国务院副总理邓小平在国务院讨论《关于加快工业发展的若干问题》时指出："农业现代化不单单是机械化，还包括应用科学和发展科学技术等。城市可以帮助农村搞一些机械化的养鸡场、养猪场，这一方面能增加农民的收入，另一方面能改善城市的副食品供应。要是工人没有菜吃，没有肉吃，工业怎么能搞得好？工业支援农业，农业反过来又支援工业，这是个加强工农联盟的问题。"

8月 第一机械工业部在呼伦贝尔盟召开全国牧草收获机械现场会，30种36台样机参加演示。会议讨论了牧草收获机械的成套和标准化等工作。

8月 第一机械工业部农业机械局在沈阳市召开农机行业抓革命促生产座谈会。会议着重讨论了加强企业管理，提高产品质量，扭转生产中的"前松后紧"现象等问题。

9月

9月15日 国务院召开的全国农业学大寨会议，在山西省昔阳县开幕，在北京闭幕。邓小平在会上作了重要报告。

10月

10月12日 全国农业学大寨会议代表参观全国农业学大寨和农业机械化展览。《人民日报》发表记者述评《下定决心，五年实现——全国农业学大寨会议讨论1980年基本上实现农业机械化问题》。

10月15日 国务院副总理华国锋在全国农业学大寨会议上作《全党动员，大办农业，为普及大寨县而奋斗》的总结指出："用机械装备农业是农、林、牧三结合大发展的决定性条件。在普及大寨县的过程中，省、直辖市、自治区要因地制宜地积极发展农业机械工业，向社队提供为农业机械化所需要的装备和其他产品。地、县也要根据自己的资源和其他条件，发展小钢铁、小煤炭、小化肥、小水泥、小机械等工业。为农村提供更多适合于当地需要的农机、化肥、农药等，要向群众宣传毛主席关于农业的根本出路在于机械化的教导，充分发挥亿万群众的积极性和创造性，大搞农业技术改革，有计划地逐步提高农业机械化的水平，造就一支宏大的亦工亦农、掌握现代化技术的农业机械化队伍。发展农业机械化，不但能够大幅度地提高农业劳动生产率，使广大农民腾出大量时间来发展多种经济，建设繁荣富庶的社会主义新农村，而且对于发挥人民公社作为工农商学兵综合组织的作用和‘一大二公’的优越性，对于缩小城乡、工农、体力劳动和脑力劳动三大差别，也都具有十分重大的意义。因此，国务院各有关部门和各省、地、县领导机关，必须用极大的力量，来加快这一工作的速度，从各方面做好可靠安排，采取切实措施，逐年检查进度，总结经验，保证在1980年基本上实现农业机械化这一伟大的任务”。

10月15日 在山西省阳高县召开了梯田修筑机械化现场技术交流座谈会。

11月

11月15日 重庆农业机械学院正式迁至河北省邢台，更名为华北农业机械化学院。

12月

12月5日 农林部遵照国务院领导关于搞好设备维修的指示，印发《关于切实抓好农机设备维修工作的通知》，对搞好农业机械和农机修造网的设备维修工作提出要求：提高认识，端正方向路线；加强领导；搞好设备维修规划，措施要落实等。

1976年

1月

1月 国家计划委员会复文第一机械工业部、农林部，同意将县农机修造厂交由农林部归口管理。

2月

2月 中国科学院在山西省昔阳县召开农业机械化科研试点工作会议，共有10个试点项目：棉田机械化（江苏）、水稻种植机械化（江苏）、林业机械化（福建）、甜菜生产机械化（内蒙古）、甘蔗生产机械化（广西）、牧业机械化（青海）、山区机械化（山西、湖南）、温室育秧（湖北）、机械修筑梯田（陕西）。

ZONGGUO NONGYE JIXIEHUA

4月

4月6日 第一机械工业部决定建立9个农机具试验研究基地：广西壮族自治区农机所的水稻插秧拔秧及甘蔗机械研究基地，甘肃省农机所的山地田间作业及水土保持机械试验研究基地，山西省农机化所的梯田修筑及喷灌机具试验研究基地，辽宁省农机化所的农田基本建设机械试验研究基地，安徽省农机所的茶叶机械试验研究基地，江苏省农机化所的南方间套作及植保机械试验研究基地，北京市农业机械研究所的北方蔬菜机具及植保机械试验研究基地，河北省农业机械研究所的农用打井机及北方间套作机械试验研究基地，江西省农机所的南方水田整地中耕机具试验研究基地。

ZONGGUO NONGYE JIXIEHUA

5月

5月 第一机械工业部颁发的16个植保机械标准开始试行。

ZONGGUO NONGYE JIXIEHUA

6月

6月10日 《人民日报》报道：全国70%以上地区和半数以上的县建立了农业机械（化）研究所。

6月 商业部、农林部在黑龙江省阿城县召开全国农业机械节油经验交流会。

ZONGGUO NONGYE JIXIEHUA

12月

12月10日 第二次全国农业学大寨会议在北京举行，强调要把农业生产和农业机械化搞上去，保证在1980年基本上实现农业机械化。

12月15日 在黑龙江省红兴隆农业机械管理局十八团召开了北方破冻土机械研制交流会。

12月20日 国务院副总理陈永贵在第二次全国农业学大寨会议上报告指出：要加快农业机械化的步伐。我们一定要争取时间，战胜各种困难，坚决把农业机械化搞上去。依靠群众，自力更生，充分利用本地资源，大力发展“五小”工业，大搞农业机械制造，多生产化肥、农药、农业机械、维修配件和塑料薄膜。在各省、直辖市、自治区自力更生为主基础上，国家要大力帮助各省、自治区尽快把地方小钢铁和支农工业发展起来，保证完成毛主席提出的在1980年基本实现农业机械化这一伟大任务。

12月23日　《人民日报》发表《农业的根本出路在于机械化》社论，再次强调要在1980年基本上实现农业机械化。

12月25日　国务院向中共中央提交《关于1980年基本上实现农业机械化的报告》。报告提出1980年基本上实现农业机械化的主要目标是：农、林、牧、副、渔主要作业的机械化水平达到70%左右。其中：排灌动力机械拥有量达到7 000多万马力，灌溉面积达到8亿～8.5亿亩；化肥年产量达到5 500万～5 700万吨，平均每亩施化肥70多斤；拖拉机拥有量达到65万～80万台，手扶拖拉机达到150万台，机耕面积达到8亿～9亿亩。

12月30日　《人民日报》发表记者述评《深批“四人帮”、加速农业机械化——第二次全国农业学大寨会议讨论加快农业机械化步伐的问题》。

1977年

1月

1月6日 第一机械工业部农业机械管理局委托广西机械局在广西贵县召开全国甘蔗机具现场会。

1月19日 中共中央同意国务院《关于1980年基本上实现农业机械化的报告》，指出："1980年基本上实现农业机械化，是伟大领袖和导师毛主席的遗志，是全国人民的共同心愿。""国务院和各省、市、自治区要迅速把农业机械化的领导小组建立健全起来。""要认真贯彻执行华主席的指示：'国务院各有关部门和各省、地、县领导机关，必须用极大的力量，来加快这一工作的速度，从各方面做好可靠安排，采取切实措施，逐年检查进度，总结经验，保证在1980年基本上实现农业机械化这一伟大任务。'"

3月

3月25日 第一机械工业部在无锡市召开整顿农业机械企业提高产品质量经验交流现场会，提出：各企业要按照"鞍钢宪法"的原则，以整顿产品质量为重点，切实加强企业管理，做到“两消灭，两提高”（消灭不合格品，消灭亏损；提高产品质量，提高设备完好率）。会议讨论修改《农机产品“三包”办法试行草案》等4个文件。

4月

4月26日 第一机械工业部委托机械研究院农业机械研究所在上海召开全国机械化半机械化养鸡机具研制经验交流会，研究讨论了养鸡机具研制中的技术问题，编制了《机械化、半机械化养鸡成套机械实施计划（草案）》。

6月

6月10日 中国科学院、第一机械工业部、水利部在吉林省通辽市召开全国喷灌技术经验交流会，参加会议的有各省、直辖市、自治区科技、水利、农机、轻工部门的代表，以及工厂、大专院校、新闻单位和国务院有关部委的代表。

6月27日 第一机械工业部、农林部联合向国家计委报送《请解决地、县农机具（化）研究所经费问题的函》，建议在国家预算收支科目中增列地、县农机具（化）研究所科研事业经费项目和群众农具改革运动的补助费项目。

7月

7月7日 经国务院批准，由国家计委、建委、水电部、农林部、第一机械工业部、商业部、财政部、石油化学工业部、第五机械工业部、物资总局和中华全国供销合作总社等11个部委联合在山西省昔阳县召开全国农田基本建设会议。会议号召大干3年，到1980年实现每个农业人口有1亩旱涝保收稳产高产田。各省、直辖市、自治区主管农业的领导和计委、水利、农业、农机等有关部门的负责人，各地（市）和部分县的负责人，宣传、出版、科研、院校等单位的代表共1 000人到会。

7月15日 第一机械工业部发出《关于组织旱地大马力拖拉机系列联合

设计的通知》，提出发展旱地大马力拖拉机系列。

7月 农林部在广西壮族自治区桂林市召开全国农业机械化队伍建设工作经验交流会。

8月

8月1日 第一机械工业部在全国农业展览馆举办的农业机械、矿山机械成套设备展览会开幕。

8月1日 第一机械工业部在山东省即墨县召开农业机械科研座谈会，142个单位的196名代表参加会议。会议讨论1980年基本上实现农业机械化急需的新产品项目，1985年规划和2000年设想，以及加强农机产品标准化、系列化、通用化工作等问题。

8月12日 中国共产党第十一次全国代表大会在北京举行，中共中央主席华国锋所作的报告中提出，到1980年农业要基本实现机械化。

ZONGGUO NONGYE JIXIEHUA

9月

9月16日 《人民日报》发表《建设农机化队伍要走我国自己的道路》社论提出：走亦工亦农的道路，是我国自己的建设农机化队伍的道路。亦工亦农，就是把农机人员培养成为工农结合的社会主义新型农民，是建设这支宏大的农机化队伍切实可行的办法。

9月16日 经党中央和国务院总理华国锋批准，国务院农业机械化领导小组正式成立，任务是遵照中共中央、国务院的指示，组织各方面的力量，调动一切积极因素，加速全国农业机械化进程。组长余秋里，副组长李人俊、杨立功、徐斌洲、马仪。

9月30日 中共中央副主席邓小平阅《人民来信摘报》，就华北农业机械化学院的隶属关系问题，作出批示：这个学院应由农林部主管起来。此件似可送交农林部党组研究处理。并将《人民来信摘报》送华国锋、叶剑英、李先念、汪东兴。

10月

10月25日 中共中央主席华国锋为《农业机械》杂志题写刊名。

10月30日 普及大寨县工作座谈会在北京举行，会议认为：当前“农业生产新跃进的形势正在到来”，到1980年，全国1/3的县建成大寨县，粮食和经济作物都要超过纲要。其余2/3的县，主要农业生产指标也要上纲要、超计划。全国建成一批商品粮基地。要确保1980年基本实现农业机械化。

10月 《简明农业机械化词典》由科学出版社出版，宋树友主持编写工作。该词典被评为优秀科技读物。

11月

11月4日 国务院批转商业部《关于石油产品实行统购、统配、定量供应试行办法》提出：石油产品是战略物资，也是发展国民经济的主要生产资料。为加强石油产品的计划管理，做好平衡、供应工作，要求“统一收购、统一分配、定量供应（对农、林、牧、渔等生产和科研用油，要尽量保证基本需要）”，同时要求厉行节约，反对浪费。办法规定了计划编制和申请程序。

11月16日 普及大寨县工作座谈会向中共中央政治局提交汇报提纲《普及大寨县工作座谈会讨论的若干问题》。关于农业机械化提出：“要下最大决心，想一切办法，把农业机械化搞快一些。”每年从国家工业投资中拨出一定比例，帮助地方建立支农工业体系。加快化肥、农药、塑料薄膜的生产。每省先搞一个全面实现农业机械化的县，取得经验。国家计委、一机部、农林部要帮助黑龙江省，选一块地区，结合建设商品粮基地，进行全面农业机械化的试点，为农业现代化树立样板。大城市郊区农业机械化要先行一步，积极发展机械化养猪、养鸡、养鱼，尽快提高肉禽蛋鱼自给水平。

11月 根据中共中央文件提出“国务院和各省、市、自治区要迅速把农业机械化领导小组建立和健全起来”的要求，有25个省、市、区成立了农业机械化领导小组。

11月 第一机械工业部决定将农业机械研究所从机械研究院独立出来，成立农业机械科学研究院，直属第一机械工业部。

12月

12月19日 中共中央原则同意并批转《普及大寨县工作座谈会讨论的若干问题——汇报提纲》。发至各省级党委，要求认真研究执行。

12月26日 毛泽东《关于农业机械化问题的一封信》（1966年3月12日）公开发表。信中指出：为了农业机械化，多产农林牧副渔等品类，要为地方争一部分机械制造权。所谓一部分机械制造权，就是大超额分成权，小超额不在内。一切统一于中央，卡得死死的，不是好办法。又此事应与备战、备荒、为人民联系起来，否则地方有条件也不会热心去做。

12月 《人民日报》报道：我国有26省、直辖市、自治区能够生产大中型拖拉机。从1966—1977年这11年中，全国大中型拖拉机的产量平均每年递增20.3%，手扶拖拉机平均每年递增46.4%。各省（直辖市、自治区）、地、县已建立农机研究所1 700多个。

1月

1月4日 国务院在北京召开第三次全国农业机械化会议。副总理陈永贵致开幕词，副总理余秋里作《全党动员，决战三年，为基本上实现农业机械化而奋斗》的总结报告，中共中央副主席、国务院副总理李先念致闭幕词。与会代表先到山东省潍坊、烟台等地参观农场，然后回北京讨论。会议确定：1980年，全国农林牧副渔主要作业的机械化水平达到70%以上，大中型拖拉机拥有量比现在增长70%，大中型机引农具拥有量比现在增长110%，手扶拖拉机拥有量比现在增长36%，排灌动力机械拥有量比现在增长32%，化肥年产量比现在增长58%，农田基本建设机械、植物保护机械、运输机械、收获机械、农副产品加工机械、农药、炸药、塑料薄膜、林业机械、牧业机械、渔业机械、农村小型电站、半机械化农具等，都要有一个较大的增长。人工影响天气的装备也要积极发展。各种农业机械的质量要达到一个新的水平。各省、直辖市、自治区农业机械化领导小组，部分企业和农业机械院、校、所，以及国务院有关部委的代表共823人参加会议。中央领导同志和国务院各部委负责人出席开幕式和闭幕式。

1月5日 《人民日报》发表《夺取三年决战的胜利》社论，号召全党用毛泽东主席关于农业机械化的光辉思想武装自己的头脑，在全国掀起一个大办农业、大办农业机械化的高潮，大干3年，夺取基本上实现农业机械化的胜利。

1月26日　余秋里在第三次全国农业机械化会议上作《全党动员，决战三年，为基本上实现农业机械化而奋斗》的总结报告，要求组织起来，把大办农业机械化群众运动推进到一个新的阶段。就简化机型、搞好农机产品的标准化、系列化、通用化；按照专业化协作的原则改组农机工业；农机企业要实行“五定”——定产品方向、人员机构、原材料等的消耗定额和供应来源、固定资产和流动资金、协作关系；积极增加配套农具；坚持质量第一；大力加强农业机械化的科研工作；努力增加地方燃料、动力和原材料的生产；农业机械的分配要统筹兼顾，保证重点等15个方面的政策和措施作了说明。

1月26日　李先念在第三次全国农业机械化会议上致闭幕词指出，农业机械化要大干快上，最重要的问题是要干，扎扎实实地干，希望各省、直辖市、自治区党委加强领导，全面规划，坚持自力更生、艰苦奋斗的方针，坚持群众路线的方法，把省地县社各级和各行各业的力量，动员起来，组织起来，真正以自力更生为主干出一个农业机械化来。

1月26日　《一九八〇年基本上实现农业机械化规划》经第三次全国农业机械化会议修订完成。规划对1978年到1980年的奋斗目标；农机工业和支农工业要有一个大改组、大发展；管好、用好农业机械，充分发挥机械效能；认真安排好材料、设备和资金；加强农业机械化的科学研究工作和加强领导，夺取3年决战的胜利等6个方面作了规定。

1月26日　国务院批转《全国国营农场工作会议纪要》。纪要提出：农业机械化，农场要先化。为了加强对国营农场的领导和管理，国务院决定成立国家农垦总局。对黑龙江、新疆、广东、云南4个垦区实行农垦总局与省、自治区双重领导，以省、自治区为主的体制。

2月

2月1日　《人民日报》发表《做农业机械化大干快上的促进派》社论提出：农业机械化和农业现代化是一场深刻的革命，只有全党动员起来，大家都当促进派，各行各业齐支援，都为农业机械化开绿灯、做贡献，才能众志成城、无坚不克。

2月16日　第一机械工业部农业机械科学研究院举行成立大会。第一机械工业部副部长项南主持会议，徐斌洲代表部党组宣布关于农业机械化科学研究院临时党委和院领导班子任命的通知。郭栋才为临时党委副书记、院长，华国柱为临时党委副书记、副院长。

2月17日 国务院转发教育部《关于恢复和办好全国重点高等学校的报告》，决定恢复和办好全国重点高等学校。第一批全国重点高等学校共88所，其中农林院校有：华北农业机械化学院、华北农业大学、云南林学院、江西共产主义劳动大学、大寨农学院。

2月26日 华国锋在五届全国人大一次会议《政府工作报告》中提出：要求到1985年，农业主要作业机械化水平达到85%以上。按农业人口达到1人1亩旱涝保收、高产稳产农田，农业的生产条件将从根本上得到改善。

2月27日 第一机械工业部向有关省、直辖市、自治区发出《关于建立健全地、县牧业机械科研机构的函》提出："为了适应牧业机械化发展的需要，尚未建立科研机构的地、县，应尽快建立科研机构，及早开展工作。"

2月 国家计划委员会、农林部、国家物资总局《关于认真安排好农机维修材料的通知》确定："农机维修用的钢材，按农用动力计算，每马力每年需要3公斤左右。各省、市、自治区、专区、县都要采用专项核算，戴帽下达的办法，纳入计划，切实安排好，由农机主管部门归口管理。物资部门要按计划保证供应，不挤不让。"

ZONGGUO NONGYE JIXIEHUA

3月

3月18日 全国科学大会在北京人民大会堂开幕。中共中央副主席邓小平在开幕式讲话时指出：四个现代化，关键是科学技术的现代化。没有现代科学技术，就不可能建设现代农业、现代工业、现代国防。科学技术是生产力，这是马克思主义历来的观点。科学研究机构的基本任务是出成果出人才，要出又多又好的科学技术成果，要出又红又专的科学技术人才。国务院副总理方毅在全国科学大会的报告中明确提出"要加强农业工程学的研究和应用"。会上颁发了重大科技成果奖，其中获奖的农机成果共有75项。

3月19日 农林部在辽宁省阜新蒙古族自治县召开全国农业机械旧件修复工作会议。会议讨论和研究了今后3年旧件修复规划；研究和制定了农机旧件回收、管理、修理、供应等办法和有关规定。

3月29日 商业部燃料局发出《关于农业、渔业生产用柴油优待范围具体规定的通知》提出：对人民公社、生产队直接从事农业生产用柴油给予优待；对人民公社、生产队生产支农产品的企业的生产用柴油给予优待；对国营拖拉机站、排灌站、农场和军马场、畜牧场、茶场、药材培植场以及农业科研单位、农业院校的试验场农业生产用柴油给予优待等。

3月 国家农垦总局成立，赵凡任农林部副部长兼农垦总局局长。总局从美国约翰迪尔公司引进一套农业机械，在黑龙江省友谊农场五分场二队进行机械化样板试点，建立了北方旱作农业现代化实验基地。装备后的二队农业工人由原来的250人缩减到20人。创造了劳均生产10万公斤粮豆的劳动生产率。

4月

4月15日 农林部颁发《农村人民公社农业机械机务管理规章》，有总则及队伍建设、岗位责任制、农机的使用、农机的保养与维修、安全生产、机具和油物料的保管、技术革新、技术档案、附则共9章45条。

4月20日 第一机械工业部在湖北省洪湖县召开南方机耕船经验交流会，旨在提高机耕船的性能和质量，提高“三化”程度，简化机型和统一图纸，为专业化生产做好准备，加速水田机械化。会议组织南方13个省、直辖市、自治区29台样机的田间演示，选出4种性能较好的机型作为推荐机型，以满足各省生产急需。会议决定在湖北省进行南方—12型机耕船的改进设计工作，为全国统一机型作准备。

5月

5月18日 农林部发布《农业机械旧件修复工作试行管理办法》，在组织领导、旧件回收、旧件修复、修复件质量标准和出厂价格、统计制度等5个方面作出规定。

5月20日 第一机械工业部、农林部联合发布《农业机械包修、包换、包退试行办法》，对出厂要求、“三包”范围和期限、“三包”手续等作出具体规定。

5月22日 农林部发出《关于恢复中国农业科学院农业机械化研究所的通知》。经农林部、一机部协商，国家计委同意，农业机械化的科学研究工作已移交农林部。国务院批准恢复中国农业科学院农业机械化研究所。该所的主要任务是：研究农业机械的合理应用、维修技术、农机改革与农艺改革互相适应，以及农机具合理配备等。所址设在北京市清华东路，原北京农业机械化学院院内。

5月24日 国务院派赴黑龙江农场工作组提交的《关于黑龙江国营农场情况的报告》，提出农场当前最突出的问题是农机具不配套，零配件供应不足，超限使用的农机具比重大，技术状态很差。

5月30日 第一机械工业部农业机械科研工作会议和中国农业机械学会理事扩大会议在北京密云县同时召开。会议讨论了第三次全国农业机械化会议确定的决战3年，基本上实现农业机械化有关的科研任务。

5月 经国务院批准，农林部恢复农业机械鉴定推广总站。

6月

6月2日 财政部、农林部联合发布《关于加强农机公司流动资金管理的暂行规定》，包括资金分配、使用原则、专款专用、清仓查库、合理供销、加强管理6个部分。

6月5日 全国红碎茶加工机械经验交流会在湖南省茶陵县米江茶场召开。会议分两个阶段进行：第一阶段是转子揉切机、静电拣梗机的制茶对比试验；第二阶段是茶机研制经验交流。会议评选推荐出优良机型，讨论了有关红碎茶工艺和机械科研课题，并对解决茶机不足等问题交换意见。

6月23日 第二次全国推广沼气经验交流会在四川省绵阳市召开。会议确定一批科研项目，由各地有关科研单位分工协作，和广大群众一起努力攻关。会议制定了全国沼气建设的长远规划。会后成立了国务院全国推广沼气领导小组，并批准建立成都沼气科学研究所，承担联合国沼气研究培训中心的任务。

6月26日 农林部、财政部、国家物价总局发出《关于降低部分机引农具销售价格》和颁发《对主要农机产品实行全国统一销售价格的试行办法》，决定自1978年9月1日起降低部分机引农具的销售价格，并在全国范围内实行统一销价。对于降价后农机公司由此而发生的政策性亏损，由财政部门补贴。

7月

7月1日 1975年始建的江苏谏壁大型电力抽水站主体工程建成，它是太湖流域分泄洪水入江、引水冲淤和区域性灌排的重点工程之一，可灌溉农田

200多万亩，排涝农田400多万亩。

7月22日 李先念在全国农田基本建设会议上的讲话中指出：在农业集体化的基础上实现农业的机械化和电气化，是我们党在农业问题上的根本路线；为加快农业机械化的进程，当前很重要的一条，就是各省、直辖市、自治区建立支农工业体系，坚决按照专业协作的原则，抓紧对农机工业进行改组，搞好产品的标准化、系列化、通用化，提高质量，增加生产。现在，农机工业生产不协作，产品型号不统一，品种规格又杂又乱，零部件不能互相通用，这种“百花齐放”的现象再也不能继续和容忍了。如果再不改变，就不是支农，而是坑农，老百姓是要骂娘的，而且已经在骂了。我看，他们骂得对，骂得好。在加速农业机械化的同时，要大力开展群众性的农业科学试验，实行“八字宪法”，提高科学种田水平；我们办农业机械化，实行科学种田，当然要学习外国的好经验，引进必要的先进技术，但也不能生搬硬套；我们向农业现代化进军的时候，要十分注意认真地、不断地总结自己的经验。农副产品的加工，特别是粗加工部分，原则上应由社队企业经营，要有计划有步骤地做到这一点。

7月 农林部召开全国农业机械化试点县工作会议的预备会，讨论试点的意义、选点、标准、任务和规划等问题。

8月

8月2日 农业工程学学科发展规划座谈会在北京召开，讨论和起草农业工程学科发展规划，并筹备成立中国农业工程学会。

8月3日 邓小平在华北农业机械化学院5名教授请求批准学院搬回北京的《来信摘要》上批示：由教育部商同有关单位处理。

8月8日 第一机械工业部颁布《农机产品标准分级管理办法（试行）》。根据农机产品的特点，农机产品技术标准分为国家标准、部标准、企业标准，实行分级管理。

8月19日 国家农垦总局在新疆石河子召开17个省、自治区农垦系统喷灌技术现场经验交流会，会议参观了新疆农垦7个农场，9台大型喷灌样机和一些小型单头喷枪的田间表演。会后引进一批大型喷灌机，分别在河北大曹庄农场、黑龙江省友谊农场五分场、内蒙古谢尔塔拉种牛场草原试验站、新疆农垦101团场试点。

8月29日 第一机械工业部发布《关于提高农机产品质量降低生产成本的决定》，要求农机产品实行质量第一、实行“三包”，按质论价、优质优价。对农机企业要进行整顿，择优发展；搞好“三化”、凭证生产。

9月

9月15日 邓小平在黑龙江省视察时指出：农场不仅要搞粮食而且要变成农工商联合企业，基本是农业加工，农业的技术改造。它可以搞种子基地，可以搞种子工厂，搞肥料工厂，农业最终是要工业化的。

9月22日 国务院在北京召开新疆、黑龙江、广东、北京、天津、上海6省、直辖市、自治区的人民公社、国营农场试办农工商联合企业座谈会，吸取了南斯拉夫的经验，根据我国特点，在人民公社、国营农场试办农工商联合企业，实行生产、加工、销售一条龙，并初步提出试点方案。

9月23日 中国人民银行印发《农村人民公社农业机械专项无息贷款办法（试行草案）》，对农机专项无息贷款的对象、用途和资金分配作出规定，要求专款专用，专户管理。

10月

10月4日 第一机械工业部发出《关于一机部农机科学研究院性质、任务和编制的通知》指出：经国务院领导同意，部正式成立农业机械科学研究院。其性质为部属直属综合性农机科研事业单位，主要负责搞好农机科研工作并负责组织农机科研的行业活动；根据部和农业机械总局的统一部署，组织有关科技工作的实施，开展调查研究和总结经验，提出建议；协助农业机械总局编制农业机械科学技术发展规划，科研、新产品和中间试验年度计划；归口管理双重领导的农机专业研究所，对地方农机科研单位和专业农机科研测试基地进行技术业务工作指导；组织农机科学技术交流和情报工作，推广农机科研成果；承担农机重大关键产品、关键技术和基础理论的研究发展工作和农机产品的标准化技术工作。

10月6日 国家农垦总局颁布《国营农场成本核算规程》，对于机械作业成本核算作出规定。成本核算对象是拖拉机作业计算标准亩成本，收割机作业计算作业亩成本。

10月15日 《人民日报》发表《建设草原发展畜牧业》社论指出：高速发展畜牧业，根本出路在于机械化。目前机械化的重点是水、草、运输。计划部门、农业机械部门要重视和安排好畜牧机械的生产。农牧部门要培训牧业机械手，建立牧机修配网点。

10月20日 中国国际贸易促进会在北京农业展览馆举办十二国农业机械展览会，应邀参加展览的国家有：日本、英国、法国、联邦德国、加拿大、意大利、瑞士、瑞典、罗马尼亚、丹麦、澳大利亚、荷兰。参展厂商达320多家，展品达700多件，期间进行200多个项目的技术座谈。

10月30日 新华社报道：黑龙江省友谊农场五分场二队使用引进的先进农业机械和运用科学种田方法夺得大丰收。全队20个农业工人耕种11 000多亩土地，平均每人产粮20万斤。《人民日报》在刊登这条消息时发表编者按指出："这个农业机械化试点的成功，是党中央决定利用外国先进技术来加快农业现代化步伐的一个试验的初步胜利。"

12月

12月1日 农林部颁发《关于试行修订后的拖拉机作业标准工作量折合系数》。修订后的"折合系数"为45个项目68个系数，较原第八机械工业部颁发的增加22个项目38个系数。

12月4日 农林部发出《关于批准恢复南京农机化研究所给江苏省革命委员会的函》。经李先念和副总理方毅、纪登奎、余秋里批准，恢复南京农业机械化研究所，由农林部和江苏省双重领导，以农林部为主。该所以南方水田农业机械化的科学研究为主要方向，以江苏省为主要科学实验基地，原有科研所调出的人员，应本着技术人员归队的原则，尽快调回研究所。所址仍迁回马群原址，南京煤矿机械厂占用原南京农业机械化研究所的房屋、土地应全部退还。

12月15日 国家农垦总局发出《关于试行国营农场机务工作规章（修订草案）》的通知，内容包括机务管理机构和机务人员职责，机械作业，技术保养，机具和油料、物料管理，修理工作，技术档案，统计与核算，技术革新和科学实验，人员培训，安全生产与劳动保护，劳动竞赛与奖惩等11章50条。

12月22日 中国共产党十一届三中全会通过的《中共中央关于加快农业发展若干问题的决定（草案）》指出：要加快农业机械化的步伐。到1985年，使农业主要作业的机械化程度达到80%左右。为了有利于推动农业机械化这项伟大而又艰巨的事业，统一管理农业机械的设计、制造、供应、维修和有关的科学研究、人才培训，决定恢复农业机械部。拖拉机站的建立可以采取两种形式，一种是社队自己购买，社队资金不足的由国家贷款援助；一种是国家设立拖拉机站为社队服务，收取合理的费用，以前一形式为主。会议原则通过《农村人民公社工作条例》，第五章是农业机械化，其内容有3条：农业的根本出路在于机械化；有计划地培训农机人员，建立又红又专的农机队伍，建立健全农机管理制度；国家各部门都要大力支援农业机械化。

1978年 从1978年起，为了适应四个现代化建设的需要和贯彻落实《1978—1985年全国科学技术发展规划纲要》提出的任务，国家科委、国家农委、中国科学院、农林部等，先后建立了农业（林、牧、渔、热带作物）现代化综合科学实验基地共14处：（1）湖南桃源县农业现代化综合科学实验基地；（2）河北栾城县农业现代化综合科学实验基地；（3）黑龙江海伦县农业现代化综合科学实验基地；（4）黑龙江友谊农场五分场农业现代化综合科学实验基地；（5）江苏无锡、吴县农业现代化综合科学实验基地；（6）四川广汉县农业现代化综合科学实验基地；（7）黑龙江带岭林业现代化综合科学实验基地；（8）内蒙古磴口“三北”防护林现代化综合科学基地；（9）江西分宜南方速生高产用材经济林现代化综合科学实验基地；（10）广西大青山热带、南亚热带珍贵特用树种现代化综合科学实验基地；（11）内蒙古珠日河牧场、科左后旗草原畜牧业现代化综合科学实验基地；（12）太湖水产资源增殖现代化科学实验基地；（13）渤海水产资源增殖现代化科学实验基地；（14）广东海南热带作物现代化科学实验基地。

年初 根据国务院副总理王震的指示，由中国农学会安排，吉林省从日本引进了水稻大棚盘式育秧和机械插秧的成套设备与技术，在公主岭吉林省农业科学院种植150亩水稻试验田，当年获得亩产稻谷1 067斤的高产成果。而后示范田又扩大到怀德、永吉、舒兰、海龙、延吉等5县，种植面积达到109 020亩，平均亩产903斤，比当地露田育秧、手拔洗秧苗、机械或手工插秧的种植方法平均每亩增产270.6斤，增产42.7%，1981年又扩大到18个县，实际插秧达到138 737亩。同年在上海市奉贤县、浙江省义乌县、江苏省等地安排示范田。从此，改变了我国采用露田育秧、人工拔洗秧苗、采用滚插式插秧机插秧的种植习惯。而且把我国水稻种植农艺和种植机械科研工作提升到新阶段。

1月

1月25日 《农业机械》杂志复刊，登载项南的文章《我国农业机械化一定要实现》。文章认为："如果我们有一个较好的经济区划，我们就能做到因地制宜，有主有从，做到地尽其利，我们的农业就会高速度发展。我们社会主义现代化大农业的优越性就会充分显示出来。""如果再能充分利用资本主义危机，引进新技术，把国外先进的科学技术学过来，我国农业就一定会有一个大突破，农业机械化和现代化就一定可以加快实现，从而促使整个国民经济的新高涨，这是毫无疑义的，是一定会实现的。”

2月

2月15日 中共中央政治局委员、中共中央秘书长胡耀邦在农林部、教育部关于华北农业机械化学院迁回北京原址办学并恢复北京农业机械化学院名称的报告上批示同意，请教育部办理。

2月20日 经农林部党组同意，在北京召开了12个全盘机械化试点县座谈会。参加座谈会的有12个县市试点县（昔阳、通县、榆树、无锡、绥化、栾城、新洲、攸县、遵化、武功、桃源、平谷）及其所在省、地农机局代表，第一机械工业部、中国人民银行、中国科学院也派人参加。会上，各县汇报了抓先行点的情况、经验、问题和计划。第一机械工业部拨出100台拖拉机，安排了1.2万台农机具，中国人民银行落实了3 000万元长期无息贷款。

2月27日 中国人民银行发布《关于贯彻执行〈国务院恢复中国农业银行的通知〉加强农村金融工作的意见》要求：农机贷款要首先用于农机化重点县的需要，兼顾其他购买农机有困难的社队。社队小水电专项贷款，一定要按水电部门批准的计划发放，贷款主要用于购买设备和材料，要办一批，成一批，不留尾巴，不能搞半拉子工程。

2月 第一机械工业部在北京召开外国农业机械试验座谈会。对国家留购的500多台（套）样机落实了试验计划。

ZONGGUO NONGYE JIXIEHUA

3月

3月6日 五届全国人大常委会六次会议决定，设立农业机械部，杨立功任部长。

3月9日 经农业机械部部长杨立功，副部长项南、张逢时批示同意，第一机械工业部农业机械科学研究院划归农业机械部后，恢复原名中国农业机械化科学研究院。

3月10日 农业机械部开始办公。项南、景晓村、袁成隆、张逢时、丹彤、刘昂、于明任副部长，黎玉、李济寰任顾问。

3月11日 国务院办公厅发文：经领导签阅批示，同意在北京原址恢复北京林业机械研究所。

3月27日 国务院发出通知："鉴于建立了国家农委又恢复了农业机械部，农业机械化的工作将逐渐走上正轨，现决定撤销国务院农业机械化领导小组及其办公室。"

3月27日 国务院副总理王任重为妥善解决华北农业机械化学院迁回北京原址办学问题，带领农业部、农业机械部、第一机械工业部、教育部的6位正、副部长到学院的北京原校址视察，并在现场召开座谈会，研究讨论恢复北京农业机械化学院和占房单位迁出问题。

3月29日 农业机械部召开成立大会。部长杨立功在成立大会上讲话。

4月

4月5日 中央工作会议在北京召开。会议主要讨论经济问题。李先念在会议上指出：我们要从实际出发，因地制宜，积极地、逐步地实现农业机械化。

4月15日 新疆农垦科学院成立，内设农业机械研究所。

4月16日 农业机械部在北京召开全国农业机械厅（局）长会议。会议讨论我国农业机械化道路问题，提出要发展中国式的农业机械化道路；农机工业调整问题、农业机械价格问题、农业机械的使用管理和农业机械化工作机构的设置等问题。

4月20日 王任重在全国农业机械厅（局）长会议讲话指出：这么多年的实践证明，到底我们中国这个农业要不要机械化呢，实践给我们回答，是需要机械化的。农民需不需要机器呢？为了发展生产，是需要机器的，问题是在不同的地方，需要用不同的机器。我们现在进一步提出农业现代化，现代化比机械化内容更广泛了。要考虑我们的农业现代化怎么搞法，在农业现代化的过程中，农业机械化又怎么搞法，不要单纯就机械化考虑机械化的问题，必须根据整个农业发展的需要考虑怎么搞机械化。

4月28日 农业机械部向各省、直辖市、自治区农业机械主管部门发出《试行全面质量管理的通知》，要求加强领导，制定规划，推广全面质量管理方法。通知指出：北京内燃机总厂试行全面质量管理半年多来已取得较好的效果，请各省、直辖市、自治区农机主管部门加强领导、结合实际，制定规划，总结交流经验。

4月 经国务院批准，农业机械部将拖拉机站干部学校改为农业机械部农业机械化干部学校。

5月

5月12日 农业机械部发出《关于华北农业机械化学院搬回北京原址办学并恢复北京农业机械化学院名称的函》指出：关于华北农业机械化学院迁回北京原址办学，并恢复北京农业机械化学院的名称问题，已经国务院领导同志批准。该院搬回原址后实行农机部和北京市双重领导，以农机部为主。

5月14日 国家水产总局发出关于颁发《机动渔船管理使用和维修保养条例（试行草案）》，包括渔业机械化的管理组织机构和职责范围、渔船管理、渔船的使用与保养、计划修理、渔业机械化队伍建设等8个部分30条。

5月24日 农业机械部在湖南省岳阳市召开全国农业机械化区划座谈会，国家科学技术委员会将农业机械化区划，农业机械化技术经济评价指标体系作为重点课题。

5月25日 原第一机械工业部第三、第四、第五设计院更名为农业机械部第三、第一、第二设计研究院。

5月 农业机械部向各省、直辖市、自治区农机主管部门及农机行业组成员厂发出通知，颁发农机行业组工作条例、行业活动计划、行业检查评比办法、行业组名单等4个文件。

5月 国务院决定恢复农垦部，由高扬任部长，赵凡、张修竹、张林池、张省三等任副部长。

6月

6月6日 农业机械部向国务院进出口领导小组、国家计划委员会、农业委员会报送《关于引进拖拉机、柴油机项目计划任务书和所需投资的报告》。拟引进意大利菲亚特制造技术和成套设备，有两个方案：（1）按形成生产拖拉机5万台、柴油机10万台、铸件6万吨、锻件6万吨能力，所需外汇5.30亿美元及人民币10亿元；（2）生产拖拉机3万台、柴油机6万台、铸件8万吨、锻件4万吨，所需外汇4亿美元，人民币7亿元。拖拉机底盘、铸锻件及其装配在洛阳拖拉机厂，在新乡另建柴油机厂、铸造厂、锻造厂。这是在经过拖拉机行业充分论证的基础上所做的决策，对拖拉机制造行业技术引进有较大的影响。

6月18日 国务院批转国家计划委员会、国家经济委员会、商业部联合发布《关于节约用油的通知》，要求节约农用柴油，农用拖拉机不得用于同农业生产无关的营业性运输，各类柴油机具供油定额，要在原核定的基础上节约10%。

6月21日 中国农业经济学会、中国农业机械学会、农业机械化技术经济研究会联合召开全国农业机械化技术经济学术座谈会，提出了一些有关实现我国农业机械化的经验、问题和具体建议，讨论了农业机械化技术经济的研究课题规划。

6月26日 农业部成立中国农业工程研究设计院，陶鼎来任院长。

7月

7月12日 农业部在北京市通县召开有辽宁、吉林、黑龙江和北京的省（直辖市）农机局、机械局和昌图、榆树、绥化、通县农机化试点县参加的农机试点县机具配套座谈会。会议研究了机械化试点中的有关问题。

7月16日 农业机械部发出《关于轮式拖拉机应配备拖车气（油）制动装置》的通知。为了保障安全，提高运输作业的效率，会议要求20马力以上的轮式拖拉机必须配备有效的拖车制动装置。

7月23日 国家渔业总局副局长李奔在全国渔业机械工作会议上讲话中提出："渔机工业调整改造的任务和要求应当是：为了积极做好资源繁殖保护工作，今后建造渔船，渔机必须适应发展外海作业，大力调整近海作业，提高渔货质量和发展海淡水养殖的需要；同时要大力提高产品质量，降低成本，为实现渔业机械化打好基础。"

7月 农业机械部召开全国农业机械标准化工作会议，传达全国标准化工作会议精神，调整和落实了农业机械标准化工作计划。

8月

8月1日 农垦部颁布《国营农场工作条例（试行草案）》。条例第五章对农业机械的使用和管理作出规定，要求用先进的农机具对生产队逐个地装备，并使之配套，以实现生产过程各个环节的机械化。同时，要管好用好农机具，加强修理网点的建设，要求机务人员严格执行机务规章。

8月7日 农业机械部、国家物资总局、冶金部颁发《农机专用钢材分配订货办法》，规定从1980年预拨订货开始，对12种农机专用钢材，由农业机械部统一申请，统一分配，统一组织订货。

8月9日 农业机械部发出《关于继续执行〈关于农机产品价格补贴的暂行规定〉意见给国家经委、财政部的函》，建议在未宣布1974年5部联合下达的《关于农机产品价格补贴的暂行规定》废止执行前，对于农机企业的补贴仍按原规定执行；建议国家经委、财政部重新研究对农机继续执行5部价外补贴问题。

8月10日 农业机械部在吉林省白城市举办畜牧机械产品展销会。

8月16日 中国农业银行发布《关于加强农机专款无息贷款管理的通知》，要求坚持按照经过调整的农业机械化规划发放贷款；坚持维护社、队的自主权，讲求经济效果；坚持有借有还，分期归还。

8月30日 农业机械部召开电话会议，号召"认真开展第二次'质量月'活动，进一步提高农机产品质量"，要求各生产厂加强技术基础工作，推广全面质量管理，严格执行产品出厂技术标准，加强对用户服务和零配件的供应，认真执行"三包"服务。

8月 李先念视察黑龙江省友谊农场五分场二队机械化试点。

9月

9月4日 农业机械部发出《关于农业机械化几个问题向国务院、中央的请示报告》，包括：(1) 调整改组农机工业，使其尽快转到现代化大生产的轨道上来；(2) 加强农业机械化的管理和服务工作；(3) 落实几项重要的政策措施；(4) 关于管理体制问题；(5) 关于中国式农业机械化问题。

9月22日 农业机械部部长杨立功在小麦收获机械座谈会上讲话指出：加速实现小麦收割机械化是广大社员群众的迫切要求，1985年实现小麦收割机械化，搞好由收割机的生产和推广是中心环节。要重视脱谷机的生产，加快烘干机的选型工作。对联合收割机要努力改进性能，提高质量，增加产量。

9月28日 中国共产党十一届四中全会通过的《中共中央关于加快农业发展若干问题的决定》指出："实现农业现代化，要积极地有计划地开展农业机械化的工作。农业机械化必须服从生产的需要，从实际情况出发。要引进、制造和推广适合我国特点的先进农业机械，切实搞好配套和维修服务，充分发挥农业机械的效能，大幅度地提高劳动生产率。""实现农业机械化，整个农业必须有一个合理的布局，逐步实现区域化、专业化生产，不断提高农业生产的社会水平。不这样做，农业就不能实行大规模的全面的机械化，不可能大规模地全面地采取一系列的先进科学技术。”同时，要求农业机械部要按照经济区域，面向农村基层，建立和健全农业机械化服务公司，把农业机械和各种农用化工产品的供应、维修、租赁、回收、技术传授、使用服务，逐步地统一经营起来，做到方便及时，减少社队开支。

9月　农业机械部在山东省召开小麦收获机械化座谈会，研究小麦集中产区的麦收机械化问题。会议要求做好以下工作：（1）拟以冀185型收获机和1100、900、700型脱粒机为基础，吸收其他机型的优点，搞好图纸统一工作；（2）结合农机工业的调整，选好工厂，定点生产；（3）搞好宣传推广和技术培训；（4）清理现有农具，凡是能用的，生产厂都要帮助修理。

10月

10月17日　农业机械部发出《关于整顿农用拖车价格》的通知。由于农用拖车现行的出厂价格是1966年前根据木制车厢、机械刹车制定的，已不适应新系列产品。根据按质论价的原则，按照产品材质、结构、性能分别制定统一的出厂价格。新价格从1979年11月1日起执行。

10月17日　杨立功在中国农业机械化科学研究院举行的美籍专家阳早来华工作33周年、寒春来华工作31周年的祝贺会上宣布：聘请阳早、寒春任农业机械部顾问，并担任中国农业机械化科学研究院畜禽机械研究所副所长。

10月25日　农业机械部在北京召开全国农业机械工作会议，学习贯彻落实中共中央《关于加快农业发展若干问题的决定》，研究农机工业调整方案，并讨论了1980年、1981年的生产和基本建设计划。

11月

11月1日　农业机械部发出《关于报送几种农机产品调价建议给国家物价总局的函》。农机产品经过多次降价，而原材料又陆续提价，致使农机产品价格水平偏低，许多产品的价格低于价值，企业亏损面不断扩大。农业机械部建议从1979年四季度起，对出厂价格适当提高，建议销售价格一律不动。对于由此发生的亏损，作为政策性亏损，由国家财政按季度补贴。

11月5日　水利部在北京召开喷灌工作调查研究会。参加会议的有各省、直辖市、自治区水利厅负责喷灌工作的人士，以及有关科研、生产、院校、出版单位的代表，财政、农机、冶金、轻工、农垦等部的代表出席会议。会议认为：自1978年起，全国已有1 400个县进行喷灌试点。要求在巩固成果的基础上因地制宜，抓好试点，稳步发展，讲求实效。

11月6日　水利部在湖南省衡东县召开南方10省、自治区水轮泵座谈会。20世纪60年代中期，全国有26个省、市、自治区建有水轮泵站，最多时达到10万多台。到1978年底，只有水轮泵站4.4万多处，6.3万多台。会议要求加强对这一工作的领导，搞好规划，保证工程质量，做好设备制造和零配件供应工作。

11月10日　农业机械部部长杨立功在全国农业机械工作会议上作总结发言提出：（1）积极地、有计划地发展农业机械化事业。（2）正确分析农机工作的现状，认真搞好农机工业调整。（3）切实安排好明年各项工作，真正把工作的着重点转移到四个现代化上来。

11月21日　农业机械部颁布《农机统计工作试行条例》，包括总则，农机统计的内容和分工，统计机构、人员和职责，统计报表的管理，统计数字的管理，奖励和惩罚等共6章30条。

11月　中国农业工程学会成立大会暨学术交流会在杭州举办。农业部副部长、国家科委农业工程学学科组组长朱荣任第一届理事长。中国农业工程学会是中国农业工程科技工作者的群众性科学技术团体，宗旨是：通过所属组织的各项活动，团结、组织农业工程科学技术工作者面向现代化，面向世界，面向未来，为促进农业工程学科的繁荣和发展，促进农业工程技术的普及和推广，促进科技人才的成长和提高，为振兴农业，实现我国农业现代化作出贡献。其主要任务是：开展国内外学术交流；对农业工程科学技术方面的重大问题进行咨询服务；普及农业工程科技知识，传播先进技术和经验；开展对会员的继续教育，反映会员的意见和呼声；指导省级农业工程学会的工作；编辑出版刊物及资料等。

12月

12月3日　农业机械部给国家农委、国家计委发出《关于国家支持社队购买农机资金问题》的报告。这年3月，农业、财政两部已对支援农村人民公社投资的用途作了改变，原定1980年应发放的农机专项贷款9亿元，农业银行准备停发。这势必产生农民想买机器得不到资金支持，对农业生产发展不利；农机卖不出去，造成积压，供销部门和生产厂亏损加大的严重后果。报告建议农委、计委尽快召集有关部门认真研究，作出决定，使广大社队农民在努力自筹资金的基础上，确保国家的有力支持。

12月8日 农业机械部发布《农业机械工业调整纲要（试行草案）》，根据农机工业的现状，提出了调整要求，并对调整工作作了具体部署。

12月8日 农业机械部颁布《农业机械产品分级管理试行办法》，对农机部和地方管理的农机产品分类，分级管理的职责作了规定。

12月8日 农业机械部党组、黑龙江省委发出的《关于加速实现黑龙江省农业机械化给国务院、中共中央的报告》认为：东北地区发展农业生产迫切需要机械化；东部地区有条件加快农机化步伐；关键在于提供适合当地需要的成套产品，做好技术服务，搞好农机管理工作。

12月26日 农业机械部副部长项南在湖北省农业科学研究院和湖北省农业机械研究所联合召开的学术讨论会上的发言中说："农机和农艺应当紧密结合，我们不能各搞各的"，"这种科学上分散的状况，已经延续多年了，这也是我国科学落后的原因之一。"农机配套出现的问题，"原因之一就是计划、生产、科研三者脱节"。"农业实行了专业化、机械化、经营多样化，就能做到劳动生产率高、产量高、商品率高、收入高，农民就不会穷了。""湖北省制造的农业机械，要立足本地，面向全国，力争进入国际市场。不这样想问题，就不能做到大批量、高质量、低成本。"

12月 农业机械部与农业部达成协议，将农业机械供应公司及其所属上海、天津、沈阳3个农机供应站由农业部划归农业机械部领导，组建中国农机化服务总公司。

1979年 国家农委、国家科委和中国科学院，先后在江苏省无锡县、河北省栾城县召开了农业现代化综合科学实验基地县座谈会和工作会议。中国农学会成立了农业现代化研究会，组织有关学科的专家们进行了多次座谈和讨论，并会同东北3省在哈尔滨市召开东北地区农业现代化学术讨论会。辽宁、吉林、黑龙江、上海、浙江等省、直辖市，也先后召开农业现代化学术讨论会。《人民日报》开辟关于农业思想的讨论专栏，《光明日报》开辟农业现代化讨论专栏。

1月

1月3日 国务院批转农业机械部《关于积极发展小麦收获机械的报告》。批语指出：小麦收获机械问题亟待解决，抓好这件事，每年就可以多收十几亿、几十亿斤粮食，除小麦外，水稻、玉米的收获机械问题也同样迫切，应有计划地开展工作，尽快解决。

1月5日 中国农业机械化服务总公司成立。根据中共中央《关于加快农业发展若干问题的决定》精神，经国家农委批准，在原农业机械部销售局的基础上，成立中国农业机械化服务总公司（1987年更名为中国农业机械总公司），总公司负责农机产品的计划、分配、调拨，并对各省（自治区、直辖市）、地（市）、县农机公司实行行业管理和业务指导。农业机械部副部长武少文任总经理。

1月18日 《农业机械学报》登载项南文章《展望八十年代》。文章认为："农业机械化是中国农民走共同富裕的道路，坚持社会主义方向的强大的物质技术基础。""要在坚持独立自主、自力更生的方针下，大胆引进国外先进技术，尽快加以消化，使我国农机工业大大缩短同先进国家的差距，这就需要我们制定出一个适应中国式的农业机械化技术政策，包括农村能源、机群选择、技术推广、技术服务等等。这个政策应当是比较符合客观经济规律的，是能够较快地导致相当一部分农民富裕起来的。只有这样，农业机械化才能在农业现代化中显示出自己的强大威力，成为农业现代化的中心环节。”

1月30日 国务院副总理薄一波在农业机械部汇报会上的讲话中提到：我们为什么不能把手扶拖拉机出口到国外？用5年到10年的时间，打进东南亚市场；我始终不同意第一机械工业部、农业机械部分开，农业机械虽有特殊性，但是工艺上拖拉机同汽车基本一样，为什么非分开不行？弄在一起又分开，这样不利；要搞一个长远规划，先决条件是整个农业机械的技术改善，要调整研究，把情况弄清楚；要讲全局观点，统一考虑，省市之间应打破省界，采取开放政策，不能保护，我们从来提倡全国一盘棋；关于引进国外技术问题，确定一个班子，以甘子玉为首，项南为副，吴敬业、陈乃隆、张越、江泽民等参加，农委也派一位同志，把方案搞好了就正式报中央审批。

2月

2月26日 农业机械部在北京召开全国农业机械管理工作会议，总结交流农机管理工作的经验；表彰一批在农机管理工作方面作出了显著成绩的先进集体和个人；讨论研究1980年加强农机管理工作的任务；研究修改部里起草的几个关于加强农机管理工作的条例和规定。会议提出要努力把中国农机管理工作提高到一个新水平。

2月 农业机械部发出《关于开展能源节约工作的通知》，要求各地农机生产部门，企、事业单位采取有效措施，把能源消耗水平降下来。1980年的节能指标为：节油10%、节煤5%、节电3%。

2月 经国家农业委员会批准，农业机械部设立牧业机械工业公司。

2月 农业机械部颁发《农村人民公社农机站、生产大队农机队财务管理办法（试行草案）》，规定了农机财务管理工作的主要任务和工作内容等，指出农机站、队是直接为农业生产服务的集体所有制农业企业单位，要实行独立核算，自负盈亏。

2月 农业机械部发布《关于重申农业机械技术标准制订和修订报批程序》的通知。为了加快农业机械技术标准的制订和修订工作，提高标准的水平，以适应农业机械生产、技术发展和实现农业现代化的需要，重申制订和修订农业机械国家标准、部标准的报批程序。

3月

3月1日 农业机械部在北京召开质量工作会议。会议要求各省、自治区、直辖市农业机械主管部门制订切实可行的计划和管理措施，抓好质量管理工作。

3月11日 商业部下达《关于农业、渔业生产柴油一律实行按牌价供应，国家给予定额补贴的暂行规定》，补贴范围是：人民公社、生产大队、生产队的农业、渔业生产用柴油，社队为社员口粮加工及饲料粉碎用柴油，社队兴办的农田水利基本建设、农田基本建设工程及其维修用柴油，农垦、华侨农场直接从事农业、渔业生产用柴油。

3月22日 国务院批转农业部《关于加速发展畜牧业的报告》，指出要围绕牧草生产和剪毛，解决围栏、种草、割草、捆草、运草、贮草和剪毛所需的机械，以及畜产品加工、冷冻、贮存运输设备等。

3月 国家农业委员会成立全国飞机播种领导小组。农委及农口各部领导参加。

3月 农业部、国家科委确定黑龙江省友谊农场五分场为北方旱粮产业现代化综合试验基地。

4月

4月8日 农业机械部颁布《拖拉机修理工技术等级标准》和《拖拉机驾驶员技术等级标准》，规定了二级至八级拖拉机修理工、二级至六级拖拉机驾驶员的应知、应会内容。

4月17日 国务院向各地方、各部委发出《批转农业机械部关于全国农机工作会议的报告》指出：实现农业现代化，包括农业机械化这个重要内容。农机化应当想得宽一点，不仅要想到粮食生产，还要想到装备农、林、牧、副、渔各业和社队企业，要因地制宜，分别轻重缓急，讲求经济效果。要加强对农业机械化事业的领导，及时研究解决存在的问题，把农业机械化事业办好。

4月24日 农业机械部会同农业部、吉林省等有关单位在吉林省榆树县进行了万亩玉米机播试验。农业机械部部长杨立功、吉林省委第一书记王恩茂等观看试验。

4月 农业机械部颁发《农村人民公社农业机械管理条例（试行草案）》，规定了人民公社农业机械管理的基本任务、经营形式、组织机构、农机化队伍建设、计划和财务管理、劳动管理、机务管理、技术革新、农机修理、供应工作、安全生产等内容，共有12章50条。

4月 农业机械部发布《关于加强农机人员培训工作的意见》指出：3年内要对县、社、队主管农机工作的领导干部和省、地、县、社农机管理部门的领导干部，普遍轮训一遍。县以上干部的培训时间应不少于2个月。到1982年底，使拖拉机驾驶员的实际技术水平达到农业机械部《拖拉机驾驶员技术等级标准》要求。

5月

5月20日 国务院副总理赵紫阳在主持国务院常务会议时指出：黑龙江和吉林两省面积大、土地肥、劳动力少，机械化可以充分发挥作用，是否可以在那里（包括三江平原）搞上几千亩的商品粮生产基地，从种到收搞全盘机械化。

5月25日 《人民日报》登载项南的文章《丰收背后还有问题——江苏、湖北等一些农村的调查》。其中第四部分农业机械化和多种经营中提到：“农业机械化和多种经营是一对亲兄弟。没有机械化，腾不出劳动力搞工副业，农村不易富起来；不搞工副业，机械化的资金没有来源，节余的劳力没有出路。”“机械化在人少地多的地方要先搞，着重搞，但在人多地少而又有需要、有条件的地方也同样可以搞。通过多种形式放手地把生产力发展起来，是关系到普遍就业，共同富裕，政治安定，缩小工农差别和加快现代化进程的大问题。”

5月31日 邓小平同中央负责工作人员谈农业问题时指出：关键是发展生产力，要在这方面进一步发展创造条件。具体说来，要实现四个条件。第一个条件就是机械化水平提高了（这是说广义的机械化，不限于耕种收割的机械化），在一定程度上实现了适合当地自然条件和经济情况的，受到人们欢迎的机械化。

5月 我国第一支农业航空服务队，经国务院、中央军委批准，由第三机械工业部正式组建。

6月

6月6日 赵紫阳在农业机械部《关于发挥东北三省农业机械化优势，加快商品粮基地建设的报告》上批示：东北同内地不同，机械化有重要作用，应作为几年内的重点去解决。

6月23日 经国务院批准，在北京召开了东北商品粮基地农业机械化座谈会。国家农业委员会第一副主任张平化、副主任李瑞山，国家计划委员会副主任刘子厚，以及农机、农业、农垦、水利、粮食、财政、农业银行、全国供销总社、物价总局等有关部委及黑龙江省、辽宁省、吉林省3省负责人出席会议。李瑞山主持会议并传达了5月20日国务院常务会议上关于建设东北商品粮基地的指示，传达了赵紫阳、万里、姚依林对农业机械部《关于发挥东北三省农业机械化优势，加快商品粮基地建设的报告》的批示。杨立功传达了国务院副总理万里关于在东北发展农业机械化、建设商品粮基地问题的指示。张平化在会上讲话指出：（1）要解放思想、因地制宜，从东北三省的特点出发，扬长避短、发挥优势，发展农业机械化，建设商品粮基地。（2）投资不可能很多，要想方设法各级都挤一点，钱少，要用在刀刃上，要讲求经济效果。（3）要抓好人员培训，培训管理干部和技术人员。

7月

7月5日 农业机械部、国务院清产核资扭亏增盈领导小组办公室、财政部联合发出《关于农机供应公司报废损失问题》的通知，要求各地农业机械供应公司从严从紧审查报废损失，在搞好清仓查库的基础上，核定流动资金定额。

7月20日 《人民日报》发表的农业机械部部长杨立功答《农业机械》杂志记者问指出："1980年基本上实现农业机械化"这个口号是五十年代后期提出来的。一般的说，目前已经实现机械化的国家，都是在工业化已经比较发达的基础上实现的，中国的工业基础却非常薄弱。中国由于地少人多，农艺复杂，经济文化落后，农业机械化的难度比起许多国家来说，要难得多。加上中国50年代末、60年代初遇到三年困难，"文化大革命"使整个国民经济受到严重破坏，这就使1980年基本上实现农业机械化的要求更不可能达到了。

7月27日 轻工业部、农业部联合发出《关于中小农具生产由农业部归口管理》的通知要求：从1980年起，中小农具生产管理由农业部归口管理；用于生产中小农具的废次钢材、边角料，“自1981年起，国家物资总局按农业部提出的分省、市、自治区安排的建议，分配到各省、市、自治区”。关于轻工业部门原管理中小农具的人员，是否随任务划转调到社队企业管理部门，由地方党委决定。

8月

8月4日 国务院批转国家农委《关于东北商品粮基地建设座谈会纪要》指出：东北地区面积广大，土地肥沃，又有大片荒地可以开垦，农业机械可以充分发挥作用，有发展商品粮豆生产的有利条件。中央决定在东北建设商品粮生产基地，是关系到我国农业全局和国民经济发展的一项战略性措施，也是使东北地区广大农民尽快富裕起来的一件大事。

8月10日 农业机械部、国家物价总局联合向各省、直辖市、自治区物价局（物委）、农机主管厅（局），农业机械部直属企事业单位发出《关于部分农机产品试行浮动价格的通知》，浮动产品暂定为手扶拖拉机、12马力以下小柴油机、10马力以下汽油机、手动喷雾器4种，自1980年9月1日起实行。

8月12日 中国农业机械化服务总公司主办的《农机商情》报创刊。

8月30日 农业机械部发出《关于农机产品销售价格几个问题的复函》规定：各级农机公司在调拨、销售时，可在进价基础上收实际运杂费和规定的管理费；对农机商品的销售价格可按（80）农机计联字327号、[1980]价字184号文的规定实行浮动；对出厂价格没有规定实行浮动的商品，销售价格也可向下浮动。

8月 国务院颁发优质产品奖章，有17个农机企业获15项产品奖。S195型柴油机（常州柴油机厂）和495A型柴油机（上海内燃机厂）两项产品获金质奖章，其余15个企业13项产品获银质奖。

8月 农业机械部在上海、常州召开重点拖拉机厂、柴油机厂、密封胶厂、密封件厂及有关省、直辖市、自治区农机工业主管部门参加的装配质量现场会。会议交流经验，讨论修订了《拖拉机、内燃机装配规则草案》和《农机产品防漏措施草案》。

8月 农业机械部邀请农业机械化科研、教学、设计、制造和使用管理工作的教授、工程师以及部分省的管理部门负责人，讨论农业机械化长远规划。

8月 农业机械部发出《关于推广拖拉机手徐永山经验的决定》。全国劳动模范、吉林省怀德县陶家屯公社石柱沟大队徐永山驾驶的东方红—75型拖拉机，使用10个年头，安全作业12.1万标准亩，耗油77.6吨，喷油嘴、柱塞副、出油阀等零件，从未更换，磨损轻微，远远超过国内一般的使用寿命，达到国外8 000小时的先进水平。农业机械部要求全国农机管理干部、拖拉机手、农机手认真学习徐永山的先进经验，努力改进工作。

8月 国务院总理赵紫阳视察黑龙江省友谊农场。

9月

9月3日 联合国工业发展组织和中国政府在北京共同召开发展中国家农机工业经验交流会，有28个国家代表参加。农业机械部副部长项南在经验交流会上作了题为《中国农业机械化的道路》的发言。项南指出："中国农业人口占80%以上，具有精耕细作的传统。加上人口多，耕地少，底子薄，幅员广，这就构成了中国农业的特点，也是中国农业机械化的出发点。弄清自己的特点，才能因地制宜地制定正确的方针。从当时当地的实际情况出发，因地制宜，扬长避短，有先有后，各有侧重，实现农业机械化就可以收到较大的经济效果。""农业机械化要和多种经营相结合。我们不能走有些工业化国家过去走过的道路，使大量农村人口涌进城市，不能使已经很拥挤的城市更加膨胀。我们采取发展社队企业，开展多种经营，就地安排的方针，使农村小城镇不断地发展起来"。他说："农业机械化的效果如何，主要靠以下两条来检验：产量和收入，特别是商品率能不能得到迅速提高；农民生活能不能得到迅速改善。农业机械工业在技术改造、技术引进、提高质量、节约能源、发展科学、服务方向以及加强农机管理、发展速度方面，都要按最大的经济效果办事。""农业机械化涉及农业、工业、交通、财政、教育等各个部门，不可能孤军作战，一马当先。它取决于整个国家工业、交通的发展速度；农村经济和社队企业的发展速度；农村技术力量培训成长的速度；国家财政信贷支援的程度；最后是农机工业和科学技术本身的发展速度。"

9月4日 中国农业机械专家王万钧当选联合国粮农组织（FAO）农业机械化委员会委员。

9月8日 中国农业银行、农业机械部联合发出《关于农机供应公司报废损失有关问题》的补充通知，进一步明确各级农机供应公司报废损失中涉及银行工作的有关问题的处理方法。

9月8日 农业机械部农业机械化管理局在辽宁省盖县召开北方14个省、

直辖市、自治区农业机械节油技术经验交流会议。会议期间参观了盖县的红旗、太阳升、暖泉等3个公社农机站和新兴、惠屯两个大队农机队，交流了农机节油经验，着重讨论了农机节油的意义和进一步开展农机节油工作的措施、办法和要求。

9月15日 农业机械部决定：南京农业机械化研究所划归中国农业机械化科学研究院代管，内蒙古牧业机械研究所划归中国农业机械化科学研究院管理。

9月18日 项南在农业机械企业干部培训班上讲话指出："解放以前我们国家根本谈不到什么农机工业，解放以后才开始生产一些简单的农业机具。1952年，全国农机工业的总产值只有6 200万元，1959年洛阳第一拖拉机厂建成，我国才开始成批生产拖拉机。1953年农机工业总产值7 900万元，1978年79亿元，正好是100倍。建国以来到现在，国家对农机工业的投资共花了69亿元，农机工业上缴利润累计100亿元。""30年来，我们搞农业机械化，有经验也有教训。要讲经济效果。我们不是为搞机械化而搞机械化。商品率的提高和农民生活的改善不完全取决于机械化。这是农业方面综合措施的结果，各种措施的结果。但是，机械化必须符合这个要求。""1980年基本上实现农业机械化这个口号不能兑现，根本原因是口号本身就是脱离实际的。其次，是对'四人帮'破坏国民经济的认识不足。再次是思想上受了'两个凡是'的影响，认为这个口号是毛主席提出的，是绝对不能更改的。我想这就是为什么到了1978年全国农业机械化会议还坚持这个口号的原因。""科学是生产力，教育作为培养提高劳动者的知识技能的手段，也是必不可少的生产力。从农业机械化这一领域来说，如何根据各地不同条件，进行农业和农业机械化区划，使农牧业生产区域化；如何使农艺和农机紧密结合，互相适应；如何使农业和农机工业的生产逐步实现社会化、专业化；如何使农机产品通过选、改、创的路子赶上现代化的要求；如何通过技术改造，使我们的产品做到大批量、高质量、低成本等等。所有这些，都需要迅速提高科学技术水平，而为了提高科学技术，又必须抓住教育这个根本环节。"

9月26日 农业机械部、财政部联合颁发《关于农机供应公司流动资金定额核定办法》，对农机供应公司核资的基本原则与要求、核资范围、内容、核资方法和资金来源作了规定。

ZONGGUO NONGYE JIXIEHUA

10月

10月7日 农业机械部印发《北方十四省、市、自治区农机节油技术经验交流会纪要》。会议要求各地农机管理部门把农机节油工作当作一件大事来抓，加强对节油工作的领导，提出节油指标和具体措施、要求，定期检查落实情况。

10月8日 中国农业机械学会第二次代表会暨学术年会在北京召开。参加这次会议的有农机、农业、林业、水利、水产、农垦、农经、机械、化工等各方面的专家、学者，以及澳大利亚、奥地利、加拿大、丹麦、法国、联邦德国、意大利、日本、荷兰、南斯拉夫等10个国家和国际农业工程学会、联合国工发组织、国际水稻研究所等3个国际组织的外国专家和学者。农业机械部杨立功、项南出席会议并讲话。会议选举郭栋才为理事长，王万钧、水新元、史绍熙、华国柱、余友泰、项南、唐有章、陶鼎来、曾德超为副理事长。会议研究决定组建13个专业委员会，到1983年底全国有会员16 465人。

10月8日 农业机械部召开全国农业机械厅（局）长会议。杨立功在讲话中提出：会议要研究的问题是：（1）1981年的农机生产计划的编制如何改革？如何适应计划调节与市政调节相结合的原则？（2）如何改革农机销售服务工作？（3）农机工业如何实行发挥优势、保护竞争、推动联合的方针，打破封锁，进行农机工业的调整、改组？（4）农机企业如何加强管理、发展新品种，提高产品质量，搞好技术服务，提高竞争力的问题。

10月10日 项南在中国农业机械学会第二次代表会上以《搞农业机械化要实事求是》为题发言。他说：现在许多地方搞包产到户了，拖拉机卖不出去了，对此究竟怎样看？我建议不要搞一刀切，要按实际情况办事。包产到户后，机械化暂时受些影响是可能的，但从长远来说，只要农民富起来了，有能力扩大再生产了，机械化会得到更健康的发展。在东北这块人少地多的地方，农业机械化显示了极大的优越性。30年来，在机械化方面花钱最多的并不是东北。而是冀、鲁、豫、皖和京、津、沪郊区。湖北、广东、湖南以至山西一些地方搞了机械化，效果也很好，即使人多地少的江、浙也需要机械化。边化边富，边富边化，越富越化，越化越富。恐怕这就是中国农业机械化的路子。农机战线中最薄弱的环节是科学和教育。明年投资再少，这两个方面用钱的比例也不要降低。什么叫中国式的农业机械化？它的概念和内容是什么？希望农机学会在这个带根本性的问题上研究一下。农业机械化的经济效果问题，是个长期被忽视的问题。农业机械化与农业现代化的关系问题，农业机械化在农业现代化中处于什么地位？农业机械化中的水田机械化、山地机械化、牧业机械化、经济作物机械化等如何加快解决？农业机械的能源应采取什么政策？科研机构应如何调整？希望农机学会能加以关注。技术引进和发展国际农机的经验交流，应采取什么步骤，进行些什么工作，也希望大家研究。

10月14日 农业机械部发出《关于部分农机产品试行浮动价格的补充通知》，增加浮动的产品有：泰山—25、丰收—27、丰收—35、东方红—28、上海—50、铁牛—55等6种型号的拖拉机，上浮不得超过10%～15%，下浮不限，自1980年10月1日起执行。

10月20日 薄一波在全国农业机械部关于厅、局长会议情况汇报会上的讲话中指出：农业机械化是农委的任务，农业机械部是生产农业机械的，不应负责机械化的任务。这是一项行政任务，过去你们归农口管，承担这个任务是可以的。农业机械化如何进行，是国家的大政策，这项任务应当交还农委。农业机械部在执行农业机械化的任务中负有重大责任。

10月21日 项南在全国农业机械厅（局）长会议上的总结讲话中指出：农机工业面临的一些新问题是：（1）产大于需、供过于求的矛盾突出了。（2）农机工业的调整面临许多困难，各地的封锁政策，使农机产品难以择优发展。（3）旧的经营方式适应不了新形势发展的需要。要改革农机经营服务工作，要搞好农业机械化的长远规划，要对中国农业机械化的道路作进一步的探讨。

11月

11月7日 中共中央总书记胡耀邦看了新华社《内部参考》刊登的安徽省农机局郭子超撰写的《怀远、凤台两县农村出现旧农机交易市场》一文，批示：你们已经注意了这个问题，很好！

11月15日 农业机械部主办的农机产品订货会议在合肥举行，成交10亿多元。这次订货会是农机产品作为商品进入市场的首次交易会。

11月22日 《人民日报》登载项南的文章《中国农业机械化的再探讨》。文章提出：中国农业精耕细作，人口多、耕地少、底子薄、幅员广的特点，农业机械化要因地制宜，要和多种经营结合，要按最大的经济效果办事。要总结自己的经验教训，走出一条中国式的农业机械化道路来。

11月24日 农业机械部颁发《关于保证农民购买农机配件不出县的暂行办法》规定：允许农民按照实际情况，不受行政区划限制，就近购买其所需要的配件。各县农机供应公司，要制定措施，实现主动服务。

11月 农业机械部成立东北农业机械化综合工作组，杨立功、武少文负责这项工作。

ZONGGUO NONGYE JIXIEHUA

12月

12月20日 农业机械部农业机械化管理局在大连召开会议。为适应东北商品粮基地建设和发展，东北3省科研单位提出急需研究的农业机械化科研课题。会议对部分农机化重点课题进行了评议，主要有：（1）粮豆高产机械化耕作制度和机具的选型。（2）玉米间苗除草技术措施和机具的选型。（3）水稻育苗机械成套工艺设备研究等。

12月 联合国工发组织援建中国农业机械试验中心协议在北京签字。

1981年

1月

1月9日　农业机械部颁布的《农机商品质量管理试行办法》有技术检验机构及其职责、质量管理的工作范围、检验标准和检验条件、检验程序和检验方法等5章18条。农机商品的质量管理是进入流通领域的农机产品，在排产、订货、质量检验、装卸转运、仓储、销售，以及“三包”等经营环节的科学管理和质量反馈，是生产企业全面质量管理的继续。

ZONGGUO NONGYE JIXIEHUA

2月

2月28日　《人民日报》发表《重视中小农具的生产》短评，认为随着农村政策的调整，农业生产责任制的实行，广大农民的劳动积极性越来越高，对于中小农具的需要量，已经出现了明显增长的趋势。对此，必须引起足够的重视。

ZONGGUO NONGYE JIXIEHUA

4月

4月1日 农业机械部发布《关于积极增加机械化、半机械化中、小农具和手工农具生产的通知》，要求充分利用农机企业现有的生产手段，生产机械化、半机械化中小农具和有传统特色的小农具，农机企业应利用现有的厂房、设备和采用先进工艺，进行专业化生产。各级农机部门要组织力量把机械化、半机械化中小农具和手工农具的生产供应工作搞好。

4月1日 国务院发出《关于发展上海自行车、缝纫机、钟表生产问题的批复》。批复指出：关于上海丰收拖拉机厂的转产问题，同意将丰收—35型拖拉机转到上海拖拉机厂生产，丰收拖拉机厂划给自行车厂。

4月6日 农业机械部提出1981年工作要点：调整服务方向，广开生产门路，努力扩大生产；继续进行企业整顿，加强基础工作，提高经济效益；认真进行农机工业的调整和改组，制定调整方案，组织经济联合体，清理基建项目；改进和改革物资供应、产品销售和技术服务工作；加强和改善科技工作，重点抓一批老产品的技术改进和新产品的研制；扩大农机产品的出口，重点是东南亚，其次是非洲和拉丁美洲；加强农机化管理工作；整顿学校教育，加强干部及职工培训。

4月中旬 沈阳水泵厂设计试制的高扬程大水泵在陕西东雪抽黄站试车成功。该泵是当时国内生产的农用最大型离心泵，配套电机8 000千瓦，扬程225米，可解决6.2万公顷土地的灌溉和17万人、7万头大牲畜的饮水困难。

4月22日 农业机械部向国家机械委员会报送《关于处理引进菲亚特拖拉机项目的检查报告》。引进菲亚特技术项目是1977年提出来的，1979年农业机械部成立后，接过了这个项目，一开始就发现国家财力与这笔相当大的引进费用有矛盾，也有不少反对意见。主要是提的盘子太大了，既不需要，也不可能，后来被压缩，也不果断，花费了不少精力，拖了3年，教训是不少的。

4月27日 《人民日报》发表《增产中小农具刻不容缓》短评指出：我国30年来中小农具的生产和供应，曾经出现过几个马鞍形。合作化时期，中小农具需要量出现过高峰，1958年以后急剧下降了。1961年再次回升，到“文化大革命”时期又大幅度下降了。1981年再次出现高峰，不仅需要量增加，而且要求农具配套，品种增多。但中小农具供需矛盾非常突出。短评提出：各地应采取措施，千方百计扭转供不应求的状况。

4月29日 农业机械部党组向主持中央书记处工作的中共中央总书记胡耀邦及国家机械委员会主任薄一波报送《关于北京油泵油嘴厂基本建设造成

浪费的检查报告》，说明当时技术改造存在部分浪费问题。

5月

5月1日 农业机械部在北京全国农业展览馆举办全国农机展销会，有600多个企业，3 700多台展品参展。

5月6日 农业机械部颁发《农用拖拉机（联合收割机）驾驶员技术等级标准》，将联合收割机二级到八级驾驶员的应知、应会项目作了规定，并以此作为驾驶员进行技术考核和考工晋级的依据。1963年原农业部、农垦部颁发的技术等级标准停止执行。

5月9日 水利部颁布《农用机井管理暂行办法》，包括农用机井的组织管理、机务管理、工程管理、用水管理、经济管理和机井管理考核标准等共8章28条。

5月11日 农业机械部在南昌市召开全国农机工业职工教育工作会议，研究制定了农机工业职工教育“五年规划”。

5月13日 农业机械部成立学科评议组，北京农业机械化学院曾德超等为学科评议组成员。

5月19日 农业机械部颁发《农业机械包修、包换、包退试行办法实施细则》，对于农业机械产品的出厂要求、“三包”范围和期限、“三包”手续、经济责任、“三包”仲裁、退赔结算等作了详细规定。

5月21日 农业机械部颁布《优质产品评选及标志使用办法》，规定了农机优质产品的评选条件、申请与审批以及标志的办法与使用，共5个部分12条。

5月26日 农垦部在北京召开全国农垦机械工业座谈会，主要研究对农垦机械工业的调整意见。

6月

6月4日 国务院发文批准农机、外经、外交三部《关于在北京建立“发展中国家农机工业国际发展中心”的请示》，建设地址在北京中国农业机械化科学研究院。

6月7日 农业机械部在北京召开全国农业机械产品出口工作会议。几年来农机出口额增长较快，1980年为2 475万美元，比1979年增长50%，但出口额还不到农机总产值的1%，只占我国机电产品出口总额的4.4%。1981年1～5月向外贸公司签订1.7亿元的供货合同。

6月17日 农业机械部在北京召开农业机械工业企业管理座谈会。杨立功讲话指出：1980、1981年两年的产值比1979年下降约40亿元，从这两年的产值来看，只有农机行业生产能力的一半或不到一半。必须加强企业管理，加强企业管理的目标是：提高产品质量，降低产品成本，适应社会需要。

6月22日 农业机械部在北京召开七省农业机械化问题座谈会。代表反映，农机化出现三大变化，一是中小型特别是小型农机和半机械化机具需求增大。二是生产队和农户购机踊跃。三是购机的自筹资金增多。

6月23日 联合收割机引进项目经国家计委批准，提出力争在1985年达到设计能力。生产纲领为：开封及佳木斯两个联合收割机厂总规模2 000台，附属装置1 700吨。佳木斯厂年产900台，附属装置1 200吨，产品以中型为主。开封厂年产1 100台，附属装置500吨，产品以小型及牵引式为主。

7月

7月14日 农垦部在辽宁盐碱地利用研究所召开全国农垦系统少耕、免耕法学术交流和科研协作会议。会议代表参观了适应少耕作业的水田旋耕机、驱动耙等机具。

7月19日 农业部发布《农技组组长和主要专业技术人员工作职责》规定：农机工程师全面负责各类机械设备的管理、使用、保养、维修工作，参与审核、修订年度施工计划和修订物资供应计划；培训受援国机械维修和运行人员；建立机械设备技术档案等。

7月23日 农业机械部发出《农机工业企业进一步提高企业管理水平的基本要求》、《农机工业企业全面质量管理试行条例》、《农机工业企业全面经济核算试行条例》、《农机工业企业设备工作条例》、《农机工业企业安全生产工作试行条例》等5个文件。

7月30日 农业机械部颁布《农机产品出口供应管理试行办法》，要求在统一政策、统一计划、统一对外的原则下，做好农机出口供应工作。内容包括出口计划、订货及合同、协作配套、原材料、成套出口和灵活贸易、维修配件供应、质量、价格、包装、技术文件的编制、工贸结合及组织管理等。

7月30日 农业机械部颁布《出口农机产品质量管理暂行规定》，要求承担出口任务的企业，必须坚决贯彻“质量第一”的方针，努力提高产品品质量，适应国际市场的需要。对于出口农机产品的技术要求、出厂检验与抽查作了详细规定。承担质量监督检验的机构分工是：中国农业机械化科学研究院负责各种农具及畜禽机械，洛阳拖拉机研究所负责各种大、中、小型拖拉机和拖拉机用内燃机及其有关零部件，上海内燃机研究所负责各类内燃机及其有关零部件，天津内燃机研究所负责小型汽油机、105型柴油机、磁电机及其零部件，南京农业机械化研究所负责旋耕机、植保机械，呼和浩特畜牧机械研究所负责畜牧机械，吉林工业大学负责链条。

7月31日　农业机械部发出《关于农村人民公社农机站、大队农机队作业收费标准问题》。公社农机站、大队农机队同国营拖拉机站性质不同，不享受国家给予的亏损补贴，而且各个社、队生产水平和社员分配水平不同，差别较大，直接关系到农机站、队的收费水平。因此，决定撤销农业机械部颁发的《农村人民公社农业机械管理条例（试行办法）》第25条的规定，此后农机站、队收取机耕费标准，由各省、直辖市、自治区自行决定。

ZONGGUO NONGYE JIXIEHUA

8月

8月8日　《人民日报》发表《有利于发展生产力的好事》短评认为：农村社员联户或者单户购置农业机械，用于发展生产，这是实行责任制以后出现的新事物，表现了广大社员进一步发展生产的愿望，为农村搞好农业机械化展现了新的前景。

8月13日　国家科学技术委员会与中国农业机械化科学研究院、第一拖拉机厂、洛阳拖拉机研究所、天津动力机厂联合签订“大马力轮式拖拉机及配套农具研制”专项合同，研制130、160马力两轮、四轮驱动拖拉机及其配套农机具，要求1985年研制完成。

8月27日　中国技术进出口公司和美国迪尔公司签订技术引进合同，为开封及佳木斯联合收割机厂引进955型（105马力、喂入量4～4.5公斤/秒）、1065型（125马力、喂入量5～5.5公斤/秒）、1075型（150马力、喂入量6公斤/秒）联合收割机。合同自1981年10月16日生效，有效期10年。

8月28日　农业机械部向中共中央、国务院报送《关于农机工业经济情况的报告》。报告称：农机工业1979年完成总产值84亿元，销售额73亿元；1980年完成产值78亿元，销售额59亿元，分别比1979年下降7.19%和19.2%。1981年计划产值67亿元，比上年下降15%。农机企业的生产任务，吃饱、吃半饱和没有任务的各占1/3。亏损企业占全行业的比例由1979年的24.4%，上升到1981年上半年的46%。报告提出：为了适应农村形势的新变化，转变盲目追求农业机械化速度的思想，坚持因地制宜，量力而行，讲求经济效益的方针；转变农机企业的“官工、官商”作风，树立市场观念，经营观念，用户观念；转变农机经营以公社、大队为主的方式，允许农民联户或独户经营和以农业生产队为主要的经营方式；转变农机产品结构，扩大服务领域，大力增加小型农机产品的比重。

8月 邓小平、王震、王任重等党和国家领导人视察新疆石河子垦区，观看了石河子总场地膜植棉条田。

9月

9月4日 农业机械部、财政部、中国农业银行联合发出《关于降价处理超储积压农机商品》的通知。根据国务院国发[1981]70号通知的精神，对农机公司超储积压商品进行降价处理，要求严格控制降价幅度和审批权限，竭力防止产生新的积压；对于降价的损失按程序进行处理；各级银行要积极参与企业主管部门和财政部门做好监督和审查工作。

9月17日 中国农业机械化服务总公司在北京召开农业机械销售工作座谈会，讨论了密切产销关系，搞好产销结合的措施。

9月 杨立功在杭州听取农机情况汇报时说：对集体和个人经营农业机械要一视同仁，保护联户和独户办农机的积极性，做到“四个一样”：一样培训农机手、一样考核发证、一样供应零配件、一样供应油料。

10月

10月15日 农业机械部发布《关于拖拉机重大事故的通知》，要求各级农机管理部门，对农机安全管理工作，引起足够重视；加强领导，严格执行规章制度；与交通、公安部门加强协作；抓好机手和农机安全监督管理人员教育培训。

10月21日 农垦部在北京召开农垦系统农机更新问题座谈会，提出现有的部分农业机械迫切需要更新、换代。

10月24日 农业机械部颁发《农用拖拉机及驾驶员安全监督管理规章》，包括总则、拖拉机管理、驾驶员管理、违章及违章处理、事故及事故处理等6章32条。

11月

11月10日 交通部发出《关于对行驶城乡公路的拖拉机加强管理的通知》要求：各级交通监理机关根据《城乡和公路交通管理规则》的有关规定，切实加强对拖拉机的监督管理工作。凡行驶城乡公路的拖拉机必须向交通监理部门申领机动车号牌及行驶证；拖拉机驾驶员必须经交通监理部门考试合格，发给机动车驾驶证，方准通行城乡公路。

11月14日 农业机械部在西安召开北方农业机械化技术推广工作座谈会。

11月23日 农业机械部在南宁召开南方农业机械化技术推广工作座谈会。

11月26日 国务院学位委员会发出《关于下达首批博士和硕士学位授予单位的通知》，北京农业机械化学院、中国农业机械化科学研究院、江苏工学院、吉林工业大学为农业机械设计制造学科的博士和硕士学位授予单位。

11月30日 赵紫阳在五届全国人大四次会议所作《当前的经济形势和今后建设方针》的政府报告中指出："在改进耕作制度、搞好作物布局、有选择地推广适用的农业机械等方面，有关部门要进一步集中力量，在较短时间内作出更加显著的成绩"。

11月 以农业机械部天津设计院、吉林工业大学和山东博山锻压厂为主，农业机械部重庆设计院、险峰机床厂等单位参加研制的95型柴油机连杆辊锻自动生产线，由山东省机械工业厅主持，通过了技术鉴定。

12月

12月3日 中共中央、国务院、中央军委作出《关于恢复新疆生产建设兵团的决定》。

12月15日 农垦部在北京召开北方地区国营农场机务管理工作座谈会。

12月16日 农业机械部在北京召开小型农业机械座谈会。会议认为：小型农机近年来有较大的发展，已生产2600多个品种、规格。1981年小农机的产值占农机行业总产值的比例，由过去的33%提高到40%左右。同1979年比，手动喷雾（粉）器的产量增长50%，手推胶轮车增长22.5%，小型油料加工机械增长20.6%，小型棉花加工机械增加2倍。会议指出：发展小型农机具要从实际情况出发，讲求经济效益，有选择地发展适销对路产品。

12月23日 国家进出口管理委员会、国家机械委员会联合下发《关于成立中国农业机械进出口联合公司的通知》。中国农业机械进出口联合公司向有关部门办妥登记手续，自1982年1月1日起即成为对外经营农业机械产品的法人，并负责全国农业机械进出口协调管理工作。

12月30日 国家经济委员会、国家机械委员会、农业机械部、交通部联合下发《关于拖拉机运输作业问题的通知》。通知明确指出：正常的农业运输不应限制，原则上不得从事营业性运输，在一定期限内进行营业性运输，须经县政府批准并纳税。

12月30日 农业机械部按照评选结果和奖励办法的通知精神，颁发1979年、1980年科技成果奖。获奖成果193项，其中一等奖1项，二等奖12项，三等奖76项，四等奖104项。

12月31日 农业机械部印发《农业机械化技术推广工作座谈会纪要》。会议认为：农业机械化技术推广工作是整个科技工作的组成部分，是将科技成果推广到生产中去，把潜在生产力变成直接生产力的纽带和桥梁，是农业机械化管理工作的一个重要环节。其基本任务是推广新机具、新技术、农机化科技新成果和普及科学技术知识。推广内容：从农、林、牧、副、渔各业生产的需要出发，当前重点是抓好中小型机械、半机械化机具和改良农具等推广项目。基本方法采用选好项目、试验示范、由点到面、搞好服务、协作配合。

12月 国家经济委员会、国家计划委员会联合发出《关于抓好中小农具生产和供应》的意见。

12月 中共中央书记处书记胡乔木看了新华社12月10日《内部参考》刊登的安徽省农机局郭子超撰写的《农民有机买油难》一文，把这篇调查报告批给安徽省委第一书记张劲夫。安徽省很快解决了这个问题。

1981年 中国农业机械化科学研究院等单位研制的东风—2S型机动水稻插秧机获国家发明奖三等奖。

1982年

ZONGGUO NONGYE JIXIEHUA

1月

1月1日 中共中央批转《全国农村工作会议纪要》（中发[1982]1号），肯定包产到户等各种生产责任制都是社会主义集体经济的生产责任制。纪要指出：农业机械化必须有步骤、有选择地进行。在今后相当长的时期内，必须是机械化、半机械化、手工工具并举，人力、畜力、机电动力并用，工程措施和生物技术措施相结合。各地应根据自己的情况推广适用技术和集约经营。要着重抓好水利、农机、化肥等项投资的利用效益，改善农业生产条件。

1月1日 中国农业机械进出口联合公司成立，法人代表为鹿中民。

1月6日 农业机械部向国家机械委员会并国务院报送《关于1981 年农机工作和1982年安排意见的报告》。1982年工作安排中主要有：开好农机调整规划会，重点解决骨干企业的产品方向和农机产品合理化问题；努力增产适销对路的小型农机具；扩大产品出口；加快急需的缺门产品的研制，增加技术储备；发展节能产品，推广节能技术；抓好基础件、基础技术的研究；抓好农机化重点区划工作，改进农机经营管理体制；搞好机构改革。

1月20日 农业机械部向国家经济委员会报送文件中称：农机企业整顿

工作取得一定成绩，200个重点企业有90%基本达到原定12项恢复性整顿的要求，非重点企业约有一半基本上达到了要求。当时农机工业任务严重不足，亏损企业占47%，因此，整顿要和企业调整紧密结合。

1月30日　《人民日报》发表《抓紧增产小型农具》社论。农民对小农具的普遍要求是："一要小，二要好，三要花钱少"。增产大量优质价廉的多种小农机，是关系到夺取农业更大丰收的一项重要任务，各地农机部门要尽快做好妥善安排。

2月

2月1日　商业部颁布《石油成品油实行统购、统配、定量包干办法》。办法提出：对农业、渔业、林业生产、抗灾等的汽油、柴油要保证最低需要。核定方法是：农业用油按农业生产作业项目（如机耕、排灌、农副产品、口粮、饲料加工、农业运输、植保、收割等田间作业）的任务量，以平均先进耗油定额进行分项定量；渔业用油按作业任务鱼产量，参考机具马力、航程、历史耗油水平核定定量；林业用油主要按产量，以平均先进耗油量定额核定定量。

2月9日　国务院批转各地贯彻执行国家经济委员会、国家计划委员会《关于抓好中小农具生产和供应的意见》要求：切实地解决好原材料供应；改进中小农具的价格管理工作，制定适应中小农具生产发展的价格政策；加强对中小农具生产、供应工作的领导。

2月10日　农业机械部在北京召开出口产品质量座谈会，提出几年来农机出口逐年增长，1980年比1979年增长50%；1981年比1980年增长48%。出口的品种主要是：中小型柴油机和拖拉机、发电机组和其他农机具。出口市场主要是东南亚等60多个国家和地区。1981年出口额仅达到3700万美元，占全国机电出口总额的3%，不到全国农机工业总产值的2%，要扩大出口，必须狠抓产品质量。

3月

3月4日　农业机械部发布《关于加强小型农业机械规划定点工作的通知》。根据《小型农业机械座谈会纪要》的精神，要求各省、直辖市、自治区农机主管部门，对目前小型农机生产的情况进行一次检查，加强对农机工业调整规划定点工作的领导，坚持按组织专业化协作大生产的要求择优定点。

3月8日　农业机械部在北京召开全国农业机械化管理工作座谈会。会议提出：当前农业机械化管理的中心任务是：把提高农业机械的经济效益放在第一位，把保护好集体财产、管好用好现有农业机械作为当前工作的重点。副部长武少文主持会议并讲话，针对农村实行农业生产责任制以来，农机化出现的新情况、新问题，对农业机械化发展趋势和今后方针发表了指导性意见。农业部副部长朱荣、郑重参加会议。

3月14日　杨立功在全国农业机械化管理工作座谈会上就机构改革问题和农业机械化问题发表谈话，提出农机经营方式的四个转变：第一个转变是在指导思想和方针上必须有一个根本转变。第二个转变是农机工业的产品构成必须适应当前农业生产的需要。第三个转变是农业机械使用的经营规模要变得与农业生产的经营规模相适应。第四个转变是农机工业部门和销售部门要彻底克服"官工"作风和"官商"作风，树立市场观念、经营观念和用户观念。

3月23日　农业机械部印发《农业机械化管理工作座谈会纪要》。纪要对会议讨论的当前农业机械化的形势、发展趋势和今后的方针和农业机械化管理工作的任务进行了总结。

ZONGGUO NONGYE JIXIEHUA

4月

4月4日　农业机械部发出《关于纠正在农机产品销售中搞地区封锁的通知》提出：凡国家评定的金质、银质奖产品，部定优质产品，以及用户欢迎的部定点企业生产的符合国家标准的合格产品，生产企业有权接受全国各地订货；生产和经营部门对任何部门和个人的干涉和阻挠，有权加以抵制。

4月7日　农业机械部颁发《关于农机市场检测预报办法》，对于测报内容、测报方法、上报制度和要求、测报组织作了规定。

4月12日　赵紫阳对中国农业机械化科学研究院与北京农业机械化研究所合并问题批示：请吕东、瑞山同志主持解决。我看合起来好，仍归口一机部，一机、农业两部共同领导。为贯彻赵紫阳、万里的批示精神，由国家经济委员会副主任李瑞山与农业机械部和农业部领导商定，中国农业机械化科学研究院与北京农业机械化研究所合并，合并后由两部共同加强领导。

4月12日　农业机械部发布《关于重申农机供应公司经营范围的通知》要求：农机供应（服务）公司经营农机产品的范围，在国家没有新的规定以前，仍应继续执行一机部、财政部（72）一机生联字1292号、（72）财企字777号联合通知所规定的经营农机产品的范围。

4月13日 农业机械部、农业部发出《关于农业机械化管理工作由农业机械部移交农业部》的通知。根据国务院领导同志对（82）农机管联字176号文的批示，农业机械部的农机化管理局以及北京农机化研究所、南京农机化研究所、农机鉴定总站、北京农机化学院、北京农机化干部学校等6个单位和农机化服务总公司修配处的部分业务、南京农机化干训班业务工作一并移交农业部。从4月20日起农机化管理工作由农业部执行。

4月27日 国务院办公厅发出《关于农业用拖拉机从事非经营性运输范围的通知》，提出拖拉机非经营性运输的6项范围规定。

ZONGGUO NONGYE JIXIEHUA

5月

5月4日 五届全国人大常委会二十三次会议决定，将农业机械部与第一机械工业部等单位合并，设立机械工业部。将农业部、农垦部合并，设立农牧渔业部。机械工业部主管农业机械制造、科研、修理厂和农机销售；农牧渔业部主管农业机械化管理、农业机械化科研、培训、修理业务和农业机械鉴定、推广工作。

5月6日 合并后的机械工业部开始对外办公。机械工业部由原第一机械工业部、农业机械部、国家仪表总局、国家成套设备总局合并而成。周建南为机械工业部部长、党组书记；杨铿为副部长、党组副书记；何光远、沈烈初、赵明生为副部长、党组成员；沈鸿、杨立功、王子仪为顾问；陶亨咸为总工程师。前农业机械部所属农业机械化管理局和北京农业机械化学院划归农牧渔业部领导。机械工业部设农业机械总局、中国农业机械化服务总公司、中国农业机械进出口联合公司、中国牧业机械公司、中国拖拉机内燃机工业公司和中国拖拉机内燃机配件工业公司，由农业机械总局归口管理。农业机械总局局长为李本，总工程师为鹿中民。

5月6日 地面机器系统研究会成立大会及第一届学术年会在江苏无锡举行，陈秉聪教授主持会议，日本地面力学学会会长、京都大学田中孝教授应邀参加会议，并作学术报告。

5月18日 机械工业部发出《关于采用国际标准中几个具体问题的通知》，将国家科委、国家经委、标准化总局联合颁发《采用国际标准管理办法（试行）》转发给地方机械工业主管部门、研究院所、直属厂贯彻执行，并对有关的问题作出说明。

6月

6月22日 中国农业机械学会与美国农业发展基金会、日本国际交流中心在杭州联合举行小规模农业机械化国际讨论会，参加会议的有联合国粮农组织、世界银行、国际水稻研究所、国际半干旱热带地区作物研究所、联邦德国技术合作部等5个国际性组织，以及菲律宾、泰国、孟加拉国、印度、日本、美国、澳大利亚、联邦德国和中国共9个国家的50多位农业机械、农业经济方面的专家、学者和社会活动家。会议提出选择性农业机械化问题。

ZONGGUO NONGYE JIXIEHUA

7月

7月初 机械工业部农业机械总局在北京召开了有拖拉机、内燃机、农机具、牧机、油泵油嘴标准化工作归口研究所等参加的采用国际标准工作会议。提出各专业采用国际标准的规划意见。1982年颁发了46项国家标准和部标准，开展了制订企业内部控制标准的工作。

7月5日 机械工业部农业机械总局召开部分农机重点企业整顿工作座谈会，讨论贯彻《国营机械工业企业整顿五项工作具体要求（试行稿）》和《国营机械工业企业六好企业标准》。

7月7日 机械工业部发出《关于进一步提高机械产品质量的几项规定》。主要内容：（1）重申不合格产品不许出厂。（2）要及时、如实地反映质量情况。（3）企业检验科长的任免，要经机械工业主管机关批准。（4）要强化质量监督、检验机构，充实有关人员。（5）重大成套及关键设备，实行用户派驻厂监造人员与上级委派驻厂监督人员进行质量监督。（6）提高新产品设计试制的质量。（7）企业奖励制度要贯彻质量第一的方针。（8）检验人员在执行任务时，应受到尊敬和保护。（9）质量成果应予奖励。

7月中旬 全国农业区划委员会农业机械化专业组在山东省荣成县召开了全国第二次农业机械化区划工作会议。根据全国农业区划工作座谈会精神，总结工作，交流经验，明确指导思想，对今后两年的农业机械化区划的任务、要求和措施，作了具体安排。

7月26日 机械工业部农业机械总局发出《制订产品企业内控标准的通知》，要求：（1）凡生产出口产品的企业或拟进行技术改造的企业，必须制订出高于国标、部标和采用国际标准的企业内控标准。（2）内控标准的内容可参考1982年初原农业机械部颁发的《活塞环内控标准（草案）》。

7月27日 机械工业部农业机械总局在江苏省无锡市召开了全国农机工业生产计划会议。会议回顾了近几年来农机工业走过的曲折道路和面临的调整任务，总结了农机工业1982年上半年回升的主要特点，对1983年农机工业生产计划提出要继续贯彻国民经济调整方针。

8月

8月3日 机械工业部在长春召开机械工业企业整顿工作座谈会。

8月上旬 农牧渔业部农业机械化管理局在山东省崂山县召开全国农业机械鉴定工作座谈会。参加会议的有农牧渔业部农机鉴定总站、25个省级农机鉴定站。会议讨论了农机鉴定工作的方向、任务，统一了几个认识问题：（1）明确以“有选择地推广适用的农业机械”作为农机鉴定工作的主导思想。（2）明确鉴定的目的是为了推广，鉴定的过程就是推广的准备，把鉴定与推广紧密联系在一起。（3）鉴定工作是一项科学性工作，必须坚持严肃认真的工作作风和实事求是的科学态度。（4）农业部门的鉴定任务，主要是通过试验鉴定，办理“农业机械推广许可证”，宣传推广，尽快用于农业生产，同时也防止粗制滥造，质次价高，不适合需要的机具盲目推广。（5）鉴定站的业务范围不能强求一致。各省承担本省农机具科研新产品的鉴定和产品质量监督、检验业务，其程序和办法按有关规定执行。但仍应以农业机械的推广和鉴定作为主要方向。会议研究通过《中华人民共和国农牧渔业部农业机械鉴定工作条例（试行）》，自1983年起在我国实行《农业机械推广许可证》制度。

8月18日 机械工业部农业机械总局在江西省婺源县召开全国茶叶机械厂厂长座谈会，提出了提高产品质量的措施，讨论制订了年度计划和长远发展计划。

8月23日 全国农业区划委员会、农牧渔业部印发《全国第二次农业机械化区划工作会议纪要》，明确农业机械化区划是农业区划的重要组成部分，提出农业机械化区划工作的主要任务、需要采取的主要措施。

8月29日 农牧渔业部在新疆召开全国国营农场棉花地膜覆盖栽培经验交流会，新疆生产建设兵团两年来研制的11种地膜机械现场演示。

8月31日 农牧渔业部印发《全国农业机械鉴定工作座谈会纪要》指出：农机鉴定工作是为了有选择地推广适用的农业机械。鉴定工作是一项科学性工作，必须坚持严肃认真的工作作风和实事求是的科学态度。

8月31日 农牧渔业部颁发《农业机械鉴定工作条例（试行）》，包括农机鉴定工作的任务、鉴定工作程序、鉴定工作机构等5章21条，自1983年1月1日开始试行。

8月 中共中央主席胡耀邦到黑龙江省克山县北联公社黎明大队，听取了该队发展农业机械化，促进农业生产和多种经营情况的汇报。胡耀邦对大队取得的成绩和走过的道路给予了鼓励，并指出：农业机械化还是要抓的。

ZONGGUO NONGYE JIXIEHUA

9月

9月23日 商业部、国家物价局、财政部发出《关于取消农业用柴油价格补贴问题给国务院的报告》，建议从1982年11月1日起，取消农业生产用柴油价格补贴，按市场牌价供应，暂时保留沿海省、直辖市、自治区社队的海洋渔业计划内用油的补贴。

ZONGGUO NONGYE JIXIEHUA

10月

10月9日 国务院批转商业部、国家物价局、财政部《关于取消农业用柴油价格补贴问题给国务院的报告》，同意从1982年11月1日起执行。

10月18日 《人民日报》报道：我国研制的成套机械化养鸡设备，已装备28个省、直辖市、自治区的340个大型养鸡场。每套设备15万元，可养鸡1.5万只。

10月下旬 农牧渔业部农业机械化管理局在杭州召开有部分省、直辖市、自治区农业机械管理部门参加的人民公社农机服务站工作会议。会议就农机服务站的形成、发展、基本经验和主要问题进行了讨论。

10月 农牧渔业部批准成立农业机械化服务站。

10月 机械工业部召开机械工业规划工作会议。“六五”计划期间，农机产品发展的重点是，增加中小型、节能型和农、林、牧、副、渔各方面需要的产品。

11月

11月3日 农牧渔业部发布《关于实施国务院合理化建议和技术改进奖励条例的细则（试行）》，列出了农牧渔业的合理化建议和技术改进奖励的主要类别，提出农牧渔业科技成果的技术改进奖励工作实行分级管理的办法，合理化建议奖励工作由各单位自行管理。

11月5日 国务院副总理万里在全国农业农村思想政治工作会议讲话中指出：中国要走能耗低、劳动密集、产量高的农业现代化道路。劳动密集并不是不要科学，能量消耗低也不是不要机械。农业机械的生产必须服从农民生产需要，不应该是制造什么，农民使用什么，应该是农民需要什么就生产什么。

11月19日 机械工业部农业机械总局向部党组报送《农机工业的形势和战略任务》的报告，阐述了农机工业的形势。自1979年起农机产品销售量逐年下降，到1982年才开始回升。农机工业的现状适应不了日益发展的需要，主要矛盾是农机产品水平低、质量差、品种少。农机工业的发展方针是：农机生产的目的是为农林牧副渔各业提供适用的先进技术装备，为工业部门提供动力配套机械，为国民经济特别是农村经济的发展服务。农机工业总产值“六五”后3年平均每年递增6.5%。采取的主要措施为：（1）落实各项科技发展规划，组织技术攻关，采用国际标准，加强科研测试手段；（2）搞好技术引进；（3）抓紧企业技术改造；（4）搞好企业整顿；（5）调整组织结构，按专业化协作改组农机工业；（6）加强培训，提高职工素质。对几个政策问题的建议：（1）应允许私人购买农业机械；（2）应适当调整农机产品价格；（3）应适当增加农机用油供应量；（4）加速农机更新换代，建议银行给予专项贷款；（5）减轻农民使用拖拉机的负担，降低收费标准；（6）请中央有关部门解决农机专用材料、油料等的供应问题。

11月25日 农牧渔业部转发《水稻工厂化育秧和机械插秧技术推广工作座谈会纪要》指出：水稻工厂化育秧和机械插秧是发展农业生产的一项重要技术措施，各地农业、农机等部门要密切配合，因地制宜地认真做好示范、宣传、技术培训等推广工作。

12月

12月1日 农牧渔业部转发《公社农机服务站工作座谈会纪要》提出：

农业机械化的经营，出现了以集体经营为主，多种形式并存的局面。农业机械的专业化经营，用社会化服务的方法与家庭、小组各单位的农业生产形式结合起来，较好地解决了农业生产分散经营和农业机械集中经营的矛盾，不仅适应了联产承包的农业生产责任制，而且有利于农业生产责任制的完善提高，促进了农村专业化、社会化和商品经济的发展。同日，农牧渔业部印发《关于公社农机服务站若干问题的规定（试行）》，对公社农机服务站的性质、主要任务、隶属关系等10个问题作了规定。

12月8日　农牧渔业部农业机械化管理局在北京召开全国农机人员培训工作座谈会。会议着重研究和交流了农村家庭联产承包责任制以来，农机培训工作的新情况、新特点，总结了各地农机培训工作改革的新经验，并讨论通过了《全国县级农业机械化学校章程》和《先进县级农机校先进教师的评比条件和评比办法（试行）》。农牧渔业部副部长朱荣在会议讲话中说：在整个农业欣欣向荣的形势下，农业机械的使用、管理、维修、推广工作要跟上，势必要把农机培训工作搞好。

12月20日　农牧渔业部转发《全国农机人员培训工作座谈会纪要》、《全国县级农业机械化学校章程》和《先进县级农机校、先进教师的评比条件和评比办法（试行）》，要求各级农机管理部门，进一步加强农技培训基地建设；要牢固树立“立足农业，面向农村，服务农民”的思想，为农、林、牧、副、渔和社队企业培训各种机械的使用、管理、维修人员，满足农民学习和运用科学技术的广泛需要，进一步把农机培训工作做好、搞活，开创新局面。

12月31日　机械工业部农业机械总局颁发1981年度原农业机械部部管科技成果奖。获二等奖的有中国农业机械化科学研究院4米大型轴流泵等11项。

12月　第一次全国农业机械鉴定推广科技情报工作会议在南宁召开，农业机械鉴定、推广科技情报网成立。

1982年　中共中央政治局委员王震到新疆联合收割机厂视察。

1983年

ZONGGUO NONGYE JIXIEHUA

1月

1月2日　中共中央印发《当前农村经济政策的若干问题的通知》（中发[1983]1号文件）。文件指出："应重新研究和拟定在我国不同地区实行机械化的方案。当前应着重发展小型、多用、质优、价廉的农业机械，因地制宜地改善水利灌溉条件。""农民个人或联户购置农副产品加工机具、小型拖拉机和小型机动船，从事生产和运输，对发展农村商品生产，活跃农村经济是有利的，应当允许；大中型拖拉机和汽车，在现阶段原则上也不必禁止私人购置。"

1月2日　国家经济委员会、机械工业部发出《机电产品生产许可证试行条例》，自1983年3月1日起实行。

1月3日　机械工业部印发重点企业和骨干企业名单。重点企业共1 068个（其中农机厂186个），其中骨干企业（包括公司）274个（农机厂42个）。此后，除有特殊规定者外，重点骨干企业的范围都以这次印发的名单为准。

1月6日　美籍专家阳早、寒春被聘为机械工业部顾问，兼任中国农业机械化科学研究院畜禽机械研究所副所长。

1月7日　机械工业部农业机械工业局在北京召开排灌机械"六五"后3

年产品科研发展规划座谈会。

1月12日 中共中央政治局常委邓小平同国家计委、国家经委和农业部门负责同志谈话指出：做到粮食基本过关不容易，要从各方面努力，在规划中要确定用什么手段达到这个目标。比如，从增加肥料上，从改良种子上，从搞好农田基本建设上，从防治病虫害上，从改进管理上，以及其他手段上，能够做些什么，增产多少，都要有计算。农业是根本，不要忘掉。

1月15日 机械工业部农业机械工业局在无锡召开农机行业采用国际标准、制订企业内控标准工作会议，安排了69种产品 93个企业"六五"期间采用国际标准的规划；确定农机行业组织制订产品内控标准基线，作为采用国际标准的一个步骤。

2月

2月5日 国务院颁布《城乡集市贸易管理办法》规定：农村的小型旧农机具等，可以到农村集市和城市指定的市场出售。出售旧农机、旧自行车和大型、贵重的旧物料都要持有关执照和证明。

2月9日 商业部发出《关于农民个人或联户购置农机具供油问题的通知》，撤销过去有关对农民个人或联户购买汽车、拖拉机从事运输不供油的规定。

2月17日 商业部、农牧渔业部联合发出《关于1983年农业用油安排意见的通知》。经国家计委、经委联合办公会议决定：1983年全国农业用柴油按照750万吨，比1982年计划基数增加14%。从1984年起实行农用柴油戴帽下达到省、直辖市、自治区。规定农业用柴油的范围：包括农、林（不包括森林工业及其专业运输用油）、牧、副（社队、专业户的工、副业）、渔（海洋、淡水养殖、捕捞等）各项生产用油，以及农村运输用油。

2月19日 机械工业部和农牧渔业部联合发出《关于加强机动脱粒机生产、销售、使用管理的通知》。为了杜绝机动脱粒机造成的人身伤亡事故的发生，要求各省、直辖市、自治区狠抓脱粒机生产的整顿提高工作；搞好定点生产，把好质量关，不安全、不合格的产品一律不准出厂，必须遵循设计、试验、鉴定、小批生产到成批投产的科学程序办事。擅自生产未经鉴定定型的产品，绝不允许销售。否则，发生了严重事故，要追究技术、经济和刑事责任，各级农机部门只允许收购销售定点生产、质量合格的产品；加强农机管理和安全操作宣传教育工作。

2月22日 新华社报道：全国农民个人购买的拖拉机达50万台。

3月

3月2日 机械工业部发出《关于扩大农机供应（服务）公司服务范围的通知》规定：除了做好农机产品的供应以外，凡农村建设、生产、生活需要的机械产品，都有组织货源、做好供应的责任。

3月10日 国家经济委员会批复：中国农业机械化科学研究院与农牧渔业部北京农业机械化研究所合并，由机械工业部和农牧渔业部共同领导，以机械工业部为主管理。合并后中国农业机械化科学研究院内设北京农业机械化研究所。

3月16日 农牧渔业部、中国农业银行、国家工商行政管理局联合发出《关于积极扶持农村各种农机化服务站（公司）》的通知提出：农业机械化服务站的建立要坚持自愿互利原则，实行按劳分配或以按劳分配为主；公社农机管理站合并到农机服务站（公司），原来的事业补贴费划归农机服务站。

3月 国务院办公厅印发的《国务院各部门的主要任务和职责（试行稿）》中，关于农牧渔业部的主要任务和职责第九条规定："主管农牧渔业机械化的发展、管理和农机鉴定、修理工作，协助机械工业部做好维修配件的供应。负责拖拉机在田间和乡村道路上作业的安全监理工作，并负责拖拉机及驾驶员的检验、考核和核发牌证。"

4月

4月12日 机械工业部颁发《关于制止盲目发展小四轮拖拉机生产的通知》。

4月19日 对外经济和贸易部与联合国发展计划署、世界银行签订在中国农业机械科学研究院建立手动泵试验中心等协议。

4月30日 农牧渔业部发出《关于加强农机监理、做好核发牌证工作的通知》要求：各级农机管理部门加强农机安全监理工作，做好对拖拉机和驾驶员的管理，以及检验、考核和核发牌证工作，以便减少或避免农机事故发生，保障人民生命财产安全。

4月 农牧渔业部召开农业科技人员为农村服务座谈会，北京农业机械化学院农田水利系水利机械教研室面向农村、工厂生产中亟待解决的问题，进行多项科研科技开发，推广新技术，先后与22个省市的60多个厂家签订了技术转让合同。何康部长称赞水利机械教研室是一个朝气蓬勃、团结战斗的集体。对该教研室教学、科研、技术推广三结合的显著成绩和室主任骆大章的业绩，《人民日报》、中央人民广播电台、中央电视台作过专门的长篇报道。

5月

5月4日 中国机械设备进出口总公司和中国农业机械进出口联合公司与英国里卡多公司签订6250型柴油机改进合同。

5月5日 机械工业部农业机械工业局在无锡市召开提高铸铁质量，降低废品率工作会议，通过了《农机铸造行业质量检查评比办法（试行）》。

5月10日 机械工业部在北京召开机械工业为农村经济发展服务工作会议。会议主要任务：统一思想，提高认识，跟上形势；进一步明确为农村经济发展服务的工作方针，制订相应的政策措施；制订农村急需的机电产品科研发展规划。会议确定方针：（1）既要发展粮食作物机械，更要发展多种经营机械；（2）产品要大中小型相结合，近期内以小型为主；（3）在发展机械化产品的同时，继续抓好半机械化产品；（4）努力发展多能源利用和节能机械；（5）上质量、上品种、上水平，讲求经济效益。会后印发了《机械工业为农村经济发展服务产品开发规划》、《农机工业主要企业"六五"产品规划》、《农机产品分级管理办法》、《农业机械科学研究与技术开发体系（试行稿）》、《县以上农机修造企业"六五"后三年规划》等文件。

5月18日 机械工业部顾问杨立功在机械工业为农村经济发展服务工作会议上作总结报告提出：要提高农机化工作改革的自觉性，把农机化工作转移到为农村经济发展服务的路子上来；集中优势兵力，加速多种经营领域所需要的机电产品的开发，要坚持科技先行；对价格问题、小型农机产品六个优先问题、新产品试制费问题、产品质量问题等提出指导性意见。

5月19日 机械工业部农业机械工业局颁发《植保机械产品试行行业（检查合格）标记使用暂行办法》。

5月25日 福建省委书记项南写信给《农业机械》杂志编辑部："农村普遍推行生产责任制以后，会不会妨碍农机事业的发展？清除了'1980年基本上实现农业机械化'这一类左的错误以后，会不会挫伤广大群众的积极性？这几年的实践，已经对这种忧虑作了明确地回答：责任制加快了农业机械化的进程；清除了左的错误，使农业机械化事业更扎实，取得了更好的经济效益。现在的形势正迫使农机为农业提供更宽更高的服务。整个形势变化了，农机内部的传统结构也必须作相应的转变。应当从主要为粮食生产服务变为更多地为多种经营服务；要在继续为我国广大平原提供大型、高效农业机械的同时，更多地为农、林、牧、副、渔、工、商提供小型、多样、优质、价廉的农业机械”。

5月28日　机械工业部颁发《小型拖拉机、柴油机生产许可证试行细则》，提出具体实施意见共14条。

5月28日　机械工业部党组接中央组织部通知，张灿华任中国农业机械化科学研究院党委书记，华国柱任院长。

7月

7月1日　《农业机械》杂志创刊25周年。国务委员薄一波、机械工业部部长周建南、机械工业部顾问杨立功、农牧渔业部部长何康、福建省委书记项南等为该刊题词、写信、发表文章，表示祝贺并提出要求和希望。

8月

8月7日　邓小平视察黑龙江省友谊农场五分场二队。

8月7日　美国约翰迪尔公司和沈阳拖拉机制造厂、佳木斯联合收割机制造厂联合对黑龙江省农场总局关于建三江平原建设改造招标项目联合投标，并一举中标。佳木斯联合收割机制造厂负责割台、粉碎器等部件生产，沈阳拖拉机厂负责使用说明书等技术文件翻译和销售后维修服务，哈尔滨农机厂负责12行（16行）压轮式种肥条播播种机生产，黑龙江省农机厂负责160马力配套犁生产。

8月24日　机械工业部农业机械工业局对提高产品质量，提出了8条措施：（1）广泛地进行一次“质量第一”的思想宣传教育。（2）对重点企业的主要产品进行一次质量大检查。（3）推行国际标准和企业内控标准。（4）对重点企业的产品质量，限期解决问题。（5）推行全面质量管理。（6）继续发放生产许可证和行业检查合格标记。（7）狠抓配套件的品种、质量和水平。（8）学习军工行业在压铸、密封和铝铸件等方面的先进工艺。

8月25日　农牧渔业部召开全国农业机械化管理工作会议，讨论在新形势下如何改革和加强农机经营管理工作；如何贯彻因地制宜，有步骤、有选择地发展农业机械化的方针，选择的核心是提高经济效益；研究加强农机安全监理工作问题。副部长肖鹏在会上作工作报告，提出农业机械化工作的总任务是："适应农业体制的改革，调动集体和个人两方面的积极性，以提高经济效益为中心，有计划、有选择地发展，为完成农业战略目标服务，为农民勤劳致富服务，为促进两个转化服务。"副部长朱荣在总结讲话中谈到努力探索具有中国特色的办机械化的新路子时指出："实事求是地总结我国30年来办机械化的经验教训。党的十一届三中全会以后，我国进入一个多种经营形式办机械化的新时期，它的突出特征是农民自主办机械化。户营农机的大量发展和集体农机站队有了经营自主权，标志着我国农机化事业冲破了'官办''半官办'的束缚，出现了一个农民自主办机械化的热潮。农民自主办机械化可能是比较适合中国国情的发展农业机械化的路子。"

8月底 赵紫阳在新疆乌鲁木齐听取农牧渔业部召开的全国农垦工作会议情况汇报时，对国营农场改革提出办职工家庭农场，实行大农场套小农场的意见。

9月

9月5日 国家经济委员会、交通部联合发出《关于改进公路运输管理的通知》提出：农村社队、联户和个人经营的机动车辆、拖拉机，主要承担当地农副产品和农村生产、生活物资的运输，也可以进行长途运输。

9月12日 中国技术进口总公司与美国迪尔公司签订农用拖拉机许可证和专有技术合同，改造沈阳拖拉机厂生产大马力拖拉机，改造天津、长春拖拉机厂生产中马力拖拉机。

9月20日 农牧渔业部颁布《农业机械化技术推广工作管理办法（试行）》，明确农业机械化技术推广工作的基本任务是：根据农、林、牧、副、渔各业生产以及农村建设、农民生活和发展商品经济的需要，推广新机具、新技术、普及农业机械化科学技术知识。内容包括推广体系、推广程序、经费和条件、技术承包及成果奖励等7章25条。

9月28日 农牧渔业部、商业部联合颁布《农用柴油分配供应办法》，包括农用柴油的使用范围、计划分配、统配定量、管理与节约、基层供油点等共7章20条。

10月

10月3日 《农机商情》报更名为《农机化服务报》。

10月10日 农牧渔业部印发《全国农机化管理工作会议纪要》，明确在现阶段要做的工作：（1）以重点推广项目为中心，组织好包括科研、鉴定、推广等环节的农机化科技工作；（2）进行各种主要生产项目的可行性研究；（3）组织“重新研究和拟定在我国不同地区实行机械化的方案”的工作。

10月11日 中共中央政治局委员王震为新疆生产建设兵团农航队题字：军垦农航。

10月12日 国务院办公厅印发机械工业部《关于机械工业如何为农村经济发展服务的情况报告》，提出机械工业为农村经济服务的指导方针是：“农民需要什么就生产什么。”

10月21日 农牧渔业部召开全国农业机械维修工作座谈会，副部长肖鹏作工作报告。会议贯彻全国农机化管理工作会议的精神，总结交流了农机维修工作的新经验，研究了农机维修工作适应新形势、开创新局面的问题，讨论了《农村社队农机维修点管理办法》和《加强国营农场农机维修工作的意见》。副部长朱荣在总结讲话中指出农机维修工作的指导思想是：以适应农机化发展为前提，提高经济效益为中心，以方便、及时、维修优质为方向，节能为重点，提高机具技术状态为目的。

11月

11月1日 机械工业部对拖拉机、柴油机、水轮泵、齿轮箱、增压器、机引农具和半机械化农具等产品突出不合理的价格作了调整，按《关于颁发1983年农机产品现行出厂价格目录通知》，执行调整后的价格。

11月5日 农牧渔业部印发《全国农机维修工作座谈会纪要》，提出主要应抓好：建立健全农机维修规章制度，逐步推行法规管理；大力提高农机维修质量，积极开展技术状态升级赛；不断完善和提高农机维修责任制；开展修旧利废、降低修理费用；搞好农机维修网点规划；加强农机维修科研和技术推广工作；加强维修工作的组织领导等。

11月21日 机械工业部在北京召开机械工业厅局长会议，研究了机械工业长远发展规划。对发展机械工业的方针、政策措施提出：（1）机械工业的发展要适当超前；（2）“三上一提高”，即上质量、上品种、上水平，提高经济效益；（3）调整产品结构，适应需求变化；（4）技术改造先行一步；（5）把智力开发放在战略地位；（6）调动企业内在动力，改善经营管理；（7）按专业化协作原则改组机械工业。

11月25日 农牧渔业部和机械工业部在北京联合召开小型饲料加工机组使用经验交流会。

11月 我国自行设计制造的第一套年产万吨饲料加工成套设备在本溪饲料厂安装调试完毕。

11月 意大利外交部副部长访问中国，与我国外交部商定，意大利赠款在中国农业机械化科学研究院建立中小农具推广中心。

12月

12月21日 国家科委发明委员会发布：中国农业机械化科学研究院马骥等研制的宽幅式割台谷物收割机星轮扶禾器获国家发明奖三等奖。

12月27日 肖鹏在全国农业机械化科研工作座谈会上的总结报告中指出：农机化科研工作恢复了研究机构，重组了科技队伍，完成了一批科研课题，获得了一些研究成果，完成了恢复和重建的任务。“机”和“化”的研究是同等重要的，两者缺一不可，各有侧重，而又互相衔接。各级农业和农机主管部门要加强对农机化科研工作的领导，很重要的是要帮助解决实际问题，为开展研究工作创造条件。

12月29日 农牧渔业部、机械工业部颁发《关于严格控制产品质量，加强农机产品鉴定工作》的联合通知，责成各级农机鉴定站对生产量大、使用面广的农机产品进行鉴定。1984年开始对正在生产的手扶拖拉机、小四轮拖拉机、小型柴油机、小型脱粒机进行鉴定。凡经过各级农机鉴定站鉴定的产品，由鉴定站发布《农机鉴定通报》，合格者发给《农业机械推广许可证》。

12月下旬 农牧渔业部农业机械化管理局召开全国农业机械化科研工作座谈会。会议根据“经济建设必须依靠科学技术，科学技术必须面向经济建设”的方针和全国农业机械化管理工作会议、全国科技工作会议的精神，探讨了农业机械化科研的领域、对象和作用，明确了近期的重点任务。并对编制农业机械化科技“七五”规划和起草《农业机械化科研工作管理办法》进行了讨论。

1983年 新疆—2.5型牵引式联合收割机获得国家银质产品奖。中国农业机械化科学研究院李振宇等研制的BZ型综合号播种机获得国家发明奖三等奖。

1984年

1月

1月1日 中共中央发出《关于1984年农村工作的通知》（中发[1984]1号），强调稳定和完善生产责任制，提高生产水平。文件提出："地区性合作经济组织应当把工作重点转移到组织为农户服务的工作上来。首先要做好土地管理和承包合同管理；其次要管好水利设施和农业机械，组织植保、防疫，推广科学技术，兴办农田水利基本建设以及其他产前产后服务。"

1月13日 国务院批准第二批博士、硕士学位授予单位和有权授予博士、硕士学位的学科专业及博士生导师。北京农业机械化学院农业机械化专业获得博士学位授予权。

1月14日 农牧渔业部印发《全国农业机械化科研工作座谈会纪要》，提出农业机械化研究的功能：（1）为国家和各级政府制定农业机械化的方针、政策、规划、措施等重大决策提供技术咨询；（2）为农机产品的研究和生产提供方向和依据；（3）为农林牧副渔各业的经营者发展机械化当好参谋。

1月20日 机械工业部发出《关于命名第一批"节能内燃机产品"的通报》，批准山东莱阳动力厂的山东195、江苏江淮动力机厂的S195、河南开封地区柴油机厂的X195等8种机型的柴油机为节能内燃机产品。

1月 《人民日报》报道：内蒙古呼伦贝尔盟阿荣旗三岔河公社农民张兴山、张兴江兄弟二人合办新型家庭机械化农场。

ZONGGUO NONGYE JIXIEHUA

2月

2月21日 农牧渔业部农业机械化管理局、机械工业部农业机械工业局发布《贯彻〈关于严格控制产品质量，加强农机产品鉴定工作的联合通知〉的实施办法》，其中提到：鉴定主要内容是考核农机具的作业性能、可靠性、安全性、经济性和适应性，作出综合评价。鉴定的对象包括在全国范围内多省（直辖市、自治区）需要的或在一个省（直辖市、自治区）范围内多地区需要的省管以上的农牧渔业机械产品。提交鉴定的产品，应是经过机械工业部或各省机械（农机）厅（局）和农机管理部门经过产品鉴定批准投产的产品。

2月22日 机械工业部农业机械工业局组织中国农业机械化科学研究院、中国牧业机械工业公司、中国农业机械化服务总公司和中国农业机械进出口联合公司参加，成立农业机械新产品展览会领导小组、展品评审小组和展览办公室，决定在中国农业机械化科学研究院举办农机新产品展览会，进行长期展销，并随时把新产品补充进去，使展览成为一个交流、推广新产品的场所和产销见面的窗口。

2月25日 国务院发布《关于组织和发展农副产品就地加工若干问题的规定》指出：发展农副产品加工生产，应当按照经济合理的原则，根据当地的资源、劳动力条件，因地制宜，进行安排。组织和发展农副产品加工生产，应当以县为单位或者按照省的经济区域，统筹规划。

2月27日 国务院颁发《国务院关于农民个人或联户购置机动车船和拖拉机经营运输业的若干规定》指出："国家允许农民个人或联户用购置的机动车船和拖拉机经营运输业，各地人民政府可根据当地经济发展的实际需要和油料供应的可能，统筹安排，有计划地发展。"

2月 《人民日报》报道：河南省新乡县七里营乡刘庄村向北京航空学院订购一架蜜蜂3号超轻型飞机。用于本村及周围村庄粮、棉田的喷药、施肥、飞播种树种草等项作业。

3月

3月23日　机械工业部和农牧渔业部联合发出《关于抓紧整顿脱粒机和开展安全教育，加强技术服务工作的紧急通知》要求：整顿现有脱粒机机型，搞好定点生产，严格执行农机鉴定程序，不合格的产品一律不准出厂。确保新生产的脱粒机质量合格、性能良好、安全可靠，并广泛宣传脱粒机安全操作知识，搞好技术服务和技术培训。修好用好现有的脱粒机。

4月

4月11日　机械工业部、国家物价局、财政部联合发出《农机商品销售价格暂行管理办法》要求：从1984年4月15日起，全国一律按该办法调整农机商品销售价格；农机商品一律取消全国统一销售价格，实行地区差价；各级财政部门，对农业机械化服务公司一般不再给予亏损补贴。

4月12日　农牧渔业部颁布《农用拖拉机及驾驶员安全监理规章》，内容有拖拉机管理，包括检验、初次检验、年度检验、临时检验、牌证和异动登记；驾驶员管理，包括分类、考验、初考、增考、复考、驾驶证、年度审验和异动登记；违章及事故处理等5章67条。

4月23日　机械工业部确定在北京市农业机械研究所建立养牛机械科研测试基地，在吉林省农业机械研究所建立经济动物饲养机械科研测试基地，在湖南省农业机械所建立南方草山草坡机械科研测试基地。

4月　农牧渔业部在北京召开全国农业机械化管理工作改革座谈会，讨论了农业机械的经营方针，建立健全农业机械化服务网络和加强农业机械化管理工作问题。部长何康作会议总结。

5月

5月7日　机械工业部发出《关于调整部分农机产品出厂价格的通知》，决定从1984年6月1日起，对21种产品价格进行调整。

5月9日　联合国工发组织和亚太经社会在北京召开中小型农机具普及推广经验交流会，参加会议的有中国、泰国、菲律宾、印度等6个国家的代表。

5月18日 机械工业部批准，在福建省农机研究所建立食用菌类种植加工机械科研测试基地，在上海市农机研究所建立南方蔬菜机械科研测试基地，在陕西省农机研究所建立小型薯类加工机械科研测试基地，在黑龙江省农副产品加工机械化研究所建立种子加工机械科研测试基地，在宁夏回族自治区农机研究所建立防沙造林机械科研测试基地。

5月30日 机械工业部和农牧渔业部发出《关于抓紧解决脱粒机安全问题的第二次紧急通知》提出：产品质量无保证的企业停止生产脱粒机，未经鉴定定型产品不准投产，经营部门只准经营部、省推荐型产品。

6月

6月14日 中国农业机械学会第三次全国代表大会暨学术年会在北京召开，中国科协副主席杨显东、农牧渔业部部长何康、机械工业部副部长何光远出席大会。何光远当选为理事长。

6月27日 商业部、农牧渔业部联合发出《关于进一步做好农业用柴油分配供应工作的通知》，要求石油经营部门和农业（农机）用油分配部门要严格按季度分配计划签订具体协议，石油经营部门要严格按照协议供油。

6月 农牧渔业部转发湖南省人民政府《关于农村拖拉机的管理和经营运输业有关问题的暂行规定》。按照这个规定，大中型拖拉机每台每年税费减少43.2%，手扶拖拉机每台每年税费减少56%。

7月

7月23日 机械工业部发布《关于命名第二批“节能内燃机产品”的通报》，有19种柴油机获“节能内燃机产品”称号。

8月

8月8日 机械工业部在北京召开第二次机械工业为农村经济发展服务会议，中共中央农村政策研究室主任杜润生、机械工业部部长周建南、农牧渔业部部长何康等到会并讲了话。会议围绕机械工业上质量、上品种、上水平、提高经济效益、搞好服务工作提出了新产品发展方向。会议提出新产品发展要适应6个方面需要，突出6个重点，即：适应家庭经营和种植专业户的需要，重点发展中小型农机具和推广农业新技术所需的机具；适应开发利用农业资源的需要，重点发展多种经营和农副产品加工机械及成套设备；适应乡镇工业发展的需要，重点发展小矿山、小水泥、小化肥等技术装备；适应农村商品生产和流通的需要，重点发展农村运输机具及烘干、冷藏、保鲜、包装和食品加工设备；适应发展农村经济的需要，重点发展节能机械和能源开发设备；适应农村开展科学实验和农产品购销的需要，重点发展农业、农机测试仪器及农产品品质检验仪器。

8月13日 国际手动泵现状、应用及饮水卫生讨论会先后在北京、长沙举行。联合国开发计划署、世界银行、儿童基金会、联合国环境计划署及欧、美11个国际性组织派人参加。世界第二个手动泵试验中心在中国农业机械化科学研究院建成。

8月14日 中共中央总书记胡耀邦视察黑龙江前进农场、洪河农场、兴凯湖机械化农场，参观了粮食烘干塔。

8月 农牧渔业部在黑龙江省召开农垦工作会议，通过《国营农场管理工作改革方案（草案）》，方案提出：农场的农业机械、交通运输工具在自愿的条件下，可以合理作价卖给职工或家庭农场。

ZONGGUO NONGYE JIXIEHUA 9月

9月3日 农牧渔业部在南京召开全国农业机械化干部培训座谈会。肖鹏在会上讲话指出："农机干部培训工作在恢复中不断前进，在改革中不断创新，并且已向着大规模、正规化的方向发展。"要求大家充分认识干部培训工作的战略意义，增强搞好干部培训工作的紧迫性，干部培训工作要以各级领导干部和科技骨干为重点，以实现干部队伍"革命化、年轻化、知识化、专业化"为目的，促进农业机械化的高速发展，为农业机械化的战略目标服务。

9月 国务院发布《关于农民个人或联户购置机动车船和拖拉机经营运输业的若干规定的补充规定》。工商行政管理部门制发的营业执照，是农民拥有的机动车船和拖拉机准许参加营业性运输的正式证件，各地自行制定的参运证、准运证、出境证、路单等一类证件，应一律取消。

11月

11月15日 农牧渔业部和国家工商行政管理局联合颁发《全国农村机械化维修点管理办法》，规定农村机械维修点实行国营、集体（合作）、个体多种形式并存，各自发挥优势等19条。

11月16日 机械工业部批准中国牧业机械工业公司从1985年1月起实行企业化，改名为中国农牧业机械公司，从事牧机和收获机械产品开发、工程设计与成套设备承包、咨询服务、联合经销等业务。

11月 机械工业部顾问、原农业机械部部长杨立功在《农业机械化》杂志发表《关于农业机械化装备的技术改造问题》的文章，谈到：（1）对现有农业机械化装备进行技术改造的必要性。（2）有计划地对现有农业机械化装备进行技术改造的可能性和条件。（3）对当前农业机械技术改造的主要项目和方法的设想。

12月

12月26日 农牧渔业部转发《不同地区实行农业机械化方案学术讨论和试点工作会议纪要》，确定先在6省进行试点，重新研究和拟定不同地区实行的机械化方案。提出于1985年组织松辽平原和长江中下游两个区域实行农业机械化方案的研究和拟定工作。

12月31日 国务院农村能源领导小组和机械工业部联合发出通知，成立风力机办公室，设在机械工业部。其主要任务是：提出制定加速风力机械的发展的方针、政策的建议；编制风力机械的发展规划；协调风力机械研制和生产单位的分工与合作；组织风力机械的技术引进和进口样机工作；配合有关部门做好风力机械的推广工作。

1985年

1月

1月1日 中共中央、国务院发布《关于进一步活跃农村经济的十项政策》（中发[1985]1号）提出："地区性合作经济组织，要积极办好机械、水利、植保、经营管理等服务项目，并注意采取措施保护生态环境。"

1月4日 机械工业部发出《关于直属企业下放的几项具体规定》，要求机械工业部直属企业（除中国汽车工业公司所属企业外的单位）全部下放到中心城市。5月17日，农业机械工业局归口的部直属企业已下放完毕。

1月22日 农牧渔业部颁发《农机修理工技术等级标准》，提出二级修理工至八级修理工的应知、应会内容。

1月 农牧渔业部与机械工业部联合在河南洛阳召开颁发"三证"（生产许可证、推广许可证、出口产品许可证）会议，对鉴定合格的手扶拖拉机、小四轮拖拉机和小型柴油机颁发了"三证"。

2月

2月 国务院常务会议提出：拖拉机将不能在高速公路和一级公路行驶。

3月

3月5日 由机械工业部农业机械工业局和中国国际信托投资公司业务部组织的中国国际农用运输车技术贸易交流会在杭州举行。参加会议的有英国、瑞士、联邦德国、日本、奥地利等国的一些公司和国内50多个厂、农机院所等单位。会上中外厂商进行了技术交流，并根据客商和中国企业的意愿和条件，组织了具体项目的谈判，签订了协议或意向书。

3月21日 机械工业部、农牧渔业部发出通知，决定两部合办《中国农机化报》。

3月 机械工业部根据国务院关于机械工业管理体制改革的指示精神，对农机工业管理体制进行改革。中国拖拉机内燃机工业公司和中国农机配件工业公司，调整并入中国农业机械化服务总公司。改革后的中国农业机械化服务总公司由事业单位转变为企业，由机械工业部直接领导从事农机产品和农村用机电产品销售服务为主，同时进行技术开发、咨询服务，并受机械工业部的委托，对全国农机公司系统的业务进行指导和管理。

4月

4月12日 世界第二个手动泵试验中心在中国农业机械化科学研究院举行落成典礼，联合国开发计划署、世界银行的官员及我国机械工业部、水电部、农牧渔业部等单位的代表出席。

4月12日 农牧渔业部召开全国农业机械化管理工作改革座谈会，讨论了农业机械的经营方针，建立健全农机化服务网络和加强农机化管理工作问题。分析了农机管理工作面临的新形势，提出了农机化管理工作改革的指导思想、目的和任务。会议指出：经过调整，农业机械化走上因地制宜、讲求实效、量力而行、稳步前进的轨道。国务院农村发展研究中心副主任武少文在讲话中指出：实践使我们认识到单纯地从技术观点搞农业现代化，搞机械化，忽略经济问题，特别忽略农民的经济效益，机械化是发展不起来的。农机化战略应考虑管理体制方面，如何加强管理机构的系统建设，如何提高农机化队伍的素质。这是实现农机化的战略构想和发展目标的保证。肖鹏讲话强调：（1）要积极稳妥、用科学态度搞好农机化管理工作的改革；（2）围绕农村产业结构的调整，分地区有重点地搞好农业机械化发展的研究、组织和推动工作；（3）搞好调查研究，建立健全农机化服务组织，加强农机化服务工作；（4）加强技术培训，搞好技术监督，改善农业机械的技术状态。

4月14日　农牧渔业部部长何康在全国农业机械化管理工作改革座谈会的总结报告中提出：（1）从新的高度，用新的观点重新认识农业机械化的地位和作用；（2）从实际出发，认真搞好农业机械化管理工作的改革；（3）统一认识，加强领导，切实搞好农机化管理工作。

ZONGGUO NONGYE JIXIEHUA

5月

5月2日　黑龙江省人民政府批准黑龙江农垦总局在佳木斯市组建总局农业航空试验室。

5月13日　北京农业机械化学院举办首届博士生毕业典礼。徐林生成为该院第一个博士毕业生，也是我国建立新的博士制度后的第一个农业工程学科博士。

5月15日　农牧渔业部决定，在中国农业机械化科学研究院成立乡镇企业装备工程研究所，业务上归部乡镇企业局指导。

5月16日　农牧渔业部召开全国农民农机技术培训改革经验交流会。会议提出：以改革学校管理体制和培训内容、办学形式为重点的全面改革意见。会后，农牧渔业部印发《关于县级农机校的改革意见》提出：扩大学校自主权、增强学校活力；实行校长负责制，建立健全各项管理制度；广开培训门路，开展多种形式办学；以培训为主，实行培训、推广、服务相结合；改革教学方法，提高培训质量；实行有偿服务。

5月22日　为防止粗制滥造，盲目生产和保证人身安全，机械工业部发出通知，对机动脱粒机生产企业实行生产许可证制度。

5月　农牧渔业部决定，将农牧渔业部农业机械鉴定推广总站更名为农牧渔业部农业机械试验鉴定总站，其中技术推广任务划归农业机械化服务站。

6月

6月8日 机械工业部农业机械工业局印发《中国农业机械化服务总公司章程》。

6月15日 中共中央农村政策研究室主任杜润生主持召开农业机械化问题讨论会。会议商定：由国务院农村发展研究中心、农牧渔业部、机械工业部等单位组成农业机械化协调小组，武少文任组长，宋树友、鹿中民为组员。每季度3个单位领导开会听取协调小组汇报，讨论研究有关农业机械化的主要问题。会议商定：请农牧渔业部、机械工业部及早研究提出1990年、2000年农业机械化中长期发展规划。

6月19日 国家经济委员会批复机械工业部报告，清理整顿原部管公司的工作告一段落。清理整顿后所属农机行业的有：中国农业机械化服务总公司、中国农机进出口联合公司，均为流通性公司；中国农牧业机械公司为提供成套设备性质的公司。各公司将逐步成为实行独立核算、自负盈亏的经济实体。

6月22日 经济与贸易部函复机械工业部，同意中国农业机械进出口联合公司从1985年起与中国机械设备进出口总公司分开，恢复为独立的外贸企业。

7月

7月1日 《农机化服务报》更名为《中国农机化报》，由机械工业部、农牧渔业部合办。中共中央顾问委员会副主任薄一波、全国人大副委员长王任重题词祝贺。

7月3日 由吉林工业大学、上海内燃机研究所等9个单位组成投标集团，在新一代农用运输车开发项目招标中中标。

7月26日 机械工业部发出《关于建立农业机械产品质量监督检测网点的通知》。检测网包括拖拉机、内燃机、油泵油嘴、农业机具和畜牧机械等5个产品质量监督检测中心，下设行业分中心，6个行业检测站。检测网承担创优、生产许可证、采标、节能等全国性的产品检测任务，并可承担单位及个人委托的检测任务和产品测试任务。

7月26日 机械工业部发出通知，为确保产品质量，杜绝粗制滥造，对潜水电泵实行生产许可证制度。

8月

8月21日 农牧渔业部在湖南省株洲市召开全国农机安全监理工作经验交流会。各省（自治区、直辖市）农机管理部门主管农机安全监理工作的负责人，农垦系统的代表以及1984年度36个农机安全监理先进单位的代表参加会议。会议交流了贯彻《关于农民个人或联户购置机动车船和拖拉机经营运输业的若干规定的补充规定》的情况和经验。

8月31日 中国农牧业机械公司和中国农业机械进出口联合公司共同参加对“中国北方草原畜牧发展项目”所需要的农牧业机械和汽车国际招标项目进行投标并中标。

9月

9月23日 农牧渔业部转发《全国农机安全监理工作经验交流会纪要》和《农机安全监理人员守则》。纪要提出：加强农机安全监理工作的法规建设，逐步做到有章可循，有法可依；加强对农用拖拉机及各种农牧副渔业机械技术状态的检查和驾驶、操作人员的监督管理；加强、完善农机安全监理工作的检测手段和物资条件；大力开展农机安全生产的宣传教育工作，普及农机安全生产科技知识。

9月 国务院农村发展研究中心、农牧渔业部、机械工业部共同决定，对我国农业机械化发展情况进行一次调查研究，为制定农业机械化的发展战略提供依据。

9月 何康在谈到家庭农场与农业机械化及建立社会服务问题时指出：不要把拖拉机等大型机械都折价给职工，把国家的生产资料变成个人的。

10月

10月5日 北京农业机械化学院更名为北京农业工程大学。

10月8日 《人民日报》报道：全国有1700多项成果获国家科技进步奖。其中农机行业的“连杆辊锻成型工业研究”、“1.5万只蛋鸡笼养成套设备及标准鸡舍”、“大型轴流泵机组”等3项科研成果获国家科技进步奖三等奖。

10月18日 农牧渔业部在江西省九江市召开全国乡村农机化服务工作座谈会，研究加强农机化服务工作的指导思想、方针和政策，总结交流农村农机化服务工作的经验，研究农机化如何更好地为农林牧副渔业生产服务。会议讨论了《关于加强乡、村农机化服务工作的意见》。会后农牧渔业部印发《肖鹏副部长在全国乡村农机化服务工作座谈会上的讲话》和《加强乡村农机化服务工作试行办法》。

10月 农牧渔业部农业机械试验鉴定总站与国家标准局质量监督局签订"建设农机、内燃机质量监督检验测试中心"项目合同。中心建设由国家标准局拨款100万元，农牧渔业部投资565万元。

11月

11月8日 农牧渔业部印发《关于加强农业机械试验鉴定工作的意见》提出：农业机械试验鉴定检验工作是通过科学试验和生产考核，评价农机科研成果、新产品的技术水平、设计制造质量以及在农业生产中的使用效果，加强农机产品质量管理的有力措施，是保证农业机械化健康发展的重要环节。指出农业机械鉴定站不应承担或参与被鉴定样机的研制工作。

11月8日 农牧渔业部颁布《农业机械鉴定工作条例（试行）实施细则》，对各种鉴定的含义和内容、鉴定的方法、工作程序等作出详细的规定，共有28条，自1986年1月1日起执行。

11月12日 在澳大利亚奥兰治举办的田间日展览会上的拖拉机综合拉力比赛中，中国上海拖拉机厂生产的上海504型拖拉机荣获第一名，中国清江拖拉机厂生产的江苏504拖拉机在6000磅等级的拉力比赛中，获第二名。

11月26日 黑龙江佳木斯联合收割机厂引进美国迪尔公司的1065、1075型联合收割机制造技术，经过3年试生产，获得良好的经济效益和社会效益，通过部级鉴定。

11月27日 "六五"期间国家重大科研项目"大功率轮式拖拉机配套农具"，由中国农业机械化科学研究院等单位研究完成，通过鉴定。机具主要包括：悬挂和半悬挂调幅四铧犁、悬挂四铧翻转犁、深松联合耕作机、联合整地机、重型圆盘耙、中耕追肥机等。

12月

12月3日　机械工业部发出通报，公布国家经济委员会评定的机械行业1985年度节能先进企业和表扬企业名单。上海柴油机厂、南昌齿轮厂获得“机械行业节能先进企业”的称号。长春拖拉机厂、杭州齿轮箱厂为全国节能表扬企业。第一拖拉机厂、常州柴油机厂、沈阳拖拉机厂为机械工业部节能表扬企业。

12月10日　农牧渔业部印发《关于加强农业机械化管理工作的意见》，对农业机械的经营方针以及建立健全农机化服务网络和加强农机化管理工作提出意见，指出：各地经济状况和农业机械化发展水平不同，农业机械的经营形式不宜强求一律。总的应当因地制宜，采取“多种形式并存、完善加强发展合作经营，积极支持专业户”的方针，进一步调整和完善农业机械经营形式，提高经济效益。要求各级农机主管部门，总结经验，继续深入搞好改革，加强调查，研究新情况，解决新问题，把现有的机械管好用好。

12月10日　机械工业部批准《全国农业机械服务公司系统优质服务活动试行办法》。农机公司的基本任务是：保证供应，促进生产，开拓市场，搞活流通，全心全意地为工农业生产服务。

12月12日　农牧渔业部发出《关于继续做好农机安全监理工作的通知》指出：农用拖拉机监理分工问题，国务院领导同志很重视，在未作出新的规定前，农机安全监理工作继续按照国发[1984]27号文件执行。

12月15日　《人民日报》公布1985年度全国思想政治工作优秀企业，常州柴油机厂获得这一称号。

12月16日　机械工业部发出通报，8个企业获1984年度部内质量管理奖。常州拖拉机厂获得该项奖。

12月16日　农牧渔业部批准成立农业机械化研究会，挂靠在农业机械化管理司。

12月26日　由北京农业工程大学谷谒白教授研制的“搅刀—拨轮式施肥、排种器”获中国第1号发明专利。

1985年　中国农业机械化科学研究院等单位研制的“引滦工程用四种大型轴流泵机组”和“1.5万只蛋鸡笼养成套设备与标准鸡设计推广”获国家科技进步奖三等奖。

1986年

1月

1月1日 中共中央国务院《关于1986年农村工作的部署》（中发[1986]1号）提出："在当前，要着重发展适用于我国发展的新品种、新技术、新机具和新材料，促进多种经营各部门的技术改造，不断提高产品产量和质量，降低生产成本，提高劳动生产率。""对定购粮食实行预购定金、化肥、柴油三挂钩政策。"

1月22日 机械工业部公布《关于机械工业产品质量监督性抽查的若干规定（试行）》，对农机产品开始实行质量抽查监督。

2月

2月24日 全国工业产品生产许可证办公室发布《关于颁发小型拖拉机、柴油机产品许可证的通告》。小型柴油机行业95个企业的95项产品及小型拖拉机行业89个企业的89项产品取得了生产许可证，有效期为5年。

3月

3月15日 农牧渔业部、机械工业部成立协作小组，重点在农业机械化和农业机械生产发展规划、年度计划安排的各种信息；农机产品质量检测、农机科研、新产品开发、技术引进及新产品推广使用等方面进行合作。

3月23日 农牧渔业部、机械工业部、水利电力部、国家标准质量监督司联合组成《中国农机化法》起草领导小组，肖鹏任组长，宋树友、鹿中民、丁泽民等任副组长。

3月25日 六届全国人大四次会议通过《第七个五年计划纲要》。在第七章农业部分主要政策措施中提出："增加化肥、农药、农用薄膜、农业机具供应量和农村用电量，提高农业机械化水平。"上海市的42名全国人大代表在会议期间联合提出《关于加快农业机械化建设的议案》。

4月

4月22日 国务院农村发展研究中心、农牧渔业部、机械工业部、水利电力部联合发出《关于进行农业机械化状况调查和改进当前工作的意见》。调查专题是：农村经济体制改革对农业机械化的影响；不同地区，不同经济结构下农业机械化的经济效益；各种所有制、经营形式及管理服务体系的经济效益分析；农机耗能、技术状态、修理制造存在的主要问题及需要采取的政策措施。

4月28日 农业机械工业质量管理协会成立，挂靠在机械工业部农业机械工业局。

5月

5月 中华全国总工会向在四化建设中作出卓著贡献的劳动者颁发"五一"劳动奖章。农机系统有18名职工获得此荣誉。

5月 农业机械化研究会在北京正式成立，武少文任研究会会长，杨立功为研究会名誉会长。

6月

6月20日 农牧渔业部召开农业机械化新闻通报会，由农业机械化管理局局长宋树友通报“六五”期间农业机械化发展情况和实现“七五”计划规定的农业机械化发展目标所要做的工作：加强宏观管理，总结经验，坚持改革，分类指导，重点突破，以提高经济效益为中心，把种植业放在优先地位，有计划地发展农业机械化，为稳定粮食生产、调整农村产业结构、发展农村经济服务。

6月30日 国务院副总理李鹏视察黑龙江垦区，在二道河农场观看CA—200型飞机农业航空作业。

6月 农牧渔业部农业机械化服务站，石家庄地区农业机械化研究所，佳木斯和四平联合收割机厂等单位组织了流动的联合收割机服务队，跨省份由南向北进行麦收服务。

6月 农牧渔业部修订《全国农业机械化发展计划》，编制《2000年全国农业机械化发展规划大纲》。

6月 机械工业部农机工业“七五”发展规划编制完成，发送各省、自治区、直辖市主管厅局及主要农机企事业单位。

7月

7月 我国395型柴油机首次批量进入国际市场，第一批700台开始发往孟加拉国。

9月

9月14日 《工人日报》公布受中华全国总工会、国家经委表彰的“全国先进班组”名单。农机企业中的6个班组荣获这一称号。

9月20日 国务院副总理田纪云、全国人大副委员长黄华在人民大会堂接见美国友好人士、奶牛场设计与奶牛饲养机械化专家阳早、寒春夫妇。田纪云对阳早、寒春40年来与中国人民同甘共苦、风雨同舟的献身精神给予高度评价。

9月24日 杜润生在农业机械化调查汇报会上指出：研究机械化问题，决不能脱离开经济。经济的需要，有时与我们想象的需要不一样。我们特别偏爱耕作机械化，对水利机械，农副产品加工机械，开沟机械，种植机械，包括其他方面的机械化重视不够。中国总起来看是人多土地少，这是个极大的问题，机器替代，得解决劳动力出路。农机化到时候了，到了一个拿出成熟意见的时候了。

9月 国务院发布由国家科委主持起草的《农业若干技术政策》，对农业机械化提出新要求：农业装备要大中小结合，以中小型为主；机械化、半机械化相结合，以适应不同的自然条件、经济条件和生产条件，满足不同经营方式和生产规模的需要。

10月

10月7日 国务院发出《关于改革道路交通管理体制的通知》规定：农用拖拉机的道路交通管理工作，除专门从事农田作业的拖拉机及其驾驶员由农业（农机）部门负责管理外，凡上道路行驶的专门从事运输和既从事农田作业又从事运输的拖拉机及其驾驶员，由公安机关按机动车辆进行管理。有关道路行驶安全技术检验、驾驶员考核、核发全国统一的道路行驶牌证等项工作，公安机关可以委托农业（农机）部门负责，并有权进行监督、检查。

10月7日 黑龙江农垦总局在佳木斯召开“东方农业技术设备联合体”成立大会。这个联合体是由总局工业局、种子公司等发起，农垦科学院、依兰收获机械厂、白桦精选机厂、兴凯湖机械厂、嫩江机械厂、佳南机械厂等参加的总局工业第一个松散的经济联合体，开始研究、设计、安装粮食处理中心和粮食仓储设备。

10月 在北京召开国际农机试验技术交流会。联合国粮农组织代表考察了我国农机鉴定部门后认为：中国农机试验鉴定技术和管理已接近世界先进水平。

11月

11月3日 联合国工发组织在阿根廷首都布宜诺斯艾利斯召开发展中国家农业机械部长会议。机械工业部副部长李守仁率领中国代表团出席会议。

会议交流了各国发展农机工业的经验。许多国家要求与中国进行双边协作，发展农机贸易。

11月15日 农牧渔业部副部长陈耀邦在全国农业工作会议上，就农业机械化问题发表讲话指出：我国农机化将是一个渐进的发展过程。1987年农业机械化管理工作总的要求是：深入改革，以提高经济效益为中心，选择农机化发展重点突破地区，对优先发展粮食生产机械化进行具体指导；深入调查研究，为制定农机化发展技术经济政策提供依据；围绕实现“七五”规划的目标，加强服务和管理。

11月15日 六届全国人大常委会召开第十八次会议。会议通过关于设立国家机械工业委员会，撤销机械工业部、兵器工业部的决定，会议决定任命邹家华为国家机械工业委员会主任。

11月24日 农牧渔业部下发《关于明确乡（镇）村农机管理服务站、队有关问题的通知》指出：乡（镇）农机管理服务站、队业务上归县农机化管理部门领导。由乡（镇）农机管理服务站、队集资兴办的企业和经营项目，不应改变他们的隶属关系，不收取管理费。

12月

12月23日 国家机械工业委员会主任邹家华，副主任何光远、李守仁、丁孝农前往中国农业机械化科学研究院农业机械试验站，看望美国专家阳早、寒春，并正式聘请他们为国家机械工业委员会顾问。

12月27日 财政部税务总局《关于对农机管理服务站销售农用柴油暂免征收零售环节营业税问题的通知》指出：由于农机管理服务站的供油点是供应农业生产用油的主要渠道之一，故从1987年1月1日起，对农机管理服务站销售农用柴油所取得的收入，暂免征收零售环节营业税。

1986年 农牧渔业部商国家科委、财政部同意，发文通知将县级农机研究所统一改名为农机化技术推广服务站。一部分地市级农机研究所也逐渐改为农机推广站。至年底，全国农机化技术推广机构达1 792个，职工1.25万人，其中科技人员占46.8%。农机化技术推广系统初具规模。

1月

1月12日 六届全国人大常委会举行第十九次会议。何康在会上谈到农业机械化今后发展问题时指出：今后应以经济发达地区、粮食集中产区为重点，人多地少地区，国营农场和大城市郊区采取国家、集体、个人一齐上的方针，建立多层次农机化服务组织，有选择地发展机械化。

1月16日 按国务院学位办安排，北京农业工程大学为牵头单位的《农业机械化学科专业目录》修订小组会议在北京召开。将1986年拟定的12个专业调为8个，并建议将农业工程一级学科列为工学门类。

2月

2月6日 国家进出口商品检验局授权农牧渔业部农业机械试验鉴定总站为“部分进出口农业机械产品检验单位”。同年，该站被经济合作与发展组织（OECD）授权为“农林拖拉机官方试验规则标准试验室”。

2月24日 国家机械工业委员会成立大会在北京举行，国务院副总理李鹏代表国务院到会讲话。

2月　农牧渔业部发出《关于加强农机安全监理工作的通知》。

3月

3月24日　国家机械工业委员会召开联合引进美国卡特皮勒公司技术消化吸收工作第一次工作会议，决定成立以何光远为组长的国家机械工业委员会联合引进技术协调领导小组，下设联络协调办公室，设在工程农机局。

3月25日　农牧渔业部印发《“七五”全国农业机械化发展计划》。

3月　农牧渔业部召开全国农业机械化综合试点工作经验交流会。

5月

5月　国家标准局机构、人员和管理制度审查组验收“农机、内燃机质量监督检验测试中心”。

6月

6月5日　国务院环境保护委员会在北京举行“全国环境优美工厂”授奖大会。贵州柴油机厂、松江拖拉机厂、安徽拖拉机厂、大同齿轮厂、郑州拖拉机厂、银川拖拉机配件厂、南宁机械厂、南昌柴油机厂等8个农机企业获得这一称号。

6月7日　设在工程机械及军用改装车试验场的国家工程机械产品监督检测中心通过国家级验收。其主要任务是负责起重机、推土机、装载机、挖掘机、铲运机、叉车、自卸卡车和军用改装车的检测。

6月10日　田纪云、黄华及邹家华、杨立功、何光远到中国农业机械化科学研究院农业机械试验站出席我国自主研究设计的机械化奶牛场验收会。

6月27日　国家机械工业委员会印发《农业机械供应公司系统管理试行办法》。赋予各级农机公司抓好系统管理的职能，并明确“开展优质服务活动”是公司系统管理的重要内容。

6月　农牧渔业部颁发《农机安全监理标志式样》。

6月 国家机械工业委员会和农牧渔业部成立农牧渔业机械发展联合规划组。

6月 杜润生在全国牧区工作会议上指出：牧区要向集约化现代化经营转化，搞适度规模经营和机械化。

7月

7月9日 中共中央总书记赵紫阳为《羊城晚报》发表的《春种秋收打一个电话就行》一文批语指出："农村商品化过程中，从事农业的人由专业为兼业，是农业人口从农业中分离出来，转移到工商业过程中必然会出现的现象。各种服务组织，特别是农业机械服务组织，将应运而生。这也是解决农业规模经营的另一种形式，比专业大户的形式会容易一些。"

7月13日 农牧渔业部召开农业机械化情况新闻通报会。副部长刘江谈了对农业机械化几个问题的看法。中央及时提出允许农民个体拥有、经营农业机械的政策，解决了农业机械化发展的自主权问题。当前要搞清楚3个问题：人多地少需不需要搞机械化？农村土地分散经营能不能机械化？能源紧缺怎样搞机械化？答案是肯定的。

7月28日 国务院批转农牧渔业部、国家机械工业委员会、水利电力部、林业部《关于当前农业机械化问题的报告》，要求"各地根据实际情况，加强对农业机械化的领导，因地制宜，有选择地发展农业机械化"。

7月 中国农业机械化科学研究院参加的"国家十二个重要领域技术政策研究"项目获国家科技进步奖一等奖。该院主持的"井用潜水电泵关键技术应用"项目获国家科技进步奖三等奖。

7月 国家标准局认可农牧渔业部农业机械试验鉴定总站为"国家中小拖拉机质量监督检验测试中心"。承检范围是中小型四轮拖拉机和手扶拖拉机。

ZONGGUO NONGYE JIXIEHUA

8月

8月26日 国内第一个农业机械企业集团——第一拖拉机工程机械联营公司成立。它以第一拖拉机制造厂为主体，有50个企业、科研院所和高等院校主动组织起跨地区、跨部门、多形式、多层次的企业集团。

9月

9月2日 为贯彻《国务院关于改善道路交通管理体制的通知》精神，公安部、农牧渔业部联合发出《关于农用拖拉机道路交通管理问题的通知》规定："除城市（不包括郊区乡镇）、县城的机关团体，工矿企业，运输联社和非农业个体户专营运输的拖拉机外，其余上道路行驶专门从事运输和既从事农田作业又从事运输的拖拉机安全技术检验、驾驶员考核和核发道路行驶许可证等项工作，由各省、自治区、直辖市公安厅（局）委托农业（农机）厅（局）负责（江西、西藏尚无省级农机监理机构，可暂不委托），各级农机监理机构具体实施，公安机关有权进行监督核查。"凡上道路行驶的拖拉机和驾驶员，必须遵守交通规则；拖拉机上道路行驶，其安全技术状况必须符合公安部1985年7月颁发的《城市机动车辆安全检验暂行标准》。

9月7日 国务院副总理田纪云在中南海接见阳早、寒春等外国专家。农牧渔业部部长何康代表农牧渔业部向阳早、寒春颁发"国际合作奖"。

9月8日 中国农业机械学会与有关单位在京联合召开新型拖拉机及配套农机具现场表演会和种植业机械新产品现场表演会，24个厂家61个品种的拖拉机及配套农机参加了现场演示。国家机械工业委员会邹家华、李守仁，以及杨立功、项南、武少文等领导同志到场观看。中央电视台9月11日新闻联播节目播出，《人民日报》予以报道。

9月21日 国家机械工业委员会公布第三批替代进口产品名单，又有8种农机产品入选。至此，被推荐的替代进口农机产品已有12种。

9月23日 洛阳拖拉机研究所通过国家商检局验收，成为国家拖拉机产品进出口商检试验室和国家拖拉机出口质量许可证检测试验站。

10月

10月4日 国家机械工业委员会公布原机械工业部系统1986年度"质量管理奖"获奖企业名单。沈阳风动工具厂、上海柴油机厂、韶关齿轮厂、无锡县拖拉机厂、江西手扶拖拉机厂等5个工程农机企业获奖。

10月14日 全国农机安全监理工作经验交流会在成都召开。会议主要任务：贯彻国务院《关于改善道路交通管理体制的通知》及公安部、农牧渔业部《关于农用拖拉机道路交通管理问题的通知》精神，推动农机安全监理工作的改革与发展。各省、自治区、直辖市农机化管理部门主管农机安全监理工作的负责人、农机监理站（所）长、1985—1986年度全国农机安全监理先进单位的代表和公安部交通管理局、中国人民保险公司农村业务部的负责人出席会议，国务院农村发展研究中心顾问武少文同志到会并讲话。

10月19日　农牧渔业部发出《关于贯彻国务院批转农牧渔业部等四部委〈关于当前农业机械化问题报告〉的通知》提出："分类指导、重点突破"是今后一个时期农业机械化发展的指导方针。就全国来说，农业机械化要以经济发达地区、粮食集中产区、大中城市郊区、人少地多地区和国营农场为重点。

10月22日　国家机械工业委员会和农牧渔业部发出《关于县农机修造厂修理业务工作移交农牧渔业部的通知》。

11月

11月4日　国家机械工业委员会为了从宏观上指导产业结构调整，引导产品发展资金投向，公布第一批共144种控制发展的机械产品名单。其中，对农用运输车等43种农机产品提出限制布新点，同时对中马力拖拉机等11种农机产品既限制布新点，并限制扩大生产能力。

11月4日　国际农业及耕作展览会在北京举行。来自美国、荷兰、联邦德国等20多个国家和地区的100多个公司参加展览会。参展展品有耕作、农副产品加工、畜禽饲养机械等数百件（套）。

11月18日　农牧渔业部印发《关于开展农机人员岗位培训工作的意见》要求：结合农机化管理系统的实际情况，开展农机人员的岗位培训工作，全面提高农机化管理干部和技术人员的政治业务素质和实际工作能力。

11月中旬　国家机械工业委员会组织有关院所和企业，对国内外农机工业和中国农村经济现状、发展趋势进行了深入研究，提出了2000年农机产品振兴目标。

11月　中国农业工程学会第三次全国会员代表大会在北京召开，选举刘江任理事长。

12月

12月4日　全国农业机械服务公司经理会暨首次优质服务活动理论研讨

会在湖北省宜昌市召开，对优质服务的表现形式、本质特征、服务过程等进行讨论。

12月21日 设在中国农业机械化科学研究院的国家农业机具产品质量监督中心通过国家级验收。该中心主要任务是负责承检农机具、排灌机械、农用运输机械、农副产品加工机械、植保机械、饲料加工及饲养机械、收获及场上作业机械和部分农机液压件的检测。

12月22日 国家级农机企业审定试点工作结束，产品质量、物质消耗、经济效益居于全国同行业先进水平的上海柴油机厂成为国家二级企业。北京内燃机总厂由汽车行业认定为国家二级企业。

12月24日 在全国机械工业工作会议农业机械行业专题会议上，工程农机司司长鹿中民作了题为《农机行业面临的形势及对策意见》的讲话。何光远出席会议并讲话。

12月31日 农牧渔业部发出《关于进一步加强农机安全监理工作的意见》提出：提高对农机安全监理工作重要性的认识；明确农机安全监理工作的任务；对农业机械实行全面安全监理管理；加强安全监理自身建设；加强事故分析，落实安全措施，减少和避免事故发生；农机监理要与农机管理、培训、修理、鉴定等项工作密切结合，互相促进；农机化管理部门要与各有关部门通力合作；农垦系统的农机安全监理工作是全国农机安全监理工作的一部分，必须加强；要加强对安全工作的领导。

1月

1月18日 全国农业工作会议在北京召开。在农业机械化专业组会议上，副部长刘江以《总结经验，深化改革，把农业机械化管理工作提高到新水平》为题讲话指出：粮食生产已成为影响全局的关键问题，农业机械化是粮食生产不可缺少的物质技术条件，围绕粮食生产组织农业机械化活动，是各级农机化管理部门长期的战略任务。推进农业机械化健康发展，农机化管理部门负有重要的责任，加强服务，强化管理，是农机化管理部门今后的基本任务：要加强农机化总体发展的宏观协调和指导；大力进行法规制度的建设；全系统要逐步推行目标管理责任制；综合治理，提高农机化管理水平；要健全农机化服务组织，增强农机经营的活力。要努力实现：机耕面积恢复或超过历史最高水平（6.3亿亩），着重提高深松、深翻机械化水平；机播面积提高8%，精少量播种面积增长10%，机收面积增长15%；机铺膜面积增长20%；万台拖拉机事故死亡率降低3%。

2月

2月25日 何光远、袁成隆、李本出席大中马力拖拉机引进技术消化吸收工作座谈会。

2月 《当代中国》丛书之《当代中国的农业机械工业》由中国社会科学出版社出版发行。原农业机械部部长杨立功为该书撰写前言。

3月

3月9日 国务院发布《道路交通管理条例》，第九十一条规定：上道路行驶的专门从事运输和既从事农田作业，又从事运输的拖拉机安全技术检验、驾驶员考核、核发全国统一的道路行驶牌证等项工作，公安机关可以委托农业（农机）部门负责，并有权进行监督检查。

3月12日 农牧渔业部印发《关于尽快落实农用拖拉机道路交通管理委托工作，搞好农机安全生产的通知》，要求充分认识国务院和两部有关委托的重要意义，切实加强领导，做到落实委托工作与搞好农机安全生产日常管理两不误。

3月 国际友人希腊船王约翰·拉齐斯（Latsis）先生捐赠1 000万美元，建立了北京顺义县、天津武清县和吉林梨树县3个农业机械化示范区。拉齐斯先生说：我对中国所做的一切不是政治姿态，是对有着悠久文明，但由于历史原因现还较落后的中国所表达的一种感情，就当成是一个当年穷苦工人对中国的贡献。

3月 《中国农业机械年鉴1987》正式创刊。《中国农业机械年鉴》由国家机械工业委员会、农牧渔业部、林业部、水利电力部等部委共同主办，由中国农机化报负责编辑。国家机械工业委员会副主任何光远任编委会主任。《中国农业机械年鉴》是我国农业机械化翔实的历史记录，创刊号收录了1980—1986年农机生产流通和农林牧渔业机械化的发展情况和统计数据。1992年后连续出刊。

4月

4月9日 七届全国人大一次会议通过国务院机构改革方案，撤消国家机械工业委员会和电子工业部，成立机械电子工业部；将农牧渔业部更名为农业部。

4月12日 七届全国人大一次会议决定任命国务委员邹家华为机械电子工业部部长（兼），何康为农业部部长。

4月 农业部农业机械化管理局和北京农业工程大学合编的《中国农业机械化重要文献资料汇编》，由北京农业大学出版社出版，全书230万字，汇编了1949—1987年间中国农业机械化的重要文献资料，附国务院部属农业机械化事业管理机构变化情况简表，当代中国农业机械化大事记，中国农业机械化发展统计数据，近代中国农机发展纪事。

5月

5月5日 农业部召开农业机械化情况通报会，农业部副部长陈耀邦讲话，充分肯定1987年我国农业机械化发展的好形势，同时提出农业机械化发展中还存在着一些不容忽视的问题：农业机械老化、技术状态不佳、农用柴油供应紧张以及配套农机具缺乏。

5月6日 农业部和公安部联合发出《获农业机械推广许可证的小型拖拉机和配套柴油机生产企业及产品目录（1988年）》的通知，规定自1988年7月1日开始，对列入目录10～12马力的手扶拖拉机、小四轮拖拉机及其配套柴油机，经检验合格可核发牌证，对未列入目录的一律不予检验，不核发牌证，其他类型拖拉机暂按原规定办理。

6月

6月3日 机械电子工业部发布《农业机械供应行业国家二级企业标准（试行）》，其中包括：国家二级企业标准、企业管理工作基本要求和开展企业升级工作实施方法等。

6月17日 国务委员兼机械电子工业部部长邹家华、副部长何光远、赵明生，农业部副部长刘江，北京市副市长黄超等领导及国务院有关部委，部分省、直辖市、自治区驻京办事处的有关人员，到顺义县参观农业机械化作业，重点参观国产1000系列自走式谷物联合收割机麦收作业。

6月26日 农业部农业机械化管理局在深圳召开全国农业机械管理系统“双增双节”经验交流会，交流了各地农机管理部门的经验，研究进一步开展“双增双节”运动的意见，并讨论修改《关于做好农业机械化放贷工作的通知》、《关于农机化事业单位开展有偿服务等有关问题的意见》、《关于加强乡（镇）农机管理服务站建设的若干规定》等3个文件。

6月28日 根据国家质量技术监督局文件成立全国农用运输车标准化技术委员会。诸慎友任主任委员。

6月29日 《农业机械》杂志创刊30周年纪念会在人民大会堂举行，田纪云、薄一波、方毅、邹家华等领导同志题词，何康、何光远、杨立功、项南、武少文、唐有章、鹿中民出席纪念会。

7月

7月22日 《人民日报》刊载杜润生的文章《农业机械化是历史的必然》（《当代中国的农业机械化》一书序言）。文章指出：我国30多年的实践证明，实行有选择、有步骤、讲求经济效益的农业机械化发展战略，真正按客观自然规律和经济规律办事，我国的农业机械化就会促进农村经济发展，并给农民带来实惠。我国自然条件地域性差异很大，经济发展很不平衡，主要是东部经济发达地区和北部人少地多的农产品集中产区，以及大中城市郊区和国营农场，这些地方的农业机械化程度有可能和必要提高得更快些。我国的农业机械化工作在党的十一届三中全会以来进行了改革，积累了新的经验，进行了一系列的农业机械化区划和方案的研究，一个重大的变化是农机作为商品进入市场，允许农民个人购置拖拉机从事多种经营。从历史的发展角度来看，中国农业机械化的逐步实现是历史的必然。

7月24日 国务院印发《关于加强交通运输安全工作的决定》强调：要按照《国务院关于改革道路交通管理体制的通知》的规定，进一步加强对拖拉机交通安全的管理。

7月25日 中国农业机械总公司、北京农业工程大学创办了《农机市场》杂志，任易担任编委会主任。创刊号发表了中央顾问委员会委员、原农业机械部副部长项南题为《农业机械化面临新的挑战》的文章。

7月26日 根据国家物资流通体制改革精神，物资部、机械电子工业部发布两部交接协议，中国农业机械总公司由两部共同领导，以物资部领导为主。

ZONGGUO NONGYE JIXIEHUA

8月

8月12日 农业部为认真贯彻国务院《关于加强交通运输安全工作的决

定》，发出《进一步加强农机安全监理工作的通知》，明确农机安全监理工作的目标；要求抓紧落实并做好农用拖拉机道路交通管理有关委托工作；加快自身建设步伐，进一步提高农机安全监理工作水平；深化改革，落实安全目标责任制，对农业机械试行严格的安全管理。

8月24日 原农业机械部副部长项南答《中国农机化报》记者问时说："农业机械化是同整个农村经济形势联系在一起的。我国农村经济从1979年开始改革以后，出现了令人欣喜的超常规增长的局面。困扰我们多年的温饱问题，得到基本解决。但从1985年以后，粮食连续3年徘徊，农民收入增长的速度变慢了。要使我国农业能够在今后持续稳定地增长，必须增加农业投入，加强农业的物质技术基础，加快农业现代化的进程。从这个意义来说，今后农业机械化的任务不是减轻，而是加重了。"

8月 国家质量技术监督局批准成立国家农机具产品质量检验检测中心，确定了农机具质量检验测试的法定地位，该中心设在农业部农业机械试验鉴定总站。

9月

9月8日 农业部发出《全国农牧渔业"丰收计划"农业机械化项目检查验收办法（试行）》，指出"丰收计划"的实施是将成熟的农业机械化新技术和农牧渔业新技术综合应用于农牧渔业生产，实现农牧渔业增产增收的科技推广活动。检查验收工作分阶段性检查和总结验收两个阶段。检查验收内容主要以"丰收计划"项目合同规定的技术经济指标和有关的要求为依据，作出明确的结论。

9月13日 亚洲最大的拖拉机试验场，地处北京市通县的农业部农业机械试验鉴定总站试验场竣工。

9月13日 捷克斯洛伐克共和国总统胡萨克赠给中共中央总书记赵紫阳的UNC装载机交接仪式在北京举行。机械电子工业部副部长赵明生和捷克斯洛伐克驻中国大使等出席。

9月24日 农业部发出《关于加强乡（镇）农机管理服务站建设的意见》提出：加快乡（镇）农机管理服务站的建设步伐，增强农业机械化事业发展的内在活力，使其适应农业生产现代化、专业化、社会化和商品化的需要。

10月

10月21日 中国农业机械学会第四届代表大会暨学术年会在山东省潍坊召开，机械电子工业部副部长何光远连任理事长，并就学会发展、面临的形势和任务以及今后工作的建议作了主题报告。

10月21日 农业部农业机械化管理局在江苏省镇江市召开农机监理法规建设研讨会，研究了农机监理法规建设规划，布置了法规建设任务；讨论修改了《农机事故处理规定》、《农机事故处理程序》、《农业机械驾驶操作人员违章处罚规定》、《联合收割机、柴油机、脱粒机、农副产品加工机械安全管理办法》、《微机在农机安全监理工作中的应用》等多项法规。

10月 农业部下发《关于进一步开展农机管理系统“双增双节”运动的意见》，要求各农业机械化等单位和服务组织不断拓宽服务经营范围，扩大收入，增强自我积累、自我发展的活力。

10月 全国农业机械金属清洗剂授奖及推广经验交流会在北京召开，何光远、李守仁、唐有章、郭栋才、鹿中民、吴奎良等出席。

12月

12月19日 原农业机械部副部长项南就《中国农业机械化重要文献资料汇编》出版给宋树友、张伟、孙学权写信：“集38年文献资料的《中国农业机械化重要文献资料汇编》内容丰富，编排得当，是一部好书，也是我国农机化的历史见证人。在整个社会主义初级阶段，实现农业机械化，始终是一种艰巨的、伟大的事业。大家可以从汇编中吸取有益的经验教训，也可以从中展望我国农业机械化的光辉前景。”

1988年 “国家十二个重要领域技术政策研究”获得国家科技进步奖一等奖，其中中国农业机械化科学研究院承担农业机械化技术政策部分。

1988年 中国农业机械科学研究院等单位研制的“麦稻脱离分离清选合为一体的立置轴流装置”获国家发明奖三等奖。中国农业机械化科学研究院和洛阳第一拖拉机厂主持的课题“高强度薄壁灰铸铁铸造技术的研究”、中国农业机械化科学研究院等单位主持的“机电一体化发展预测与综合分析”科研项目获国家科技进步奖三等奖。

1989年

1月

1月16日　《瞭望》杂志发表农业部农业机械化管理局局长宋树友的文章《我国农业机械化的新曙光》。文章指出："农村经济体制改革不仅没有阻滞农业机械化的进程，反将其推进了一大步，带来了新的曙光。""农业机械化的发展，增强了农业生产的物质技术基础，促进了农村经济的繁荣。"

1月21日　农业部下发《关于表彰全国先进乡（镇）农机管理服务站的通报》，表彰120个1987—1988年度先进乡（镇）农机管理服务站，并授予"全国先进乡（镇）农机管理服务站"称号。

3月

3月15日　第三次全国农业机械公司系统优质服务活动总结表彰大会在北京召开。物资部发布《关于嘉奖全国农机公司系统优质服务先进单位和优秀经理的决定》，共表彰132个先进单位、2个优秀单位、4个先进集体和39

名优秀经理。物资部副部长丁孝农、机械电子工业部副部长赵明生以及杨立功、项南、李本等老领导出席会议。

3月　农业部新组建的农业机械化管理司的主要职能是：制定农机化发展方针政策、法规和发展战略、计划，负责农机安全监理、技术监督、年度统计、信息交流等12项。内设监理处、管理处、办公室等处室。宋树友任司长。

3月　中国农业机械学会和中国农业工程学会以联合会身份申请加入国际农业工程学会（CIGR），被接纳为团体会员。

4月

4月　农业部印发《中华人民共和国农业部农机鉴定通报（1989年第1号）》，1987年农业部授权农业机械试验鉴定总站，并组织有关省、直辖市、自治区农（牧）业机械试验鉴定（推广）站，对青贮切碎机（铡草机）、小型风力发电机、小四轮拖拉机等进行了部级农机产品推广鉴定。经试验鉴定合格，由农业部批准颁发《农业机械推广许可证》的有22种铡草机、4种风力发电机和1种拖拉机。

5月

5月　刘江在《中国农机化》杂志上发表题为《为农业机械化的发展做出新的贡献》文章。从认真总结改革经验，深入研究农业机械化发展的规律、政策和措施；围绕粮食增产丰收做好农机化管理工作；加强综合治理，提高农机化管理水平；加强服务体系建设，完善经营机制；加强农机安全和技术监督，提高农机技术水平；改善工作，焕发精神，争取更大成绩等6个方面进行了论述。

7月

7月　中共中央总书记江泽民在湖北视察时指出：全国11亿人口，吃饭是一个重大问题。中央和地方的同志都要牢固树立以农业为基础的观念，认真抓好农业生产和农业建设。要增加农业投入，重视科学技术和培训教育，提高农民素质，建立健全农业服务体系，加强良种、农田水利、农机和农用工业建设，有条件的地区要发挥农业的适度规模经营效益。他还要求各级领导干部切实帮助农民解决困难，想方设法满足农民对生产资料的需要，做好农副产品的收购工作，充分调动农民的积极性，上上下下一起努力，夺取1989年农业全面丰收。

8月

8月12日 中国农业银行向各省、自治区、直辖市和计划单列市分行发出《关于加强农业机械贷款管理的通知》。这是农村10年改革以来，第一个关于农机贷款方面的比较系统的专门文件。通知规定了农机贷款的基本原则、重点范围、用途、对象、条件等。

9月

9月2日 国务院办公厅下发《关于尽快解决农用拖拉机道路交通管理问题的通知》，督促各地要按照国务院有关规定和公安部、农业部《关于农用拖拉机道路交通管理问题的通知》，尽快解决农用拖拉机道路管理委托问题。

10月

10月25日 国务院委托农业部、机械电子工业部、水利部、国务院农村发展研究中心共同召开全国农业机械化会议，全面系统地研究了农业机械化问题。国务委员邹家华作《积极发展农业机械化，为促进农业生产和农业现代化而奋斗》的报告；机械电子工业部副部长何光远作《加强农机工业，促进农业发展》的讲话；水利部副部长侯捷作《巩固发展机电排灌，为农业高产稳产作出新贡献》的讲话；农业部部长何康作《认清形势，明确任务，提高农业机械化管理工作水平》的讲话；国务院农村发展研究中心顾问武少文作《农村深化改革与发展生产力——关于农业机械化问题的思考》的讲话。

10月29日 国务委员陈俊生在全国农业机械化工作会议上作总结报告指出：这是一次非常重要的会议，是很必要的。所以重要，是因为这次会议讨论了未来我国农业机械化发展的方向、指导方针以及具体规划和有关政策。

所以必要，是因为农机工业、农业机械化多年受冷落，积累了很多问题，现在开一个会，大家把问题集中一下，提醒各级政府都来重视这个问题。如果没有机械化的发展，很难设想我国农业和农村经济的发展会有今天这样比较好的形势。在农村实行家庭联产承包制、分户经营的情况下，怎么搞农业机械化？还是毛泽东同志多年前讲过的那句话“农业的根本出路在于机械化”。目前和今后相当长的一个时期，我国农业发展面临的形势是相当严峻的。核心问题是对农产品不断增长的需求和供给能力的矛盾。在我国逐步实现农业机械化这个方向，无论何时都不能动摇。目前农业机械化还存在许多困难，主要是：农机工业的效益问题；大中型农业机械和机电排灌设备更新改造问题；增加农机科研推广经费问题；农用柴油问题和农机工业平价钢材供应问题以及农机监理问题；还有涉及整个国民经济发展规划问题。解决上述实际问题，需要做大量工作。

10月 全国园林机械展览会在中国农业机械化科学研究院举办。首都绿化委员会副主任单昭祥、国家林业局、各省市园林局和北京市各区县园林局负责人出席了开幕式。展出了林、草的种植、灌溉、修剪、病虫害防治、枝叶粉碎等机具。

11月

11月9日 中国共产党十三届五中全会通过的《中共中央关于进一步治理整顿和深化改革的决定》提出：“从中央到地方都要根据需要和可能，制定出兴修水利、农业资源开发、改造中低产田、发展养殖业、推进农业机械化、植树造林、修建农村公路和其他设施的规划，并认真付诸实施。”“国务院各有关部门和地方各级政府要重视农用生产资料工业的建设，对化肥、农药、农膜、农业机械等生产所需的资金、能源、原材料要优先保证供应。”

11月24日 第一届中国国际食品加工和包装机械展在北京举行，国务委员、国家科委主任宋健出席了开幕式并剪彩。

11月27日 国务院作出《关于依靠科技进步振兴农业加强农业科技成果推广工作的决定》，主要包括7个方面内容：大力加强对农业科技成果的推广应用；建立健全各种形式的农业技术推广服务组织；进一步稳定和发展农村科技队伍；大力加强农村教育，广泛开展技术培训；广辟资金来源，增加农业科技投入；重视并做好农业高技术和基础研究工作；切实加强对科技兴农工作的领导。

12月

12月13日 新闻出版署批准《农机安全报》从1990年开始公开发行。

12月28日 农业部批准成立中国农机安全报社，张志学任社长，出版发行《农机安全报》。

1989年 中共中央政治局委员宋平视察新疆联合收割机厂。

1月

1月 机械电子工业部向各省、自治区、直辖市及计划单列市机械电子工业厅局（公司）发出《关于颁发〈农机产品现行出厂价格目录〉的通知》，该目录是部管农机产品的中准价格，目录自1990年8月1日起执行。

3月

3月2日 《农业机械学报》举办繁荣学术 发展经济——迎接九十年代第一春笔谈会。何光远、鹿中民、宋树友、吴奎良、华国柱等中国农业机械学会领导、专家、教授畅谈90年代农业机械科研、教学、生产和市场的发展前景。

3月16日 农业部农业机械化管理司邀请东北、西北、华北12个省、直辖市、自治区的农机管理部门负责人在中国第一拖拉机制造厂召开农机更新工作座谈会，交流开展农机更新工作的情况、经验和问题，研讨进一步做好农机更新工作的意见。副部长陈耀邦到会讲话。

4月

4月2日 物资部印发《全国农业机械公司系统优质服务活动实施办法》，对全国农机公司系统开展优质服务活动的指导思想、基本原则、内容要求、文明道德规范和评比检查标准等作出详细规定。

4月3日 农业部印发《农业部农业机械设备管理暂行办法》，根据国务院《全民所有制工业交通企业设备管理条例》精神，提出农业机械设备管理的主要任务是管好、用好、修好农业机械，实行农业机械技术状态检测，保证技术状态完好，实现农机运用的高效、优质、低耗、安全，取得良好的经济效益和社会效益。

5月

5月28日 农业部农业机械化服务站更名为农业部农业机械化技术开发推广总站。

6月

6月 中国农业机械总公司组织拍摄一部反映全国农机公司系统开展优质服务活动的7集电视专题片——《神圣的职责》，在中央电视台“经济半小时”栏目播出。

7月

7月16日 为贯彻治理整顿的方针，机械电子工业部、物资部发出《关于认真纠正部分农机市场实行封锁的通知》，要求各地明令取消农机市场地区封锁。

7月24日 农业部发出《关于进一步加强农用柴油分配管理工作的意见》，强调落实5月昆明全国农用柴油管理工作座谈会精神，加强农用柴油的分配管理工作。

7月　国务委员邹家华为中国农业机械化科学研究院题词：科技兴农，勤俭办院。何光远题词：为发展农机工业做出新贡献。

8月

8月27日　农业部印发《农业机械化管理统计报表制度》，提出以农机总值、总动力、数量和作业量等指标为主的全国农业机械化统计指标体系，并进行纵向、横向比较和分析。

8月　中国农业机械工业协会在北京正式成立。鹿中民任理事长。

9月

9月30日　农业部发出《全国乡镇农机管理服务站管理办法（试行）》，要求农机站以为农业生产、农民生活和农村建设提供综合服务为根本宗旨，坚持“以农为主，综合经营，有偿服务，增强活力”的办站方针，实行管理、服务、经营一体化的经营管理机制。农机站要加强计划管理、经营管理、劳动管理和设备管理。勤俭办站，合理使用人力、物力和财力。充分发挥农机效能，提高经济效益和社会效益。

10月

10月　北京农业工程大学教授汪懋华被联合国粮农组织聘任为农业机械化专家小组成员。

11月

11月7日　农业部发出《关于加强农业机械化科学技术工作振兴农业的意见》，为了进一步加强农业机械化科技工作，使农业机械化科学研究和技术推广工作更加适应农业生产及农村经济的发展，要求深化农业机械化科学研究和推广体制的改革，提高农业机械化科学研究和技术推广工作的经济和社会效益，创造条件，巩固科技队伍，促进科技成果尽快形成新的生产力。

12月

12月31日 国务院印发《国务院批转农业部等部门〈关于加强农机生产和使用管理工作报告〉的通知》。通知指出：各级人民政府和国务院有关部门都要重视和关心农业机械工作的发展，切实加强对这项工作的领导，结合制定“八五”计划，抓紧制定完善政策措施，认真研究解决农机工作中存在的问题。要把农业机械在农业生产中的作用更好地发挥出来，促进农业登上新的台阶。文件所附的《关于加强农机生产和使用管理工作的报告》在充分肯定党的十一届三中全会以来我国农业机械化事业的成绩和正确估计农业机械在农业生产中作用的同时，指出农业机械化发展过程中还存在许多问题和困难，并提出提高农业生产力水平，积极推进农业机械化进程的9条建议。

1990年 中国农业机械化科学研究院等单位主持的“手动泵国家标准GB8092.1—87、GB8092.2—87、GB8596—88”获国家科技进步奖三等奖。

ZONGGUO NONGYE JIXIEHUA

2月

2月19日 国家物价局、物资部和机械电子工业部联合颁布《农业机械商品销售价格管理办法》。这对保障农机商品供应，规范农机商品市场行为，稳定农机商品价格起到重要作用。

2月29日 机械电子工业部颁布《关于加强乡镇机械电子工业企业产品质量监督和管理的暂行规定》，提出不合格产品不准出厂和销售；不合格的原材料、零部件不准投料、组装；国家已命令淘汰的产品不准生产和销售；没有质量标准，未经质量检验机构认定合格的产品不准生产；不准弄虚作假，以次充好，伪造商标，假冒名牌。

2月 《当代中国的农业机械化》由中国社会科学出版社出版发行。杨立功、项南、肖鹏、李友久为顾问，武少文任主编，李翰如、郭韧、宋树友、翁之馨、李自华任副主编。

2月 《世界农业机械化发展要览》由北京农业工程大学编辑出版，宋树友、孙学权任主编，全书130余万字。《科技日报》发消息说：北京农业工程大学编辑出版的《世界农业机械化发展要览》和《中国农业机械化重要文献资料汇编》是国内关于农业机械化环境与条件研究的最新水平。

3月

3月6日 农业部在北京召开全国农业机械管理工作会议。会议总结"七五"期间我国农业机械化发展情况，并讨论全国农业机械化"八五"计划、十年规划以及贯彻落实国务院71号文件的意见。部长刘中一为会议题词"重振农机雄风"，并讲话指出：搞农机管理要善于同各方面结合起来，发挥农业机械化综合作用和效果。

3月21日 农业部发出《关于贯彻〈国务院批转农业部等部的关于加强农机生产和使用管理工作报告的通知〉意见的通知》指出：这是继1987年国务院67号文件后又一个关于农业机械化工作的重要文件。文件科学地总结了农村改革以来的农机工作实践，同时又全面阐述了今后农业机械化的方针政策和措施。为切实落实国务院71号文件，提出13条意见。

3月23日 机械电子工业部发出《关于加强农机生产工作的通知》，要求农机制造部门认真贯彻《国务院批转农业部等部门关于加强农机生产和使用管理工作报告的通知》，要认真学习、深刻领会文件精神，肩负起装备农业的历史重任；继续以发展"一创三节两保证"产品为主攻方向，搞好农机产品结构调整；以质量和效益为重点，加强管理，提高企业素质，搞好内部挖潜。

4月

4月28日 农业部发出《关于开展"铁牛杯"竞赛活动的通知》，决定从1991年起，在全国农机管理系统开展"铁牛杯"竞赛活动。竞赛评比每两年一次，竞赛内容有4项：农业机械化程度提高快，农机投入增加多，农机服务体系建设好和促进农业增产增收。

5月

5月13日 经物资部和机械电子工业部批准，中国农业机械流通协会在北京成立，吴奎良当选为第一届理事会理事长。民政部核准中国农业机械流通协会的业务范围为：行业管理、信息交流、业务培训、专业展览、国际合作、咨询服务。

5月13日 全国农业机械公司系统优质服务活动第四次总结表彰大会在北京举行。物资部通报嘉奖先进单位167个、先进集体16个、先进个人54名。物资部部长柳随年及副部长马毅民、蔡宁林，机械电子工业部部长何光远，农业部副部长张延喜，以及杨立功、景晓村、袁成隆、武少文等老领导出席大会。

5月16日 财政部发出《关于分配1991年发展粮食生产专项资金指标的通知》，明确粮食生产专项资金使用范围限于水利、农业和农机3个方面。用于农机方面的粮食生产专项资金，主要安排区、乡（镇）一级农业服务体系的建设。

5月21日 农业部召开全国农业机械安全监理工作会议，总结交流近4年来的农机监理工作情况和经验；布置"八五"全国农业机械安全监理计划。

5月 薄一波在《若干重大决策与事件的回顾》中指出：1951年对于农业合作社的不同意见，那时过分强调合作化要以工业化和现代化为前提。实际上是提出了中国只有先机械化才能搞合作化的观点。薄一波指出：社会主义是不能长期建立在落后的、手工劳动的基础之上的。工业化水平是整个社会生产力发展水平的基本标志。

7月

7月22日 农业部发出《关于进一步搞好农业机械化宣传工作的通知》和《农业机械化宣传提纲》。

8月

8月 新闻出版署批准《农机安全报》更名为《中国农机安全报》，由农业部主管主办，张志学任主编。

9月

9月 农业部制定《全国农业机械化开发规划纲要》，提出"八五"期间农业机械化区域开发的总目标及开发项目。

ZONGGUO NONGYE JIXIEHUA

10月

10月11日 农业部在山东召开全国农业机械服务体系建设经验交流会，农业机械服务体系初步建成，有199个乡镇农业机械服务站受农业部表彰。

10月11日 项南、沈鸿、李守仁、袁成隆、周建南、李济寰、唐有章和农业部、国家科学技术委员会、国家计划委员会、经济与贸易部、北京市政府领导出席中国农业机械化科学研究院科技成果展示暨学术交流会。

10月16日 由中国农业机械学会、中国农业机械化科学研究院、中国国际科技会议中心共同主办，国际农业工程学会、联合国工发组织、英国农业工程学会和日本农业机械学会协办的1991年国际农业机械化学术讨论会在北京召开，来自世界五大洲18个国家和2个国际组织的256名代表参加。何光远、中国科协特邀顾问鲍奕珊等出席了会议并讲话。

10月 经农业部、国家农业投资公司批准建设的“农机驾驶（操作）人员模拟考场及农机安全技术检验线”在大连落成。这是农机监理部门建设的全国首家农机模拟考场及安全技术检验线。这个项目由国家贷款和地方投资共同建设。

ZONGGUO NONGYE JIXIEHUA

11月

11月5日 田纪云视察重庆嘉陵农用车辆厂，详细询问产量、质量、销售、技改资金等问题。

11月16日 中日两国政府间技术合作项目《中国农业机械维修技术培训实施协议》由农业部外事司司长李仁培与日本农林省代表高黎文孝在北京正式签订。项目实施年限为1991—1995年。项目的主要内容是建立农机维修技术培训体系，提高农机维修人员的技术水平。建立北京农业工程大学维修技术培训中心、北京昌平农机维修中心、河北遵化农机维修中心。

11月18日 第二届中国国际食品加工和包装机械展览会举行，国务委员李贵鲜出席开幕式并剪彩。

11月 全国农牧渔业丰收计划农业机械化项目总结会在江西省九江召开。会议总结1991年“丰收计划”农业机械化项目的执行情况，并就实施“丰收计划”农业机械化项目的目的、意义以及管理、资金、物资配套进行讨论。

11月 中国农业工程学会第四次全国会员代表大会在北京召开,选举洪绂曾任理事长。

12月

12月2日 农业部发出《关于深入搞好农机安全监理工作的通知》，对搞好今后几年农机安全监理工作提出12条指导意见。

12月24日 农业部印发《关于表彰全国农业系统安全生产管理先进单位和先进工作者的通报》，表彰了农业系统中全国农业系统安全生产先进单位120个、全国农业系统安全生产管理先进工作者132人，其中农机部门有28个农机监理站（所）和28个农机监理员。

12月25日 新华社全文播发中国共产党十三届八中全会通过的《中共中央关于进一步加强农业和农村工作的决定》。主要内容包括：继续调整农村产业结构，促进农村经济全面发展；抓紧实施科技、教育兴农的发展战略；较大幅度地增加农业投入，加快发展农用工业。决定指出：大力发展农用工业，推进农业机械化。保证化肥、农药、农用薄膜、农业机械和柴油等农业生产资料的供应量逐年有所增加，并努力调整产品结构，提高质量，降低成本。有计划地新建一批大化肥厂及化学矿山，加快改造中小化肥厂。重点建设一批农药科研开发基地，有计划地改造农药骨干企业。农机工业要根据各地农业生产的实际需要，大中小型协调发展，各类机具成龙配套，促进农业机械的推广和应用。国家对农用工业要实行投资倾斜和其他扶持政策，其所需的原材料和能源，要优先安排、保证供应。

1991年 中国农业机械化科学研究院张波屏等研制的“锥盘式小麦精密排种器”获国家发明奖三等奖。

ZONGGUO NONGYE JIXIEHUA

1月

1月3日 农业部和人事部发出《乡镇农业技术推广机构人员编制标准（试行）》。这一加强农业技术推广体系建设的政策性文件，将乡镇农机站列入农机推广机构，我国形成了部、省、地、县、乡5级架构的农机推广完整体系。

1月16日 农业部发出《关于做好农民农机技术人员职称评定与晋升工作的通知》，要求各级农机部门组织农机专业考评小组，开展农民农机技术人员职称评定与晋升工作。今后乡村农机管理服务站、队的技术人员要逐步做到由有职称的人担任。农业部统一制发农民技术人员职称证书。

1月29日 机械电子工业部向国务院报送《关于贯彻党的十三届八中全会决定，加强农机工业建设的请示》。

2月

2月8日 中国农业机械学会副理事长华国柱参加国际农业工程学会第41次成员会议，被选为种植业装备工程分会理事并委派为学会亚太地区代表。

3月

3月4日 机械电子工业部在人民大会堂举行《农机工业支援抗旱保春耕新闻发布会》。新华社、人民日报、中央电视台、中国农机化报等首都12家主要新闻单位作了及时报道。山东潍坊拖拉机厂、第一拖拉机制造厂等20家农机骨干重点企业参加了新闻发布会。

3月4日 农业部批复农业部农业机械化技术开发推广总站增挂中国农机化技术推广培训中心牌子。

4月

4月13日 农业部发出《关于进一步加强基层农机服务体系建设的意见》，提出基层农机服务组织建设的指导思想：积极发展村级，重点建设乡级，完善提高县级。要拓宽服务领域，积极开展农业机械化、系列化服务。大力兴办经济实体，不断增强发展活力。要逐步改善和提高农机服务人员的工作条件和生活待遇。采取切实措施稳定和发展农机化队伍。

5月

5月5日 农业部转发《全国老旧汽车更新改造领导小组会议纪要》。国务院生产办公室副主任、全国老旧汽车更新改造领导小组组长李祥林主持召开全国老旧汽车更新改造领导小组会议。会议确定大中型拖拉机更新的对象，报废更新标准，更新规划，报废拖拉机回收办法，以及拖拉机更新领导小组人员名单。

5月12日 机械电子工业部副部长张德邻会见中国工程与农业机械进出口公司在委内瑞拉的合资公司（TRANSFER）总裁布兰丹先生及其阿根廷客户。合资公司在委内瑞拉经销中国工程与农业机械，注册资本200万美元。

6月

6月16日 中共中央总书记江泽民与姚依林、田纪云、李锡铭、丁关根、温家宝等到北京通县、大兴县察看了机械化麦收和夏种情况。在通县负责人汇报全县基本上实现了机械化的情况时，江泽民指出：这是一个很大的进步。过去我们靠天吃饭，有了机械化，就可以提高生产力，使生产不断发展。

ZONGGUO NONGYE JIXIEHUA

7月

7月7日 农业部部长刘中一向江泽民报送《我国农业机械化的基本情况和几点认识》的专题材料。刘中一呈函说，报上有关农机化材料一份，供您参阅，若有所垂询，我们再作详细汇报。江泽民7月8日批示：复制一份交何光远部长，请他们提出意见，下周拟找他们谈一次。

7月26日 机械电子工业部何光远向江泽民报送我国农机工业和农业机械化发展意见的书面材料。

ZONGGUO NONGYE JIXIEHUA

8月

8月12日 农业部、机械电子工业部联合发出《县农机修造厂归口管理问题的通知》提出：（1）县农机修造厂由农业部、机械电子工业部共同管理，以农业部为主，企业管理归口农业部；（2）县农机修造厂制造部分的发展规划，由机械电子工业部负责统筹规划；（3）县农机修造厂的有关产业政策等工作由农业部负责。

9月

9月9日 农业部通报表彰全国农业机械修理先进集体，其中县农机修造厂28个、乡镇农机服务站35个。

9月25日 农业部遵照江泽民在视察河北省时提出的对农作物秸秆利用的指示精神，在河北石家庄市召开农作物秸秆的综合利用现场会。会议主要内容：参观河北石家庄市、辛集市、无极县、正定县作物秸秆综合利用现场，听取河北省开展农作物秸秆的综合利用典型经验介绍。

9月30日 农业部颁发《全国乡镇农机管理服务站管理办法（试行）》，提出了农机站是国家设在基层的全民所有制事业单位，是乡镇政府行使农机管理职权的职能部门。文件对农机站机构、人员、管理工作、社会化服务、综合经营作出了详细的规划。该办法自发布之日起施行。

9月 《中国农业百科全书·农业机械化卷》由农业出版社出版，华国柱任编委会主任，王万钧、余友泰、宋树友、胡中、高良润、鹿中民、曾德超任副主任。

10月

10月9日 台湾省农机界组团访问大陆并参加技术交流活动。农业部农业机械化管理司司长宋树友向台湾农机同仁介绍大陆农业机械化发展情况和海峡两岸合作前景。重点介绍了农业机械化的发展进程、现状、主要特点和发展趋势。指出海峡两岸合作前景广泛，合作重点有几个方面：农业或农村实用的农机产品开发，合作兴办农产品深加工、精加工企业，合作承担大陆的农业工程开发、中低产田改造等生产建设项目，开展海峡两岸农机人才培训、技术交流、考察互访活动。

10月13日 中国农业机械工业协会在北京主办海峡两岸农机界人士座谈会。协会理事长鹿中民和台湾农业机械工业同业公会会长林耕岭分别介绍了大陆和台湾省农机工业生产、销售系统及科研等情况。

10月20日 农业部发出《关于开展调查和打击制售假冒伪劣农机维修配件违法行为的通知》。由农业部农业机械试验鉴定总站负责牵头组织在山东、河北、陕西、四川、哈尔滨调查，打击假冒伪劣农机维修配件，加强对配件生产、经销活动的监督管理，为农机维修配件的生产和经销创造一个规范、健康的市场环境。

10月 中国农业机械化科学研究院金宏智等主持的“喷灌技术研究和推广”获国家科技进步奖二等奖。中国农业机械化科学研究院等单位主持的“水泵综合测试系统”获国家科技进步奖三等奖。中国农业机械化科学研究院张波屏等研制的“纹盘排种器”获国家发明奖三等奖。

11月

11月17日 机械电子工业部受国家计委、国务院经贸办的委托，在第一拖拉机制造厂组织召开100系列柴油机技术改造和微型泵基本建设“七五”重点项目国家竣工验收会议，副部长包叙定到会并讲话。该项目已形成年产微型泵4万台、100系列柴油机1.5万台的生产能力。

11月 《机械工业重点产品调整改造发展指南（1991—2000年）》出版发行。机械电子工业部何光远题词，包叙定撰写前言。该书提出农业机械12个行业重点产品调整、改造、发展及地区布局意见。

12月

12月22日 农业部在福州市召开全国农牧渔业丰收计划农业机械化项目实施工作会议。会议总结交流1991年、1992年全国农牧渔业丰收计划农业机械化项目的执行情况，组织落实1993年“丰收计划”农业机械化项目实施工作。

1月

1月1日 农业部颁布实施《农机监理管理办法》，明确农机监理人员的职业道德和岗位规范。

1月6日 农业部召开全国农业机械管理工作会议，国务院总理李鹏题词：发展农机事业，振兴农村经济。国务委员陈俊生写信致贺，指出“没有农业机械化，就没有农业现代化”。会议回顾、总结农村改革以来农机管理工作改革的历程和经验，研究农机管理系统贯彻党的十四大精神的措施，深化农机管理体制改革，更好地发挥农业机械在农业生产和农村经济发展中的作用。会议部署1993年工作，并表彰了全国首届“铁牛杯”竞赛优胜单位。

1月26日 农业部派出以宋树友为团长，北京顺义、天津武清和吉林梨树3个农业机械化示范区派员参加的代表团，赴瑞士日内瓦对希腊船王约翰·拉齐斯捐赠中国政府1 000万美元，帮助中国农民发展农业机械化表示感谢。代表团在中国驻瑞士辛福坦大使的陪同下拜会了小拉齐斯先生。宋树友向小拉齐斯先生递交了农业部部长刘中一写给拉齐斯先生的信，并向他表示良好的祝福；汇报了中国3个农业机械化示范区的情况；邀请拉齐斯先生方便的时候访问中国。小拉齐斯先生对3个农业机械化示范区进展情况表示满意。他说

"如果可能的话，我的家人会到中国去。"

1月27日 经民政部批准设立中国农业机械鉴定检测协会，挂靠农业部农业机械试验鉴定总站，负责组织开展行业内学术研究、信息交流及业务培训等工作。张金魁任理事长。

5月

5月 全国农业机械标准化技术委员会在京成立，在国家标准化管理委员会的统一编号为SAC/TC201。国家标准化管理委员会委托机械电子工业部领导管理农业机械专业标准化技术组织。全国农业机械标准化技术委员会成员主要由科研、生产、质量检测、认证认可、使用等方面专家和技术人员组成，其任务是开展农业机械标准技术研究，制定相关标准，规范农业机械的标准化管理工作。

7月

7月2日 八届全国人大常委会二次会议通过《中华人民共和国农业法》，中华人民共和国主席令第6号公布。该法第二十条规定：国家鼓励和支持农民和农业生产经营组织使用先进、适用的农业机械，加强农业机械安全管理，提高农业机械化水平。国家对农民和农业生产经营组织购买先进农业机械给予扶持。第四十三条规定：国家采取宏观调控措施，使化肥、农药、农用薄膜、农业机械和农用柴油等主要农业生产资料和农产品之间保持合理的比价。

八届全国人大常委会二次会议通过《中华人民共和国农业技术推广法》。该法所称农业技术，是指应用于种植业、林业、畜牧业、渔业的科研成果和实用技术，包括良种繁育、施用肥料、病虫害防治、栽培和养殖技术，农副产品加工、保鲜、贮运技术，农业机械技术和农用航空技术，农田水利、土壤改良与水土保持技术，农村供水、农村能源利用和农业环境保护技术，农业气象技术以及农业经营管理技术等。

8月

8月18日 农业部发出《关于进一步搞好农机安全管理工作的通知》。根据国务院《关于加强安全生产的通知》的要求，结合农业机械化管理工作的实际，提出了5点贯彻意见：高度重视农机安全管理工作，切实加强农机安全管理工作的组织建设，加强农机安全管理工作的法规和制度建设，组织开展经常性的安全生产检查活动，广泛深入开展安全宣传教育工作。

8月21日 农业部颁发《农机成人教育暂行规定》。这是改革开放以来农业部颁发的第一部综合性农机成人教育法规，对农机成人教育和发展方针、主要任务、领导管理、学校建设、培训考核、办学经费、奖惩措施等作出详细规定。

9月

9月4日 农业部第一批农业机械化综合试点全部通过验收。自1987年起，农业部先后部署了江苏省吴县、无锡县，北京市顺义县，天津市西青区，吉林省梨树县，黑龙江省黑河市等6个单位为第一批农业机械化综合试点。经过5年时间，完成了试点任务，起到示范和引导作用，积累了推进农业机械化的经验。

9月7日 国务院批准《机械工业部职能配置内设机构和人员编制方案》，指出机械工业部是国务院主管全国机械行业的职能部门。机械工业部设14个职能司（厅）和机关党委。原工程农机司更名为农业装备司，其主要职能：组织调查、研究农机工业发展中的重大问题，提出适合我国农业生产和农村经济发展特点的农机工业发展方向、政策、措施；组织协调农机工业的有关重大建设、技改及改进、消化、吸收项目；负责重大出口成套工程项目的国内组织协调；组织协调重大农业工程项目所需农机及工程机械产品的研制；组织协调农业重大灾害所需农机产品的生产和调运。鹿中民任司长。

9月 农业部发出《关于做好秋季农业机械化生产工作的通知》，要求各地农业、农机管理部门，搞好农机具检修，做好农机具、零配件和油物料供应，加强农机监理工作；采取有效措施落实农机作业任务，推广适用的农业机械化新技术，提高秋耕秋种的机械化作业水平和作业质量，为下年度农业丰收打下良好的基础。

10月

10月7日 对外贸易合作部发出《关于同意中国工程与农业机械进出口公司更改名称的复函》，自此更名为中国工程与农业机械进出口总公司。

10月18日 中共中央在北京召开中央农村工作会议，江泽民在题为《要始终高度重视农业、农村和农民问题》的讲话中指出：农业不同于工业，既受市场风险制约，又受自然风险制约，是国民经济中社会效益高而自身效益低的产业，无论在商品市场的竞争中，还是在经济资源的竞争中，常常处于比较软弱和不利的地位。因此，农业在国家的宏观调控中是需要加以保护的产业。从长远来看，实现我国经济和社会发展的战略目标，农业和农村始终处于举足轻重的地位。机械工业部副部长张德邻在会上介绍了农机工业的情况，反映农机生产滑坡等困难，希望对农机工业实行政策倾斜和支持。会议深入讨论了《关于当前农业和农村经济发展的若干政策措施》。

10月27日 农业部农业机械化管理司在北京召开《农机试验鉴定办法》实施工作培训班暨全国农机试验鉴定站长工作会议，对学习贯彻《农机试验鉴定办法》和相关法规、提高依法鉴定水平进行了培训和工作部署。

10月27日 中国农业机械学会第五次全国会员代表大会暨建会30周年学术报告会在河南省洛阳召开，机械工业部部长、中国农业机械学会理事长何光远主持会议，选举李守仁为理事长。

11月

11月2日 第三届中国国际食品加工和包装机械展览会在北京举行，全国人大常委会副委员长陈慕华出席开幕式并剪彩。

11月5日 中共中央、国务院发布《关于当前农业和农村经济发展的若干政策措施》提出：“要提高技改投资用于农用工业的比重，促进化肥、农药、农膜、农机行业的更新改造，提高产业素质。”

12月

12月15日 机械工业部聘请阳早、寒春任机械工业部顾问。

12月16日　中共中央总书记江泽民看了《机械工程手册》、《电机工程手册》第二版工作汇报后，为两大手册题词：荟萃机电专业精华，为社会主义现代化建设服务。并回信说：世界科学技术日新月异，我国改革开放以来取得很大成绩，改版机械、电机工程两手册必有大益。

12月25日　《中国农业机械技术发展史》由机械工业出版社出版发行。何光远、张德邻、李守仁任顾问，邱梅贞任主编。

1993年　新疆—2型联合收割机由新疆联合机械（集团）有限责任公司与中国农业机械化科学研究院联合设计开发，并正式投产。

1月

1月7日 农业部召开全国农业工作会议，农业机械化管理司司长宋树友在会议上发言，提出了今后一个时期农业机械化管理工作的基本思路：坚持“一条主线”，抓住“两个重点”，搞好“三个结合”，推动“一个进步”。“一条主线”是坚持以深化改革为主线，切实转变思想观念，改革农机化管理体制和经营机制，使农机化管理工作适应社会主义市场经济体制的要求。“两个重点”一是管理，以建立农机化发展宏观调控机制为目标，进一步完善农机管理政策法规体系，明确农机化管理事权，转变政府管理职能。二是服务，以建立农机化服务市场和充满生机活力的农机化服务体系为目标，完善农机服务经营机制，扩大服务功能，拓宽服务领域，为农村经济发展提供全方位的社会化服务。“三个结合”是要使农业机械化发展、农机管理服务工作更紧密地与农村经济发展、农业生产增长和农民收入增加相结合，并以此作为评价农业机械化工作的标准。“一个进步”是推动农业科学技术的进步，以农机为载体和手段，更广泛地应用先进适用的农业科技成果，提高农业生产力水平。

1月19日 国务院公布《九十年代中国农业发展纲要》。纲要第七项第三十一条提出：要加快农机工业的发展，2000年生产能力达到年产大中型拖拉机20万台，小型拖拉机50万台，联合收割机1万台，内燃机8 000万马力。农用柴油、农村用电都要逐步增加，努力为实现农业现代化创造条件。

3月

3月16日　农业部发出《关于大力推广农业节本增效工程技术的通知》，决定首先推广化肥深施技术，计划用5年时间推广10亿亩，使我国70%的耕地基本上实现化肥深施，化肥平均利用率由当前的30%提高到45%，预计可增产粮食200亿斤以上。1994年共实施5 300万亩，亩均增产粮食20公斤，增产皮棉6公斤。

3月26日　机械工业部批准洛阳拖拉机研究所进入中国第一拖拉机工程机械集团，成为一拖集团产品开发中心，同时保留机械工业部洛阳拖拉机研究所名称。设在该所的国家拖拉机质量监督检测中心的原管理渠道不变。

3月29日　农业部农机培训中心开业。全国人大常委、原农业部部长何康为中心揭牌，并题词：海上生明月，天涯共此时。农业部农业机械化管理司副司长李昶杰主持开业典礼。

4月

4月5日　国家计划委员会、财政部联合发出《关于农业系统涉及农民负担收费项目修改意见的通知》，批准收取农机监理费和农机服务费，并规定："农机监理费和农机服务费，由各省、自治区、直辖市物价、财政部门制定收费管理办法和收费标准，报国家计委、财政部备案。"

4月5日　国务院批转国家计委、国家经贸委关于改革原油、成品油流通体制意见的通知和国家计委关于调整原油、天然气、成品油价格请示的通知，决定从1994年7月1日起，原国家计划安排的平价农用柴油指标取消，计划内、外价格"并轨"，一律实行国家定价。

4月15日　农业部农业机械化管理司、机械工业部农业装备司和中国农机化报社等有关单位联合摄制的6集专题片《神州圆梦——中国农业机械化纪实》在中央电视台播出，国务委员陈俊生题写片名。

4月28日　国务院办公厅印发《农业部职能配置、内设机构和人员编制方案》。保留农业机械化管理司，其主要职能：研究制订农业机械化、设施农业工程和农用航空发展战略、规划和政策、法规及重大技术措施并组织监督实施；负责制订农业机械使用监督检验标准并监督执行；指导农机维修和农用航空工作；负责拖拉机和其他农业机械的试验鉴定和安全监理工作。

5月

5月26日 全国粮食干燥技术研讨会在北京召开，国家科委成果管理办公室、农业部科技司、农业部农业机械化管理司、全国种子总站的负责人出席会议。会上专家们对北京农业工程大学成套装备研究所研制的粮食干燥设备进行了技术评价，一致认为：经在全国推广验证，该项成果技术先进，性能优异，解决了我国烘干设备普遍存在的烘干后粮食品质差和烘干费用高的问题。当时该设备已在全国13个省、自治区、直辖市推广应用。

6月

6月4日 机械工业部副部长张德邻向国务院副总理朱镕基汇报农机工业情况，国务委员宋健、陈俊生、李贵鲜，中央书记处书记温家宝等也听取汇报。朱镕基指示：机械部要像抓汽车工业那样重视农机工业。

6月13日 由联合国开发计划署无偿援助161万美元的农业机械化田间试验示范推广项目，通过了由联合国开发计划署、联合国粮农组织及中国政府三方代表组成的评估团的评估验收。该项目从1990年开始实施到1993年底结束，主要内容是小麦、玉米、水稻、棉花和花生生产机械化技术试验示范。

8月

8月29日 第29届国际农业工程学会代表大会在意大利米兰召开。中国农业机械学会副理事长汪懋华当选为国际农业工程学会第九分会（电与其他能源）理事会副主席，高元恩当选为第六分会（加工专业）理事会副主席。

9月

9月2日 农业部发布《农业机械维修工人技术考核办法》规定：农业机械维修人员实行技术考核制度，考核标准为1993年劳动部、农业部颁发的《中华人民共和国工人技术等级标准（农业）》，维修人员培训使用全国统编教材，考核合格发给《技术合格证书》。《技术合格证书》由农业部统一印制，省（自治区、直辖市）农机管理部门签发，在全国范围内有效。

9月18日 农业部在山东省诸城市召开农业机械管理暨农业节本增效工程技术推广工作会议。副部长刘成果在会上讲话，全面地分析了农村农业发展的新形势和农村改革以来农业机械化的新变化，提出今后一个时期农机化管理工作重点抓好三大突破性任务：抓好农机化宏观管理、加强基层农机服务体系建设和搞好以化肥深施为主要内容的农业节本增效工程技术推广工作等，并对农机管理部门提出了5点希望和要求。农业部农业机械化司司长徐文兰作会议总结。

9月25日 机械工业部部长何光远为中国农业机械化科学研究院向国内外公开发行的《运输车辆》杂志题词：辛勤耕耘，为促进运输车辆行业的发展作出贡献。

ZONGGUO NONGYE JIXIEHUA

10月

10月18日 财政部、国家税务总局发出《关于增值税几个税收政策问题的通知》，规定从1994年1月1日起“农用水泵、农用柴油机按农机产品依13%的税率征收增值税。”指出：“农用水泵是指主要用于农业生产的水泵，包括农村水井用泵、农田作业潜水泵、农用轻便离心泵、与喷灌机配套的喷灌自吸泵。其他水泵不属于农机产品征税范围。农用柴油机是指主要配套于农用拖拉机、田间作业机具、农副产品加工机械以及排灌机械，以柴油为燃料，油缸数在3缸以下（含3缸）的往复式内燃动力机械。4缸以上（含4缸）柴油机不属于农机产品征税范围。”

10月22日 机械工业部、公安部联合发布《1993年四轮农用运输车生产企业及其产品补充目录》。

11月

11月12日 机械工业部、公安部联合组织对江苏、浙江两省农用运输车行业发展客运变型车问题进行调查，并提出了农用运输车的发展意见。

12月

12月1日 农业部农业机械化管理司在广东省新会市召开全国农机成人教育工作会议。会议主要任务是贯彻落实中共中央、国务院印发的《中国教育和发展纲要》和全国教育工作会议精神，总结交流改革开放15年来农机成人教育改革发展的成绩和经验，研究分析农机成人教育面临的形势、任务和进一步改革发展农机成人教育的意见。

12月7日 机械工业部部长何光远赴越南访问，商谈机械工业的合作和贸易问题。双方一致同意在农机、建材设备、汽车、制冷设备和机床等方面加强合作，并决定成立两国机械工业合作小组，以促进合作项目的落实。

12月14日 农业部发布《关于进一步改革和发展农机成人教育的意见》，要求以“立足农业，面向市场，强化功能，增强活力，提高效益，加快发展”为指导方针，推进农机成人教育工作正规化、学校建设规范化、办学功能多样化、服务内容市场化的建设，推动科技教育兴农，促进农业和农村经济的发展。

1995年

2月

2月14日 机械电子工业部召开全国机械工业工作会议。部长何光远在工作报告中提出：机械工业的首要任务是要突出抓好产品质量，切实提高经济效益，推动机械工业从粗放经营向集约经营的转变，确保行业经济协调运行。其中第三条提到要大力增产适销对路的农业机械。

2月16日 机械电子工业部明确“振兴农机工业将分两步走”的思路，提出第一阶段到2000年，力争50%的主要农机产品达到国际80年代水平；第二阶段从2000年到2010年，重点产品将达到当时国际水平。

2月17日 机械电子工业部副部长邵奇惠在全国机械工业工作会议闭幕式上提出：农用车的发展应由市场作出结论。对市场的研究要从定性到定量，再进而定型。我们经常是定性的研究市场，现在可以说农业机械的市场见好。但定量的说，到底缺多少呢?我们不能准确回答。再进一步说，在农业机械的需求中间，什么样的机械需要多少?什么样型号的需要多少?农用运输车需要什么型号的?我们更没法回答。对市场缺少科学研究，这是机械行业面临的一个非常严重的问题。

3月

3月1日 国家计委、财政部联合下发《关于“九二”式拖拉机牌证收费标准的通知》，明确了拖拉机牌证及相关收费标准，为启用换发新牌证提供了收费政策依据。这是国家第一次颁发农机监理收费统一标准。

3月5日 出席八届全国人大三次会议的30名代表联名提交提案，建议制定《农机投入法》，以确保农业机械化健康发展。

3月11日 为加强机械电子工业部与农业部的合作，两部合作工作协调小组成立。机械电子工业部副部长邵奇惠、农业部副部长刘成果及两部有关司局负责人为协调小组成员，协调小组下设办公室，设在机械电子工业部农业装备司。

3月17日 机械电子工业部农业装备司发出《提高农机产品质量，确保农业生产紧急通知》。党中央、国务院和各级政府部门高度重视农业，加大了对农业的投入。农业生产形势日趋好转，促进了农机产品的销售。为确保农业生产，保护农民利益，通知要求各单位及主管部门严格贯彻《质量法》与有关质量管理的法规。认真贯彻落实机械电子工业部1号文件和1994年12月中旬机械电子工业部召开的全国质量工作座谈会会议精神，从根本上提高农机产品的质量。特别是生产紧俏产品企业，不能因扩大批量忽视质量，始终要把保证质量放在第一位，珍惜和保护来之不易的局面。

4月

4月17日 《工业经济内参》第27期刊登《“新疆—2”自走式联合收割机深受农民欢迎应积极扶持上规模》一文，国务院副总理邹家华看后批示：建议经贸委了解情况，组织各方予以支持。再一次证明适销对路的产品是企业搞活的重要因素。

5月

5月7日 朱镕基视察四方集团公司，对公司工作给予充分的肯定，并要求企业在蓬勃发展时，一定要保证质量，严格管理，居安思危。浙江省委书记李泽民、省长万学远陪同视察。该公司是浙江省百家现代企业制度试点单位之一。

5月9日 河北、河南、山西、山东、内蒙古5省、自治区在石家庄市召开异地收割协调会，组织8000台联合收割机于5月下旬开始“南征北战”。

5月15日 机械电子工业部部长何光远和农业部部长刘江联合签署报送国务院的《关于为实现农业发展目标，加强农机工作的请示》。该文件反映了改革开放新形势下农机工业和农业机械化的作用、存在的问题、面临的形势及需要解决的问题。

6月

6月5日 农业部和公安部联合发出《关于启用换发“九二”式拖拉机号牌及行驶证有关问题的通知》，决定从1995年7月1日起到1997年6月30日止，启用、换发“九二”式拖拉机号牌及行驶证。

6月19日 《中国农机化报》迎来创刊15周年，国务院副总理邹家华、姜春云，国务委员陈俊生及机械电子工业部部长何光远、农业部部长刘江、国内贸易部部长陈邦柱等为该报题词祝贺。

6月20日 李鹏出席中国工程与农业机械进出口总公司在越南河内举办中国农机与食品包装机械展览会。

7月

7月12日 在中国工程院第二次院士大会上，曾德超、陈秉聪、汪懋华当选为中国工程院院士。这是农机界首批工程院院士。

8月

8月8日 农业部发出《加强农机化外经工作的意见》要求：各级农机管理部门应进一步解放思想，转变观念，树立对外开放意识，把农机化外经工作与促进农业技术进步，提高农业综合生产能力，增加粮棉油产量，完成“四个一千”（即1 000亿斤粮、1 000万担棉、1 000万吨肉、1 000万吨水产品的增长目标）的战略任务及增加农民收入紧密结合起来。

8月9日 财政部和农业部联合发出《农业生产救灾柴油、化肥专项补贴资金使用管理暂行办法》。国家安排农业生产救灾柴油指标50万吨、化肥20万吨；专项补贴资金1.2亿元，其中用于柴油补贴9 000万元，用于化肥补贴3 000万元。

8月31日 水利部成立水利部机械局。

9月

9月9日 机械电子工业部部长何光远主持部长办公会议，讨论通过“九五”期间《农机工业发展方针和规划要点》。机械工业的振兴目标分为两个阶段：1996年至2000年为振兴第一阶段，重点是调整产品结构，产品品种基本满足农业全面发展的需要，提高制造工艺水平和产品的技术水平，力争50%的主要品种达到工业发达国家80年代水平，农机产品出口创汇达5亿美元。为实现振兴总目标打下基础。2001年至2010年为振兴第二阶段，进一步提高产品的性能和可靠性，重点产品达到当时的国际水平；调整农机生产的布局，使一部分产品形成经济规模；建成品种齐全、结构合理、高度专业化生产的产品生产体系。

9月26日 国家教育委员会批准北京农业工程大学和北京农业大学合并成立中国农业大学，把我国现代农业高等教育的起源地，发展成为以农为特色和优势的综合性大学。学校下设14个学院，机械工程学院设农业机械化工程专业，继续承担培养农业机械化专业的学士、硕士、博士人才及有关干部培训任务。

ZONGGUO NONGYE JIXIEHUA

10月

10月10日 国务院总理李鹏与秘鲁总统藤森共同主持，中国银行向秘鲁政府提供1.5亿美元买方信贷的签字仪式在秘鲁总统府金厅隆重举行。中国工程与农业机械进出口总公司（CAMC），是该笔贷款的独家执行公司。

10月18日 农业部在四川省德阳市召开全国农机服务体系建设经验交流会。副部长刘成果参加会议并讲话，指出农机服务体系建设的框架可概括为：明确一个宗旨，坚持两条腿走路，建设好四个层次，支起来六大支柱。这样农机服务体系就算形成了。服务体系既不是单纯经济实体，又不是单纯事业机构，两者加到一起形成农机服务体系。

10月24日　中国农业机械工业协会在北京召开第二届会员代表大会，会议选举鹿中民为理事长。邵奇惠出席会议并作了重要讲话。

10月26日　水利部发出《关于印发水利部机械局职能配置、机构设置和人员编制方案的通知》，明确了机械局的“三定”方案。

10月　《旱地农业工程的理论与实践》一书由北京农业大学出版社出版。该书由姜春云作序，刘成果为顾问，宋树友等为主编。本书系统地介绍了国际和国内旱地农业技术的经验和研究成果。

11月

11月2日　第四届中国国际食品加工和包装机械展览会在北京举行，全国人大常委会副委员长布赫、李沛谣，全国政协副主席马文瑞出席开幕式并剪彩。

11月6日　江泽民在视察北京顺义县时对农业机械化给予肯定，指出：真正种粮食，占据的人并不是很多。靠什么？靠机械化。并重申毛泽东提出的农业的根本出路在于机械化。

12月

12月13日　农业部印发《关于抓好今冬明春农机具检修工作的通知》，要求各地农机管理部门积极组织贯彻落实，利用冬季农机作业淡季，开展一次农业机械大检修活动，为1996年春耕生产和抗灾救灾做好充分准备。

12月　中国农业工程学会第五次全国会员代表大会在北京召开，选举刘成果任理事长。

1996年

1月

1月2日 国家质量技术监督局发布《农业机械运行安全技术条件 轮式拖拉机》等13项农机类国家标准，从1996年4月1日起实施。

1月14日 农业部在海南省召开全国水稻生产工作会议，组织水稻育秧、插秧、抛秧、摆秧及收获机具现场演示，来自13个厂家、科研单位及农业大学的10多种机具参加了水田作业演示，展示了我国目前适用的水稻生产机具和最新科研成果。部长刘江、副部长刘成果观看机具演示。

1月16日 阿根廷财政部批准LARIOJA州利用中国银行买方信贷，通过中国工程与农业机械进出口总公司采购工程机械、农业机械。

1月29日 朱镕基访问阿根廷时，中阿双方签署商业合同，总金额800万美元，并在LARIOJA州举行了交货仪式，机械电子工业部部长包叙定出席交货仪式。

1月30日 农业部在北京召开全国农业工作会议。刘江在农业机械化专业会上讲话强调，再不解决机械化的问题，就会严重阻碍农业的发展；提出农机的“南征北战”是我国农业机械化发展的方向之一。农业部农业机械化管理司司长魏克佳部署1996年农业机械化工作。

1月 中国农业大学教授谷谒白的科研项目“全方位深松机研究”获1995年度国家科技进步二等奖。

2月

2月9日 《农业机械》杂志社被国家科学技术委员会和中国科协授予“全国先进科普工作集体”称号。

3月

3月17日 李鹏在八届全国人大四次会议作《中华人民共和国国民经济和社会发展“九五”计划和2010年远景目标纲要》报告提出：“加快发展农用工业，增加生产资料供应，提高农业机械化和现代化水平。”

4月

4月1日 水利部在江苏省常州市召开了全国水利水电装备制造企业工作会议，水利部副部长朱登铨到会并讲话。会议对水利装备制造行业管理工作进行了总体部署，提出了加快企业改革和发展的思路及意见。

4月12日 江泽民、温家宝等听取机械电子工业部包叙定、邵奇惠关于农用运输车发展情况的汇报，并在中南海观看了11种农用运输车的演示。

4月13日 朱镕基、邹家华、姜春云批示同意农业部《关于继续保留农业生产救灾柴油、化肥专项补贴资金的请示》。1996年国家安排农业生产救灾柴油50万吨、化肥20万吨。中央财政为此安排专项补贴资金8 000万元。农业部决定，用于救灾柴油专项补贴6 000万元，用于救灾化肥专项补贴2 000万元，其分配、管理、使用等仍按1995年财政部和农业部联合颁发的《农业生产救灾柴油、化肥专项补贴资金使用管理暂行办法》执行。

4月17日 农业部、公安部、交通部、国家计委和中国石油化工总公司联合发出《关于做好联合收割机跨区收获小麦工作的通知》，决定利用小麦成熟的时间差，在北方麦区大范围组织联合收割机跨区收获小麦大会战。

4月22日 李鹏、朱镕基、李岚清、吴邦国、姜春云、李铁映、李贵鲜、司马义·艾买提、罗干等国家领导人在中南海观看农用运输车演示。机械电子工业部邵奇惠汇报我国农用运输车发展情况。

4月26日 农业部印发《加强农业机械化信息工作的意见》，明确了加强农业机械化信息工作指导思想，提出具体要求。

5月

5月20日 农业部在北京举办《水稻育秧栽插机械现场演示会》，副部长吴亦侠、刘成果及各司局负责人参观演示会。农业部南京农业机械化研究所、中国农业大学等科研单位展示近年来在水稻生产机械化方面的科研成果，其中集插秧机和抛秧机优点于一体的摆秧机受到好评。

5月21日 国务院副总理姜春云在中南海主持召开水稻生产机械化座谈会上指出：水稻生产从育秧、栽插、施肥到收获实现全程机械化是水稻生产技术上的一场革命，要下决心，集中力量，精心组织，务必搞好。当时观看了“演示会”录像，听取农业部副部长吴亦侠就水稻生产机械化情况的汇报。参加座谈会的有农业部农业机械化管理司、科技与质量标准司、南京农业机械化研究所、中国农业大学、北京市农业机械研究所、黑龙江省水田机械化研究所等单位负责人和专家教授。

5月31日 农业部利用小麦成熟的时间差，组织北方10省、自治区、直辖市联合收割机跨区机收小麦大会战，在河南省临颍举行开机仪式。来自河南、河北、山西、内蒙古等地的40台联合收割机、近百名机手参加。副部长刘成果到会讲话，并为开机仪式剪彩。

5月 姜春云为江西手扶拖拉机厂农用运输车10万台下线题词：大力发展农机事业。

6月

6月4日 国家质量技术监督局发出《对组建中国农机产品质量认证管理委员会暨中国农机产品质量认证中心的批复》，同意农业部牵头筹建中国农机产品质量认证管理委员会并组建中国农机产品质量认证中心。中国农机产品质量认证管理委员会作为第三方认证机构按照有关法律、法规、规章的规定，依据国家标准、行业标准的要求实施农机产品质量认证。宗旨是保障农机产品的安全和有效，促进企业质量管理水平和产品质量提高，促进国内、国际贸易，发展国际认证合作。

6月28日 国家科委委托农业部主持召开国家“九五”科技攻关项目“农业机械化适用技术研究”开标评标会。“农业机械化适用技术研究”主要内容包括水稻生产机械化，玉米、棉花机械化育苗移栽，地膜残膜回收三类适用技术。经过专家评审，中国农业大学机械工程学院、农业部南京农业机械化研究所、山东工学院、东北农业大学等7个牵头单位中标。

6月30日 李鹏视察黑龙江二道河农场，观看了农用飞机农业航空作业表演。

7月

7月6日 温家宝就有关药械和施药技术等问题作出重要批示，指出：植保机械质量，直接关系农业生产，关系农民的健康和利益。必须下决心，采取得力措施，尽快扭转植保机械研制、生产落后、管理混乱的状况。

7月12日 农业部在北京市通县组织节水灌溉机械现场演示座谈会，中国农业大学等单位演示了近年来研制的适合于北方旱作区农业生产的抗旱灌水播种机、坐水式播种机等行走式节水灌溉机械，国务院副总理李岚清观看机具演示、听取专家和部分省农机局长就节水灌溉机械研制、开发、推广等方面的汇报。李岚清讲话指出：毛主席讲农业的根本出路在于机械化，现在看确实大有可为，农业机械化的春天来到了。要大力研究和推广行走式灌溉技术。可以开发拖拉机的功能，用拖拉机开发一种行走式灌溉、喷灌、洒灌技术。创造一个中国式的节水农业的道路。副部长刘成果及有关司局负责人出席会议。

7月16日 中国工程院院士、机械工业部科学技术委员会副主任姚福生任中国农业机械化科学研究院名誉院长，机械工业部常务副部长邵奇惠向姚福生颁发了名誉院长聘书。

7月30日 刘江为1997中国国际农业机械展览会题词：引进先进技术，提高农机水平。

9月

9月6日 农业部印发《农业机械化发展“九五”计划和2010年规划》，着重提出了我国农业机械化发展的方向、任务、目标和相应的发展战略。到2000年农业机械化发展的主要目标是：全国农机总动力以34%年递增率增长；机耕、机播和机收面积分别达到6 100万公顷、4 700万公顷和2 840万公顷；农业机械化发展对粮食增长和农业总产值增长的贡献份额达到15%，到2010年农机化贡献率将达到20%。

9月26日 农业部印发《农业节本增效工程示范区建设规划》和《农业节本增效工程示范区项目管理办法》，决定在全国建立100个农业节本增效工程示范区，以进一步推动节本增效工程技术的推广应用。

10月

10月8日 中国农业机械化科学研究院举行建院40周年庆祝活动。国务院副总理吴邦国、姜春云分别题词。吴邦国题词：农机科研大有作为。姜春云题词：立志农机科研服务农村经济。机械工业部部长包叙定致贺信，副部长孙昌基出席并讲话，希望全院职工全心全意为农业服务，为农村经济发展提供更多实用、先进的农机产品。

11月

11月8日 机械工业部、公安部联合印发《1996年农用运输车生产企业及其产品目录》，共有247个企业，包括三轮、四轮农用运输车两类车型，1 000多个品种列入目录。

12月

12月2日 农业部印发《水稻生产机械化发展“九五”计划和2010年规划》，提出了我国发展水稻机械化的指导思想、具体目标、区域布局和主要措施。

12月13日 机械工业部成立机械工业部农用运输车行业管理办公室，挂靠农业装备司，主要职责：组织相关政策研究与协调，组织编制农用运输车生产企业、产品目录并监督目录执行情况，农用运输车产品鉴定管理，与国家有关部门联系和协调，农用运输车行业日常管理工作。

12月16日 农业部在江西省南昌市召开全国农业工作会议，部长刘江和副部长白志健出席农机专业会并讲话。刘江对“三夏”期间农机部门组织小麦跨区机收大会战给予高度评价。

12月20日 ’96机械工业部农用运输车工作会议在济南召开，机械工业部常务副部长邵奇惠到会讲话。会议期间，举行了农用运输车发展战略研讨会。山东巨力集团公司、北汽福田车辆有限公司向部扶贫点捐赠50辆三轮汽车、10辆四轮载货汽车。

12月28日 农业部印发《关于组织送教下乡开展千万农机手培训活动的通知》，决定用两年时间集中组织农机管理系统的干部和全国2 000多所农机学校，送科技知识下乡，对千万农机手进行培训。

1996年 经中国消费者协会批准，中国消费者协会农机产品质量投诉监督站成立，挂靠农业部农业机械试验鉴定总站。这是中国消费者协会在系统外建立的第一个专业投诉监督站。

1996年 中国农业机械化科学研究院王燕飞等研究开发的长绒棉加工工艺及设备、建立中试厂获国家科技进步奖三等奖。

1月

1月21日 农业部在北京召开1997年跨区机收小麦协调会，中纪委驻农业部纪检组组长、农业部党组成员宋树友到会并讲话，公安部、交通部、机械工业部、国家计委、中国石油化工总公司和有关省农机局负责人参加了会议，会上研究布置了当年跨区会战的组织工作。1997年参加会战的省份由1996年的11个增加到19个。

1月28日 中国机械装备（集团）公司在京正式成立。该集团的成立旨在改变部属公司各自为政、力量分散的局面，充分发挥部属公司的整体优势，以适应日趋激烈的国内外市场竞争的需要。该集团具有贸易、产业、科技、金融及资产管理等综合职能。

3月

3月4日 农业部印发《关于征求〈中华人民共和国农业机械管理条例〉修改意见的函》，向国家计委、财政部、公安部、机械工业部、交通部、国家税务总局、国家质量技术监督局以及各省农机管理局征求意见。经进一步修改后，年底前报国务院法制局。

3月11日 农业部在广州市召开全国早稻“五化”现场会，副部长白志健在会上提出，实现早稻栽培轻型化、育秧工厂化、品种优质化、收获机械化、用途多样化（简称“五化”）是促进我国早稻生产持续稳定发展的战略选择和根本出路。

3月24日 农业部、公安部、交通部、机械工业部、国家计委、中国石油化工总公司联合发出《关于做好今年联合收割机跨区收获小麦工作的通知》，成立了由白志健为组长的跨区机收小麦工作领导小组，负责全国跨区机收的组织、协调和领导工作。通知规定：对参加跨区机收的联合收割机允许上等级公路行驶，并免收过路过桥费。

4月

4月8日 农业部发出《关于将农业部南京农业机械化研究所等3个研究所划归中国农业科学院的通知》。经部党组研究决定，将南京农业机械化研究所、农业部沼气科学研究所、农业部环境保护科研监测所划归中国农业科学院。

4月15日 农业部在内蒙古赤峰市召开行走式节水灌溉机械化技术推广会。李岚清给会议写信，强调在我国发展节水灌溉以及各种旱作农业技术对我国农业的持续发展的重要意义。希望新闻媒介加大宣传力度，以增强全民的节水意识；各农业院校和科研单位，要继续结合农业生产实际，研究开发适合我国国情的各种形式的节水灌溉技术和适用机具，并做好新技术的试验示范和推广工作。副部长洪绂曾到会并讲话。来自中国农业大学、西北农业大学、河南农业大学，12个省、自治区农机管理局，19个试点县，以及有关单位代表参加会议。会上有两大类12种节水灌溉机具现场演示。

6月

6月3日 农业部在河南省许昌市召开1997年小麦跨区机收会战动员大会，刘江、白志健出席，北方麦区19个省（自治区、直辖市）的农机局局长参加会议。

7月

7月 国家质量技术监督局对国家中小拖拉机质量监督检验测试中心进行第二次复查验收。

ZONGGUO NONGYE JIXIEHUA

8月

8月2日 农业部在黑龙江省佳木斯市召开全国农机管理服务现场会。白志健到会讲话，对一些省（自治区、直辖市）创办的农机专业股份公司、集团承包、股份合作制、农机专业合作社、农机联合体和农机使用者协会等新型服务组织和服务模式给予充分肯定。会议组织参观安达市、阿城市、哈尔滨郊区乡村农机站及友谊农场农机队的标准化管理、新型农业服务组织建设，以及农业机械化新技术、新机具表演现场，部署了基层农机服务组织建设和农业机械化生产工作。

8月22日 姜春云在黑龙江省视察时，对农业机械在粮食生产中的作用给予了高度评价。他指出：黑龙江省从实际出发，创造了许多抗灾救灾，增加粮食产量的好经验。其中，采用农业机械的措施有两条：一是深松土壤，“春旱秋抗”。秋收后立即深松整地，活土层加深到30厘米，形成土壤水库，把雨雪蓄在地里，对保春种，保增产作用极大。二是适时早播，全局主动。黑龙江省无霜期短，既怕旱又怕涝还怕早霜。适时早播是确保增产的一大要素。

8月 《机械工程手册》第二版专用机械卷（一）由机械工业出版社出版。内容包括拖拉机、农业机械、农产品加工机械、林业机械、畜牧机械、渔业机械等6篇。何光远担任该手册编委会主任委员，沈鸿、周子健、周建南、汪道涵为名誉主任委员。

ZONGGUO NONGYE JIXIEHUA

9月

9月1日 机械工业部发文批准在中国农业机械化科学研究院组建机械工业部粮食生产机械化工程研究中心。该中心的主要任务是：通过对现有科研成果的工程化研究，对引进技术的消化和创新，不断推出适合我国粮食生产新农艺要求和农机企业需求的工艺技术和装备。

10月

10月21日　国务院办公厅转发国家计委、机械工业部《关于加强农用运输车管理的意见》。此文件是由国家计委与机械工业部共同起草，经国家经贸委、公安部、交通部，以及银行、税务、海关、工商等部门会签，并由国务院5位副总理签发的。文件指出："国家对农用运输车行业将采取鼓励兼并、促进联合、发展规模经济、提高规模效益的政策，以改变目前厂点多、规模小的状况。对在兼并联合中具备一定条件的企业，国家将在筹集发展资金上给予一定的支持，以加快其发展。"

10月27日　经机械工业部、国家科委批准，由中国农业机械学会和中国机械工程学会包装与食品工程分会主办的'97北京国际食品加工及包装技术讨论会在北京召开。机械工业部副部长李守仁致开幕词。有13个国家派代表参加，大会交流论文58篇。

10月28日　第五届中国国际食品加工和包装机械展览会在北京举行。全国人大常委会副委员长王光英、机械工业部部长包叙定出席了开幕式。

10月30日　经国务院批准，财政部、国家计划委员会联合发布《油品价格调节基金征收使用管理暂行办法》，建立油品价格调节基金，专项用于补助柴油提价影响较大的小麦、水稻、玉米三大粮食作物的机耕、机播、机收等农机田间作业。油品价格调节基金征收范围为全国所有从事加工国产陆上原油的炼油企业，征收标准按加工国产陆上一档原油每吨5元征收。

11月

11月4日　对外经济贸易部（1997）外经贸函字第476号文件批准，中国工程与农业机械进出口总公司借用多种形式援外专项资金90万美元，在秘鲁建立农机产品组装企业。

11月29日　'97北京国际农业机械发展研讨会在北京举行。会议以跨世纪的农机发展与中国市场为主题，由中国农业机械学会、中国农业机械工业协会、中国农业机械流通协会、中国农业机械化科学研究院和中国农机化报社联合举办。会议主要内容：（1）邀请海外著名农机厂商与中国主管部门官员一起交流探讨2000年前后中国农业和农机工业发展、扩大开放的政策导向及市场走向。（2）与会的中国农机各专业龙头厂家和外商相互接触和商谈合作事宜。（3）有众多的农机用户包括经济发达地区农业官员和国有农场代表到会参与农机发展研讨。包叙定、刘成果参加会议并会见国内外农业、农业机械学会负责人和厂商代表。

ZONGGUO NONGYE JIXIEHUA 12月

12月1日 '97中国国际农业机械展览会在北京全国农业展览馆开幕，由中国农机流通协会、中国农业机械工业协会、中国农业机械总公司、中国科协新技术开发中心和香港华展国际有限公司联合举办，日本、德国、意大利、美国、俄罗斯、法国、中国和香港、台湾等国家和地区的130个厂商参展，展品包括收割机、拖拉机、耕作机械及农具、牧业机械、灌溉设备、林业机械、农产品加工设备以及农用运输车等。国内贸易部副部长应文华、机械工业部副部长孙昌基等出席大会。

12月2日 农业部在安徽省合肥市召开全国农业工作会议。李鹏对会议作批示，姜春云给会议致信。刘成果、白志健出席农机专业会议并讲话。白志健指出：今后一个时期的农业机械化工作，要围绕增加农民收入和增加农产品有效供给，坚持为推进“两个转变”服务，为实施科技兴农战略服务，为农业产业化服务，走一条具有中国特色的农业机械化发展道路，努力做到“三个适应”：适应以家庭联产承包为主、统分结合双层经营体制的要求、适应社会主义市场经济的要求、适应农业和农村经济跨世纪发展的需要。

ZONGGUO NONGYE JIXIEHUA

1月

1月1日 经国务院批准的《当前国家重点鼓励发展的产业、产品和技术目录》开始试行。目录中列于机械领域的农业机械产品和技术有4项：农业适度规模经营机械设备，农、畜产品深加工及资源综合利用设备，农业环境、生态农业所需设备，农业（棉花、水稻、玉米、豆类、青饲料等）收获机械及农机具。

1月1日 农业部商财政部、国家计划委员会同意，印发《油品价格基金使用管理实施细则》规定，油品价格调节基金的使用范围是小麦、水稻、玉米等主要粮食作物的机耕、机播、机收等农机田间作业。补助对象是直接从事田间作业的农机服务组织。补助办法由农业部每年初根据各地的申请和实际到位的资金，提出当年补助项目的资金分配方案，商财政部、国家计划委员会同意后下达到省、直辖市、自治区农机管理部门，要求层层落实到农机服务组织。

1月5日 农业部公布施行《农用拖拉机及驾驶员安全监理规定》。规定分总则、拖拉机管理、驾驶员管理、违章处罚及事故处理和附则，共5章57条。

1月7日 中央农村工作会议在北京召开，主要任务是分析农村形势，统一思想认识，着重解决当前存在的突出问题，部署农村工作。会议由国务委员兼国务院秘书长王忠禹主持。会议认真分析了当前我国农业和农村工作面临的新形势，提出要加强以水利为重点的农业基础设施建设，逐步推进农业机械化，加大农业综合开发力度。

3月

3月5日 由农业部、公安部、交通部、机械工业局、国家计委和中国石油化工总公司组成的全国跨区机收小麦工作领导小组下发《关于做好1998年联合收割机跨区收割小麦工作的通知》，要求各级农机、公安、交通、机械、物价、石油等部门继续配合，共同做好1998年联合收割机跨区机收小麦工作。

3月7日 李鹏到政协九届农业界委员驻地听取委员们的意见。在座谈中，李鹏肯定了农业机械化在农业生产中的重要作用，指出农业要实现机械化不是农民一家一户能做到的事，要借鉴成功的经验，积极建立完善的社会化服务体系。他在谈到科技投入时表示，应大力推广抛秧、旱育、稀植这类农业新技术。资金投入应由国家、地方、集体和个人按比例配套进行。

3月12日 国家经济贸易委员会、国家质量技术监督局、国家工商行政管理局、国内贸易部、机械工业局、农业部发出《农业机械产品修理、更换、退货责任规定》，自1998年9月1日起施行。规定是根据《产品质量法》和《消费者保护法》及有关法律制定的配套规章，界定和量化了农机产品修理、更换、退货（即“三包”）的条件，明确了销售者、修理者、生产者的质量责任和义务。规定的实施对于保障广大农民的合法权益不受侵害、具体落实法律规定的产品质量责任、明确责任主体、调整社会经济生活各方面的关系、维护市场正常秩序、完善产品质量法规体系具有重要意义。规定调整的农机产品范围较宽，覆盖了农业、牧业和水产养殖业的12类75种机械产品。

4月

4月8日 财政部农财司、农业部农业机械化管理司联合印发《关于编制1998年大型拖拉机及配套农具更新补贴计划的通知》。计划1998年中央财政安排2000万元资金，支持黑龙江省、辽宁省、山东省、内蒙古自治区、河南省、新疆维吾尔自治区、吉林省的更新工作。

4月15日 江泽民在重庆农村调查研究时与农民谈农业机械化，热情赞扬实行科学种田，发展农业机械化给我国农村带来的新变化。

4月28日 中国农机产品质量认证管理委员会暨中国农机产品质量认证中心成立大会在北京举行。农业部副部长白志健、国家质量技术监督局副局长朱明暹、国家机械工业局、国内贸易部等有关部门的负责人和部分质量认证机构、农机生产企业、农机检测部门以及农机用户的代表出席会议。

4月 经国家机械工业局和新疆维吾尔自治区人民政府批准，原新疆联合机械（集团）有限责任公司加入中国机械工业集团公司，并与中国机械工业集团公司的子公司中国农牧业机械总公司合并组建了集科、工、贸为一体的国有大型企业——中国收获机械总公司。

5月

5月20日 农业部印发《关于做好农机行业职业技能鉴定工作的通知》，在农机管理部门贯彻国家有关《职业技能鉴定规定》、《职业资格证书制度》和《职业技能鉴定工作规则》，实行工人技术考核与职业鉴定并轨。

6月

6月3日 农业部发布《关于切实做好跨区机收会战联合收割机维修服务工作的紧急通知》，要求各地农机部门采取有效措施，认真搞好联合收割机维修、零配件供应工作，督促、协助联合收割机生产企业和销售部门做好今后服务工作，切实落实“三包”规定，保证机收会战的顺利进行。

6月15日 江泽民指示：在公路上晒麦子，至今没有解决。从根本上解决这个问题，就是要有烘干设备。能不能像机械化收割一样，集中力量解决烘干设备问题。

6月23日 国务院副总理温家宝批示：江泽民同志最近提出，要集中力量解决粮食烘干设备的问题。这件事既有经济效益，又有社会效益，关键是决心、组织和落实。计委、经贸委、农业部要认真贯彻江泽民同志的指示，研究如何解决好这个问题。建设500亿斤粮食储备库，要考虑烘干设备的合理布局和配套。同时，根据我国的实际情况，机械工业部门可以研制一些方便农民、小型灵便、节能低耗的烘干设备。粮食收储企业也要开展这方面的服务。

6月23日　李岚清充分肯定行走式节水灌溉技术与机具试点试验工作取得的进展。希望继续扩大试验，进一步改进存在的问题。在有条件、有需要的地方，要把科研、制造、使用、服务连成一条龙，形成产业化，像为农民提供机械化收割那样提供节水灌溉服务。

6月25日　国务院办公厅印发《农业部职能配置、内设机构和人员编制规定》。农业部设农业机械化管理司，主要职能是："研究提出农业机械化发展方向及重大技术措施建议；引导农机、牧机和植保机械产品结构调整，提高农业机械化普及和应用水平；拟定农机作业规范和技术标准；组织实施拖拉机、联合收割机、农用运输车等农业机械的安全监理、产品质量检验、鉴定和认证管理。"同时规定：将农机制造方面的政府职能交给国家经济贸易委员会；农机修造、农机供油和维修网络建设方面的政府职能由地方人民政府承担。

7月

7月6日　江泽民在新疆农村调查研究时，与农民谈农业机械化。

7月17日　农业部在湖南省长沙市召开全国水稻生产机械化工作会议。会议展示了我国水稻生产机械化技术和装备的新成果，总结交流各地近年来水稻生产机械化技术推广及示范县建设情况，研究"九五"后期水稻机械化发展的任务和措施，并现场演示了部分先进适用的机具。会议提出发展的基本思路：按照因地制宜、分类指导、重点突破、全面推进的原则，抓住关键环节和适用技术，积极推进水稻生产方式的转变，力争在2010年在经济发达的地区和水稻主产区基本实现水稻生产机械化。

9月

9月8日　农业部为贯彻中央领导关于粮食烘干问题的指示，提出解决粮食烘干问题的基本思路以及下一步工作意见，并向国务院上报了《关于贯彻落实江总书记要集中力量解决粮食烘干设备问题批示情况的报告》。

9月14日　财政部、农业部联合印发《大型拖拉机及配套农具更新补助资金使用管理暂行办法》，进一步明确从1998年开始，中央财政每年安排专项资金对部分省（自治区）的县以下（含县）农机服务组织更新大型拖拉机及配套农具进行补助，中央财政每台（套）补助5 000元，地方财政按不低于1：3的比例配套。

9月　由原机械工业部与农业部共同组织报送的“九五”国家重点科技攻关项目“农业适度规模经营关键技术装备研制”和由国家机械工业局组织申报的项目“主要农副产品深加工关键技术与成套装备研制”，获国家发展计划委员会批准。这两个项目研制经费分别为5 200万元和5 600万元，其中国家安排投资分别为2 600万元和2 800万元，其余由各承担单位以自有资金和银行贷款解决。

10月

10月5日　江泽民在苏南考察农业和农村工作期间，专程到昆山市玉山镇农机站考察了农业机械配备情况，并仔细地询问了每一种机械的性能、质量和使用效果。

10月8日　《人民日报》报道：江泽民赴安徽、江苏、上海和浙江，深入农村，就农业和农村工作进行调查研究。江泽民强调指出：改革开放20年来，我们坚持以邓小平理论和党的基本路线为指导，农业和农村工作取得了巨大的成就。沿海发达地区要高度重视农业和农村工作，继续深化农村改革，加强发展农业生产力，建设发达农业，争取率先基本实现农业现代化。

10月14日　中国共产党十五届三中全会通过的《中共中央关于农业和农村工作若干重大问题的决定》指出：家庭承包经营“这种经营方式，不仅适应以手工劳动为主的传统农业，也能适应采用先进科学技术和生产手段的现代农业，具有广泛的适应性和旺盛的生命力，必须长期坚持。”“推进农业科技革命，要在广泛运用农业机械、化肥、农膜等工业技术成果的基础上，依靠生物工程、信息技术等高新技术，使我国农业科技和生产力实现质的飞跃，逐步建立起农业科技创新体系。”

10月26日　农业部在江苏省吴江市召开全国粮食产地烘干工作座谈会。会议总结了我国粮食主产区开展粮食产地烘干工作的经验，研究了今后一个时期的工作思路和具体措施，并现场演示了部分小型烘干设备。副部长路明在座谈会上作了题为《提高认识，明确思路，大力发展粮食产地烘干机械化》的讲话。

10月31日　为落实江泽民、温家宝关于解决粮食烘干问题的指示精神，国家计委下发文件，由中国农业机械化科学研究院等3个单位，承担“水稻干燥机关键技术与成套设备”项目。李维民为项目负责人，曹崇文教授为该项目顾问，重点是干燥机电控系统和热源的改进，完善工艺及装备，提高生产能力。

11月

11月18日 李岚清在中国农业科学院召开农业科研与节水灌溉专家座谈会。参加会议的有科技部、水利部、农业部、教育部等部领导及专家20余人。李岚清指出：要研究开发多种形式的具有中国特色的节水灌溉方法和机具。行走式灌溉机是一种很好的机具，把播种、灌水、施肥结合在一起，有水就可以保证出苗，所以很受农民欢迎。

11月20日 中国农业机械学会第六次全国会员代表大会在上海召开。会议探讨了如何面向新世纪、全面贯彻落实党的十五届三中全会提出的各项任务、迎接知识经济的挑战；选举产生了第六届理事会，中国机械装备（集团）公司总经理高元恩当选为第六届理事会理事长。

12月

12月7日 国家机械工业局批准：中国农业机械化科学研究院和呼和浩特畜牧机械研究所合并。

12月28日 农业部在北京召开全国农业工作会议。副部长路明以《总结经验　加快发展　把农业机械化提高到一个新水平》为题在农机专业会议上讲话，总结20年来我国农业机械化改革与发展的成功经验，提出从现实和长远看，农业机械化已站在一个新起点上。要抓住机遇，坚定信心，认清形势，乘势而上，进一步加快农业机械化发展。

1998年 经国家质量技术监督局批准农业部牵头组建中国农机产品质量认证中心，并挂靠农业部农业机械试验鉴定总站。

1998年 经国家质量技术监督局批准，国家中小拖拉机质量监督检验测试中心更名为国家拖拉机质量监督检验中心（北京）。承检范围：内燃机、手扶拖拉机、手扶拖拉机变型运输机、轮式拖拉机、履带式拖拉机和部分拖拉机零配件等11种产品。

1998年 经农业部批准，在重庆市农业机械鉴定站设立农业部农业机械试验鉴定总站排灌机械专业站。

1999年

2月

2月8日 农业部印发《关于加强农机监理工作确保农机安全生产的通知》，要求农机部门采取有力措施，加强农机监理工作，确保农机安全生产。

2月28日 中国农机产品质量认证中心首批获证产品发证大会在北京召开。中国农机产品质量认证管理委员会主任、农业部副部长路明和国家质量技术监督局领导出席了会议，并向中国一拖集团（宁波）中策拖拉机汽车有限公司等6家企业生产的18种拖拉机、农用柴油机、旋耕机产品颁发农机产品合格认证证书，向辽宁凤城东丰机械厂等3家企业生产的5种铡草机产品颁发农机产品安全认证证书。

3月

3月1日 国家质量技术监督局印发《关于批准第一批实施质量认证的农机产品目录的函》，批准“第一批实施安全认证的农机产品目录”和“第一批实施合格认证的农机产品目录”，安全认证3类12种产品，合格认证14类45种产品。经确认的农机产品认证范围涉及拖拉机、柴油机、旋耕机、农用运输车、植保机械、收获机械、铡草机、脱粒机等机械，基本覆盖了目前我国农村使用的主要农业机械。

3月17日 农业部印发《关于做好农机化技术推广工作的通知》，确定了农机化技术推广总目标及各省（自治区、直辖市）农机化技术推广任务。

3月21日 由农业部副部长刘坚主持，农业部与陕西省人民政府签订《农作物秸秆综合利用和禁烧工作协议书》，农业部副部长路明和副省长王寿森签字。农业机械化管理司司长牛盾代表农业机械化管理司与陕西省农业机械管理局签订《重点地区农作物秸秆机械化还田工程项目合同书》。至4月底，农业部分别与北京、天津、河北、河南、陕西、江苏、上海、山东、四川和辽宁10省（直辖市）签订了《农作物秸秆综合利用和禁烧工作协议书》和《重点地区农作物秸秆机械化还田工程项目合同书》。

3月24日 农业部、国家质量技术监督局联合印发《关于开展联合收割机质量跟踪调查的通知》，决定在“三夏”期间，对联合收割机质量情况进行跟踪调查，掌握机械的质量和使用情况，找出薄弱环节，拟定管理措施，促进联合收割机产品质量和售后服务水平提高。农业部农业机械试验鉴定总站具体承担跟踪调查工作。

3月27日 中共中央政治局常委胡锦涛在河南省委书记马忠臣、省长李克强和中央有关部委领导的陪同下，到中国一拖集团有限公司视察工作。胡锦涛指出：事实证明，中央关于推进国有企业改革的方针和政策是正确的，关键在于狠抓落实。只要大家坚定信心，迎难而上，真抓实干，国有企业改革的目标就一定能实现。

3月30日 全国跨区机收小麦工作领导小组印发《联合收割机跨区作业工作实施方案》，确立扩展作业范围、扩大作业规模、提高机收水平的工作目标，采取成立领导机构、组建跨区机收服务队、召开供需协调会、明确接待责任、核发《跨区作业证》、确保联合收割机的顺利转移、做好各项配套服务工作、规范收费行为、认真做好宣传、总结工作等措施，确保跨区机收小麦工作的顺利完成。

ZONGGUO NONGYE JIXIEHUA

4月

4月4日 农业部在河北省石家庄市召开全国跨区机收小麦工作协调会，会议传达了全国跨区机收小麦领导小组《联合收割机跨区作业工作实施方案》和农业部农业机械化管理司、公安部交通管理局、交通部公路司《关于加强联合收割机跨区作业管理的通知》，对跨区机收小麦工作进行了全面部署。农业部副部长路明、河北省副省长郭庚茂出席会议并讲话。会上发布了10个小麦主产区260多个市、县的联合收割机作业供需信息，176个县、市现场签订344份供需协议。

4月7日 农业部印发《关于颁布实施〈农业机械号牌〉等十八项行业标准的通知》，将农业机械号牌、农业机械驾驶证证件、农业机械行驶证证件列为中华人民共和国行业标准，并于7月1日起实施。

4月23日 路明赴山西省晋中、临汾、长治等地进行为期3天的考察，了解由澳大利亚昆士兰大学、中国农业大学和山西省农机局合作组织实施的中澳机械化保护性耕作农业项目。路明指出：用现代科学技术对我国传统农业进行改造是实现我国农业现代化的重要内容，这项技术在北方地区有较大的推广价值，为农业可持续发展创造了条件，应有计划地进行推广。

4月30日 农业部发布实施《联合收割机及驾驶员安全监理规定》，包括总则、联合收割机管理、驾驶员管理、作业安全、违章处罚和附则6章41条。

4月 黑龙江农垦总局利用日本政府2亿美元贷款项目，引进10 000多台件各类大中型机械，实施“24111”农机装备工程：建设2个现代示范区（友谊农场四分场、浓江农场一区），4个现代化农场（洪河、二道河、鸭绿河、浓江农场），1个旱田机械化分局（九三旱田农机装备现代化分局），100个旱田机械化队，100个水田机械化队。

ZONGGUO NONGYE JIXIEHUA

5月

5月25日 财政部向黑龙江、吉林、山东、辽宁、河南、新疆、内蒙古7个重点产粮大省（自治区）下达大型拖拉机及配套农具更新补助资金2 000万元，用于农机服务组织和农机大户的大型拖拉机及配套农具的更新补助。

5月25日 农业部下达秸秆综合利用专项资金3 000万元，用于北京、天津、石家庄、沈阳、上海、南京、济南、郑州、成都、西安10个大中城市郊区及京津塘、京石、沪宁、济青4条高速公路沿线地区的秸秆综合利用技术推广补助。主要用于从事秸秆综合利用的单位或个人购置秸秆粉碎还田机等农机具的补贴。

5月26日 科学技术部和国家经贸委在北京联合召开科研机构改革会议。经国务院批准的10个产业部门所属242个科研机构管理体制改革方案进入实施阶段。131个院所进入企业（集团），40个院所转为科技型企业，实行属地化管理。18个院所保留事业单位性质，转为中介机构。24个院所并入学校。中国农业机械化科学研究院等12个院所转为中央直属大型科技企业。

5月 农业部农业机械化管理司主办的农业机械化行业官方网站中国农业机械化信息网正式在因特网上开通。

6月

6月2日 科学技术部发出《关于对国家农业机械工程技术研究中心组建项目可行性研究报告的批复》，同意国家农业机械工程技术研究中心的组建目标、方向、主要任务和运行机制，依托单位为中国农业机械化科学研究院（含广东省农业机械研究所）。

6月4日 农业部在河南省郑州市召开全国小麦跨区收获及秸秆粉碎还田技术推广现场会，总结交流经验，明确工作思路和部署具体措施。部分秸秆粉碎还田机具现场演示。副部长路明出席会议并提出：进一步推动小麦跨区机收，组织联合收割机质量跟踪调查，贯彻落实6部委《秸秆禁烧和综合利用管理办法》，推广应用秸秆还田技术及机具。

6月18日 国家经贸委副主任张志刚出席在中国农业机械化科学研究院试验站举行的“水稻干燥机关键技术与成套设备”项目演示会。张志刚要求：生产企业要在质量、可靠性、降低成本、售后服务方面下工夫。现场会由国家机械工业局副局长吴晓华主持。演示机具是北京、辽宁、吉林、福建等地的企业一年来新研制生产的水稻、小麦、玉米烘干机及以煤、油、生物质能为燃料的燃料炉、电控设备等机具。

8月

8月9日 国务院研究室在总第1029号送阅件上选登《市场核心论经营管理战略的成功实践——山东时风集团案例研究》一文并加编者按：山东时风集团之所以发展迅速，根本原因是适应计划经济向市场经济的转变，确立了“围着市场转、跟着市场干、随着市场变”的经营理念，实行了以市场核心论为指导的经营管理战略，此经验对于开拓广大农村市场和搞好国有企业，具有一定的启发意义。

8月28日 农业部农业机械化管理司组织实施的“九五”国家科技攻关项目“适用农机化技术与机具研究”的13项成果均通过科研鉴定，进入中间试验阶段，部分成果已形成产品。

8月30日 农业部与国家质量技术监督局联合召开新闻发布会，向社会公布农业部农业机械试验鉴定总站组织河北、山西、山东、河南、陕西等省农业机械局、农业机械质量检查站，对参加跨区机收作业的16家企业的联合收割机进行质量跟踪调查的结果。此次共跟踪356台、调查3 994台。副部长路明、国家质量技术监督局副局长朱明暹出席会议。国务院副总理吴邦国作出重要批示：要求行业主管部门采取有效措施，提高联合收割机产品质量。

9月

9月14日 农业部在山东省淄博市召开玉米跨区机收暨机具演示现场会，18个玉米主产省的农业机械管理局和20多家农机生产企业参加会议。农业部副部长路明作书面讲话。会议提出发展玉米生产机械化的指导思想，就进一步做好玉米收获机械的选型与推广，借鉴小麦跨区机收模式积极培育玉米机收市场，以及秋季作物机械化秸秆还田和禁烧工作，提出具体措施和要求。

9月23日 农业部印发《关于加强温室引进管理工作的通知》，针对改革开放后，我国引进的国外温室，大部分运营状况和济效益较差，对今后温室引进工作提出：一要切实加强领导，积极改进工作；二要建立招标采购制度，进一步规范引进工作；三要切实加强内部管理，探索合理高效的工作机制，提高引进温室的经济效益；四要加强信息沟通和技术指导。

9月23日 农业部在北京全国农业展览馆举办新中国50周年农业和农村经济成就展暨99’中国国际农业博览会。中央政治局常委、国家副主席胡锦涛，中央政治局委员、国务院副总理温家宝前往参观。全国人大常委会副委员长田纪云、布赫，全国政协副主席陈俊生出席开幕式，观看了南京农业机械化研究所研发的气吸式育苗精量播种机现场表演。

9月25日 全国农机技术推广站站长会议在北京召开。副部长路明到会，指出在农业机械的推广工作中一定要贯彻“三个结合”的方针：（1）要把农业机械的研制、生产、推广应用密切地结合起来，要与市场经济的原则结合起来。（2）在农业机械的推广过程中，要坚持试验、示范、技术培训相结合。一个新机具的推广应用，要先试验、示范，还要因地制宜地搞好技术培训。（3）在引进、吸收国外先进经验的过程中，要坚持消化、吸收、开发相结合，不要盲目引进。还要认真研究生产关系。要建立与市场经济相适应的农业机械化的管理体制。

10月

10月1日 新疆—2型联合收割机参加国庆50周年大典成就展示。

10月7日 第六届中国国际食品加工和包装机械展览会在北京举行，全国人大常委会副委员长邹家华出席开幕式并剪彩。

10月20日 农业部部长陈耀邦与公安部部长贾春旺就农用运输车的管理问题进行交谈，形成了共识，并提出从既有利于农业生产又有利于交通安全出发，两部有关司局尽快提出解决农用运输车管理问题的办法。会谈后，农业机械化管理司积极与公安部交通管理局加强联系，落实两位部长提出的要求。

10月28日 中共中央政治局原常委尉健行视察山东时风集团工业园、总装厂。尉健行对山东时风集团取得的成绩给予了充分肯定。他说：你们生产的农用车不错，和汽车没有多大区别。时风近几年来安排万余名职工就业，全心全意依靠职工办企业的做法很好，有一定的借鉴意义。并指示公司领导今后一定要注意市场的开发，要围着市场转、跟着市场干、随着市场变，增强企业驾驭市场的能力。

11月

11月24日 农业部农业机械监理总站成立。职能为：组织农机安全生产检查；承担农业机械安全技术检验标准、驾驶（操作）人员考试管理办法、农机安全作业规程等监理法规的研究、起草、论证工作；承担农机事故统计分析，提出防范措施，协助地方处理重、特大事故；开发、推广农机监理装备、仪器、设备；组织编写农机安全宣传和监理业务培训教材，开展农机监理人员培训与业务交流活动。谢洪钧任站长。

12月

12月 中国农业工程学会第六次全国会员代表大会在北京召开，选举徐文海任理事长。

1999年 中国工程与农业机械进出口总公司代理进口纽荷兰大马力拖拉

机投标中标，当年进口363台1 702万美元大马力拖拉机用于黑龙江省三江平原农垦项目。

1999年 受农业部委托，农业部农业机械试验鉴定总站增加中国农业机械化信息网维护、农机行业职业技能鉴定指导、参与农机维修行业管理、农业机械化标准技术管理、农业机械化外事外经服务等职能。

2000年

1月

1月8日 全国农业工作会议在北京召开，农业部部长陈耀邦在农业机械化专业会上以《再接再厉，为推进农业现代化做出新的贡献》为题发表讲话。副部长路明在讲话中提出中近期农机化主攻方向：（1）继续发展粮食作物机械化，重点抓好小麦、水稻、玉米、大豆等作物的生产机械化；（2）搞好经济作物机械化；（3）做好农业产前、产后项目的机械化；（4）围绕草食型、节粮型养殖业，发展秸秆收获、青贮和秸秆氨化等畜牧业机械化。

1月 《农机试验与推广》杂志更名为《农机质量与监督》，以报道全国农机质量状况、质量监督，农机试验鉴定工作与技术发展为中心。

3月

3月8日 经新闻出版署、农业部批准，中国农机安全报社办公地址由南京迁入北京。

3月27日 农业部农业机械化管理司、公安部交通管理局、交通部公路司联合印发《关于加强2000年联合收割机跨区作业管理的通知》，要求进一步加强对跨区作业的领导和组织管理，做好供需协调等各项服务工作，采取有效措施确保联合收割机的顺利转移。通知提出：今后若干年均照此办理，不再另发通知。

3月31日 农业部印发《关于做好2000年农业节本增效工程技术推广工作的通知》。

ZONGGUO NONGYE JIXIEHUA

4月

4月3日 农业部发布实施《联合收割机跨区作业管理暂行办法》，旨在加强联合收割机跨区作业管理，规范跨区作业市场秩序。有总则、组织管理、信息服务和作业合同、安全生产与作业质量、附则共5章32条。

4月3日 全国人大常委会副委员长田纪云视察山东时风集团的总装厂、工业园及农用车销售中心。他说：看得出时风的规模比较大，经济实力比较强，希望加大用高新技术嫁接传统产业的力度，为国家做出更大贡献。

4月7日 农业部在河南省郑州市召开全国联合收割机跨区收获小麦工作协调会，全国700多名农机管理部门负责人和部分省市的县小麦跨区作业机队负责人参加会议。农业部副部长张宝文、河南省副省长王明义出席并讲话。会议发布了农业部农业机械化管理司、公安部交通管理局、交通部公路司关于《加强2000年联合收割机跨区作业管理的通知》和农业部关于《联合收割机跨区作业管理暂行办法》，以及“2000年全国小麦机收跨区作业市场信息”。到会的县（市）跨区作业机队签订联合收割机作业供需合同413份，涉及23 000台联合收割机。

4月10日 农业部农业机械化管理司主办、中国国际贸易促进委员会农业行业分会承办的中国水稻机械化生产国际研讨会在北京召开。张宝文出席开幕式并致辞，国家计委、国家质量技术监督局、国家机械工业局负责人出席会议。会议对中国水稻机械化生产的发展策略、机械设备选型、技术开发推广等问题开展了广泛的讨论，为发展中国水稻机械化生产提出了有益的建议和意见。

4月24日 农业部农业机械化管理司与国家质量技术监督局监督司联合发出《关于继续开展联合收割机质量跟踪调查的通知》，在河北、山西、山东、河南、陕西、江苏、内蒙古等7省（自治区），开展联合收割机质量跟踪调查工作。此次针对12种有代表性的联合收割机，组织500多名农机管理干部和技术人员，历时4个月，对100多个县（市）作业的1 228台联合收割机进行调查。结果显示，联合收割机质量状况不容乐观，特别是产品可靠性较差，大多没有加装秸秆切碎装置，“三包”服务工作需要加强。

4月29日　中国收获机械总公司郎中强、迪尔佳联收获机械有限公司邵惠培和中国农业机械化科学研究院收获加工机械研究所王燕飞等31名农机行业先进工作者被授予全国劳动模范荣誉称号。

4月30日　国际小水电示范郴州基地成立。

4月30日　农业部印发《关于加强农机安全监理工作的通知》，要求各级农机管理部门认真学习、全面贯彻江泽民关于加强安全生产和防范安全事故工作的重要讲话精神，认真履行农机安全监理职责，切实搞好农机安全生产。

ZONGGUO NONGYE JIXIEHUA

5月

5月10日　农业部农垦局与中国农机化报社在北京举办2000年北京棉花生产机械化研讨会，全国供销合作总社、国家计委、外经贸部、国家机械工业局、新疆生产建设兵团及棉花生产企业、棉花机械科研和生产企业代表参加会议。会议交流论文22篇。

ZONGGUO NONGYE JIXIEHUA

6月

6月28日　中国农业机械产品质量认证管理委员会/中国农业机械产品质量认证中心（CAM）通过国家认可委员会（CNACP）的评审，成为CNACP认可注册的第11家产品质量认证机构。

ZONGGUO NONGYE JIXIEHUA

7月

7月7日　为贯彻党中央、国务院领导同志关于安全生产的重要批示精神，切实加强农业行业安全生产工作，农业部发出《关于进一步加强生产工作的紧急通知》，要求农机部门要加强对农用运输车及驾驶操作人员的管理工作。

7月16日　全国农垦农业机械化研讨会在江苏省宜兴市召开。农业部副部长张宝文作《抓住机遇　加快发展　为率先实现农业现代化而努力》的报告，提出：农垦农业机械化在新时期的目标任务，以率先实现农业现代化为中心目标，充分发挥农垦农业机械化在农业现代化中的支撑作用，对全国农业机械化的示范和带动作用。会议重点围绕新时期农垦农业机械化面临的形势、任务进行了讨论。

8月

8月8日　中国农机产品质量认证中心江苏工作站成立。该工作站挂靠江苏省农业机械试验鉴定站。

8月23日　江泽民到黑龙江垦区二道河农场视察，察看了大豆的长势和农业机械作业。江泽民指出：北大荒的沧桑巨变是三代人艰苦奋斗的结果，你们在农业现代化的道路上，迈出了一大步，缩小了城乡差别，小城镇的建设也初具规模。你们提出到“十五”末期率先基本实现农业现代化，一定要努力去实现。经过你们的艰苦奋斗，北大荒的明天会更美好。同日，江泽民还为黑龙江垦区题词：发扬北大荒精神，率先实现农业现代化。

8月29日　国家国内贸易局发布《农业机械营销企业服务质量规定》（WB/T1014—2000）行业标准，2000年12月20日正式实施。该标准为农机流通行业第一个行业标准。

8月29日　九届全国人大常委会农业与农村委员会听取农业部关于全国农业机械化发展情况汇报，并就农业机械化法制建设问题进行了座谈。主任委员高德占主持会议，副主任委员刘中一、洪绂曾等听取农业部副部长张宝文的汇报。

9月

9月8日　胡锦涛考察农机企业石家庄天同集团有限公司，详细询问了天同开发的中马力拖拉机，与芬兰维美德公司合作的大马力拖拉机，以及采用国际先进的梳脱收获技术研发的“天同神农”稻麦联合收割机的技术性能指标。当了解到这种技术所处的领先地位时，胡锦涛指出：企业就应该加大科研力度，在提高主导产品质量的同时，不断开发新产品，占领新市场，壮大自身力量。

9月18日 中国农机产品质量认证中心山东工作站成立。该工作站挂靠在山东省农业机械试验鉴定站。

9月20日 高德占主持召开九届全国人大常委会农业与农村委员会主任委员办公会议，研究确定立法工作安排。根据农业发展新阶段的要求，结合制定《2010年农业与农村立法规划纲要》，会议初步确定，把起草《农业机械化促进法》作为立法工作计划外考虑的重点之一，在保证完成本届立法规划的前提下，展开前期调研工作。成立起草领导小组，柳随年任组长。

10月

10月10日 农业部、国家质量技术监督局联合召开新闻发布会，公布2000年“三夏”期间两部局第二次联合开展联合收割机质量跟踪调查的结果。调查表明，大部分联合收割机的质量水平和“三包”服务工作比上年有了一定提高，其中，农民对谷神2型、JL3060型、新疆—2型等6个型号的联合收割机质量评价较好。但是，联合收割机可靠性不高等问题依然存在。

10月23日 农业部在江苏省无锡市召开首次全国跨地区机收水稻暨水稻全过程机械化生产现场会。副部长张宝文出席并讲话，提出组织好跨区机收水稻，加快水稻生产机械化进程。会议展示的机具有7个系列、40多种机型，不仅包括水稻机械化栽植和收获两个环节，而且还有种子处理、工厂化育秧、水田耕整以及秸秆还田、谷物烘干和精米加工、包装等环节，基本上涵盖了水稻生产机械化的全过程。

11月

11月5日 姜春云视察杨凌秦川节水灌溉设备工程公司。该公司是我国生产节水灌溉设备规模最大的生产厂家之一。该公司研制的我国圆柱形滴灌生产线，主要性能已达到以色列和欧洲的生产线水平，而价格仅为进口设备的1/5。

11月5日 科技部、教育部、财政部、农业部等16个部委和陕西省人民政府共同主办，联合国开发计划署、联合国教科文组织、世界银行和欧盟等4个国际组织协办的第七届中国杨凌农业高新技术成果博览会在陕西省国家杨凌农业高新技术产业示范区举行，展出120多台（套）农业机械。

11月22日 农业部农业机械化管理司主办的中国机械化旱作节水农业国

际研讨会在北京召开，副部长张宝文出席并致辞。农业部农业机械化管理司副司长黄明洲以《中国机械化旱作节水农业的发展现状与对策》为题发言。出席会议的有来自美国、澳大利亚、以色列、泰国、越南、伊朗等国的专家，以及国内16个省、自治区农机管理部门、推广单位、有关研究单位、大学和生产企业的代表共80多人。

11月29日 人事部发出《批准62家企业建立博士后科研工作站的通知》，山东时风（集团）有限责任公司获准设立博士后科研工作站。

12月

12月20日 全国机械行业企业管理工作会议在深圳召开。国家机械工业局副局长张小虞宣布：国务院已批准撤销国家机械工业局。政府将委托中国机械工业联合会承担机械工业行业包括农业机械的部分管理职能。新筹建的中国机械工业联合会是由机械行业42家协会自愿联合组成的全国性社团法人中介组织，它将从7个方面按照规定行使政府委托的行业管理职能，即调查研究、提出建议、组织协调、自律管理、信息引导、全面服务、国际交流。随着新的机械行业管理机制的建立，原通行的机械行业的部级标准也将为新的行业标准所取代。

12月20日 第六次全国农业机械鉴定站站长会议在北京召开。副部长张宝文在会议讲话中对“九五”期间农业机械化发展概况，“十五”期间农业机械化发展主要思路进行说明。“十五”期间，随着国家政策对农业的倾斜，农业生产和农村经济会有较快发展，将会给农业机械化带来新的发展机遇，也为农业机械鉴定工作提供发展空间。

12月22日 经农业部劳动人事司批准，中国农业机械化信息网信息中心挂牌成立，农业部农业机械试验鉴定总站成立专职信息机构承办中国农业机械化信息网，负责农业机械化信息整理和网站维护。

12月28日 中国农业机械化科学研究院承担的国家科技基础性工作项目“农副产品加工品质基础数据库”、“主要产品品质和加工质量标准”和“现代化农业设施质量标准”，通过科技部组织的鉴定验收。

2000年 湖南省郴州粮油机械有限公司陈学秀主持的“MNML立式双辊碾米机和MPGL立式双辊抛光机研究开发”等科研项目获得2000年度国家科技进步奖二等奖。

1月

1月3日 农业部在北京召开全国农业工作会议。副部长张宝文在农机专业会上讲话指出：发展是“十五”国民经济和社会发展计划的主题，也是发展农业机械化、实现农业现代化的关键。“十五”期间农机化发展的总体目标是继续保持农机化较快发展速度，力争到2005年农业机械总动力达到6.2亿千瓦左右，比2000年增长24%；进一步改善农机装备结构，大中型拖拉机配套机具比提高到1：2以上，小型拖拉机配套机具比提高到1：1.7以上，主要粮食作物的关键生产环节基本实现机械化，全国平均耕种收综合机械化水平达到46%以上，农牧产品加工机械化取得重大进展。各地要抓住国家加大对农业和农村投入的有利时机，积极争取增加对农机化的投入，努力提高农机装备水平；要把粮食和经济作物机械化生产、节本增效、农作物秸秆综合利用、旱作节水农业、草场建设与保护工程、农产品加工等作为项目建设的重点，特别是在节水灌溉方面，各级农机化管理部门要主动抓。

2月

2月16日　农业部副部长张宝文到重庆市考察农业和农业机械化工作。他指出：在农业发展进入新阶段的形势下，农业机械化工作应更加紧密地围绕农业的新形势和发展方向去做好社会化服务。

2月19日　农业部副部长张宝文考察四川省广汉市向阳村秸秆气化工程示范现场。他指出：秸秆气化成套设备既有效地利用了秸秆又为农户提供了干净方便的能源，四川省农机研究院的秸秆气化成套设备设计思路好，切实为农民办了一件实事。

2月22日　农业部印发《农机管理人员培训工程规划》，决定从2001年起，用两年的时间，培训省、地（市）、县、乡各级农机管理、试验鉴定、技术推广、安全监理人员5万人，使受训人员占到各级农机管理人员总数的22%。

2月24日　国家机械工业局正式撤销，经历了重工业部、第一机械工业部、国家机械工业委员会、机械电子工业部等12次变动的国家机械工业管理部门走完了50多年的历程。农业机械工业管理归口国家经济贸易委员会。

3月

3月5日　九届全国人大四次会议开幕，会议通过的《国民经济和社会发展第十个五年计划纲要》提出："发展农业机械"，"实行适度规模经营，推进农业机械化，提高劳动生产率，降低农产品生产成本。积极有序转移农村富余劳动力，引导农民更多地从事非农产业。"

3月13日　农业部发布《关于做好2001年农机跨区作业工作的通知》，要求各地农机化管理部门认真贯彻《联合收割机跨区作业管理暂行办法》，实现规范化管理，确保顺利转移，努力做好农机跨区作业的各项服务工作。

3月20日　《人民日报》报道：2001年及"十五"期间，全国农业系统将重点推广十大农业机械化技术。（1）水稻生产机械化技术。核心是机械栽植和机械收获两大环节。（2）玉米收获及育苗移栽机械化技术。核心是机械生产营养钵、育壮苗和机械化半机械化移栽。（3）机械化旱作节水农业技术。主要是保护性耕作技术、深耕、深松以及行走式节水灌溉技术等。（4）秸秆还田机械化技术。包括秸秆粉碎还田、根茬粉碎还田、整秆翻埋还田等多种形式。（5）粮食产地烘干机械化技术。重点研制和推广受农民欢迎的小型烘干机械化技术。（6）设施农业工程机械化技术。通过一定的设施、设备和机具，使农民在局部人工可控的气候和环境下从事有效的农业生产。（7）经济作物生产机械化技术。主要包括油菜、花生、棉花等作物从播种到收获各个环节的机械化生产技术。（8）牧业机械化技术。重点推广牧草种植、收获和加工环节的机械化技术。（9）农产品加工机械化技术。主要指水稻、小麦等主要粮食作物及茶叶、食用菌、薯类、烤烟等农副产品产地加工机械化系列技术。（10）农用航空技术。逐步将农业航空的作业项目扩大到防治农作物和森林病虫害、化学除草、播种造林种草、农作物叶面施肥和根外追肥、人工降雨、护林防火等作业项目。

3月20日　农业部在山东省济南市召开2001年全国跨区机收小麦、水稻工作协调会。开展农机跨区作业的省、市、县级以及乡农机管理部门的代表和跨区作业服务组织的代表1 200多人到会。会议部署了2001年跨区作业工作，发布了2001年全国小麦、水稻机收作业市场信息，组织供需双方洽谈作业任务，签订作业协议。

3月21日　中国工程与农业机械进出口总公司在天津港口举行委内瑞拉3 000万美元农机贷款项目的首批出口发货仪式。外交部、经贸部、机电商会的领导和委内瑞拉驻华大使等出席，中央电视台在新闻联播予以报道。

ZONGGUO NONGYE JIXIEHUA

4月

4月20日　国家经贸委发布《农业机械工业“十五”规划》，主要任务：（1）加快农机企业的改制、改组、改造，着力改变行业散、小、弱和效益差的问题；（2）以市场为导向，在重点装备、关键技术方面取得突破，加快短线产品和升级换代急需产品的产业化步伐；（3）建立一批企业技术中心和农机工程中心，提高自主开发创新能力；（4）大力开拓国际市场，扩大出口；（5）以抓重点骨干企业技术改造和全面质量管理为重点，提高农机工业的制造水平，保证农机产品质量上新台阶。主要目标：到2005年，全国农机工业总产值将达到1 270亿元（年均递增率8%），农机产品年出口创汇6亿～6.6亿美元。60%以上的重点骨干企业要按照GBT9000质量管理和质量保证国家标准，建立质量管理体系并有效运行。60%以上的重要农机产品达到国际20世纪80年代末期水平，新开发的品种70%以上达到国际90年代水平。拖拉机、联合收割机等重点产品平均无故障间隔时间接近国际80年代后期及90年代初期水平。到2015年，农机综合技术水平基本接近当时的国际水平。

4月20日 国家经贸委发布《食品和包装机械行业“十五”规划》，主要目标：国产食品和包装机械销售额，从目前占国内市场总销售额50%，到2005年达到国内总销售额的60%，到2010年达到75%。至2005年达到450亿元人民币，2010年达到700亿元人民币；要适当限制技术含量低，高耗、低效但目前还有一定销路的产品，如性能较差的粮油加工机械、单面瓦楞纸板机等。优先发展粮油加工设备及深加工和综合利用的技术与装备、方便食品加工设备、工业化生产装备、啤酒和饮料加工设备和灌装成套设备、果蔬、水产保鲜与加工设备、屠宰与肉类加工设备、淀粉与淀粉糖加工设备、植物蛋白加工设备、食品加工中废弃物综合利用等。

5月

5月9日 在委内瑞拉阿拉瓜州首府马拉凯市“阿维拉多·梅里多”军营的广场，来自中国的1 300多台（套）蓝、绿色农机具，其中包括500台拖拉机。委内瑞拉总统查韦斯出席了中国农机向委内瑞拉信贷出口的第一批产品交货仪式。查韦斯说：“我25年前在这里当尉官的时候，听人说山里有宝，我们就经常到山里去寻找，但是一直没有找到。今天这个宝找到了，这就是中国的农业机械。”中国驻委内瑞拉大使王珍、中国工程与农业机械进出口总公司总经理任洪斌、南美贸易部总经理胡海鹰及中国的技术人员出席了交货仪式。

5月16日 中国农机产品质量认证中心在杭州召开农机产品质量认证工作研讨会，农业部农业机械化管理司副司长黄明洲、该中心主任焦刚以及部分省的质量管理人员参加会议。

5月19日 农业部在人民大会堂召开“十五”期间重点推广的50项技术新闻发布会，其中包括农业机械化技术，分别是设施农业节本增效技术、主要农作物种植与收获机械化技术、主要经济作物生产机械化技术、主要农产品产地烘干和加工机械化技术、旱地集水及节水灌溉机械化技术、保护性耕作机械化技术、牧草种植、收获及加工机械化技术、秸秆还田及利用技术、高效低污染机械化植保技术。

5月31日 农业部印发《关于下达2001年农业机械装备更新项目计划的通知》，安排2001年中央财政设立的农业机械装备更新补贴专项资金，主要用于对种粮大户、农机专业户和基层农机服务组织购置大中型拖拉机进行补贴，鼓励发展大中型拖拉机。2001年，中央财政安排农业机械装备更新补贴资金额度为2 000万元，实施省份为黑龙江、吉林、辽宁、内蒙古、山东、河南、新疆、陕西、河北等。

6月

6月1日 农业部印发《关于加强农机安全监理工作的通知》，要求各地农机管理部门认真贯彻落实农机安全监理职能，明确农机安全监理工作任务，完善农业机械牌证管理制度，对农业机械实行全面的安全监理管理，加强农机安全宣传教育工作，积极开展农机安全检查，切实抓好农机监理队伍建设，加强对农机安全生产工作的领导。

6月19日 国家经贸委批复：中国包装和食品机械总公司自2001年1月1日划归中国农业机械化科学研究院管理，要求精干主业，培育核心竞争力，确保国有资产保值增值。

6月 中国农业机械化信息网和农业部农业机械化政务网进行全新改版。改版后中国农业机械化信息网设有12个栏目，网速有较大提高。

7月

7月15日 农业部农业机械试验鉴定总站在湖南省长沙市召开2001年小麦联合收割机质量跟踪调查结果新闻发布会。质量跟踪调查作为产品质量监督与评价的新方法，可以准确客观地评价农机产品质量，规范农机产品市场，促进农机企业有序生产。

7月20日 财政部、国家税务总局下发《关于若干农业生产资料免征增值税政策的通知》，对批发和零售的种子、种苗、化肥、农药、农机产品继续免征增值税。

7月20日 国家质量监督检验检疫总局发布《农业机械营销企业开业条件、等级划分及市场行为要求》（GB/T18389—2001），2001年10月1日正式实施。

8月

8月2日 农业部办公厅印发《农机化行业市场“打假”整治实施方案》，明确2001年农机打假的重点：（1）查处生产、流通领域假冒农业机械推广许可证、合格证的违法行为；（2）检查流通领域联合收割机、拖拉机、农用运输车主要零配件的质量。

8月8日 农业部印发《全国农业机械化发展第十个五年计划（2001—2005年）》。"十五"期间的主要任务和目标是：农业机械化保持较快发展速度，装备水平稳步提高，结构调整取得明显成效，农机化服务市场化、社会化进程加快，质量和效益显著提高。全国农业机械化水平不断提高，约50%的地区进入中级阶段，有条件的地区率先进入高级阶段。积极推进各地主要农产品生产过程机械化和产业化经营，水稻、玉米、经济作物、畜牧业机械化取得重大进展，农业机械化对农业增长的贡献率进一步提高，对农业和国民经济持续发展的综合保障能力进一步增强。耕种收机械化水平年均提高1.6个百分点，到"十五"期末，力争使全国耕种收综合机械水平达到39%（按原统计口径为45%）以上。同时，农业机械总量稳定增长，质量明显提高，结构进一步改善。到2005年，农业机械总动力达6.2亿千瓦左右，比2000年增长18%左右；加大新技术、新机具推广力度，大中型拖拉机比2000年增长32%左右；大中拖拉机具配套、小拖拉机具配套分别提高到1：2以上和1：1.7左右；联合收获机、农用排灌动力机、节水灌溉类机械、机动植保机械、牧草收割、农用运输车分别增长43%、23%、45%、36%、120%、83%左右。

8月29日 全国农业普查办公室发布《关于第一次全国农业普查快速汇总结果的公报第3号——农村从业人员和农业机械》。1996年末，全国农村拥有5种主要农业机械总量2 469.61万台（辆），平均每万名从业人员拥有440.3台。其中，大型拖拉机67.78万台，小型拖拉机1 179.50万台，联合收割机11.34万台，机动脱粒机752.15万台，农用运输车458.84万辆。

8月 《21世纪中国农机化管理工作实务》全书（上、下卷）由中国农业出版社出版，刘成果主编。

9月

9月1日 温家宝在国家经贸委反映农机工作问题的报告上批示："农机发展的关键，在于适应市场需求开发新产品，提高质量，降低成本，搞好售后服务，增强竞争力，随着农业结构调整，农机企业势必要进行改革、改组和改造，当前，农机制造业存在许多困难，也遇到了许多新情况，需要认真研究长远规划和扶持政策。"

9月14日 全国农机产品质量投诉监督工作会议在四川省召开，通过了

《中国消费者协会受理农机产品质量投诉规则》和《全国农机产品质量投诉监督站工作协作办法》。

9月26日 由农业部主管、农业部农业机械化技术开发推广总站主办的《农机科技推广》杂志创刊。该杂志面向农机行业，以宣传政策、推广技术、交流经验、服务"三农"为宗旨。

9月 中央财政下达黑龙江、湖南等14个省粮食产地烘干专项资金，资金总额2000万元，用于东北高湿玉米、长江流域双季稻产区设立25个粮食产地烘干试点的烘干机械购置补贴。

10月

10月28日 农业部批复辽宁苏家屯、山东平阴和江苏徐州3个农用航空站续建项目，投入2 000万元，用于航空站的农用飞机购置和配套设施建设。这将使农用飞机的作业能力辐射整个华北、东北、华东、西北等地区，有效防治东亚飞蝗等病虫害，显著增强这些地区的防灾减灾能力。同时，农用航空可以广泛地应用于森林巡护、灭火及飞播种树、种草，促进生态环境的建设，也能用于航拍、测绘、资源调查、救灾等领域，大大加快现代农业的建设步伐。

11月

11月1日 第七届中国国际食品加工和包装机械展览会在北京举行。全国政协副主席胡启立出席开幕式并剪彩。

11月3日 中国农业机械工业协会第三届会员代表大会在北京举行，高元恩当选为第三届理事长，会员达1870家企业。

11月14日 农业部办公厅印发《"十五"农业机械化科技发展规划纲要》，主要任务和目标是：（1）集中解决主要粮食生产机械化中难点技术问题，同时加快技术的组装配套，提升技术水平，为主要粮食作物生产实现机械化提供技术支持。（2）以经济作物机械化、设施农业、牧业机械化和农产品加工发展的关键技术与机具的开发和推广应用为重点，加大技术创新和转化应用力度，为农业机械化向农业和农村经济多个领域渗透、发展提供技术支撑。（3）加强农业机械化发展中应用信息、电子、液压、自动化、智能化等高新技术的基础研究，增加技术储备，逐步提升我国的农业机械化科技含量和水平。（4）加强农业机械化科技信息体系、推广体系、标准体系和质量监测体系建设，加速农业机械化科技成果转化应用，进一步提高农业机械化对农业和农村经济增长的贡献率。

11月14日 农业部办公厅印发《农业机械化信息体系建设“十五”计划》，以促进农业机械化健康、快速、稳定发展。要充分发挥各种信息传播媒体，特别是各级农业机械化信息网站的作用，及时、全面地提供各类农业机械化信息。到2005年，建立起以传统信息传播媒介为基础，以中国农业机械化信息网和其他省级农业机械化信息网为重要支撑，以计算机技术和电子通讯技术为主要手段的农业机械化管理信息系统。到“十五”末，开通15个省级农业机械化信息广域网，建设100个县级农业机械化信息工作站。

11月19日 科技部正式批复“十五”国家科技攻关计划“农业机械化关键技术研究开发”项目。项目经费总额为2 400万元，其中国家攻关计划拨款800万元。项目包括水稻高速种植机械研制、双季稻地区水稻联合收获机研制、一年两熟地区保护性耕作关键技术与配套机具研究、牧草种子收获与产后处理关键技术及配套机具研究、高效施药技术与机具研究开发、自走式穗茎兼收型玉米联合收获机研究、林木种子营养膜精量播种技术与关键设备研究等8个课题。

11月 背负式植保机械列入我国第一批实施强制性认证的产品目录，农机强制性认证工作取得突破性进展。

12月

12月2日 李岚清在农业部《关于农作物秸秆还田与综合利用工作有关情况的报告》上批示：给予适当补贴也许有必要，问题是怎样补，如何操作。我看主要还是要认真宣传推广先进技术，让秸秆粉碎还田机械化也像联合收割机代户收割那样，形成一个产业，包括某些地区的节水灌溉、施肥、植保都应逐步形成农业服务产业，按市场机制运行。

12月4日 中国农机产品质量认证管理委员会一届三次会议召开。截至11月底，完成5家企业的初次认证，8家企业的年度监督检查，发布《中国农机产品质量认证中心产品质量认证第二号公告》。

12月24日 中国工程院在北京宣布历时1年评选出来的25项“20世纪中国重大工程技术成就”，分别是：两弹一星、汉字信息处理与印刷革命、石油及农作物增产技术、传染病防治、电气化、大江大河治理和开发、铁路、船舶、钢铁、计划生育、电信工程、地质勘探与资源开发、畜禽水产养殖技术、广播与电视、计算机、公路、机械化、航空、无机化工、外科诊疗、稀有金属和先进材料的开发应用、城市化、轻工和纺织、采煤工程。农业机械化包含在农作物增产技术项目中。

12月 《中华农器图谱》由中国农业出版社出版，刘中一题写书名，主编宋树友。该书全面记述了1万年来中华民族发明创造农业生产器具，描绘了中华农器技术发展的历史轨迹。全书收录自公元前8000年起至20世纪末，中华民族在农业生产、农产品加工中发明和使用的器皿、工具、农具、机械和设备，以及农家生活使用的某些器具，共3 200多种。全书分为原始农器、古代农器、近代农器和当代农器4部分，每个历史时期的农器都按专业领域进行分类。每种农器都用图画或照片表现，并说明其发明的年代、用途、材质、性能、配套动力、效率和适用地域等。全书共3卷，收图3 265幅，约70万字。该书得到了国家科学技术学术著作出版基金和中华农业科教基金的资助。

2002年

1月

1月8日　中央农村工作会议在北京召开。会议强调：坚定不移地推进农业和农村经济结构的战略性调整，提高农业整体素质和效益。会议提出：广泛运用农业先进适用技术，努力降低生产流通成本，提高农产品的竞争力。

1月10日　科学技术部公布2001年度科技奖，农业部南京农业机械化研究所林光武主持的“新型背负式机动喷粉喷雾机研制开发”、华南农业大学陈维信主持的“果菜采后处理及贮运保鲜工程技术研究与开发利用”等科研项目获国家科技进步奖二等奖。

1月10日　经新闻出版署批准，《中国农机监理》杂志创刊。该杂志面向全国农机监理站所，宣传国家在生产安全方面的政策、法规，报道全国农机安全监理工作中的经验和事迹。

1月10日　全国农业工作会议在北京召开。农业部部长杜青林在农业机械化专业会上指出：农业机械是先进生产力。他讲述了江泽民2001年2月在海南省听取一位黎族农民林桂和对“三个代表”的理解时，这位农民精彩的谈话。林桂和说：耕地的牛是生产力，但它不是先进的生产力，是落后的生产力。所以我把牛卖了，买来了拖拉机，一台拖拉机可以顶多头牛，拖拉机是先进生产力。农业部副部长张宝文在农业机械化专业会上讲话说：农业机械化在推进农业现代化，提高农业综合生产能力中肩负重任，要充分发挥农业机械化在农业现代化建设中的主力军作用。

1月11日 农业部在北京举行《中华农器图谱》首发式。农业部副部长张宝文、中央纪委驻农业部纪检组原组长、《中华农器图谱》主编宋树友、国家文物局局长张文彬等领导出席首发式并讲话。农业部原部长陈耀邦、原副部长万宝瑞等出席会议。张宝文指出：《中华农器图谱》的问世，是一件极具意义的好事。张文彬指出：这本书无论是从它的学术性、广泛性还是久远性等等方面，都具有自己很大的特点。它会聚了农学史、农业机械史等方面的重大学术成果，也会聚了考古学、史学、民族学等方面的成果。

1月23日 田纪云到海南农垦南田农场考察全国农业现代化示范农场建设情况。

2月

2月2日 广东省九届人大五次会议决定将19个代表团、316名代表联署提出的《扶持农业机械化发展》的议案作为大会唯一议案授权省人大常委会审议。这份议案提出：扶持农业机械化关系到全省农业发展全局，是一项带有长远性、战略性的任务。这在广东省人大历史上是第一次。省政府根据议案制定了实施方案，用8年时间，由省财政投入7亿元，扶持广东省农业机械化发展。

2月22日 全国人大常委会农业与农村委员会副主任委员柳随年在农业部农业机械化管理司司长王智才等陪同下，到农业部农业机械试验鉴定总站视察工作。站长焦刚汇报农业机械推广鉴定制度的实施情况。

3月

3月15日 农业部农业机械试验鉴定总站参与承办在河北省秦城市举行的全国农机质量投诉监督“3 · 15”统一大行动现场会，向与会者散发4万多份宣传材料，并热情接待现场投诉和咨询服务。站长焦刚发布2001年水稻联合收割机质量跟踪调查结果，副站长刘宪公布全国20个省级农机产品质量投诉监督站的名称、地址和电话。在这次大行动中，全国共设省级会场27个，地、市级会场162个，县级会场1 000多个，共出动农机管理人员、技术人员和服务人员8万多名；发放各种宣传资料240多万份，受理投诉咨询20多万人次，现场为农民修理农机具近2万台件，现场培训15万余人，取得良好的社会效益。

3月20日 光明日报社联合中国农业出版社、中国农业博物馆和中国农业机械学会共同举办加强中国农器发展史研究——《中华农器图谱》座谈会。出席座谈会的有考古、历史、农学、农机方面的20余位专家、教授。《光明日报》设专版连续刊登了专家、教授的发言。

4月

4月19日 国家质量监督检验检疫总局发布新的《工业产品生产许可证管理办法》，自2002年6月1日起施行。进行生产许可证换（发）证工作的农机产品有：内燃机、泵、机动脱粒机。

5月

5月7日 中国农业机械工业协会通过中国工业经济联合会向国家领导人反应国家税务总局下发文件中关于手扶拖拉机按汽车、摩托车散装整车处理，征收17%的增值税的不同意见和手扶拖拉机的现状，国家领导人多人向财政部、税务总局批复处理意见。国家财政部发文各省、自治区、直辖市，决定手扶拖拉机仍然按13%收取增值税，更正国家税务总局按17%收取增值税的决定。

5月9日 农业部保护耕作现场会在山西省临汾和长治召开，充分肯定山西省的保护性耕作对保土、保水、保肥、节本增产和防治沙尘暴等方面明显效果和经验，并向全国推广。

5月17日 国务院秘书长王忠禹、外国专家局局长万学远前往协和医院看望住院治疗的美籍专家阳早。王忠禹代表朱镕基总理向阳早、寒春表示亲切慰问，对阳早、寒春为发展我国机械化养牛事业作出的贡献给予了高度评价。

5月22日 全国小麦跨区机收暨湖北新农机现场演示会在襄阳县举行，2002年全国大规模的小麦跨区机收会战拉开帷幕。这年参加跨区机收小麦、水稻的联合收割机总数达到18万台，跨区机收面积约1.7亿亩。

5月29日 农业部部长杜青林到河南省遂平县、西平县农村视察小麦跨区机收工作。他说：跨区机收对促进农业节本增效、农民增收节支发挥了重要作用。农业机械代表着农村的先进生产力，农业机械化是实现农业现代化的先行举措。

6月

6月6日 财政部、国家税务总局发出《关于不带动力的手扶拖拉机和三轮农用运输车增值税政策的通知》，明确这两类产品属于农机，应按有关农机的增值税政策规定征免增值税，即税率为13%。

6月25日 农业部、国家安全生产监督管理局联合发出《关于加强农业机械安全生产工作的通知》，要求降低农机事故的发生率，确保农机安全生产。2002年第一季度发生的农机重、特大事故比2001年同期上升61.2%。

7月

7月2日 科学技术部在北京举行农产品深加工技术与设备研究开发实施方案论证会，这是“十五”科技重大专项，本着“突出重点、有限目标、可操作性强、3～5年可实现”的基本原则，根据农业新阶段和产业发展的基本态势，针对量大面广、带动农户多和严重制约我国农产品加工业发展的重点难点问题，对大宗粮油、畜禽水产、果蔬、林产品等主要农产品的深加工技术、工艺与设备、标准体系和全程质量控制体系等进行研究与开发。

7月31日 农业部利用韩国政府贷款建设湖南、湖北、安徽、云南4省水稻机械化示范区项目可行性评估在长沙举行，韩国EDCF（经济发展合作基金）评估团实地考察了宁乡项目区，通过了对4省的评估。按照项目要求，韩国政府贷款2 500万美元，购进韩国先进的水稻生产机械和技术，在皖、湘、鄂、滇等4省的31个县，建设478.9万亩水稻生产机械化示范区。项目内容包括购置育秧、耕整、栽插、植保、收获、烘干等1 170余台（套）设备，建设生产服务中心37个，工厂化分秧中心33座，烘干中心15套。

9月

9月19日 农业“跨越计划”第一个农机项目“悬挂式玉米联合收获机

中试”通过验收，具有玉米秸秆还田并破除根茬的玉米联合收获机具有市场潜力。

10月

10月22日 温家宝在研究优势农产品区域规划工作会议上指出：优化农产品区域布局，有利于发挥各地的比较优势，提高农业产业化经营水平；有利于集中投入，改善农业生产条件；有利于推广和运用农业现代科技技术，加强农业生产的科学管理，促进农业现代化。

10月23日 为了落实党中央、国务院关于抓好安全生产的要求，农业部在全国开展“农机质量安全年”活动，以清理“黑车非驾”为重点，进行了农机安全整治，收到了较好的成效。农业部发出《关于切实加强当前农机安全监理工作的通知》，要求各级农机管理部门进一步检查农机安全生产责任制的落实情况，确保责任制层层落实到位；对监管不力、防范措施不到位发生事故特别是重、特大事故的，要按照有关责任追究的规定追究责任人和单位领导的责任。

10月27日 中国农业机械学会第七次全国会员代表大会暨学术报告会在广东省珠海市召开，选举陈志任理事长。

10月28日 科学技术部国家863计划生物和现代农业技术领域办公室与中国农业机械化科学研究院签订“轻小型移动式与自走式喷灌机组及配套产品研制与产业化开发”项目合同。主要研究内容是智能同步控制型的圆形和平移式喷灌机系列型谱、低压行走式精量施灌设备和低压精准灌溉变量技术、轻小型喷灌机组系列型谱的研究，圆形和平移式喷灌机软件设计、产业化开发，轻小型喷灌机组产业化开发。

11月

11月26日 第一个在中国设立总部的联合国官方机构——亚太农业工程与机械中心正式在北京揭幕。国务院副总理温家宝、全国政协副主席宋健、联合国副秘书长金学珠出席揭幕仪式。温家宝致辞时指出：该中心在北京设立，将对促进亚太地区农业工程与机械区域的国际合作，提高农业整体发展水平产生积极的作用。该组织现有12个成员国。

12月

12月6日 国务院办公厅转发国家经贸委、国家计委、财政部、农业部、外经贸部、人民银行、海关总署、税务总局、质检总局《关于进一步扶持农业机械工业发展若干意见》，主要内容：（1）深化农机企业改革，加快转换机制。加快建立现代企业制度，不断提高市场应变能力和整体竞争力。（2）加强对农机工业发展的引导。根据农业结构调整对农业机械化技术的多样性需求，在一些优势农产品产业带建立农业机械化技术示范区，大力推进农业技术进步，拉动农机工业需求，促进农机企业科研开发和产品结构调整。（3）实施"走出去"战略，积极开拓国际市场。要充分利用我国部分农机产品技术成熟和性能价格比方面的优势，抓住机遇，巩固和开拓国际农机市场。鼓励有条件的企业积极在国外建厂设点，实现当地化生产并不断提高产品市场占有率。（4）建立健全法规体系，规范市场秩序。加快制定农机产品监督管理的法律法规和有关技术标准，加强对农机产品质量的监督抽查，坚决打击制售假冒伪劣农机产品坑农害农的行为，把打假治劣与扶优扶强结合起来。采取措施鼓励、扶植和保护名优农机产品及其生产企业。（5）进一步加大政策扶持力度，鼓励和支持农机工业发展。

12月6日 广东省九届人大常委会38次会议审议通过广东省人民政府《关于扶持农业机械化发展议案的办理方案报告》，决定2003年至2010年省财政投入7亿元扶持农业机械化发展。

12月30日 农业部和原机械工业部合办的《中国农机化报》停刊。

1月

1月9日 农业部在北京召开全国农业工作会议。在农业机械化专业会议上，副部长张宝文以《加快农业机械化发展，促进现代农业建设，为全面建设小康社会而努力奋斗》为题发表讲话。会议总结2002年情况，研究部署2003年农业机械化工作，讨论了《农业机械化促进法》草案框架。

1月13日 国家经济贸易委员会召开贯彻国办发文件《关于进一步扶持农业机械工业发展若干意见》的座谈会。

1月31日 国家科学技术部公布2002年度科技奖，中国农业大学高焕文主持的“旱地农业保护性耕作技术与机具研究”、国家粮食储备局郑州科学研究设计院袁育芬主持的“散粮储运关键技术和装备的研究开发”、山东省农业科学院何启伟主持的“山东新型日光温室蔬菜系统技术工程研究与开发”等科研项目获国家科技进步奖二等奖。

2月

2月26日 国家质量监督检验检疫总局印发《关于饲料粉碎机械产品实施生产许可证管理有关问题的通知》，饲料粉碎机械产品审查部设在国家农机具质量监督检验中心，国家渔业机械仪器质量监督检验中心派员参加审查部工作。

2月27日 李岚清与科技界代表座谈时指出：时下农业现代化必须突破小农经济模式，农业机械化与劳动力转移并不矛盾，可以而且应该在农业产业链中寻找解决问题的出路。

3月

3月25日 农业部印发《关于做好2003年农机跨区作业管理工作的通知》要求：各级农机管理部门要加强跨区作业的组织领导，加快培育和发展中介服务组织，做好市场信息服务工作，加强对跨区机收作业市场的监督管理。2003年重点推进水稻跨区机收，努力扩大规模和范围。

4月

4月1日 农业部印发《关于切实加强农机安全生产工作的紧急通知》要求：各级农机管理部门要进一步提高对安全生产工作重要性的认识，切实落实农机安全生产责任制；围绕农时季节，加强农机安全生产检查；继续开展清理“黑车非驾”安全整治活动，严格农业机械的牌证管理；积极开展“农机安全村”活动，加大农机安全生产宣传教育力度；加强农机监理队伍建设，提高农机监理人员素质。

4月 农业部下发《关于组织开展“农机安全村”活动的通知》。创建“农机安全村”活动目的是加强农机安全法规和安全常识的宣传教育，提高广大农民群众的农机安全意识，维护人民群众的生命财产安全，促进农业农村经济发展，推进农业现代化和农村小康社会的建设。

5月

5月19日 中共中央政治局常委、国家副主席曾庆红视察山东时风（集团）有限责任公司称赞时风为国争了光，为农民脱贫致富作了贡献。要求时风抢抓机遇，加快发展，瞄准"三农"这个广阔市场，认真实践"三个代表"的做法很好，希望你们发挥规模化、专业化的优势，按照"三个有利于"和"三个代表"的要求，为中国的农业现代化和国家的经济发展作出更大的贡献。

9月

9月20日 中国农机产品质量认证中心副站长贺祖年一行赴印度孟买进行轮式拖拉机推广鉴定条件审查工作。这是农业部农业机械试验鉴定总站首次在国外开展拖拉机推广鉴定工作。

9月24日 农业部召开全国保护性耕作暨"三秋"机械化生产现场会，演示了免耕播种机具、深松机具、秸秆粉碎机具、植保机械、小麦精量播种机具和化肥深施机具，为保护性耕作示范县选购机型提供了参考。

9月 全国人大副委员长路甬祥、原副委员长周光召，全国政协副主席白立忱、原副主席宋健等为中国农业机械学会题词。宋健：实现农业机械化是振兴中华的关键。周光召：发展农机，服务农业。路甬祥：促进农业机械科技创新，实现中国农业的机械化，信息化，现代化。

10月

10月20日 中国农业机械学会成立40周年庆典暨2003年学术年会在北京举行，围绕农业机械化与全面建设小康社会主题，针对农业机械化发展过程中的热点、难点问题进行讨论。

10月22日 第八届中国国际食品加工和包装机械展览会在北京举行。全国人大常委会副委员长顾秀莲出席开幕式并剪彩。

10月23日 国务院秘书长华建敏、人事部部长张柏林、国家外国专家局局长万学远向美籍农机老专家寒春祝贺生日。

10月28日　十届全国人大常委会五次会议通过《中华人民共和国交通安全法》，2004年5月1日起实施。该法规定对上道路行驶的拖拉机的牌证照发放、年度检验等项工作，由农业（农业机械）主管部门负责行使管理职责，并接受公安机关交通管理部门的监督。专门的拖拉机驾驶培训学校、驾驶培训班由农业（农业机械）主管部门实行资格管理。该法确立了农机部门对农机安全监理执法主体的地位。同时将农用运输车纳入汽车管理，农机管理部门不再负责农用运输车的牌证管理工作。

10月　根据国家标准化管理委员会的批复，全国农业机械标准化技术委员会第二届农业机械化分技术委员会成立，由31名委员组成，刘宪任主任委员。会议审议通过《农业机械化分技术委员会章程》和《农业机械化分技术委员会秘书处工作细则》。

11月

11月8日　在日本京都大学召开的亚洲农业工程学会常务理事会，选举陈志任副主席，主要负责亚洲农业动力和机械方面的发展、推广工作。

11月18日　全国农机职业技能鉴定工作研讨会在湖南省衡阳召开，总结了近年工作、办证情况和取得的成绩。

11月28日　中国农业机械鉴定检测协会会员大会暨农业机械鉴定工作研讨会在海口市举行。会议通过《中国农机鉴定检测协会章程》，选举第四届理事会，焦刚任理事长。

12月

12月13日　胡锦涛视察山东时风（集团）有限责任公司时指出：作为传统产业，要参与竞争，就要做到人无我有，人有我优。过去，时风在这方面做得很好，应继续坚持，创新工作是企业最大的竞争力。让农民得到了实惠，这有利于企业良性循环发展，有利于调动农民购车积极性。

12月15日　中共中央政治局常委、国家副主席曾庆红赴峨眉山市新平乡静安村进行调查研究，视察了该村秸秆气化站，听取了乐山市农业机械管理局和四川省农业机械研究院的汇报。曾庆红对农机部门实施的用生产蘑菇后的废弃菌包作气化原料、开发农村新能源、解决农村环保问题的秸秆气化项目给予充分肯定，指出农业机械部门就是要研究开发推广农村适用的新技术、新机具，秸秆气化为老百姓办了好事实事，这是贯彻“三个代表”重要思想在农村的具体体现，并要求省里表扬农业机械部门的工作。

12月26日 农业部在北京召开全国农业工作会议。副部长张宝文在农业机械化专业会上作了题为《抓住机遇，加快发展，推进农业机械化再上一个新台阶》的讲话。这次会议总结2003年情况，研究部署了2004年农业机械化工作，并通报保护性耕作小麦免耕播种机试验选型结果。

2004年

ZONGGUO NONGYE JIXIEHUA

1月

1月18日 农业部下发《关于做好农机春耕工作的通知》，为贯彻落实全国粮食生产卫星视频会议精神，打好春耕生产开局第一仗，为恢复和发展粮食生产打好基础，提出4点要求：（1）提高认识，增强责任感，切实加强农机春耕生产领导工作；（2）及早做好农机具检修等各项准备工作；（3）加强机具调度，做好农机作业的组织指挥工作；（4）认真做好农机新机具和新技术推广工作。

1月27日 农业部发出《关于春节期间几起重特大农机事故的紧急通报》，要求各地集中力量，采取有力措施，严格农机安全监管，确保农机安全生产。

1月31日 国家科学技术部公布2003年度科技奖，吉林大学马成林等主持的“高速精密播种及播前土壤处理的成套技术与装备”科研项目获国家科技进步奖二等奖。

2月

2月8日 中共中央、国务院印发《关于促进农民增收若干政策的意见》（中发[2004]1号），提出："提高农业机械化水平，对农民个人、农场职工、农业机械专业户和直接从事农业生产的农业机械服务组织购置和更新大型农业机械给予一定补贴。"

3月

3月3日 农业部印发《关于实施"农机科技兴粮行动计划"的通知》，决定在全国范围内组织实施粮食生产机械化关键技术研究开发与集成示范、农机大户培训、粮食生产节本增效技术推广、粮食作物生产机具选型与推荐、农业机械科技下乡5大行动。

3月11日 2003年度全国农机产品质量投诉情况通报会在北京举行，为农民消费者和企业间建立起沟通的桥梁，生产企业进一步明确提高企业产品质量和搞好售后服务的责任。

3月12日 国家质检总局发出《关于开展2004年度免检工作的通知》，确定有18类产品列入2004年度开展免检工作产品目录，其中农机产品有内燃机、水泵两项。

3月22日 农业部印发《关于做好2004年农机跨区作业管理工作的通知》，对2004年跨区作业工作进行了全面部署，农业部统一印制的《2004年联合收割机跨区作业证》发送各地。

3月22日 农业部印发《关于集中开展拖拉机及驾驶员整顿工作的通知》决定：2004年3～8月，在全国集中开展拖拉机及驾驶员整顿工作，重点是整顿拖拉机，加强技术检验和牌证管理；整顿拖拉机驾驶培训机构，提高拖拉机驾驶员培训质量；整顿拖拉机驾驶员考试，发证工作，杜绝对驾驶员把关不严、违规办理驾驶证等行为；广泛开展安全教育。

3月23日 农业部通过中国农业信息网、中国农业机械化信息网、《中国农机安全报》向社会发布2004年小麦、水稻跨区机收市场信息。市场信息范围包括17个小麦主产省的1010个县和18个水稻主产省的610个县。

3月23日 国家质检总局印发《关于开展进口农业机械设备安全质量调查的通知》，要求把好进口农业机械设备的安全质量关，采取果断措施处理严重危害农业生产安全和损害农民利益的问题，有效防止不合格农业机械设备及其零部件进入国门。通知转发了新疆检验检疫局《关于进口农业机械设备质量跟踪调查的报告》。

3月25日 国务院总理温家宝先后到无锡、苏州市的农村、社区、企业、学校进行为期3天的考察。考察期间，温家宝在谈到新的历史条件下，继续加快东部地区发展时指出：要更加重视城乡统筹发展，在加快城镇化的过程中，巩固和加强农业基础地位，努力实现农业集约化、机械化和现代化，以城市繁荣带动农村繁荣。

3月26日 农业部在北京召开2004年农机购置补贴项目部署动员会，正式启动购机补贴项目。中央财政资金安排7 000万元，其中，4 000万元在16个省（自治区、直辖市）的66个县实施，3 000万元用于农垦补贴。补贴机具是小麦、水稻、玉米、大豆4大粮食作物所需“六机”，即拖拉机、深松机、免耕精量播种机、水稻插秧机、收获机、秸秆综合利用机械。规定中央财政资金不超过机具单价的30%、最高补贴额不超过3万元。具体的补贴机具和补贴标准由各省（自治区、直辖市）制定。

4月

4月17日 按照国务院副总理回良玉的指示，农业部在吉林省松原市召开行走式节水灌溉及抗旱保春播现场会。参加会议的有北方14个省农业厅、农业机械管理局、土肥站、农业机械推广站的负责人。会议还组织典型经验交流，开展科技之春活动，聘请专家讲座。

4月30日 公安部、国家发改委、交通部、农业部、国家安全生产监督管理局联合印发了《预防道路交通事故“五整顿”“三加强”实施意见》，对上道路行驶拖拉机的整顿工作提出了明确要求。

5月

5月1日 《中华人民共和国道路交通安全法》实施。农业（农业机械）主管部门行使对上道路行驶拖拉机的登记、检验、核发牌证和对拖拉机驾驶员考试、发证的职责。

5月16日 中国农业工程学会第七次全国会员代表大会在北京召开，汪懋华当选2004—2005年理事长，朱明当选2006—2007年理事长。

5月21日 农业部印发《关于下达2004年保护性耕作项目和经费的通知》，下达资金3 000万元，新建34个保护性耕作项目县。同时，对2003年启动的22个项目县续建，使全国保护性耕作项目县达94个。

5月25日 农业部在江苏省金坛市召开水稻油菜生产机械化现场会，总结交流近年来水稻、油菜生产机械化工作，展示推广技术开发成果。副部长张宝文以《大力推进水稻油菜生产机械化，为粮食增产和农民增收作贡献》为题发表讲话。2003年全国油菜机械化收获面积32.2万公顷，机收水平达4.5%，油菜收获机械化技术已经取得重要突破，推进油菜生产机械化有了一个良好的开端。张宝文提出：发展粮食生产需要加快发展水稻生产机械化；调整农业结构，需要发展油菜生产机械化；推进水稻油菜生产机械化是经济发达地区，加快农村劳动转移，率先实现农业现代化的需要。他要求做好6个方面的工作：（1）加快技术创新步伐，解决瓶颈技术问题；（2）加强技术的组装，集成和示范，推广工作；（3）以跨区机收为突破口，推动作业服务产业化；（4）实施项目带动战略，整合资源，加大资金投入；（5）做好机具的选型和质量监督工作，积极引导，规范市场；（6）加强技术的国际合作与交流。

6月

6月25日 农业部下达2004年“948”项目资金，其中“保护性耕作系列机具与关键技术引进”由农机化管理司负责组织，中国农业大学、农业部农业机械试验鉴定总站和农业部农业机械化技术开发推广总站等承担。

6月25日 《中华人民共和国农业机械化促进法》经十届全国人大常委会十次会议审议通过，包括总则、科研开发、质量保障、推广使用、社会化服务、扶持措施、法律责任和附则共8章35条。同日，国家主席胡锦涛签署第16号主席令，予以公布，自2004年11月1日起实施。这是我国第一部关于农业机械化的国家法律。

7月

7月1日 农业部发布第38号令，将《农牧渔业部农业机械鉴定工作条例（试行）》修改更名为《农业机械试验鉴定办法》，将“农业机械推广许可证”更名为“农业机械推广鉴定证”，并修改有关条款，2004年7月1日起施行。

7月6日 为贯彻落实《预防道路交通事故“五整顿”“三加强”实施意见》，公安部、交通部、农业部联合印发《机动车驾驶员队伍整顿工作实施方案》。

7月8日 农业部在北京召开全国农机安全生产与法制工作会议，贯彻落实《道路交通安全法》、《道路交通安全法实施条例》、《农业机械促进法》和《国务院对确需保留的行政审批项目设定行政许可的决定》，分析农机安全生产形势，研究部署农机安全生产任务，推进依法行政。

8月

8月2日 全国农业机械鉴定工作研讨会在乌鲁木齐市召开，讨论贯彻落实《农业机械化促进法》中有关农机鉴定工作条款的具体措施。

8月15日 农业部发布《拖拉机驾驶培训管理办法》，自2004年9月1日起施行。办法明确了拖拉机驾驶培训机构的条件、许可程序、培训业务管理、监督检查、罚则等内容。

8月27日 国务院副总理回良玉在《农机购置补贴实施取得明显成效》（国办秘书局《专报信息》第1598期）上批示：农业补贴政策花钱不多，导向作用很大，实施效果明显。明年要把农机补贴政策，作为贯彻《农业机械化促进法》和增强农业综合生产能力的一个重要举措来抓，请认真总结经验，继续加大投入，扩大实施规模，更好地发挥效益。

9月

9月13日 国务院公布《收费公路管理条例》，明确规定进行跨区作业的联合收割机、运输联合收割机（包括插秧机）的车辆，免交车辆通行费。联合收割机不得在高速公路上行驶。

9月21日 农业部发布《拖拉机登记规定》，规范拖拉机登记程序，2004年10月1日起施行。

9月21日 农业部发布《拖拉机驾驶证申领和使用规定》，规范拖拉机驾驶证的申领和使用程序，2004年10月1日起施行。

10月

10月11日 国际农业工程大会在北京举办。国务院副总理回良玉讲话指出："农业工程技术担负着科学利用水土资源、保障粮食安全、保护生态环境、促进人类健康等重任。推进农业工程技术的创新与进步，推动农业工程领域的交流与合作，共同促进农业的可持续发展，已经成为国际农业工程界的神圣使命。""中国农业和农村的发展，粮食生产能力的提高，人民温饱问题的解决，离不开农业科技包括农业工程技术的有力支撑与保障。"农业部副部长张宝文作《中国农业工程的发展》主题报告指出：在可预见的10年、20年间，中国的农业工程将在农业机械化工程、农业水土工程、农业生物环境工程、农产品加工与食品加工工程、信息技术运用于农业、农业生物质能源与农业废弃物资源化等诸方面加大研究的力度。此次大会是由国际农业工程学会、中国农业机械学会和中国农业工程学会主办，来自60个国家和地区的近1 000名专家、学者、科技人员出席会议。

10月12日 国家认监委和认可委分别对中国农机产品质量认证中心进行对指定认证机构进行专项监督检查和认证机构认可年度评审，认证中心受到两委的一致好评。

10月26日 农业部印发《拖拉机驾驶证业务工作规范》和《拖拉机登记工作规范》，细化了《拖拉机驾驶证申领和使用规定》和《拖拉机登记规定》，进一步规范办理拖拉机驾驶证和拖拉机登记工作。

11月

11月1日 农业部在人民大会堂召开《中华人民共和国农业机械化促进法》实施座谈会。

11月2日 农业部印发《2005年全国农业科技入户示范工程试点行动方案》，启动农业科技入户示范工程，5个县开展农业机械科技入户示范工程试点。方案规划：（1）全国选择100个试点县，培育10万个科技示范户，辐射带动200万农户；（2）通过培训和示范，推广50个主导品种和20项主推技术；（3）使示范户先进实用技术入户率和到位率达到90%以上，示范户农产品产量和收入比上年提高10%以上；（4）引导农民发展新型农业技术服务组织，探索不同地区农业科技入户的有效途径和模式，为全面实施科技入户工程奠定基础。

11月19日　农业部印发《大中型拖拉机驾驶员培训教学计划、教学大纲》、《小型拖拉机驾驶员培训教学计划、教学大纲》和《联合收割机驾驶员培训教学计划、教学大纲》，原有教学计划、教学大纲废止。

12月

12月30日　农业部在北京召开全国农业工作会议，副部长张宝文在农业机械化专业会作《认真贯彻农业机械化促进法，全面开创农业机械化工作新局面》的讲话，从农业和农村经济发展的角度，全面总结2004年农业机械化工作，提出我国已开始进入农业机械化快速发展机遇期，安排部署2005年农机管理重点工作，要求全面开创农业机械化工作的新局面。

2005年

1月

1月2日 经农业部和新闻出版总署批准，《中国农机安全报》更名为《中国农机化导报》。宋毅任总编辑。报纸的宣传视角从对农机安全生产为主转换到农业机械化全行业，读者群也由单纯的农机手扩展覆盖到整个农业机械化行业。

1月5日 科学技术部公布2004年度科技奖，浙江工业大学张立彬主持的“小型农业作业机关键技术及产品开发”科研项目获国家科技进步奖二等奖。

1月19日 农业部转发《国家发改委、财政部关于加强和规范机动车牌证工本费等收费标准管理有关问题的通知》，要求各省、自治区、直辖市农机管理部门与有关部门积极联系，加强管理，认真落实国家对拖拉机牌证工本费等的收费标准。

1月19日 农业部印发《关于我国玉米收获机械化有关情况的报告》。国务院副总理回良玉对《我国玉米收获亟待机械化革命》一文批示：要认真分析玉米机械化收获存在问题的原因，从实际出发逐步提高机械化收获的水平。玉米收贮机械化已经成为我国特别是北方地区实现农业机械化的“瓶颈”，为此农业部进行了认真调查研究，广泛听取专家和玉米主产区有关部门意见，分析了制约因素，提出了加快推进我国玉米收获机械化的措施。

1月27日 全国跨区机收领导小组发布《关于表彰2003—2004年度全国跨区机收先进单位和个人的通报》，对在2003—2004年度跨区机收工作中作出突出贡献的195个先进单位、197名先进工作者、50名作业能手予以通报表彰。

1月30日 中共中央、国务院印发《关于进一步加强农村工作提高农业综合生产能力若干政策的意见》（中发[2005]1号）。文件提出：“中央和省级财政要较大幅度增加农业综合开发投入，新增资金主要安排在粮食主产区集中用于中低产田改造，建设高标准基本农田。搞好‘沃土工程’建设，增加投入，加大土壤肥力调查和监测工作力度，尽快建立全国耕地质量动态监测和预警系统，为农民科学种田提供指导和服务。改革传统耕作方法，发展保护性耕作。推广测土配方施肥，推行有机肥综合利用与无害化处理，引导农民多施农家肥，增加土壤有机质。”

2月

2月25日 农业部、财政部发布《农业机械购置补贴专项资金使用管理暂行办法》，在稳定补贴机具实行择优筛选制、补贴实行集中支付制、受益实行公示制、管理实行监督制、成效实行考核制等“五制”基础上，进一步明确农业、财政两部门的职责，简化资金使用运作程序，规范了补贴机具选型和目录制定工作。

3月

3月18日 农业部、财政部下发《2005年农业机械购置补贴专项实施方案》，按照突出重点与兼顾特色的原则，对2005年资金使用进行统一部署，明确原则、目标、实施范围、补贴机具重点、补贴对象、补贴标准、申报下达程序、工作要求等。

3月20日 中共中央政治局常委、全国政协主席贾庆林在辽宁省新民市察看时风农用汽车，对时风产品的质量、外观给予高度评价。

3月23日 中国农机产品质量认证管理委员会二届一次会议在北京召开，张宝文任主任委员。

3月29日 农业部印发《关于加强财政资金补贴的农机产品质量监督工

作的通知》，要求提高认识，加强领导，建立健全补贴机具质量调查监督体系，建立重大质量事件快速应急处理机制，把好补贴机具入选关，切实做好入选产品的质量监管工作。

4月

4月1日 中国机械工业联合会召开国家科研项目鉴定验收会议。中国农业机械化科学研究院承担的“微波能干燥杀菌技术与装置研制”和“果品蔬菜保鲜共性技术研究与装备研制”通过鉴定验收。

4月5日 农业部发布《关于表彰“农机科技兴粮行动计划”实施工作先进单位的通报》，决定对表现突出的山西、黑龙江、上海、江苏、山东、河南、重庆、四川、贵州、新疆等10个省、自治区、直辖市农机管理部门进行通报表彰。

4月8日 胡锦涛视察山东福田雷沃国际重工股份有限公司。

4月8日 国家发展和改革委员会价格司就农业部农业机械试验鉴定总站组织制定的《农机产品测试检验收费标准》（52种产品）征求有关方面的意见。

4月16日 中国农业机械流通协会在陕西省西安市召开第四次会员代表大会。丁俊发、王智才等出席大会并讲话，国资委、民政部等有关部委的领导和168名会员代表出席大会。

4月 中国农业机械化信息网“跨区作业服务直通车”通过验收投入使用，实现供求双方自动配对。

5月

5月8日 中国农业机械工业协会向财政部、国家税务总局多次反映农用运输车对农业生产的重要性和应该属于农业机械范畴的理由，并提出应按农业机械对待，征收13%的增值税。财政部、国家税务总局下发文件，同意按13%征收增值税。

5月9日 农业部印发《中国农机产品质量认证管理委员会章程》，包括总则、组织机构和人员、职责、检验机构和审核人员、管理委员会的工作程序、附则等6章21条。

5月11日 中国农业机械工业协会第四届会员代表大会在北京召开，选举高元恩为理事长，会员总数达1 870多家。

5月25日 全国水稻机械化生产农垦现场会在黑龙江垦区召开，来自12个省的农机部门和垦区的负责人参加会议。农业部副部长张宝文提出："以点带面，先易后难，梯度推进，强化服务，力争用5～10年时间，实现两个突破。到2010年力争实现水稻收获机械化的突破，到2015年力争实现水稻植栽机械化的突破。"

5～11月 农业部农业机械试验鉴定总站组织3次农业机械化标准审定会，完成对42项农业行业标准的审定，对2004年以来的43项农业机械化行业标准报送农业部审批。

6月

6月17日 国务院副总理回良玉在山东检查"三夏"农业生产期间，视察福田雷沃国际重工股份有限公司。

7月

7月3日 全国人大常委会委员长吴邦国视察山东时风集团公司。

7月4日 全国人大常委会委员长吴邦国、副委员长盛华仁视察山东福田雷沃国际重工股份有限公司。

7月4日 农业部、财政部和国家发改委印发《国家支持推广的农业机械产品目录管理办法》，包括总则、目录的内容和形式、目录的提出与审定、目录的公布与调整、罚责、附则等6章29条。

7月14日 中国消费者协会农机产品质量投诉监督站在北京举办为期3天的全国农机产品质量投诉业务培训班。来自全国各省份的农机投诉工作人员共40人参加培训。

7月26日 农业部发布《农业机械试验鉴定办法》，明确以农业机械化行政管理部门为管理主体，农业机械试验鉴定机构为实施主体，以实用性、可靠性、安全性鉴定为主要内容。《办法》共8章35条，2005年11月1日起施行。

7月 《2005—2007年农机化行业资源节约与综合利用标准发展计划》着手制定。

ZONGGUO NONGYE JIXIEHUA

8月

8月17日 温家宝主持召开国务院常务会议，研究防沙治沙工作。会议强调要积极推行免耕留茬等保护性耕作措施，加强沙化土地的治理。我国是世界上沙化危害最严重的国家之一，防沙治沙，关系到改善生态、保护耕地、提高土地质量、改善农牧业生产条件和人民生活条件，关系到经济社会可持续发展，关系到中华民族生存。会议提出防沙治沙工作的奋斗目标：力争到2010年，重点治理地区生态状况明显改善；到2020年，全国一半以上可治理的沙化土地得到治理，沙区生态状况明显改善；到本世纪中叶，全国可治理的沙化土地基本得到治理。

ZONGGUO NONGYE JIXIEHUA

9月

9月8日 中国机械装备（集团）公司更名为中国机械工业集团公司，任洪斌担任总经理。

9月8日 中国农机产品质量认证中心接受并顺利通过国家认监委（CNAB）、国家认可委（CNAT）的年度监督检查。

9月12日 农业部发布《关于做好“三秋”农机安全生产工作的通知》，要求各地农机管理部门进一步增强抓好“三秋”农机作业服务和安全生产的责任感和使命感，加强安全生产宣传教育，强化牌证核发工作，开展安全检查，加强农机监理队伍建设，减少事故隐患，坚决遏制农机作业特、重大事故发生，确保农机安全生产。

9月19日 科学技术部副部长李学勇和美国农业部副部长任筑山分别代表中美两国政府签署《中美农业合作协定书》，其中包括建立中美农产品加工联合中心等5个附件。

9月20日 农业部农业机械试验鉴定总站和洛阳拖拉机研究所共同承办的OECD（经济合作与发展组织）农林拖拉机官方试验标准规则第十三届试验工程师会议在北京和洛阳举行，OECD官员和来自14个国家的52个拖拉机试验专家、部分中国拖拉机企业代表出席会议。

9月21日 科学技术部和美国农业部共同主办的中美农产品加工与食品安全高层论坛在北京举行，李学勇、任筑山分别作主题发言。

9月 中国农业大学的教学项目“农业工程大类本科人才培养的研究与

实践”获国家教学成果奖二等奖。

10月

10月25日 农业部办公厅印发《农业机械试验鉴定机构鉴定能力认定办法》和《农业机械推广鉴定证书和标志管理办法》。两者是根据《农业机械试验鉴定办法》的有关规定制定，2005年11月1日起正式实施。

10月26日 第九届中国国际食品加工和包装机械展举行。全国政协副主席郝建秀、阿不来提·阿不都热西提，中国机械工业联合会会长于珍和部分驻华使节出席开幕式并剪彩。

10月30日 中国农业机械工业协会、《经济日报》农村版与知名农机企事业单位共同举办庆祝中国拖拉机工业50年系列活动，历时3天。主要活动有中国拖拉机工业50年精品展示会、“力佳杯”农民最喜爱的拖拉机品牌评选、“东方红杯”50位最具影响力的人物评选。

11月

11月1日 中国农业机械工业协会等在北京人民大会堂举办庆祝中国拖拉机工业50年大会暨首届中国农机工业高峰论坛。全国政协常委、中国机械工业联合会会长于珍，经济日报社社长徐如俊，全国政协常委、全国政协副秘书长陈宗兴，中国名牌战略推进委员会副主任、中国企业家协会副会长艾丰，中纪委驻农业部纪检组原组长宋树友，农业部总经济师薛亮，农业部农业机械化管理司司长王智才，以及来自全国农机行业的骨干企业代表、专家学者、行业协会和新闻媒体人士200余人出席大会。会议表彰了50年来在拖拉机行业作出突出业绩和重大贡献的杰出人物。

11月4日 科学技术部与中国农业机械化科学研究院签订《不对行玉米收获技术和装备研发合同》，包括不对行玉米收获机理研究、拨禾导入与输送技术和装置研究、玉米摘穗技术和装置研究、不对行玉米收获机开发。

11月5日 全国农机职业技能鉴定工作研讨会在昆明召开，讨论确定了全国农机职业技能鉴定“十一五”工作规划框架。26个省、自治区、直辖市农机主管部门代表参加会议。

11月23日 农业部召开第四批农业行业国家职业标准及第二批农业职业培训教材审定会，农机行业组织编写的第八个国家职业标准《农业机械操作工》通过审定。

12月

12月15日　《农业机械》杂志社社长刘泽林当选为中国科普期刊研究会理事长。

12月27日　农业部在北京召开全国农业工作会议。副部长张宝文在农业机械化专业会上作了题为《总结经验，把握规律，促进农业机械化持续健康快速发展》的讲话，强调：要以加强农业机械化政策法规保障体系建设、加快新型农机社会化服务体系建设、积极推进农机科技创新与应用体系的建设、强化农机监督管理体系建设作为“十一五”农业机械化发展的战略重点，逐步建立促进农业机械化发展的长效机制。

1月

1月17日 农业部、财政部、国家发改委发布《2006—2008年国家支持推广的农业机械产品目录》。经过企业申报、农机管理部门推荐、农业部初审、专家综合审议，并通过中国农业信息网和中国农业机械化信息网公示，270家企业生产的939个产品列入该目录。

1月18日 中共中央、国务院印发《关于推进社会主义新农村建设的若干意见》（中发[2006]1号），明确提出要“大力推进农业机械化，提高重要农时、重点作物、关键生产环节和粮食主产区的机械化作业水平。积极发展节地、节水、节肥、节药、节种的节约型农业，鼓励生产和使用节电、节油农业机械和农产品加工设备，努力提高农业投入品的利用效率。增加良种补贴和农机具购置补贴。”

1月26日 国务院发布《国家中长期科学和技术发展规划纲要》，在重点领域及其优先主题中提出“多功能农业装备与设施。重点研究开发适合我国农业特点的多功能作业关键装备，经济型农林动力机械，定位变量作业智能机械和健康养殖设施技术与装备，保护性耕作机械和技术，温室设施及配套技术装备。”

1月27日 农业部农业机械化管理司组织编制的“优质水稻区域生产机械

化服务中心建设项目”可行性研究报告通过农业部批复，在农业部《关于下达2006年中央预算内农业投资计划的通知》中，确认项目建设资金640万元。

2月

2月8日 国家发改委和财政部发出《关于农机产品测试检验费收费标准及有关问题的通知》，批准并发布《部级农机产品测试检验收费标准》。

2月13日 国务院发出《关于加快振兴装备制造业的若干意见》，在确定主要任务，实现重点突破中，国家首次列入“发展新型、大马力农业装备，提高大马力拖拉机、半喂入水稻联合收割机、玉米联合收割机、采棉机等国产化水平和技术档次，改变目前125马力以上拖拉机、新型农业装备主要依赖进口的状况。”

2月21日 国家质检总局颁布《实验室和检查机构资质认定管理办法》，自2006年4月1日起，农业部农业机械试验鉴定总站和各个农业鉴定机构以此原则进行日常工作。1987年7月10日办法同时废止。

3月

3月2日 农业部办公厅、财政部办公厅发布《关于下达2006年农业机械购置补贴专项实施方案的通知》，明确2006年农业机械购置补贴工作的主要目标、实施范围、资金规模、补贴重点、申报程序及申报时间等，并提出要切实加强领导、规范操作、抓好宣传、搞好服务、注重实效等要求，确保农业机械购置补贴专项顺利实施，使农民真正得到实惠，使补贴资金切实发挥有效作用。2006年补贴资金6亿元。

3月14日 十届全国人大四次会议批准的《国民经济和社会发展“十一五”规划纲要》提出：推广先进适用农机具，提高农业机械化水平。

4月

4月8日 中共中央政治局委员、国务委员周永康视察福田雷沃国际重工股份有限公司，观看农业装备和工程机械系列产品。

4月10日 温家宝对《关于建立中国农器（机）博物馆的建议》的批示：请发改委会同农业部研究。建议中提出：建立中国农器博物馆有助于全面而形象地记录我国农业发展史，有助于有效地保存和保护农耕文明的历史遗产，有助于在继承的基础上推动现代农业技术的发展和创新。建议提交者为农业部原部长何康、刘中一，中国农业历史学会理事长宋树友，中国工程院院士卢良恕、刘更另等。

4月10日 农业部办公厅发布《水稻机械化育插秧技术要点（试行）》，进一步规范技术要领，加强技术指导，做好水稻育插秧机械化技术的示范推广工作。

4月18日 农业部办公厅发布《关于做好2006年农机跨区作业工作的通知》，对全年跨区作业的工作任务、信息引导、组织服务、市场管理和场县共建等工作进行了全面部署。

4月21日 科学技术部公布2005年度科技奖，中国农业大学教授韩鲁佳主持的“新型秸秆揉切机系列产品研制与开发”、江南大学教授姚惠源主持的“稻米及其副产品高效增值深加工技术”、北京化工大学教授袁其朋主持的“大豆精深加工成套技术及关键设备”和哈尔滨工业大学教授孙立宁主持的“ZBM—A1200型全自动包装机器人码垛生产线”等科研项目获得国家科技进步奖二等奖。

4月24日 国家发改委办公厅向农业部办公厅发出《关于征求对建立中国农器（机）博物馆有关问题意见的函》，提出：“根据国务院领导的批示，现将何康同志等《关于建立中国农器（机）博物馆的建议》转给你部，请就有关内容研究提出意见，并于2006年5月10日前将意见函告我委，以便我们及时向国务院领导报告。”

4月 全国农机化政务信息报送系统投入使用，农机化政务信息的传递沟通与交流更加方便、快捷。

5月

5月10日 农业部、国家工商行政管理总局共同发布《农业机械维修管理规定》，内容涉及维修者的资格、维修质量管理、维修监督检查和处罚等，2006年7月1日起正式施行。1984年11月15日发布的《全国农村机械维修点管理办法》同时废止。

5月11日 农业部办公厅、财政部办公厅共同发布《关于批复2006年农业机械购置补贴专项实施方案的通知》，批复各地农业机械购置补贴专项实施方案，明确各省、自治区、直辖市、计划单列市及新疆生产建设兵团的具体项目、补贴金额及重点补贴机具等。

5月15日 农业部、国家安全生产监督管理总局联合发出通知，决定2006—2008年在全国组织开展“创建平安农机，促进新农村建设”活动。

5月17日　农业部办公厅关于建立中国农器（机）博物馆问题给国家发展和改革委员会办公厅的函提出：何康等同志《关于建立中国农器（机）博物馆的建议》很好，建立中国农器（机）博物馆很有必要，对于全面而形象记录我国农业发展史、有效地保存和保护农耕文明历史遗产具有重要意义，建议国家有关部门予以支持，并对博物馆的建筑面积、地点、投资和管理提出了具体意见。

6月

6月19日　农业部下达2006年保护性耕作项目资金3000万元、水稻育插秧机械技术示范推广项目资金500万元，并批复2006年国家优质粮食产业工程项目可行性研究报告。

6月30日　农业部办公厅发布《关于进一步做好2006年国家财政资金补贴农业机械产品质量监督工作的通知》，要求各地农机管理部门提高对做好补贴机具质量监督工作重要性的认识，明确重点，加强协调，认真组织好质量督导工作。同时，进一步完善农机质量投诉监督体系，及时掌握和处理重大质量事件。

7月

7月16日　温家宝视察中国一拖集团有限公司，仔细询问各类型号拖拉机的生产、组装及销售情况，观看工厂生产线和拖拉机驾驶室。他说：希望你们要加大技术创新力度，不断推出市场占有率高的新产品，继续为民族工业争光。

7月18日　国家质检总局、国家认监委第103号公告，决定对以单缸柴油机或25马力及以下多缸柴油机为动力的轮式拖拉机和植物保护机械实施强制性产品认证。

7月27日　农业部办公厅发文，要求各地充分认识做好2006年水稻机械化育插秧实施工作的重要性，高度重视，精心组织，狠抓落实，制定完善工作计划和技术方案，将项目工作抓到位，确保完成任务。

8月

8月4日　农业部办公厅发出通知，要求做好《2006—2008年国家支持推广的农业机械产品名录》的年度调整工作，对受理范围、申报材料、调查工作、上报材料等事项作了明确说明。

8月17日 国务院办公厅发布《安全生产"十一五"规划》，将农业机械行业列为13个重点行业和领域之一，并明确到2010年农业机械事故死亡人数下降10%以上。规划要求：要以基层网络建设为重点，完善农业机械安全监管体系；规范拖拉机等农业机械及驾驶员的管理，提高年检率；建立农业机械安全管理信息系统，加强农机监理装备建设，提高事故调查处理能力，开展农机安全使用的宣传教育和创建"平安农机"活动。

8月28日 农业部发布《全国农业机械化发展第十一个五年规划（2006—2010年）》。"十一五"时期农业机械化发展的总体目标：我国农业机械化发展水平迈上一个新台阶，整体进入中级阶段，有条件的地区率先进入高级阶段，实现速度、质量、效益同步增长；农业机械化对农业和国民经济持续发展的综合保障能力进一步增强，为实现2010年全国农业劳动生产率比2000年翻一番提供支撑。"十一五"主要措施：进一步完善农业机械化发展政策法规体系，积极推进农业机械化科技创新与应用，大力推进农机社会化服务，强化农业机械化管理和技术支撑体系建设。

8月29日 农业部办公厅发布《全国农业机械社会化服务"十一五"发展纲要》。"十一五"期间4项任务：大力培育新型农机服务组织，构建新型农业机械化技术推广体系，规范和促进农业机械维修业发展，健全完善农机社会化服务信息网络。5项主要措施：建立健全扶持政策体系，制定完善各项配套法规，推进基层农业机械化技术推广机构的改革和建设，加强农业机械化信息工作，实施项目带动战略，进一步提高专业技术队伍素质，提高农业机械化行业对外开放水平。

8月30日 中国农机产品质量认证中心配合国家认监委完成《农机产品强制性认证实施规则——拖拉机　中小功率轮式拖拉机》和《农机产品强制性认证实施规则——植物保护机械》起草、修改、定稿工作，由国家认监委以2006年第24号文公告。

8月31日 农业部发布《关于表彰"十五"全国农机化管理工作先进单位和先进个人的通报》，决定授予北京市农业机械化管理办公室等112个单位为"十五"全国农机化管理工作先进单位称号，李安宁等117位同志为"十五"全国农机化管理工作先进个人称号。

ZONGGUO NONGYE JIXIEHUA

9月

9月2日　中国农业机械流通协会会同中国农机化导报，在中国机械工业联合会、中国物流与采购联合会的指导和支持下，在北京人民大会堂隆重表彰全国农机流通体系“十大功勋人物”和“十大杰出人物”。十届全国政协副主席王忠禹、农业部副部长张宝文、商务部副部长姜增伟、中国机械工业联合会会长于珍、中国物流与采购联合会会长陆江等，全国人大、全国政协、国家发改委、国资委、农业部、商务部、民政部、国家工商总局的负责人，以及企业家、专家和相关媒体出席。

9月3日　全国人大常委会副委员长顾秀莲为中国农业机械化科学研究院题词：承五千年农器之文明，继五十载耕耘之辉煌，创建国际一流农机院。

9月6日　农业部在山东省龙口市召开全国农机社会化服务经验交流会暨农机推广站长会。副部长张宝文、山东省副省长贾万志出席会议并作了重要讲话。张宝文讲话指出：必须发展农机社会化服务，走中国特色的农机化发展道路。要建立以农机专业服务组织和农机大户为主体，农机经营户为基础，基层农机推广、培训、维修、信息服务和投诉监督等服务组织为支撑，政府的支持服务为保障的新型农机社会化服务体系。

9月28日　《农机产品强制性认证规则——拖拉机　中小功率轮式拖拉机的说明》和《农机产品强制性认证实施规则——植物保护机械的说明》通过审定。

9月30日　农业部办公厅发布《全国农业机械化科技发展第十一个五年规划（2006—2010）》，提出了“十一五”指导思想和目标任务、重点研究领域、重大推广技术和保障措施。

ZONGGUO NONGYE JIXIEHUA

10月

10月12日　回良玉给中国农业机械化科学研究院发出贺信：“大力发展农业机械化，是建设现代农业的重要举措，是推进社会主义新农村建设的重要内容。衷心希望你们以科学发展观为指导，把握机遇，乘势而上，不断提升科技创新能力和成果转化能力，努力把农机院建成国际一流的农业装备科技研发基地，为发展现代农业、建设社会主义新农村续写新的篇章！”

10月16日　农业部办公厅发布《关于发布“十一五”国家科技支撑计划

重点项目“现代化农业与机械化耕作技术研究与示范”申请指南的通知》。该项目国家拨款3 500万元，实施期3年，共设10个课题。通知要求按照“公开申报、统一评审、优势优先”的原则，通过评审择优选择承担单位。

10月18日 农业部发布农业轮式和履带式拖拉机等25项农业机械推广鉴定大纲。

10月26日 农业部第27次常务会议审议通过《农业机械安全监督管理条例（送审稿）》，决定向国务院法制办报送。为了加强农业机械安全监督管理，预防和减少农业机械事故，保护人身财产安全，规范了从事农业机械生产、销售、使用、维修以及安全监督管理等活动，并明确了相应职责分工。

10月 经国家认证认可监督管理委员会批准，中国农机产品质量认证中心为实施农机产品强制性认证的唯一认证机构。

11月

11月9日 农业部办公厅发布《全国水稻生产机械化十年发展规划（2006—2015）》。规划提出目标是：经过5～10年的努力，水稻优势产区生产机械化水平达到70%以上，基本解决种植与收获两个环节机械化问题，有条件的地方率先实现水稻生产全程机械化，为2020年全国基本实现水稻生产全程机械化奠定基础。“十一五”期间基本解决收获作业机械化。到2010年水稻主要生产环节机械化水平达到50%，其中耕整地机械化水平达到70%、种植机械化水平达到20%、收获机械化水平达到55%。“十二五”期间基本解决种植作业机械化。到2015年水稻主要生产环节机械化水平达到70%，其中耕整地机械化水平达到85%、种植机械化水平达到45%、收获机械化水平达到80%。主要任务是：形成适合不同稻区的机械化技术模式，适合各地水稻生产机械化的系列装备。形成水稻生产机械化示范推广、社会化服务和技术支撑体系，建立促进水稻生产机械化发展的长效机制。

11月13日 中国农业机械学会第八次全国会员代表大会暨2006年学术年会在江苏大学召开，来自中国农机学会20个分科学会、30个地方农机学会及政府机关、高等院校、科研院所、企业、社团、中介机构、新闻媒体等有关单位的代表参加了会议。陈志连任学会理事长。

2006年 中国包装和食品机械工业协会召开常务理事会，李树君当选为理事长。

2007年

1月

1月10日 农业部宣布在部分血吸虫病疫区县实施“以机代牛”工程，将此作为2007年农业部为农民做的16件实事之一，把湖北、湖南、江西、安徽、江苏、四川、云南等7个血吸虫疫区省164个疫区县的11 713个血吸虫病流行村纳入购机补贴范围，加大补贴力度，推进农机大户和农机社会化服务组织发展，逐步实现耕作环节机械化，预防和控制血吸虫病的发生。

1月15日 农业部发布《农业机械部级推广鉴定实施办法（试行）》，要求有关部门认真做好部级推广鉴定工作。

1月29日 中共中央、国务院印发《关于积极发展现代农业扎实推进社会主义新农村建设的若干意见》（中发[2007]1号），明确指出：“要用现代物质条件装备农业，用现代科学技术改造农业，用现代产业体系提升农业，用现代经营形式推进农业，用现代发展理念引领农业，用培养新型农民发展农业，提高农业水利化、机械化和信息化水平，提高土地产出率、资源利用率和农业劳动生产率，提高农业素质、效益和竞争力。”“加快农业基础建设，提高现代农业的设施装备水平。发展新型农用工业。农用工业是增强农业物质装备的重要依托。积极发展新型肥料、低毒高效农药、多功能农业机械及可降解农膜等新型农业投入品。”“加快农机行业技术创新和结构调整，重点发展大中型拖拉机、多功能通用型高效联合收割机及各种专用农机产品。尽快制定有利于农用工业发展的支持政策。”“积极发展农业机械化。要改善农机装备结构，提升农机装备水平，走符合国情、符合各地实际的农业机械化发展道路。加快粮食生产机械化进程，因地制宜地拓展农业机械化的作业和服务领域，在重点农时季节组织开展跨区域的机耕、机播、机收作业服务。建设农机化试验示范基地，大力推广水稻机插、土地深松、化肥深施、秸秆粉碎还田等农机化技术。鼓励农业生产经营者共同使用、合作经营农业机械，积极培育和发展农机大户和农机专业服务组织，推进农机服务市场化、产业化。加强农机安全监理工作。”“扩大农机具购置补贴规模、补贴机型和范围”。

2月

2月5日 农业部办公厅、财政部办公厅联合印发《关于申报2007年农业机械购置补贴项目实施方案及补贴资金的通知》，明确2007年农业机械补贴资金控制规模、实施范围、补贴机具重点、血防区“以机代牛”补贴工作、申报程序和申报时间等，提出了加强领导、密切配合，规范操作、严格管理，落实责任、保障经费、加强宣传、搞好服务等6个方面的工作要求。

2月8日 科学技术部863计划现代农业技术领域办公室与中国农业机械化科学研究院签订《精准农业智能变量作业装备研究开发合同》，主要研究内容是智能精准播种机和插秧机、智能变量施肥机、智能变量喷药机、智能测产系统。

2月15日 科学技术部863计划现代农业技术领域办公室与中国农业机械化科学研究院签订《果树采摘机器人关键技术研究合同》，主要研究内容是果实自动识别技术、机器人与目标定位技术、果树采摘机器人总体及控制技术、果树采摘机器人避障技术等。

2月28日 科学技术部公布2006年度科技奖，吉林大学教授任露泉主持的“地面机械脱附减阻仿生技术”获国家发明奖二等奖；中国农业机械化科学研究院陈志主持的“马铃薯综合加工技术与成套装备研究开发”、湖南大学王耀南主持的“高速灌装生产线智能检测分拣成套装备研制及其推广应用”等科研项目获国家科技进步奖二等奖。

3月

3月8日 农业部发出《农业部关于确定全国农机社会化服务组织联系点的通知》，公布100个全国农机社会化服务组织联系点，并要求各地农机管理部门扶持和带动新型农机社会化服务组织的发展。

3月12日 在全国政协十届五次会议上全国政协委员曹幸穗等委员提交了《关于建立中国农器博物馆的建议》的提案。经政协提案委员会立案，并给予答复。

3月13日 农业部发布《关于实施发展现代农业重点行动的意见》，《现代农业设施装备加强行动方案》被列为“十项发展现代农业重点行动”之一。

3月16日 农业部发布《联合收割机驾驶证业务工作规范》与《联合收割机登记工作规范》，进一步规范联合收割机驾驶人考试、驾驶证核发等业务工作和联合收割机登记、牌证核发等工作。

3月20日 全国农机标准化技术委员会农机化分技术委员会二届四次会议暨国家标准审查会在成都市召开，审查了《农业机械试验条件通用测定方法》和《农业机械生产试验方法》两项国家标准。

3月23日 农业部和中国保监会联合下发《关于切实做好拖拉机交强险实施工作的通知》，进一步明确各地拖拉机交通事故责任强制保险的基础费率标准，自2007年4月1日起实施。

4月

4月6日 农业部发出《农业部关于积极推广农业机械化重点技术的通知》，决定在“十一五”期间大力推广水稻机械化生产技术等11项重点技术，并要求各地农机管理部门因地制宜，采取有效措施，加强农业机械化重点技术的示范推广工作。

4月6日 农业部发布《关于大力发展保护性耕作的意见》，强调发展保护性耕作的重要意义，明确了发展保护性耕作的指导思想、基本原则和发展目标，指出建立发展保护性耕作保障体系的主要内容，提出加大保护性耕作示范推广力度的基本方法。工作目标是：力争在“十一五”期末，保护性耕作实施面积超过6 000万亩，达到北方适宜地区耕地面积的6%。保护性耕作技术体系基本完善，机具质量基本满足生产要求，实施区域生态、经济和社会效益明显。

4月9日 农业部向国务院报送《关于当前我国农业机械化发展情况的报告》，主要内容是我国农业机械化发展的基本情况、面临的主要问题和对策措施。

4月13日 农业部原部长陈耀邦等老领导、行业专家12人联名给温家宝、回良玉呈送《关于进一步加大扶持力度，促进农业机械化又好又快发展的建议》，建议以国务院名义，尽快出台扶持和促进农业机械化又好又快发展的若干意见，进一步完善政策法规建设，特别是在财政、税收、金融、保险、土地、燃油等方面进一步明确扶持政策。

4月25日 农业部下发《关于开展拖拉机登记和驾驶证申领专项整治工作的通知》，要求各地严格按照有关法规的要求，对照检查拖拉机登记和驾驶证申领情况，清理违规登记和办理驾驶证的行为，严肃处理违法违规的单位和责任人。专项整治工作于5～11月按宣传发动、摸底自查、整顿处置和总结规范4个阶段进行。

4月30日 回良玉对《关于进一步加大扶持力度，促进农业机械化又快又好发展的建议》批示：实践证明，农机具购置补贴政策是一举多效，成绩显著。建设现代农业必须要用现代物质条件装备农业，不断提高农业机械化水平。拟请农业部商有关部门，认真研究专家的建议，抓紧提出促进农业机械化又好又快发展的政策意见。

4月 中国农机产品质量认证中心通过国家认可中心组织的专家评审，取得质量管理体系认证的认可资格，实现了农机领域质量管理体系认证资格的国际互认。

ZONGGUO NONGYE JIXIEHUA 5月

5月1日 《联合收割机及驾驶人安全监理规定》正式实施。该规定于2006年11月2日以农业部第72号令正式发布，旨在加强对联合收割机及驾驶人的安全监督管理，保障人民生命和财产安全，促进农业生产发展。

5月2日 温家宝对《关于进一步加大扶持力度，促进农业机械化又快又好发展的建议》批示：现在看来，是到了需要统筹考虑这几个方面的工作，制定和完善相应的政策和措施的时候了，请发改委会同财政部、农业部研究。

ZONGGUO NONGYE JIXIEHUA

6月

6月1日 农业部印发《关于确定全国农业机械化示范区的通知》，确定北京市顺义区等100个县（场）为首批全国农业机械化示范区。

6月1日 农业部部长孙政才视察山东福田雷沃国际重工股份有限公司。

6月4日 国家发改委农经司召开会议，研究促进农业机械化发展政策意见工作方案。农业部、财政部、科技部、水利部、人民银行、保监会、税务总局等部委有关司局派人到会。商定由8部委有关司局组成农机应用、工业、财税、金融、保险、科技等6个工作小组分别开展专题调研。

6月5日 农业部办公厅印发《关于做好2007年“以机代牛”补贴工作的通知》，要求各地统筹规划，争取投入，突出重点，搞好协调，落实责任，加强监督，积极推进2007年“以机代牛”补贴工作。

6月10日 由中国农业机械化科学研究院牵头，8家骨干企业、4所大学、3家科研院所共15家单位联合组建的农业装备产业技术创新战略联盟成立，旨在引导产业发展、推动技术创新，促进产业共性技术的研发与应用。该联盟是“十一五”期间我国科技体制改革的一种尝试和积极探索。

6月18日 农业部人事司批复：同意在农业部农业机械试验鉴定总站内设农业机械维修管理服务中心，主要职责是协助农业机械化管理司开展全国农业机械维修行业管理与行业指导工作。

ZONGGUO NONGYE JIXIEHUA

7月

7月1日 农业部发布《拖拉机驾驶证证件》、《联合收割机驾驶证证件》两项行业标准。

7月20日 全国跨区机收小麦工作领导小组在北京召开会议，重新明确领导小组的参加单位和人员，通报2007年农机跨区作业工作情况，研究做好农机跨区作业工作的有关政策措施。全国跨区机收小麦工作领导小组成员单位农业部、公安部、交通部、国家发改委、中国石油化工股份有限公司和中国石油天然气集团公司参加会议。

8月

8月15日 农业部农业机械试验鉴定总站在南京市召开部级推广鉴定项目管理座谈会，交流了2006年和2007年上半年部级推广鉴定项目完成情况、工作经验和问题，讨论了《2007年部级农机试验鉴定产品种类指南》、部级推广鉴定项目管理细则、证后监督等。

8月16日 温家宝在新疆和新疆生产建设兵团视察，强调新疆生产建设兵团要成为节水灌溉示范基地，农业机械化推广基地，农业现代化示范基地。

8月24日 农业部办公厅、财政部办公厅联合发布《2007年农业机械购置补贴追加资金使用方案的通知》，决定2007年追加8亿元农业机械购置补贴资金，总规模达到20亿元。主要用于解决项目县（场）补贴投入不足的问题。要求各地在安排补贴资金时，向粮食主产县和农产品大县倾斜、向血吸虫病疫区倾斜，兼顾丘陵山区和重点牧区发展，突出重点，精心组织，确保专项实施成效。实施范围扩大到全国2/3以上农业县（区），受益农户超过60万户。

8月29日 农业部启动实施2007年优质粮食产业工程现代农机装备推进项目建设，批复立项现代农机装备推进项目465个（其中农垦系统37个）。国家发改委、农业部联合下达2007年优质粮食产业工程现代农机装备推进项目中央预算内专项投资5.92亿元。

8月30日 农业部办公厅印发《关于做好秋季农机化生产工作的通知》，要求各级农机管理部门紧紧抓住重点作物、关键生产环节和主产区机械化生产，明确任务、落实措施，强化责任，提高机械化作业水平，保障秋季机械化生产的顺利进行。

8月31日 农业部在山东省召开全国玉米收获机械化现场会并举行玉米跨区机收启动仪式。副部长张宝文以《抓住机遇加快推进玉米生产机械化》为题讲话提出：深化认识，增强推进玉米生产机械化的紧迫感和责任感；认清形势，明确推进玉米收获机械化的工作思路和任务；扎实工作，大力推进玉米收获机械化又好又快发展。19个玉米主产省份农机管理局和新疆生产建设兵团农机局、黑龙江农垦总局农机局负责人参加会议。

9月

9月1日 我国农业机械化水平评价发展阶段的划分标准开始实施，根据该标准，2007年我国耕种收综合机械化水平达42.5%，超过40%；乡村农林牧渔业从业人员占全社会就业人员比重小于40%，农业机械化发展水平跨入中级阶段。

9月7日 农业部在江苏省宜兴市召开全国农业机械安全监理工作会议。会议提出：抓好关键生产环节、重点农机具和重要农时季节的安全生产入手，提高农民安全生产意识和农机驾驶操作人员水平，改善农机安全技术状态，全面提升农机安全监理工作水平，确保到2010年，农业机械事故死亡人数下降10%以上。

9月22日 国务院办公厅印发《关于促进油料生产发展的意见》，就我国今后一段时间的油料生产相关问题进行了详细部署。在加强科技支撑能力建设中特别强调："提高生产机械化水平。坚持农机与农艺相结合，积极支持油料播种、收获机械研究和开发，结合机械作业调整油料品种选育目标，推进油料生产机械化，切实解决油料生产劳动强度大、费工费时问题。进一步增加农机具购置补贴项目资金规模，支持发展油料生产机械化，抓紧启动重点油菜产区全程机械化工作试点。"

9月24日 农业部、公安部、交通部、国家发改委、中国石油化工股份有限公司、中国石油天然气集团公司共同发布《关于做好农机跨区作业工作的意见》，明确农机跨区作业免费通行、保障油料供应、安全生产、优化服务等一系列促进政策，要求各级发展改革、价格、公安、交通、石油、石化和农业等相关部门继续深化对农机跨区作业重要性的认识，加强领导，紧密配合，完善管理，优化服务，维护好农机跨区作业市场秩序，协调解决好农机跨区作业中出现的问题，推进农机跨区作业组织管理工作上一个新的台阶。

9月29日 农业部为贯彻国务院办公厅《关于促进油料生产发展的意见》，在北京召开油菜生产机械化座谈会，成立农业部油菜生产机械化专家组，公布油菜生产机械化技术要点和油菜生产机械选型目录，并确定10个油菜生产机械化试点县。

10月

10月8日 农业部副部长危朝安对农业机械化管理司司长宗锦耀在油菜生产机械化座谈会上的讲话《抓住机遇，克难攻坚，大力推进油菜生产机械化》批示：推广油菜生产全程机械化，是一项突破性、创新性的工作，农业机械化管理司高度重视，积极支持，当前关键要抓好试点，赞成其部署，请科技司积极配合。

10月23日 农业部和联合国亚太农业工程与机械中心联合主办，中国农业大学和河南省农业机械管理局共同承办的亚太地区保护性耕作发展国际研讨会在河南省郑州市召开。农业部副部长张宝文参加会议并讲话指出：我国发展保护性耕作要以科学发展观为统领，以保护耕地、改善环境、节本增效、促进农业可持续发展为目标，以秸秆覆盖还田、免少耕播种、深松蓄水及病虫草害综合控制为主要内容，坚持政府推动与市场拉动相结合，坚持农机技术与农艺技术相结合，坚持经济效益与生态效益相结合，坚持技术创新与机制创新相结合，进一步加大投入和推广力度，加大技术创新，建立和完善保障体系，加快保护性耕作技术的普及应用。会议围绕保护性耕作与环境保护、农业可持续发展、保护性耕作技术与机具、保护性耕作推广与应用、保护性耕作发展战略与政策等议题展开深入讨论。32名中外专家发表演讲。中国、朝鲜、韩国、印度、尼泊尔、巴基斯坦、越南、澳大利亚、加拿大和联合国亚太农业工程与机械中心、联合国粮农组织共11个国家和国际组织的120余名专家学者与技术推广人员等出席会议。

10月25日 农业部农业机械化管理司、农业机械试验鉴定总站、农业机械化技术开发推广总站、中国农业机械流通协会和中国农机化导报共同主办的第七届中国农机论坛暨第五届亚洲农机峰会在河南省郑州市举行。张宝文、何光远、陆江、宗锦耀、汪懋华等400多人出席。会后发表了《第七届中国农机论坛郑州宣言》。

10月29日 全国农业机械推广站站长会议在北京召开。农业部副部长张宝文以《大力推广先进适用技术，促进农业机械化又好又快发展》为题发表讲话。他说：要从抓好主要作物、重要农时、关键环节的农机化技术推广应用入手，帮助农民广泛采用先进适用的农业科学技术和高效、节能、环保的农业机械装备，全面提升我国农业和农机化新技术新机具的普及率和到位率，为“十一五”期末，实现全国耕种收综合机械化水平达到45%、农业科技进步贡献率达到53%的总体目标作出贡献。同日，张宝文、宗锦耀、丁翔文共同启动中国农机推广网正式上线。

10月31日　农业部发布《关于加强农机安全监理工作的意见》，要求各地农业、农机部门进一步建立健全农机安全政策法规体系，落实农机安全生产责任制，加强农机安全监理队伍建设，依法规范农机安全监理业务，提高农机安全监理装备水平，加强对农机安全监理工作的组织领导。

10月31日　第十届中国国际食品加工和包装机械展览会北京举行。全国政协副主席郝建秀出席开幕式。

11月

11月2日　农业部办公厅发布《推进农机职业技能开发工作方案》和《农机行业职业技能鉴定管理实施细则》，要求进一步加强农机人才队伍建设，提高农机从业人员整体素质和技能水平。

12月

12月16日　《农业机械学报》创刊50周年庆祝大会在京举行，农业机械学报历届主编、编委和编辑部同志，审稿专家和作者、读者代表，特邀嘉宾等100余人到会。学报第一届编委会主任委员曾德超，学报顾问编委汪懋华、蒋亦元，学报副主编、吉林大学教授任露泉出席庆祝会。大会向50年来为学报创办和发展作出突出贡献的曾德超、王万钧、马成林、程悦荪、王传蕙和中国农业机械化科学研究院、江苏大学两个单位颁发《农业机械学报》杰出贡献奖。

12月18日　中共中央政治局召开会议，研究部署推进农业和农村发展工作，胡锦涛主持会议。会议强调：要加快构建强化农业基础的长效机制，切实加大“三农”投入力度，加大支农惠农政策力度，形成农业增效、农民增收良性互动机制；抓好农业基础设施建设，加快推进农业机械化。

12月23日　中央农村工作会议要求狠抓农业机械化发展。这是农业发展中一件带有方向性的大事。随着农业劳动力结构快速变化，农民对农机作业的需求越来越迫切，农业对农机应用的依赖越来越明显，现在已经到了加快推进农业机械化的阶段。

12月27日　中国科学院公布2007年新当选院士名单。中国农业机械学会副理事长、吉林大学教授任露泉入选中国科学院院士。

1月

1月3日 农业部办公厅批复农业机械试验鉴定总站主要职责、内设机构和人员编制。核定内设机构15个，财政补助事业编制110名，明确农业机械试验鉴定总站为承担农业机械及其零配件试验鉴定选型，农机产品质量认证、管理与监督调查，农机行业职业技能鉴定指导与农机维修管理服务的国家级农机试验鉴定检测认证监督机构。

1月8日 科学技术部公布2007年度科技奖，浙江理工大学赵匀主持的“高速插秧机的机构创新、机理研究和产品研制”科研项目获国家发明奖二等奖；同济大学吴启迪主持的“国产化智能温室及其环境控制系统等配套设施的研制”、江苏大学袁寿其主持的“潜水泵理论与关键技术研究及推广应用”、北京农业信息技术研究中心赵春江主持的“精准农业关键技术研究与示范”等科研项目获国家科技进步奖二等奖。

1月14日 农业部制定《2006—2008年国家支持推广的农业机械产品目录》（2008年度调整）。

1月14日 农业部发布《农业机械质量投诉监督管理办法》，要求尽快明确农业机械质量投诉监督机构，建立健全农业机械质量投诉监督体系，有效开展农业机械质量投诉监督工作，切实维护农业机械所有者、使用者和生产者的合法权益，大力促进农业机械产品质量、作业质量、维修质量和售后服务水平的稳步提高。

1月21日 国家认证认可监督管理委员会、农业部联合对农业部农业机械试验鉴定总站实验室进行为期3天的现场“四合一”复评审，获证通过，并得到资质认定和计量认证。农业部农业机械质量监督检验测试中心获得16类64个农业机械产品的检测能力确认，其中扩项12个产品。国家拖拉机质量监督检验中心（北京）获得15个农业机械产品的检测能力确认，其中扩项（变更）7个产品。

1月30日 中共中央、国务院公布《关于切实加强农业基础建设进一步促进农业发展农民增收的若干意见》（中发[2008]1号），强调加快推进农业机械化，并指出：“推进农业机械化是转变农业生产方式的迫切需要，也为振兴农机工业提供了重要机遇。加快推进粮食作物生产全程机械化，稳步发展经济作物和养殖业机械化，加强先进适用、生产急需农业机械的研发，重点在粮食主产区、南方丘陵区和血吸虫疫区加快推广应用，完善农业机械化税费优惠政策，对农机作业服务实行减免税，对从事田间作业的拖拉机免征养路费，继续落实农机跨区作业免费通行政策。继续实施保护性耕作项目。扶持发展农机大户、农机合作社和农机专业服务公司。加强农机安全监理工作。”“继续加大对农民的直接补贴力度，增加粮食直补、良种补贴、农机具购置补贴和农资综合直补。扩大良种补贴范围。增加农机具购置补贴种类，提高补贴标准，将农机具购置补贴覆盖到所有农业县。”

2月

2月22日 我国水稻主产省（自治区）的2007—2008年度优质水稻区域生产机械化服务中心建设二期项目正式启动，农业部和项目建设单位投资834万元，在9个水稻主产省（自治区）建设9个优质水稻区域生产机械化服务中心，从而使服务中心数量达到14个，以推动本县、辐射带动本区域水稻生产机械化。

3月

3月3日 农业部办公厅印发《关于做好农业机械强制性认证产品管理工作的通知》，要求："自2008年5月1日起，各级农机管理部门对属于国家强制性产品认证目录范围而未获得认证证书的产品，不再颁发农业机械推广鉴定证书，不再列入《国家支持推广的农业机械产品目录》，不再享受农业机械购置补贴"，"对2008年5月1日后生产出厂，且属于国家强制性产品认证目录范围而未获得认证证书的中小功率轮式拖拉机，农机安全监理部门不再予以登记，不再予以发放号牌、登记证书和行驶证。"

3月19日 农业部发布《油菜生产机械化技术要点（试行）》，要求各地农机管理局逐步规范主产区的油菜机械化生产作业，引导油菜生产机具的开发和技术示范推广工作，加快油菜生产机械化发展步伐。

3月29日 国务院印发《国务院2008年工作要点》指出：强化和完善农业支持政策。大力增加农业投入。增加粮食直补、农资综合直补。扩大良种补贴规模和范围。增加农机具购置补贴种类，提高补贴标准，农机具购置补贴覆盖到所有农业县。根据情况提高粮食最低收购价。调整耕地占用税使用方向，改革城市维护建设税使用办法，增加农村建设投入。

4月

4月7日 国家认证认可监督管理委员会印发《关于全面开展农机产品强制性产品认证行政执法工作的通知》，要求加强农机产品强制性产品认证行政执法力度。

4月22日 农业部第八届科学技术委员会第一次全会在北京举行，部科技委主任由部长孙政才担任。委员会下设10个专业组，农业工程与装备组组长为宗锦耀，副组长为中国工程院院士汪懋华和南京农业机械化研究所所长易中懿。

5月

5月15日 农业部在湖北省天门市召开全国油菜生产机械化现场会。农业部副部长牛盾出席现场会并讲话指出：油菜生产机械化技术问题已经基本解决，但机械化作业水平还比较低，因此发展潜力很大。今后，要加快油菜生产机械化步伐，促进油料生产加快恢复和稳定发展。科技部、财政部、国务院研究室有关领导、部分省（直辖市）农业机械管理局负责人及有关农机生产供销企业、农机大户、农民代表等参加。

5月24日 农业部、国家发改委等4部门联合发布《关于确保“三夏”期间农用柴油供应的紧急通知》。为了切实落实国务院常务会议精神，保障农用柴油供应，确保“三夏”期间农业生产顺利进行，全面夺取夏粮丰收，农业部、中国石油天然气集团公司、中国石油化工股份有限公司等有关部门配合工作，落实“三夏”期间农用柴油供应。

5月25日 农业部举办的全国小麦跨区机收开机启动仪式在河南省南阳市举行。部长孙政才出席启动仪式并讲话指出：夏粮单产将再创历史最高水平，总产将实现连续第五年增产，夏收油菜收获基本结束，增产已成定局，扭转了连续3年下滑的局面。要周密安排、强化服务，高质量、高效率地组织好小麦跨区机收，实现颗粒归仓。“三夏”期间投入小麦收获的联合收割机超过42万台，其中参加小麦跨区机收的27万台，比上年增加，小麦机收水平超过82%。

ZONGGUO NONGYE JIXIEHUA

7月

7月8日 程连昌、卢良恕、刘更另、宋树友向回良玉副总理并温家宝总理呈报了《关于加快农村沼气服务体系建设的建议》，此建议是由中国老科学技术工作者协会牵头，有关部门参加联合组成的调查组，分别对湖北等6省农村沼气服务体系建设进行调查的基础上形成的。调查组由宋树友任组长，刘新泉、朱明、李俊杰任副组长。建议的主要内容是：（1）增加资金投入，加快沼气服务体系建设；（2）沼气服务体系建设的形式要因地制宜；（3）推进“三沼”商品化、市场化进程；（4）加快进出料设备研制工作，定标、定点生产并制定相应鼓励政策；（5）制定扶持政策，鼓励企业参与农村沼气产业建设。

7月9日 回良玉副总理对《关于加快农村沼气服务体系建设的建议》的批示：发展农村沼气是一举多得的好事。近年来，国家投资逐年增多，各地积极性很高，效果也很好，沼气产业已经形成较大规模，对服务体系建设提出了新的更高要求。此调查组的建议值得高度重视，望予认真研究。

7月10日 温家宝总理对《关于加快农村沼气服务体系建设的建议》的

批示：赞成良玉批示。我在下乡调研中也感到，加强农村沼气服务体系建设，直接关系到农村沼气产业持续健康发展，也是农民的迫切需要，应该予以高度重视。

8月

8月27日 农业部决定中国农业机械鉴定检测协会更名为中国农业机械化协会，并报民政部审批。

8月28日 山东福田雷沃国际重工股份有限公司研制成功2654ETX型洲际平台拖拉机。

9月

9月7日 根据国家质量监督检验检疫总局安排，农业部农业机械试验鉴定总站与国家拖拉机质量监督检验中心共同承担2008年第四季度轮式拖拉机产品质量国家监督抽查工作，历时81天。抽查产品为装配有多缸柴油机，功率＞18.4千瓦、≤51.5千瓦直接传动的轮式拖拉机。

9月10日 胡锦涛考察河南龙工机械制造有限公司时指出：现在国家有农机补贴政策，农民购买农机积极性高，农机企业面临着发展的黄金期。希望你们加强先进、适用农业机械的研发和生产，不断提高农业技术装备水平，为加快农业机械化作出更大贡献。

9月17日 全国农业机械化质量工作会议在浙江省宁波市召开。农业部副部长张桃林提出：必须积极推进农业机械化质量体系建设，为做好农业机械化质量工作提供组织保证；必须加强农业机械化质量能力建设，为做好农业机械化质量工作提供强有力支撑；必须依托质量提升效益，保障农业机械化又好又快发展。

10月

10月8日 农业部发布《拖拉机联合收割机牌证制发监督管理办法》，规定拖拉机、联合收割机牌证的生产、订制和分发管理，保证拖拉机、联合收割机牌证质量。

10月10日 农业部专家评审组对农业部农业机械试验鉴定总站进行部级鉴定能力认定（扩项）现场考评。考评组认为：基本符合《农业机械试验鉴定机构部级鉴定能力认定实施细则》的要求，具备了棉花收获机、水果分级机械和水果清洗打蜡机等3种产品推广鉴定的能力。

10月12日 中国共产党十七届三中全会通过《中共中央关于推进农村改革发展若干重大问题的决定》指出："不断促进劳动过程机械化""适应农业规模化、精准化、设施化等要求，加快开发多功能、智能化、经济型农业装备设施，重点在田间作业、设施栽培、健康养殖、精深加工、储运保鲜等环节取得新进展"，"支持农用工业发展，加快推进农业机械化"。

10月13日 农业部办公厅印发《农业机械化管理司主要职责、内设机构和人员编制规定》。与原"三定"方案相比，在农业机械化发展的宏观调控，农机产品质量调查和作业、维修、售后服务的监督管理，促进设施农业发展等方面得到充实和加强。内设综合处、产业发展处、监督管理处、科技教育处。

10月17日 农业部农业机械化管理司组织编辑出版的《中国农业机械化改革发展30年》首发仪式在北京举行。全书分序言、总论、专题篇、地方篇、大事记等5个部分，共计45篇文章，40多万字。农业部原副部长、民盟中央常务副主席张宝文出席首发式。

ZONGGUO NONGYE JIXIEHUA

11月

11月3日 中共中央政治局常委、国务院副总理李克强到山东巨明集团视察，参观新型农业机械和装配车间，详细察看正在装配的机器。李克强赞赏巨明集团自主创新，为农民提供具有国内领先水平的农机产品，鼓励企业学习国外先进技术，努力赶超世界先进水平。

11月10日 国家发改委和财政部向农业部发送《关于重新核定农机产品测试检验收费标准及有关问题的通知》，批复农业部《关于申请调整农机产品测试检验收费标准的函》，规定应按照《部级农机产品测试检验收费标准》、管理办法和时间执行。

11月18日 何康、刘中一、宋树友给孙政才写信："建立中国农器博物馆有助于全面而形象地记录我国农业发展史，有助于有效地保存和保护农耕文明的历史遗产，有助于在继承的基础上推动现代农业技术的发展和创新。以此为载体作为宣传教育基地，起传承农耕文明、以史为鉴、昭示未来的作用。建立中国农器博物馆迫在眉睫，这项工作做晚了，将会造成不可挽回的损失。因此，建议把建立中国农器博物馆列入国家“十一五”计划的社会发展建设项目，并尽快付诸实施。”

11月23日　新华社发布《国家粮食安全中长期规划纲要（2008—2020年）》。在第四部分保障粮食安全的主要任务中指出：“积极推行主要粮食作物全程机械化作业，促进粮食生产专业化和标准化发展。”在第五部分保障粮食安全的主要政策与措施中指出：“完善粮食补贴和奖励政策。完善粮食直补、农资综合直补、良种补贴和农机具购置补贴政策，今后随着经济发展，在现有基础上中央财政要逐年较大幅度增加对农民种粮的补贴规模。”

11月29日　农业机械化与中国农村改革高层论坛在北京举行。原农业部副部长张宝文、中国农业大学党委书记瞿振元、国务院发展研究中心农村部部长韩俊、国家发改委宏观经济研究院副院长马晓河、财政部财政科学研究所副所长苏明、农业部农业机械化管理司司长宗锦耀、中国农业机械学会理事长陈志等专家和学者出席。来自全国23个省、自治区、直辖市农机管理、科研、高等院校、鉴定、推广、生产、流通和新闻等单位到会。

12月

12月2日　农业部印发《关于进一步加强农业机械化质量工作的意见》指出：提高农业机械化质量是促进农业机械化健康发展的关键举措。只有努力提高农业机械化质量，实现产品质量、作业质量、维修质量和服务质量的全面提升，最大限度地满足广大农民对提高生产效率和降低劳动强度的迫切需求，才能促进农业机械化和谐、可持续发展。

12月10日　温家宝主持召开国务院常务会议，部署做好农民工工作，决定增加农机具购置补贴。会议认为：实施农机具购置补贴政策，对于提高农业机械化水平，拉动农机工业发展，促进经济增长都有重要作用，是一项一举多得、深受农民和企业欢迎的好政策。增加农机具购置补贴，扩大补贴范围，是“家电下乡”后又一个拉动内需的重要举措。会议决定：2009年增加农机具购置补贴。中央安排农机具购置补贴资金100亿元，比2008年增加60亿元。补贴范围覆盖全国所有农牧业县（场），并向粮棉油种植大县、养殖大县和血吸虫病防疫区及汶川地震重灾区县倾斜，补贴对象包括农民、农场职工及直接从事农机作业的农业生产经营组织，允许农民以拟购买的农机具作为抵押物向金融机构贷款。会议要求有关部门严格招投标制度，把好农机具选型的质量关，将先进适用、技术成熟、安全可靠、节能环保、服务到位的农机具纳入补贴目录并尽快公布。各地农机具购置补贴资金使用方案要向社会公布，严禁采取不合理政策保护本地区的落后生产能力，严禁强行向购机农民推荐产品，严禁借国家扩大农机具购置补贴之机乱涨价。

12月25日 中国农业工程学会第八次全国会员代表大会在北京召开，朱明当选理事长。

12月26日 国家发改委、农业部和财政部联合发布《2009—2011年国家支持推广的农业机械产品目录》，共有876家企业的3 788个产品入选。

12月26日 农业部、财政部联合发布《2009年农业机械购置补贴实施方案》，确定2009年中央财政农机购置补贴资金100亿元。方案和资金下达时间比往年大大提前。这是发展现代农业、扩大国内需求、促进经济平稳较快增长的一项重要举措。

12月27日 中央农村工作会议在北京举行。会议指出：要把强化农业基础、稳定农业生产作为2009年农业农村工作的重要任务。要把加快推进农业机械化作为建设现代农业、拉动农机工业发展、扩大国内需求的重要工作来抓。同时要加大农业补贴力度，2009年粮食直补、良种补贴、农机具购置补贴、农资综合补贴都要继续增加，并逐步完善补贴办法。

12月29日 农业部在北京召开全国农业工作会议。副部长张桃林出席农机专业会，强调提供农业机械化公共服务，是各级政府和农机管理部门的重要职责，也是建设新型农机社会化服务体系的重要内容。

12月29日 农业部和国家安全监督管理总局联合发布《关于公布全国“平安农机”示范县的通报》。2006年以来，各地按照农业部、国家安全生产监督管理总局《关于开展“创建平安农机，促进新农村建设”活动的通知》精神要求，以创建十个“平安农机”示范县、百个“平安农机”示范乡（镇）、千个“平安农机”示范村和万个“平安农机”示范户为目标，精心组织，周密部署，扎实工作，营造了良好的农机安全生产氛围，促进了全国农机安全生产形势持续稳定好转。经研究，确定北京市怀柔区等104个县（区、市）为全国“平安农机”示范县（区、市）。

12月31日 水利部公报显示，全国已建成各类固定机电抽水泵站51.8万处，装机容量4 437万千瓦；配套机电井474.1万眼，装机容量4 657万千瓦；流动排灌和喷滴灌设施装机容量2 205万千瓦。全国农田有效灌溉面积58 472千公顷，占全国耕地面积的48.0%。

2008年 中央财政投入农机具购置补贴资金增至40亿元，比2007年翻一番。加大了投入规模，增加了补贴机具种类，提高了补贴标准，补贴实施范围扩大到所有农牧业县。

2009年

1月

1月5日　《2009年度通用类农机购置补贴中选产品名录》通过企业申报、公开开封和专家评审委员会评审，经农业部审定发布，确定1 330个产品。

1月9日　科学技术部公布2008年度科技奖，浙江大学应义斌主持的“基于计算机视觉的水果品质智能化实时检测分级技术与装备”科研项目获国家发明奖二等奖，中国科学院广州能源研究所吴创之主持的“农业废弃物气化燃烧能源化利用技术与装置”和新疆农垦科学院农机研究所陈学庚主持的“棉花精量铺膜播种机具的研究与推广”获国家科技进步奖二等奖。

1月10日　温家宝到江苏常发集团调研指出：在金融危机、经济困难的时候，农机还面临着机遇。国家有三条扶持政策，第一就是增值税转型；第二提高出口退税率；第三，实行农业机械补贴。你们要利用好这个机遇。中国是世界上人口最多的国家，也是农民最多的国家，应该生产世界最好的农业机械。农民买一件农业机械不容易，一定要保证质量。你们要认真了解农民的需求，不断开发出适合农民需要的产品。

1月12日　《中华人民共和国农业部公告》认定农业部农业机械试验鉴

定总站和河北省农业机械鉴定站等16个农机鉴定机构的部级鉴定能力，确定第二批承担部级农机鉴定的鉴定机构及鉴定范围。

1月23日　胡锦涛在中共中央政治局第11次集体学习时强调：必须从全面建设小康社会、发展中国特色社会主义的战略高度，全面贯彻党的十七届三中全会精神，坚持把解决好农业、农村、农民问题作为全党工作重中之重，坚定不移地走中国特色农业现代化道路，加快推进社会主义新农村建设，更加扎实地做好农业、农村、农民工作。在当前形势下，保持农业农村经济持续稳定发展，对于党和国家工作全局具有更为重大的意义。发展先进适用、安全可靠、节能环保的各类农业机械，加强农机技术培训和售后服务。

1月23日　经民政部批准，中国农机鉴定检测协会更名为中国农业机械化协会。

1月23日　《农民日报》报道：黑龙江垦区农业机械资产总值8 752亿元，农机总动力5 643万千瓦，形成从田间到场院，从地面到天空的中国最大的农业机械群。田间作业综合机械化率95.5%，比全国平均高出53个百分点，成为中国农业机械化的“排头兵”。垦区粮食总产量1978年为50亿斤，用了17年时间，1995年达到100亿斤；接着用10年时间，2005年达到200亿斤；又用了4年时间，2009年达到330亿斤。黑龙江垦区1 600万亩寒地水稻亩产达到1 200斤。

1月26日　农业部发布《关于贯彻实施GB16151—2008〈农业机械运行安全技术条件〉国家标准的通知》，要求各省（自治区、直辖市）农机管理部门高度重视，充分认识贯彻实施新标准的重要意义；加大力度，做好新标准的宣传工作，严格执行；切实把好牌证核发关和安全检验关；争取支持，形成推进新标准贯彻实施的合力。

2月

2月1日　新华社发布《中共中央国务院关于2009年促进农业稳定发展农民持续增收的若干意见》（中发[2009]1号），提出：“加快推进农业机械化。启动农业机械化推进工程，重点加强示范基地、机耕道建设，提高农机推广服务和安全监理能力。普及主要粮油作物播种、收获等环节机械化，加快研发适合丘陵山区使用的轻便农业机械和适合大面积作业的大型农业机械。支持农机工业技术改造，提高农机产品适用性和耐用性，切实加强售后服务。实行重点环节农机作业补贴试点。对农机大户、种粮大户和农机服务组织购置大中型农机具，给予信贷支持。完善农用燃油供应保障机制，建立高能耗农业机械更新报废经济补偿制度。”“大规模增加农机具购置补贴，将先进适用、技术成熟、安全可靠、节能环保、服务到位的农机具纳入补贴目录，补贴范围覆盖全国所有农牧业县（场），带动农机普及应用和农机工业发展。”

2月10日 农业部发布《农机安全监理人员管理规范》和《农机安全监理机构建设规范》，要求各省、自治区、直辖市农机管理部门规范农机安全监理机构和人员的管理，建设高素质的农机安全监理人员队伍，推进农机安全监理机构规范化建设，全面提升农机安全监管能力和水平，保障农机安全生产，促进农业机械化又好又快发展。

2月25日 农业部发布《关于进一步加快实施农机购置补贴政策的紧急通知》，要求各个相关部门深刻认识实施农机购置补贴政策的重大意义，进一步加快实施进度，严格执行政策规定，不断强化监督检查，继续加大政策宣传，切实加强组织领导。

3月

3月5日 农业部办公厅印发《2009年补贴机具质量调查监督工作方案》，部署补贴机具质量投诉监督工作，决定对重点农机产品进行质量跟踪调查，在春耕和“三秋”期间派出工作组开展通用类补贴机具质量督导。

3月5日 温家宝在十一届全国人大二次会议《政府工作报告》宣布：“农机具购置补贴覆盖到全国所有农牧业县（场），中央财政拟安排资金130亿元，比上年增加90亿元。”

3月13日 国务院《关于发挥科技支撑作用促进经济平稳较快发展的意见》提出：促进现代农机装备产业振兴的重点先进技术是：“以农业的集约化、现代化为目标，加快转化应用125～265马力新型拖拉机、大型灌区和农田节水设施、多功能稻麦联合收割机、通用型玉米联合收割机、大型智能化棉花收割机、低损耗油菜联合收割机、生物质采集打捆机等新型农业装备。重点培育5个具有国际竞争能力的大型农机企业集团，扶持50个专业企业提高批量生产技术创新能力，选择丘陵、平原等不同类型地区开展2 000万亩新型农业装备应用示范，纳入装备制造业调整振兴规划支持。”并且确定现代农机装备先进技术推广应用主要任务的牵头组织部门是工业和信息化部、农业部；主要参与单位是科技部、国家发改委、教育部，中国机械工业联合会、中国农业机械化科学研究院。

3月14日 国务院印发《关于装备制造业调整振兴规划的通知》提出：

在农业和农村领域，以国家新增千亿斤粮食工程为依托，大力发展大功率拖拉机及配套农机具，节能环保中型拖拉机等耕作机械，通用型谷物联合收割机、自走式采棉机等收获机械、免耕播种机、节水型喷灌设备等。适应新农村建设、农业现代化需要，重点发展农产品精加工成套设备、灌溉和排涝设备、沼气除料设备、农村安全饮水净化设备等。

3月16日 农业部、国家安全监督管理总局发布《关于深入开展“创建平安农机 促进新农村建设”活动的通知》，决定2009—2011年，继续开展创建“平安农机”活动。目标是各省（自治区、直辖市）结合各地情况，分别创建十个“平安农机”示范县、百个“平安农机”示范乡（镇）、千个“平安农机”示范村和万个“平安农机”示范户（合作社、协会、作业公司），通过“十百千万”示范典型的建设，在广大农村营造浓郁的创建“平安农机”氛围，进一步促进农机安全生产形势稳定好转，保障农业机械化又好又快发展。

3月18日 科学技术部863计划现代农业领域办公室与中国农业机械化科学研究院签订《高秆作物高效施药技术研究与装备创新合同》，主要研究内容是高秆作物风送式高穿透喷雾系统、超高地隙自走式底盘技术、施药作业过程“机、电、液”中央控制技术研究等。

3月19日 农业部发出《开展农业机械化教育培训大行动的通知》，确定2009年培训目标是：在开展全面培训的基础上，对骨干人才重点培训，全国10%以上的农业机械化管理、技术和作业服务人员接受培训，全国共培训农业机械化人才500万人次，其中培训新购机农民100万人次，进一步完善我国农业机械化人才结构。

3月24日 农业部和国家安全监督管理总局在广西南宁联合召开全国创建“平安农机”工作会议，对全国创建“平安农机”活动进行了总结，部署了今后一个时期“平安农机”创建工作，命名了第一批104个全国“平安农机”示范县。各省（自治区、直辖市）农机局主管局长、农机安全监理站站长以及安监局有关人员参加了会议。

3月26日 中国农业机械流通协会第五次会员代表大会在山东省潍坊市召开，崔本中当选为中国农业机械流通协会会长。

4月

4月24日 农业部办公厅印发《农机安全生产“三项行动”实施方案》，要求各地深入开展农机安全生产执法、农机安全生产治理和农机安全生产宣传教育“三项行动”，促进农机安全生产形势进一步稳定好转，为农业机械化又好又快发展营造安全稳定的环境。

5月

5月7日 农业部在河南省郑州市召开全国农业机械跨区作业工作会议，确定2009年农机跨区作业的目标任务：“三夏”投入收获的小麦联合收割机44万台，机收水平同比提高1个百分点，达到83%左右；水稻联合收割机同比增长5万台左右，总量达到41万台，机收水平提高4个百分点，达到54%左右；玉米联合收割机同比增长2万台左右，总量达到6万台，机收水平提高2个百分点，超过12%。

5月12日 国务院办公厅颁布《装备制造业调整和振兴规划》支持大力发展农机装备。规划期为2009—2011年。规划主要提出4项任务：（1）借助十大领域重点工程，振兴装备制造业；（2）抓住九大产业重点项目，实施装备自主化；（3）提升四大配套产品制造水平，夯实产业发展基础；（4）推进七项重点工作，转变产业发展方式。

5月25日 由农业部组织摄制的电视专题片《耕耘大地——中国农业机械化》在中央电视台7频道播出。该片共8集：根本出路、良策造势、振兴地力、兴机富民、沃土增秀、自主奋进、联袂图强、宏图远略。该片通过实地采访、人物访谈和政策解读等方式，深刻揭示农业机械化的战略地位和重要意义，系统阐述农业机械化的方针政策和法律法规，形象展示各地农业机械化工作的典型事迹和人物风采。

5月25日 农业部致信参加“三夏”作业的农机手，阐明有关跨区作业的各项优惠政策、管理措施、服务内容、安全生产要求等。

5月26日 全国小麦跨区机收开机启动仪式在河南省驻马店市举行，农业部副部长张桃林主持会议，农业部部长孙政才到会讲话指出：要高质量、高效率地组织好小麦跨区机收，实现丰产丰收，确保农民增产增收；小麦跨区机收规模大，环节多，涉及面广，任务艰巨，需要各方面通力协作、大力支持与合力推进，全面落实好农机作业服务有关优惠政策，降低农机跨区作业成本；认真做好机收服务工作，切实保障柴油供应，强化信息引导，着力提高农机跨区作业的组织化、信息化和规范化水平，高质量、高效率地打好跨区机收大会战。农业部宣布开通全国“三夏”跨区机收信息服务中心，孙政才向全国12万农机手发送服务短信。河南省省长郭庚茂致词。

6月

6月1日　农业部陆续派出8个“三夏”农机化生产督导组，对河北、山西、江苏、安徽、山东、河南、湖北、陕西等8省“三夏”生产一线开展巡回督导。督导内容有：（1）“三夏”小麦跨区机收工作情况。包括组织筹备工作、机具投入、农机用油供应、作业市场运行、作业进度、作业价格和应急处置工作等。（2）“三夏”机械化种植情况。包括水稻、玉米机械化夏种工作；保护性耕作技术、水稻机插秧技术、玉米精量播种技术和秸秆综合利用加工技术等农机化重点技术的推广应用。（3）农机安全生产工作情况。

6月6日　温家宝在西安视察麦收情况时指出：“农业是安天下的产业，现在更重要。尤其是遇到国际金融危机的情况下，农业稳住了，我们才能腾出手来解决其他问题。现在最重要的是三件事：（1）收成，保证颗粒归仓。（2）收购，收购当中最重要的就是价格。（3）夏种。这三件事中，农民最关心的是小麦价格。我们要保证农民增产之后能增收。”

6月17日　温家宝在国务院常务会议上，提出抓紧实施家电下乡、汽车下乡、农机下乡、家电汽车以旧换新等政策，引导住房消费和房地产市场平稳健康发展，积极发展旅游休闲消费，拓宽文化消费市场。

6月22日　农业部副部长张桃林在安徽省调研农业机械化工作指出：农机专业合作社是农机社会化服务体系的发展主体。发展农机专业合作社，有利于发展农业社会化服务，提高农业生产组织化程度，完善农村基本经营制度；有利于促进土地、资金、技术、装备、信息等生产要素的有效整合，推动农机农艺结合，加快农业科技进步，培育新型职业农民，增强农业综合生产能力；有利于提高机具利用率，加快大型、复式、高性能农机的推广应用，增加农机经营效益，推动农业机械化又好又快发展。各地要大力培育农机合作组织这一发展主体，坚持农民自主、政府扶持、因地制宜、示范引导、规范发展的原则，切实加强领导，加大扶持、指导和服务力度，加快推进农机专业合作社的发展。

6月23日　农业部在安徽省合肥市召开全国农业机械购置补贴工作会议，副部长张桃林在讲话时强调：农机购置补贴政策是党和国家实施的一项重大惠农政策，是农机化又好又快发展的有力“助推器”。实施农机购置补贴政策是推进农机化又好又快发展，提高农业综合生产能力，促进农民增收的重要措施，也是当前拉动内需，促进经济平稳较快发展的重大举措。各级农机化主管部门一定要继续本着高度负责的态度，与财政等部门密切配合，以更严的要求、更高的标准和更具前瞻性、预见性的措施，抓好农机购置补贴各项工作，确保农机补贴不折不扣地落实到位，切实让农民得实惠、企业得效益、政府得民心。

6月26日 农业部办公厅印发《关于加强农机安全生产“三项建设”的意见》，要求各地加强农机安全生产法制机制建设、保障能力建设和监管队伍建设“三项建设”，及时研究解决工作中的困难和问题，坚持不懈地把农机安全生产工作抓实抓好。

6月26日 中国收获机械总公司历时两年多，新疆—8大型通用联合收获机研制成功并正式生产下线。该机型填补了目前国内自主研发大型通用联合收割机的空白。

6月27日 温家宝到山东省进行为期2天的视察。期间，温家宝主持召开座谈会，听取了山东省部分重点骨干企业的发展情况汇报。福田雷沃国际重工股份有限公司王金富作重点汇报。温家宝指出：福田雷沃国际重工股份有限公司不断创新发展思路和模式，很好地抓住了国家“扩内需、保增长”的政策，尤其是农机购置补贴、汽车摩托车下乡等利好政策，实现了企业逆势发展。

6月29日 农业部发布《关于加快发展农机专业合作社的意见》，提出：“充分认识发展农机专业合作社的重要意义、进一步明确发展农机专业合作社的总体思路和目标任务、准确把握发展农机专业合作社的基本原则、认真落实发展农机专业合作社的扶持措施和切实加强发展农机专业合作社工作的组织领导。”

6月29日 农业部、国家发改委联合印发《保护性耕作工程建设规划（2009—2015年）》，将我国北方15个省（自治区、直辖市）和苏北、皖北地区划分为东北平原垄作、东北西部风沙干旱、西北黄土高原、西北绿洲农业、华北长城沿线、黄淮海两茬平作等6个保护性耕作类型区，以县（农场）为项目单元，建设600个保护性耕作工程区，共2 000万亩。通过项目建设与辐射带动，新增保护性耕作面积1.7亿亩；建设国家保护性耕作工程技术中心1个。

6月30日 农业部部长孙政才对农业机械化管理司呈报的《2009年“三夏”跨区机收小麦工作总结》批示：今年跨区机收工作抓得早，准备充分，各项组织工作有力、有序、有效，为夏粮“六连增”作出了贡献。望再接再励，认真总结各地的好经验好做法，强化服务创新，为力争全年农业有个好收成作出更大的贡献。

7月

7月8日 国务院国有资产监督委员会发出《关于中国机械工业集团有限公司与中国农业机械化科学研究院重组的通知》：经国务院批准，中国农业机械化科学研究院整体并入中国机械工业集团有限公司成为其全资子企业。中国机械工业集团有限公司要根据总体战略规划，充分利用集团较强的生产、贸易和资金优势，加大对中国农机院的支持力度，进一步优化资源配置，尽快实现研发、制造和贸易资源的有效结合，在农机业务领域形成更加完整的价值链，提升企业核心竞争力。中国农业机械化科学研究院要在中国机械工业集团有限公司领导下，充分发挥科研实力与行业特色，加快科技研究成果产业化，促进企业发展。9月23日，中国机械工业集团有限公司董事长任洪斌在中国农业机械化科学研究院干部、职工大会上，宣布了集团总部对该院党、政领导班子的任免决定。集团副总经理陈志兼任院长，李树君任副院长兼副书记主持全院工作，李韵涛任党委书记。

7月8日 农业部办公厅发布《关于做好农业机械部级推广鉴定工作的通知》，提出“提高思想认识、完善工作机制、认真组织实施、规范工作行为和加强监督管理”的要求，以确保部级推广鉴定工作规范有序开展。

7月20日 农业部办公厅印发《2009—2011年国家支持推广的农业机械产品目录》申报指南的补充规定。根据农业机械化发展的新要求，为加大对新产品的支持力度，优化农机结构，促进农业机械化科技进步，补充规定增加了有关新产品的申报内容和节能减排要求，并对企业和产品的基本条件提出了明确规定。

7月24日 农业部部长孙政才在全国农业厅局长座谈会上指出：上半年农业农村经济成绩巨大，他列举8个方面的成绩，其中第三个是“农业机械化快速发展，跨区机收成效显著。”“‘三夏’小麦跨区机收组织有力、有序、有效，机收率达到84%，提高近2个百分点。”“大力推广节本增效农机化装备技术。”

8月

8月6日 全国农业机械化科技教育工作会议在黑龙江省佳木斯市召开。会议主要任务是：总结农业机械化科技教育工作成效经验，分析形势任务，研究部署当前和今后一个时期农业机械化科技教育工作的思路措施，推动农业机械化的科学发展。

8月9日 中共中央政治局常委、国务院副总理李克强考察黑龙江省友谊农场，观看上万亩连片的大豆、水稻、玉米高产示范田和飞机低空施肥作业。他指出：现代农业是我国农业发展的必由之路，也是结构调整的重要基础。黑龙江人均耕地较多、农垦基础较好，要因地制宜推广应用大型农业机械，探索统一管理、统一作业等模式，发展精准农业，在提升生产力水平过程中深化农村综合改革，形成规模发展，优化粮食结构，提高粮食品质，增强农业综合生产能力，在全国发挥示范作用。

8月 红旗出版社出版《中国古代耕织图》，国家文物局原局长张文彬作序。中国农业博物馆馆长王红谊任主编，该书收入中国历代耕织图共1 100余幅。

9月

9月4日 农业部办公厅《关于开展全国农机安全生产大检查的通知》提出：对全国农机安全生产重点工作落实情况、农机安全法规贯彻实施情况、农机安全生产监管责任落实情况、农机安全生产隐患排查治理情况和农机安全宣传教育活动情况进行检查。

9月13日 中国农业博物馆经过实施国家立项的改扩建工程后，重新开馆，现有《中国农业文明》、《中国传统农具》等5个基本陈列。《中国传统农具》按照节气时令，分为耕整地、播种移栽、中耕、灌溉、收获、加工、运输、劳保、仓储等9个单元陈列。

9月17日 国务院总理温家宝签署第563号国务院令，公布《中华人民共和国农业机械安全监督管理条例》。条例指出：县级以上人民政府应当加强对农业机械安全监督管理工作的领导，完善农业机械安全监督管理体系，增加对农民购买农业机械的补贴，保障农业机械安全的财政投入，建立健全农业机械安全生产责任制。条例规定：农业机械生产者应当按照农业机械安全技术标准对生产的农业机械进行检验；农业机械经检验合格并附具详尽的安全操作说明书和标注安全警示标志后，方可出厂销售；依法必须进行认证的农业机械，在出厂前应当标注认证标志。上道路行驶的拖拉机，依法必须经过认证的，在出厂前应当标注认证标志，并符合机动车国家安全技术标准。农业机械生产者应当及时召回存在设计、制造等缺陷的农业机械。条例要求：农业机械销售者对购进的农业机械应当查验产品合格证明。对依法实行工业产品生产许可证管理、依法必须进行认证的农业机械，还应当验明相应的证明文件或者标志。农业机械销售者应当建立销售记录制度，如实记录农业机械的名称、规格、生产批号、供货者名称及联系方式、销售流向等内容。销售记录保存期限不得少于3年。条例包括7章60条，自2009年11月1日起施行。

9月22日 中华全国总工会举办的"时代领跑者——新中国成立以来最具影响的劳动模范"评选活动揭晓，经过公众投票和评委会评审，马恒昌、王进喜、袁隆平等60名劳模成为公众心中新中国成立以来最具影响的劳动模范，我国第一个女拖拉机手梁军名列其中。

9月26日 全国马铃薯生产机械化现场会在内蒙古达尔罕茂明安联合旗召开。近年来，随着我国马铃薯生产的快速发展和农业机械化水平的快速提高，马铃薯生产机械化呈现快速发展的良好态势，现已列入国家支持推广目录的马铃薯种植机型有21种，收获机型有38种。目前，我国马铃薯生产综合机械化水平已超过20%，机耕水平达到36.7%，机播、机收水平超过10%，具备了在主产区加快推广马铃薯生产机械化技术的基本条件。我国马铃薯生产机械化发展目标是：力争到2020年，各个主产区马铃薯生产机械化技术体系成熟，机具装备水平和作业水平大幅度提高，机械种植和收获水平均提高到30%以上，综合机械化水平突破40%。

9月28日 农业部农业机械化管理司在北京召开新中国农业机械化发展60年座谈会。全国人大常委会农业和农村委员会副主任委员尹成杰，及张宝文，张桃林，刘成果、洪绂曾、路明、宋树友等领导出席座谈会并讲话。张桃林指出：回顾和总结新中国成立以来农业机械化发展历程，给我们许多重要启示：（1）必须坚持以人为本，兴机富民；（2）必须坚持因地制宜，分类指导；（3）必须坚持重点突破，全面发展；（4）必须坚持加快创新，完善机制；（5）必须坚持市场引导，政府扶持；（6）必须坚持依法管理，积极推进。归结起来就是：必须坚持以科学发展观为指导，从中国国情出发，坚持走"农民自主、政府扶持，市场引导、社会服务，共同利用、提高效益"为主要特征的中国特色农业机械化发展道路。

9月28日 由农业部农业机械化管理司组织编撰的《中国农业机械化重要文献选编（1949—2009）》和《中国农业机械化科技发展报告（1949—2009）》首发式在京举行。尹成杰、张宝文、张桃林、刘成果、洪绂曾、路明、宋树友等领导及有关专家学者、企业代表出席首发式。《中国农业机械化重要文献选编（1949—2009）》共收录自1949年10月至2009年9月间的263篇重要文献，包括中共中央、全国人大、国务院及有关部委关于农业机械化的法律、法规、规章和重要文件，以及部级以上领导同志的重要报告、讲话、书信、批示、论述等。内容涵盖农机管理、科研、生产、流通、鉴定、推广、监理、维修、培训等领域。这些文献，记载了农业机械化历史进程，见证了新中国农业机械化发展的巨大成就。《中国农业机械化科技发展报告（1949—2009）》阐述了60年农业机械化科技领域的发展历程、主要成就、重要作用、发展经验和未来展望，记录了农业机械化领域的重要科技成果和与重大科研项目进展。

10月

10月6日 东风汽车股份有限公司着眼于新农村建设，2005年以来投入2亿元，研发推出了3种农用机械：多功能沼渣液抽排机、中小粒菜子精准播种机、移动挤奶机。

10月12日 国务院总理温家宝主持召开国务院常务会议，分析农业生产形势，研究部署做好秋冬种工作。会议强调：秋冬种是来年农业生产的开始，关系到夏季粮油的收成，关系到全年粮食和农业生产的开局。要在认真抓好秋粮收获、收购，确保颗粒归仓的同时，着力做好以下工作：增加农机具购置补贴，扩大补贴机具种类。继续实行粮食直补，进一步做好对种粮农民的农资综合补贴工作。启动实施保护性耕作工程和基层农技推广体系建设，继续加大对高产创建活动的支持力度，对技术推广、专业化服务等给予补助，实施土壤有机质提升和深松作业补贴。

10月13日 农业部发出紧急通知，要求各省（自治区、直辖市）农业部门切实增强责任感和紧迫感，紧紧围绕促进明年夏季粮油生产取得好收成、打牢全年粮食生产稳定发展基础的目标，不折不扣地贯彻落实中央的决策部署，全力以赴做好秋冬种和当前农业农村经济各项工作。充分发挥农机作用，加快播种进度，提高播种质量。突出抓好农机农艺配套，重点推广旋耕镇压和播种镇压技术，提高抗旱防冻能力。继续推进油菜全程机械化试点工作。开展农机手培训，提高操作技能。

10月16日 国际农业工程学会与中国农业机械学会、中国农业工程学会签署合作协议，将国际农业工程学术刊物（CIGR Ejournal）交由中国农业机械学会和中国农业工程学会承办，编辑部设在中国农业机械化科学研究院。

10月29日 第十一届中国国际食品和包装机械展览会在北京举行。全国政协副主席阿不来提·阿不都热西提，中国机械工业联合会王瑞祥会长出席开幕式。中国食品和包装机械工业协会理事长李树君在开幕词中说：20年来，我国食品和包装机械工业以每年超过20%的增速发展，为保障食品安全，改善人民膳食结构，促进经济发展作出了贡献。

10月30日 全国人大农业与农村委员会、国务院法制办公室、农业部联合举办纪念《农业机械化促进法》施行5周年暨实施《农业机械安全监督管理条例》座谈会。全国人大常委会委员、农业和农村委员会副主任委员尹成杰，农业部副部长张桃林，国务院法制办郭文芳出席会议并讲话。

11月

11月12日 农业部发布《农业机械化标准体系建设规划（2010—2015）》，明确农业机械化标准体系的建设内容。农业机械化标准体系由基础标准、技术标准和管理标准三部分组成。重点制定农业机械化领域术语标准，补充完善信息采集、水平评价和机具匹配标准；重点制定节能减排标准，加快制定维修服务标准，补充完善安全运行标准；重点制定安全管理标准，补充完善质量监管标准。规划提出2010—2015年农业机械化标准体系建设的指导思想和建设目标。总体目标到“十二五”期末，制修订150项农业机械化标准，农机安全监理、维修管理、质量监管、作业服务管理等行政管理中的技术规范基本完善，实现重要作物、重点机具和主要技术的农业机械化标准基本覆盖和成龙配套，基本建立起科学、统一、协调的农业机械化标准体系，标准体系结构更趋合理，标准应用水平明显提高，基本能够满足农业机械化行业管理、技术推广应用、服务贸易发展的需要。

11月30日 农业部办公厅发出《关于启动实施农机深松作业等补贴工作的紧急通知》，要求各地农机化主管部门尽快启动实施并切实做好农机深松作业补贴工作。新增的农资综合补贴资金使用范围包括：支持深松整地等保护性耕作方式，东北3省和有条件的省份，实施深松整地专项补贴；支持大棚育秧、粮食晾晒烘干等设施建设。新增的资金由各省政府包干使用，各省要根据本省支持事项的规划，研究制定切实可行的奖补机制和具体实施意见。实施深松作业补贴的标准、面积和实施办法由各省确定。各地农机化主管部门要高度重视，将实施深松作业作为一件大事来抓。要对本地区机具保有量和农机作业服务组织分布情况进行摸底调查，科学制定深松作业规划和工作计划。要切实加强农机深松作业、大棚育秧、粮食晾晒烘干等设施建设工作的组织领导，周密部署，精心组织，搞好指导。

12月

12月2日 中国工程院公布了2009年当选院士名单，华南农业大学教授罗锡文入选中国工程院院士。

12月7日 亚洲农业工程学会（AAAE）常务理事会推选中国农业机械化科学研究院常务副院长李树君为亚洲农业工程学会主席。AAAE是于1990年12月5日在泰国曼谷亚洲技术学院举行的国际农业机械会议上由与会者建议而成立的。其目的在于推动农业工程技术在各个领域的应用和发展。作为一个地区性的专业组织，AAAE长期致力于推动信息交换与沟通，致力于规划和创立一个关于亚洲农业工程的学术性的、专业的、技术的标准。李树君是首位出任AAAE主席一职的中国农机学者。此前，中国农业机械化科学研究院院长陈志和中国科学院院士任露泉曾分别于2003年和2007年当选亚洲农业工程学会副主席。

12月8日 中国农业机械工业协会在浙江省台州市召开2009年全国农机工业工作会议，讨论了工业和信息化部《农机工业发展规划》、《农业装备产业发展政策》等。代表们还根据当前国内外经济形势，就农机工业技术改造、科技创新、农机购置补贴、出口等问题进行了研讨。

12月10日 国务院总理温家宝主持召开国务院常务会议。会议提出：继续实施农机具购置补贴政策，适当增加补贴资金规模。

12月13日 中共中央政治局委员、国务院副总理回良玉在黑龙江省考察农业农村工作。在水稻、大豆、玉米机械收获现场，他详细询问今年粮食单产、市场行情和机械收获的作业成本、收费方式等情况，强调机械化是发展现代农业的重要方向，要因地制宜地推进关键环节和重点时段的机械作业，努力提高农业劳动生产率。

12月15日 农业部办公厅印发《关于做好2010年农业机械购置补贴产品选型工作的通知》及附件《2010年农业机械购置补贴机具种类初定范围》。通知指出：按照《农业机械化促进法》和《农业机械购置补贴专项资金使用管理暂行办法》规定，2010年继续执行补贴产品竞争性筛选制度，开展部、省两级选型工作。通知明确：2010年拟进一步扩大中央补贴机具种类范围，由2009年的12大类38小类128个品目扩到12大类45小类180个品目。其中，手扶拖拉机、微耕机仅限在血防区和丘陵山区补贴。在此基础上，各省（自治区、直辖市）可根据需要，自行选择不超过20个品目的其他类机具纳入中央财政补贴范围（皮带传动轮式拖拉机、运输机械、农用航空器、内燃机、燃油发电机组、风力设备、水力设备、太阳能设备、包装机械、牵引机械拟暂不补贴）。

12月18日 农业部新闻办公室召开2009年农业机械化发展成就专题新闻发布会。农业部农业机械化管理司司长宗锦耀、副司长刘恒新分别回答了来自人民日报、新华社、中央电视台、农民日报等媒体记者的提问。会议由农业部新闻发言人张合成主持。

12月27日 全国农业工作会议在北京召开。农业部党组书记、部长韩长赋作重要讲话指出：2010年是完成“十一五”规划任务、谋划“十二五”发展的关键一年，是国民经济从超常规保增长到调结构促增长的关键一年，是巩固发展当前农业农村经济好形势的关键一年。做好2010年农业农村经济工作，对于夺取应对国际金融危机全面胜利，实现经济社会发展总体目标具有特别重要的意义。认真实施农机具购置补贴政策，启动实施农机化推进工程和农机深松作业补贴，大力发展农机服务组织和农机大户，精心组织农机跨区作业，推广普及先进适用农机化技术和装备。启动实施国家现代农业示范区建设活动，在主要农产品优势区、大中城市郊区、特色农产品优势区选建一批示范区。支持农垦率先发展现代化大农业，进一步增强示范带动能力。

12月29日 全国农业机械化工作会议在京召开。农业部副部长张桃林以《转变方式 提升质量 努力推动农业机械化科学发展》为题讲话指出：2010年农业机械化工作的总体思路是：以邓小平理论和“三个代表”重要思想为指导，深入贯彻落实科学发展观，认真贯彻中央经济工作会议、中央农村工作会议和全国农业工作会议精神，全面实施《农业机械化促进法》和《农业机械安全监督管理条例》，着力推进农机社会化服务深入发展，进一步培育发展主体，拓展服务领域，加快技术推广，强化公共服务，全面提高农机装备水平、作业水平、服务水平和安全水平，促进农业机械化又快又好发展。2010年农业机械化发展的主要目标：农机总动力达到9.2亿千瓦，耕、种、收综合机械化水平力争达到52%，农机专业合作社等社会化服务组织数量大幅增加，农机装备结构继续改善，农机安全生产形势保持稳定，农机化发展质量进一步提高。

附录一 1860—1949年中国农业机械化纪事

1860年

◇冯桂芬（1809—1874）在《筹国用议》中说：“人少即田荒，田荒几即米绌，必有受其饥者，是宜以西人耕具济之。或用马，或用火轮机，一人可耕百亩。”我国社会经济学界认为，这是近代中国思想家第一次提出倡导农业使用机器的言论。

◇英商隆茂洋行在上海、天津、汉口等地设打包厂，用水压机打包，经营棉花包装业。

1861年

◇王韬（1828—1897）在《理财》中说：“购机器以兴织纴，以便工作，以利耕播，俾工务日广，农事日盛，此开财之端二也。”

◇英国怡和洋行嘱英人美哲（J．Major）在上海设立机器缫丝厂，有缫丝机100台。这是中国境内的第一家机器缫丝厂。1886年停业。

1863年

◇王韬在《代上苏抚李宫保书》中说："西国田具，如犁耙播刈诸器，力省功倍，可以之教农，以尽地力。"

◇俄商在汉口设立顺丰砖茶厂，最初雇用工人以手工制造砖茶。1873年开始使用蒸汽机制造砖茶，并在九江等地设立分厂，产品大部分直接运往西伯利亚。

◇英商在上海设立德利火轮（蒸汽动力）磨坊，用机器磨面粉。

1867年

◇英商在山东牛庄设立牛庄豆饼厂，用机器榨油及制造豆饼。1870年停业。

1873年

◇广东陈启源（1825—1905）在南海简村创办继昌隆缫丝厂，使用机器缫丝，成绩显著。该厂为我国第一个民族资本经营的机械缫丝厂。广东机器缫丝业从此兴起。至1910年，广东缫丝均用机器，缫丝厂多达数百家。

1874年

◇英商怡和洋行在汕头设立机器制糖厂。糖厂装有蒸汽机等设备，把当地所产的蔗糖加以精制，生产土法不能制造的白糖。

◇直隶总督李鸿章（1823—1901）属下的统领周盛传在天津南小站一带屯垦练兵，购买了洋火轮4台，用于抽水灌田。

1876年

◇由上海民族资本经营的发昌机械厂制造出小火轮用的蒸汽机，这是我国最早制造出的蒸汽机。

1877年

◇美国旗昌洋行在台湾设立机器焙茶厂。这是中国境内当时唯一的一座焙茶厂。

1878年

◇陕甘总督左宗棠（1812—1885）奏准在甘肃兰州设立织呢公司。一切机器设备均在欧洲订购。

1880年

◇天津有一客户在距天津150里的地方，租荒地5万亩，以机器生产，事半功倍。

1882年

◇3月，清末洋务派首领李鸿章奏禀郑观应（1841—1920）等3人筹办上海织布局。该局资本银40万两，勘定厂址在上海杨树浦临江地带，内分织布、纱布两部。

◇浙江湖州人黄佐卿在上海创办的公和永缫丝厂，向法国订购丝车100台及蒸汽机等设备。缫丝厂是年开工。

◇英商在上海成立熟皮公司，经营制革厂。该公司使用热力机器制革。

1886年

◇清末洋务派首领张之洞（1837—1909）以银4万两筹备缫丝局于广州。

1888年

◇英商祥先生在上海浦东区设立机器轧花厂，有轧花机16部。在租界外设机器轧花厂违反中国禁令，为此，清政府与英驻华公使多次交涉，但此厂仍继续开工。

◇日本人经营的小公司——大阪纺织会社在上海浦东建立机器轧花厂。

1890年

◇上海织布局部分机器装竣，先行开工。计有纱锭3.5万枚，布机530台。织布局开车之后，利润颇丰。李鸿章决定扩大织布局，传谕大小官吏投资认股，共有银40万两。1893年机器尚未运到，织布局遭火灾，损失达70万两。李鸿章乃命天津海关道盛宣怀（1844—1916）负责恢复织布局。翌年即行部分开车，厂名改称华盛纺织总厂，计有纱锭6.46万枚，布机750台。

1891年

◇张之洞在武昌设立织布局。

1892年

◇郑观应在《盛世危言·农功》中说：西人“迩有用电之法，无论草木果蔬，入以电气，萌芽既速，长成更易，则旱寒之地，严霜不虑其摧残，温和之乡，一岁何止三熟，是诚巧夺天工矣。”

◇英商美查兄弟公司在上海设榨油厂。

1894年

◇孙中山(1866—1925)在《上李鸿章书》中提出：“人能尽其才，地能尽其利，物能尽其用，货能畅其流”的4项改革纲领。书中写到：“所谓地能尽其利者，在农政有官，农务有学，耕耨有器也。”“农官既设，农学既兴，则非有巧机无以节其劳，非有灵器无以速其事，此农器宜讲求也。自古深耕易耨，皆借牛马之劳，乃近世制器日精，多以器代牛马之用，以其费力少而成功多也。如犁田，则一器能作数百牛马之工；起水，则一器能灌千顷之稻；收获，则一器能当数百人之刈。他如凿井浚河，非机无以济其事；垦荒伐木，有器易以收其功。机器之于农，其用亦大矣哉。故泰西创器之家，日竭灵思，孜孜不已，则异日农器之精，当又有过于此时者矣。我中国宜购其器而仿制之。故农政有官则百姓勤，农务有学则树畜精，耕耨有器则人力省。此三者，我国所当仿效以收其地利也。”

◇上海裕源纱厂开工，有纱锭2.5万枚，布机1 800台。此为我国民族资本办纺织厂的开始。

1895年

◇四月初八日，康有为（1858—1927）在《上清帝第二书》即《公车上书》中提出振兴农业，效法外国，译外国农书，在各地组织农学会等主张。书中说：“外国讲求树艺。城邑聚落皆有农学会，察土质，辨物宜。入会则自百谷、花木、果蔬，牛羊畜牧皆比其优劣，旌其异等……吾地大物博，但讲求未至。宜命使者译其农书，遍于城乡设为农会，督以官吏。农人力薄，国家助之。比较则弃楛从良，鼓舞则用新而去旧，农业自盛。” 特别是提出“刈禾则一人可兼数百工，播种则一日可以三百亩”。“农物机器，虽小技奇器，而皆与民生国计相关。”

◇江苏南通人张謇，字季直（1853—1926）开始创办纱厂，接受官吏纱锭2.4万枚，折价银25万两，另招募民股15万余两兴建厂房，至1899年在南通建成大生纱厂。

1896年

◇清末改良主义者、江西瑞金人陈炽（？—1899）在《续富国策·讲求农学说》中说：“中国于此，诚宜兼收并采，择善而从。如南北各省乡里之富人，有拥田数千亩数万亩者，宜劝令考求培壅收获新法，购买机器，俾用力少而见功多，如伊尹之区田，亩收数十倍，则富者益富矣。”

◇梁启超（1872.2.23—1929.1.19）在《农会报序》中说：“肄化学以粪土疆，置机器以代劳力。”

◇谭嗣同（1865—1898）在《仁学》中说：“有田焉，建学兴机器以耕之，凡材木水利畜牧蚕织咸视此。有工焉，建学兴机器以代之，凡攻金木造纸造糖咸视此。”

◇英商在上海杨树浦设立增裕面粉厂，制造面粉，推销民间。

◇盛宣怀在上海设立大德机器榨油厂。

◇江西蔡金台等在高安县设蚕桑学堂，开始了中国近代农业教育。

1897年

◇4月，江南总农会在上海成立。5月，编辑出版《农学报》，初为半月刊，1898年起改为旬刊。刊载内容广泛。一是各省农政，即各级地方官员关于农业方面的奏折、公牍和官方拟订的有关农业的章程及规划。二是各地农事消息和农学会办事的情形。三是从国外农业报刊上翻译的文章。《农学报》的主要负责人是蒋黻和罗振玉。发行达八年半之久，1906年停刊，前后共出刊315期。

◇浙江镇海绅董，拟设自来水灌田公司，招集股本银3万元，建自来水厂。镇邑7乡，每乡设大机器2座，小机器10具，以资汲引。禀明道府县，奉批允行。

◇江苏南通人张謇集资银20万元，兴建生铁厂于唐家闸，制造纺织、面粉、榨油、碾米等机器，以发展南通工业。

◇浙江杭州府官林迪臣在杭州西湖金沙港创设农学馆。执教者除江生金外，尚有日本人前岛轰木等。

1898年

◇张之洞（1837—1909）在《劝学篇·外篇·农工商学第九》中说：“劝农之要如何？曰讲化学。……又需精造农具。凡取水，杀虫，耕耘，磨砻，或用风力，或用水利，各有新法利器，可以省力而倍收，则又兼机器之学。”

◇湖南梁肇荣等，申请在湖南创设湘中水利公司，购置蒸汽机，用机器抽水。

◇直隶（今河北省）丰润县从上海招机器匠人数名，制造轧花、弹花、纺纱、磨油以及农业新式小器具，实验颇为合用，听民购使，价格较国外进口产品省20%～30%，开内地工艺制造之风。

◇7月，光绪帝谕令在京师设立农工商总局，在各州府县设立务农学堂，广开农会，刊农报，购农器等。士绅之富有田业者试办，为之表率。

◇9月，各省设农务局。

◇江苏上元县教官张是宝（在江宁讲授农学）购买美犁，导农深耕。

◇国人投资的上海裕通纺织厂建立。

◇安徽孙多森等筹集资本，建造厂房，购置机器，创办阜丰面粉厂于上海。我国开始有了国人办的机制面粉厂。

◇我国近代第一所农事试验场——上海育蚕试验场成立。该场聘请日本的蚕业专家，取日本蚕种与我国绍兴、湖州一带的本地蚕种，用日本新法饲养，以选择优良的蚕种。

◇京师大学堂在卢沟桥瓦窑村设立农科大学，以罗振玉为农科学督。这是我国最早的农科大学，同时聘请了日本教授。

ZONGGUO NONGYE JIXIEHUA

1899年

◇光绪帝谕令出洋学生入各国农工商等学堂，学成后回国传授。

ZONGGUO NONGYE JIXIEHUA

1900年

△张之洞在武昌创办湖北农务学堂。

△美商于沪北垃圾桥堍创设美昌机器碾米厂。该厂为我国有机器碾米厂之始。

△俄国在哈尔滨创设满洲第一面粉公司。资本银40万元。

ZONGGUO NONGYE JIXIEHUA

1901年

◇康有为在《大同书·去产界公生业》中说：“农耕皆用机器化料”“今以农夫言之，中国许人买卖田产，故人各得小区之地，难以用机器以为耕。”“其农场者，农田种植之所也，里数不定者，机器愈精，道路愈辟，人之智力愈强，则农场愈广也，”“以今机器萌芽，而一器之代手足者以万千倍计，过千数百年后，人既安，学既足，思想日进，其倍过于今者不可以亿兆思议。”

◇张謇在江苏南通创办通海垦牧公司，广殖棉产，以厚纱厂自助之力。

◇8月，刘坤一、张之洞奏请修农政、兴农学，并请在京专设一农政大臣，立衙门、颁印信。务农京师大学校即附设于农政衙门之内。他们还建议筹款购办仿制新器，省设农务学校，择地为试验场。

◇江南农桑学堂在南京创办。

◇上海大隆机器铁厂创立。该厂在上海戈登路底浜北，有资本银30万两。该厂后来的产品有2、3、6、9马力汽油发动机，8、12马力柴油发动机和抽水机。

◇无锡荣宗敬（1873—1938）与其弟荣德生在无锡开设保兴面粉厂，次年又在上海设立华兴、茂新和福新面粉厂。同时，东北三省也成立双合盛及永盛等面粉公司。从此，各地面粉厂如雨后春笋，与年俱增。

ZONGGUO NONGYE JIXIEHUA

1902年

◇保定创办直隶高等农业学堂，以农桑为主，制造为辅。保定西关外霍家大园兴办起直隶农业试验场，占地4公顷多。

◇11月，山西农林学堂成立。聘日本农林专门教习各1名。随后，湖北、直隶等省也设立高级农业学堂，聘请日本教员主持教务。

◇张之洞在湖北创设机器制麻局，招商承租，并派员监督。

ZONGGUO NONGYE JIXIEHUA

1903年

◇山东农事试验场在济南东七里堡北兴办，占地180多亩。

◇祝大椿在上海设源昌机械碾米厂，此为中国商人机器碾米厂之始。当时流传着机器所碾之米有碍卫生的说法。祝大椿力辟谬说，食机米者渐多。于是上海又创立通商、信昌、英昌等八九家机器碾米厂。动力为蒸汽机。一台60马力的蒸汽机能驱动6部碾米机。机器均从国外购买。

1904年

◇日本、俄国、英国等国在中国直接经营农场，以此作为掠夺我国农产品的基地。

◇俄国在兴安岭西部使用割草机割草，以饲养军马。

◇清政府复议张謇条陈，奏请筹办南洋渔业公司。

◇上海史家修创办私立女子蚕桑学堂。女子受农业教育从此开始。

1905年

◇梁启超在《驳某报之土地国有论》中说："故善谋国者，一面当保护小农，全其独立；一面仍当奖励大农，助其进步。"沮抑农业上之大企业，"则关于农业上种种进步的器械，与夫集约经营之新方法，将永不得运用于我国，而惟抱持此千年陈腐之旧农术以自安。"

◇京师大学堂筹备成立8个分科大学，农科大学是其中之一。1908年清政府拨地供农科大学办农场，建校舍。罗振玉主持此事。1909年他被正式任命为农科大学督监，并再度去日本考察农业教育。

◇清政府准备立宪，厘定管制。以工部并入商部，称为农工商部，分农务、工务、商务、庶务4司，矿物属工务。

◇浙江奉贤县青村港程恒昌花厂，装备从英商茂成洋行进口的32马力蒸汽机，以此驱动36部轧花机。

◇上海求新机器轮船制造厂制造出高压水力榨油机。每机匀叠熟铁榨板15层，下方有500磅/英寸^2 顶力的压力机1台。该机日榨花籽油60余担，出净油1 000余斤。机重7.5吨，价白银1 600两。之后，又造出黄豆榨油机，用人力，不用蒸汽机，日出油1 000余斤。

1906年

◇11月，农工商部奏请振兴务农，提出清地亩，辨土宜，兴水利，广畜牧，设立务农学堂农事试验场等项，通饬各省举办。

◇山东农事试验场从美国购回农具20余种，从日本购回数十种，经试验

多数合用，

◇成都创办四川中等农业学堂。

◇济南创办山东高等农业学堂。

◇福建兴办福建农事试验场。

◇农工商部农事试验场成立，分树艺、园艺、蚕丝、化验和虫害5种。民国初年由前清状元刘春霖任场长。

◇奉天农业试验场成立。

◇广东潮州翁醉亭集资银4万元，设种植畜牧有限公司。

◇山东济南济农公司仿美洲新法制造化肥。

◇直隶保定设立农会，清政府通饬各地仿办。

1907年

◇俄国人普理加希科夫在京滨线德惠车站附近开始使用俄式畜力机械经营农业。

◇广东侨商陈国圻招集股本银15万～16万元，在黑龙江省创办兴东垦殖公司，购买蒸汽拖拉机，开垦荒地，经营种植业和畜牧业。又买火力开荒耕地收割机器全套、磨面火力机器全套。

◇瑞丰垦务公司在讷漠河两岸，领官荒地34万亩，购买国外蒸汽拖拉机开荒，招民播种。

◇办高等农业学堂4所，学生459人；中等农业学堂15所，学生1 682人；初等农业学堂22所，学生726人。

◇求新机器轮船制造厂生产出100马力卧式蒸汽机，300马力立式蒸汽机；并为大德、同昌等厂制造出剥花衣机，可日剥花核200余担，每台售价银800两。

1908年

◇奉天农业试验场进行农具试验。农具来自日本及欧美各国，计有：头曳犁（日），价银洋12元，日耕地5亩；头曳再垦犁（日），价11.5元，日耕地9亩；扦犁（美），日垦荒8亩；方形马耙，价20弗，二马曳之，日耕地70亩；刈麦器（美），价43弗；干草搅拌器（美），价23弗；收集器，价24弗，一日约收70亩；玉蜀黍自束器，一日约收50亩；还有玉蜀黍脱离器

（日）、干草切断器和截根器等。由美国输入的农具都购自纽约阿杜奈阿恩土勃来公司。

◇办高等农业学堂5所，学生493人；中等农业学堂30所，学生2 602人；初等农业学堂33所，学生1 054人。

◇上海求新机器轮船制造厂制造水汽蒸饼机和包饼机。

1909年

◇上海求新机器轮船制造厂仿照茂成洋行进口的8马力煤气机，在我国首次试制出内燃机。还制造出碾米机数十台。同时还为上海和内地自来水公司生产出日抽水414万加仑的大型抽水机；发明了芝麻花生筛子风扇机，日筛芝麻200多担。

◇ 美国芝加哥万国农具公司在海参崴开店，供应西伯利亚开发所需要的农具。1910年前后，该店的农具进入我国黑龙江省。

1910年

◇上海求新机器轮船制造厂制造出25马力柴油机。该机用于碾米机、轧花、抽水等，无不相宜。早期的碾米厂，多用蒸汽机为动力，间有煤气机的。蒸汽机大都是外国产品，价格昂贵，非大资本莫办。自从火油发动机进口之后，特别是民族资本仿制的火油发动机问世之后，发动机和碾米机价格低廉，8马力内燃机和碾米机合计不过千元。于是上海及江南、太湖一带产米区纷纷开设米厂。第一次世界大战开始后的10年，民族工业生产的动力机械和农产品加工机械，主要是柴油发动机和碾米机。

◇日本商人以4万银元资本在京奉铁路打虎山站西南12里处设立水田公司，着手开荒。是年耕耘120天地，翌年增垦达200天地，至1912年建成稻田700天地。农场有5马力柴油发动机和精米机各1台，日产精米25石。农场还配备亚米利加式犁8台，俄国犁1台。

1911年

◇上海求新机器轮船制造厂制成柴油引擎激水机（内燃机水泵）。内燃机和水泵联在一起。大的出水管径8英寸，25马力，每小时可灌田20余亩；次者出水管径4英寸，5马力，每小时可灌田5亩多；小者出水管径2.5英寸，2.5马力。这是我国灌溉机械制造业的开始。

◇常州奚九如利用引擎戽水，用引擎碾米。奚九如以其优良的成绩，促进了抽水机、碾米机制造业的发展。

◇宣统年间（1909—1911），清政府曾分批派人去日本、美国、英国、法国留学。学习农科和工科。农科有50名，工科有83名。回国后经学部考试，分别授予进士和举人。

◇宣统三年（1911）元月，经清政府学部、农工商部批准，设茶务讲习所，专收茶商子弟及与茶务有关地方的学生。聘请专门教员编辑讲义，悉心讲授。学科分两级：先习普通科1年，再入本科2年。计划招生120名。经费由皖南茶税局拨付。毕业生按成绩分别授予艺师、艺士。

1913年

◇广东岭南大学创办农科。

◇常州厚生机器厂成立，开始制造戽水机。年销售不及10部，仅限于常州附近。

1914年

◇南京京陵大学创办林科。

◇张謇掌农商部，提倡棉铁政策，广设试验场，以为改良农业之张本。

1915年

◇东北有汽犁（蒸汽拖拉机）公司为人代垦。《上海时报》发表的《东三省垦荒概论》称，东三省荒地以机械力垦辟者，须先备汽犁1台，见功颇速。惟汽犁非大资本莫办，1汽机可拖7～10台犁，日耕地1垧余，价值1 000余元。

◇黑龙江省呼玛地区创办3个大的垦殖公司，资本为江洋600 000元，经营面积54 000亩。从海参崴万国农具支店购入大型拖拉机5台，25马力拖拉机

2台，打谷机3台，割草机8台，播种机8台，大型犁3台；另设有面粉加工厂1座。

1916年

◇英国和美国人在黑龙江绥滨县三间房以南至松花江附近设立的满洲开发会社，以蒸汽机2台及其他农具，经营机械化农业。

◇全国（四川、贵州、广西除外）有甲种农业学校41所，学生4982人；乙种农业学校282所，学生1150人。

1917年

◇1917—1919年，孙中山作《建国方略》。在《建国方略之二　物质建设》即《实业计划》的篇首中，孙中山提出："中国今尚用手工为生产，未入工业革命之第一步，比之欧美已临第二革命者有殊。固于中国两种革命必须同时并举，既废手工采机器，又统一而国有之。于斯际中国正需机器，以营其巨大之农业，以出其丰富之矿产，以建其无数之工厂，以扩张公共运输，以发展其公用事业。"在《实业计划》的第五计划提出："无论如何，必须用机器以辅助中国巨大之人工，以发达中国无暇之富源也。"第五计划包括：粮食工业、衣服工业、居室工业、行动工业、印刷工业等5个部分。在粮食工业中，孙中山分别论述了食物的生产、贮藏及运输、制造及保存、分配及输出。在食物之生产中，孙中山提出："将已耕之地依近世机器及科学方法改良，则此同面积之土地，可使其出产更多。"在行动工业中，孙中山提出："自动车为近时所发明，乃急速行动所必要。""所造之车当合于各种用途，为农用车、工用车、商用车、旅行用车、运输用车等。此一切车以大规模制造，实可较今更廉，欲用者皆可得之。""除供给廉价车之外，尚须供给廉价燃料，否则人民不能用之。故于发展自动车之后，即须开发中国所有之煤、油矿。"

◇无锡社礼地方，由地主合资购机器水车1架。其后乡人自购戽水机和碾米机3架，代农民戽水、碾米，收取租金。

◇6月，中华农学会在南京成立，总干事陈嵘。发起人为过探先、王舜成、陈嵘、唐昌治等。他们都是设立于南京的江苏省立第一农业学校和设立于苏州的江苏省立第二农业学校的教师。开始时会员只有50人左右，至1919

年，会员增至20 000余人，分布于14个省。1922年迁苏州，1923年迁上海，1937年迁重庆，1946年返回南京。除不定期举行学术报告外，每年还举行年会。

◇9月，各省设实业厅，直属于农商部。

◇秋，留学日本的中国学农的学生，在日本成立中华殖产协会。后归并于中华农学会。

◇在南京成立中华林学会，曾编辑出版《森林季刊》，后停止活动。1928年又重新成立。1937年迁重庆，有会员500人。

◇农商部颁行市镇乡农业渔牧调查报告规划。

◇中华农学会筹设农学研究所，为国内研究农学的开端。

1918年

◇中华农学会创办《中华农学会丛刊》（一度改名为《中华农林会报》、《中华农学会报》），至1947年停刊，共出185期。副刊有《中华农学会通讯》，至1948年1月，共出82期。

◇全国进口的机器价值（银，海关两）为：农业机械164 188，纺织机械1 650 074，酿造机械19 552。

◇天津实业家吴玉堂、李杰三等创办江苏实业公司。

1919年

◇日本人在凤凰城、本溪湖、奉天、长春等地，从事大农业经营，使用动力机械灌溉。在津文井农场、原口农场、西官农场等，使用石油发动机，有的农场使用瓦斯发动机。

◇全国进口的机器价值（银，海关两）为：农业机械53 022，纺织机械3 744 011，酿造机械3 271。

◇无锡工艺传习所改为工艺机器厂，制造农家应用器具以及大口径离心式抽水机、柴油机等。后感求过于供，于是有资者相继设厂达20多家。至民国16～17年（1927—1928），各省采办机器者接踵而至。此时无锡机器厂的总数已达100多家。民国19年（1930），因小机器厂产品质量欠佳，兼之江苏省各地机器业亦应时而起，无锡机器营业渐渐低落。至1934年仅存40多家。

1920年

◇朱启钤、周学熙创办开源垦殖公司，在今天津汉沽区后勾楼沽村设茶淀分厂，建蒸汽机抽水站3座，计有蒸汽机6台、水泵14台、水车60部。

1921年

◇1月19日梁启超在《复张东荪书论社会主义运动》中说："且在今日之世界，农业亦断不能离工商业而单独存在，则问题归宿到工商业。"

◇全国进口的机器价值（银，海关两）为：农业机械2 192 404，纺织机械26 723 011，酿造机械644 973。

◇江西民生工厂开业。该厂由铁工厂改组而成，附带制造农具。所产农具有4英寸和6英寸离心式抽水机、碾米机、砻谷机、筛米机、打谷机、剪草机以及各种新式锄犁耙铲等。

◇东南大学农科开始研究改良农具，并先后研制成棉花条播机、五齿中耕机、棉田耙（株间中耕器），在各地应用较广，是我国最早从事棉作专用农具改良工作的机构，成绩卓著。

1922年

◇春，南京市国立中央大学农具制造所成立。开办费6 000元，经常费300元。制造农具有多种犁耙、中耕器、播种器、发芽器、轧花机及其他一些小型农具。其中犁、中耕机、棉花播种机的销量最大。

◇江苏裕华垦殖公司购进200马力的扬水机及全套灌溉设备与其他农具。

◇全国进口的机器价值（银，海关两）为：农业机械695 732，纺织机械30 484 376，酿造机械268 809。

◇上海的机器行商，沿沪宁线推销引擎抽水机。开始，问津者很少，随后在常州、无锡等地售出几台，试用之后，功效甚佳。于是机械灌溉在太湖流域流行起来，各处所用机械，农户独购或数户合购者固然不少，但多数则由灌田公司经营。有些人见机器灌溉有利可图，遂集资组成公司，专以包灌稻田为业。并先与农户接洽，取得预付定金，然后采办机械，从事灌溉，至第二年即可收回机器成本。

1923年

◇全国进口的机器价值（银，海关两）为：农业机械1 474 349，纺织机械12 316 486，酿造机械103 188。

1924年

◇孙中山在广州作《民生主义第三讲：吃饭问题》的演讲，提出："农民问题真是完全解决，是要'耕者有其田'，那才算是我们对于农民问题的最终结果。"接着，他说："我们对于农业生产，除了上说之农民解放问题以外，还有七个增加生产的方法要研究。第一是机器问题，第二是肥料问题，第三是换种问题，第四是除害问题，第五是制造问题，第六是运送问题，第七是防灾问题。" 孙中山说："第一个方法就是机器问题。中国几千年来耕田都是用人工，没有用过机器。如果用机器来耕田，生产上至少可以多加一倍，费用可减轻十倍或百倍。向来用人工生产，可以养四万万人，若是用机器生产，便可养八万万人。"讲到肥料问题时，孙中山谈到化肥，即"用化学方法来制造肥料"。并提到"利用机器，更用电力制造肥料"。他讲的换种问题，是交换种子，防止退化。他讲除害问题，谈到"一是植物的害，一是动物的害"，即病虫害和植物保护问题。他讲制造问题，是农产品收获后的制作、贮存，即农产品加工问题。他讲运送问题，是用轮船、火车、自动车（即现在的汽车）代替肩挑，运输农产品。他讲防灾问题，谈到"防止水灾与旱灾的根本方法，都是要造森林，要造全国大规模的森林。至于水旱两灾的治标方法，都是要用机器来抽水，和建筑高堤与浚深河道"。

◇由于江浙两省连年干旱，个别农户用机器灌溉甚有成效，经营机器灌溉的组织乘机兴起，引擎水泵销路日增。1924—1925年间，美商慎昌洋行进口美国万国牌3马力内燃机和魏廷牌水泵，大量推销于沪杭线的嘉善、嘉兴等地以及沪宁线的无锡、常州一带。有的用3马力内燃机直接拖动龙骨车，一时内燃机需求大增，进口现货，供不应求。于是民族机器工业乘机仿效。民族工业的灌溉机械制造业，一时很有起色。1925—1931年，民族机器工业生产内燃机4万马力，其中用于灌溉7 000多马力，占19%左右。

◇无锡地方经营机械灌溉的商人、富农等，将内燃机装在木船上，以便流动使用，俗称“机船”。每只机船一般备有12或20马力柴油机1台，8英寸水泵1部，共需资金1 600元左右，可承包600～700亩稻田的灌溉任务。经营者资金很少，先向农户预收部分灌水费，购机器时再拖欠些贷款，有少量资金即可经营。到1931年，无锡一带约有机船200～300只，到抗战前夕，达到800多只。

◇常州戚墅堰震华电厂外线工程师沈嗣芳，同武进县定西乡乡董商定，进行电力灌溉的试验。用27马力电动机2台，5英寸抽水机2台，在该乡的蒋湾桥和吉三垛两地，灌溉农田2 000亩。是年大旱，其他地方的禾苗都干死了，唯有这两处获得丰收，其费用为每亩银1.20元。因此电力灌溉迅速扩大，3年之内，就增长至4万亩。沈嗣芳是我国农业电力灌溉的最早的提倡者和建设者。早在1919年他就在南洋公学发行的一本杂志上发表题为《电力灌田刍议》的论文，积极提倡电力灌溉。

◇上海新祥机器厂，采取几种引擎之长，设计制造成功冷进式单缸卧式柴油机。冷进式柴油机与老式冲灯柴油机相比有下列显著优点：（1）用油节省，可节省柴油20%～30%；（2）转速均匀，管理方便；（3）节约原料。冲灯式柴油机，无论开动或管理都很麻烦，需要有专门技术的工人管理。因此，在1924年以前，新祥机器厂出售发动机，常常应客户的要求，派出工人任管理发动机的工作，俗称“老轨”。自从冷进式柴油机制成后，老轨逐渐丧失作用。

◇东南大学农科制造出棉花播种器和中耕器，行销颇广。

1925年

◇“五卅”运动时期，上海洋行的工人亦举行罢工。期间，在洋行工作的南洋大学毕业生、工程师魏如等无事可作，同时受运动的影响，深感为外商洋行服务终非长久之计，随打算自行制造机器。他们从设计内燃机开始，拟定出3马力、6马力和10马力3种规格的设计方案。将图纸委托其他机器厂加工试制，不料全部失败。时逢天旱，美商慎昌洋行推销美国产的水泵，销路甚好，现货脱销。魏如等乃照样仿制成功，于是他们成立新中工程股份有限公司，招股设厂，着手制造5马力和8马力柴油机，以及离心式抽水机等，生意日兴。到1929年资本增至10万元，年产各种型号的内燃机共900马力，抽水机40台，米机30台。到1932年，共生产各种内燃机3 640马力，抽水机289台，米机196台。

◇在江苏武进各乡，有12处地方，用电力抽水机灌溉，面积达9 834.87亩。

◇各地在原绥远省临河投资经营农业者如雨后春笋。多者投资8万元，少者投资5 000元，共有10家。历8～9年，除一两家仍在苟延残喘，其余皆因亏本，停止垦荒。

◇中华铁工厂股份有限公司建立。该公司在上海南市陆家浜路，资本总额为银10万元。其制造的农机具有：3～6马力和9～50马力柴油机，出水管径分别为4／5／6／8／10英寸的离心水泵，22／24／28英寸磨面砻谷机和钢珠轴承碾米机。1930年后农村经济萧条，农机销路不畅，中华铁工厂便转产机床。

1926年

◇曾专门从事纺织机械修配业务的上海大隆机器厂，为扩大制造业务，从大连路迁往光复路。除生产纺织机械外，另辟车间，大量仿制美商慎昌洋行的3马力内燃机，并附带制造抽水机及碾米机。该厂制造内燃机有专门的工装夹具，成批生产，一次投料即达250台，不到两年就生产出3马力内燃机500台。为了推广业务，专门在厂内设立农具传习所。凡在该厂工作和代理购买产品的均可在此短期学习，学会使用、保养及简单的维修方法。大隆机器厂还设立样子间和代理处，作抽水的实地表演，以宣传内燃机水泵的优点。

◇江苏武进县各乡，用电力灌溉的有20处，灌地24 600亩。

◇苏州电器厂在许墅关一带推行电力灌溉，面积达3万多亩。浙江吴兴也有3 000亩。

◇安徽、江苏两省，机器抽水迅速推广，到1926年末，仅沪杭线就有内燃机带动的抽水机1 000台以上。

◇福州电气公司在福州东郊、西郊和南郊等7个地方安装了电力抽水机。

◇安徽芜湖本地商人组织一家普利公司，以分期付款办法从英国购买了几台机器犁。

◇全国进口的机器价值（银，海关两）为：农业机械52 540，抽水机533 594，纺织机械4 057 976，酿造机械4 401。

◇江苏丹阳吕城镇附近几个村的绅士、富农组织了一个“机器戽水公司”，垄断当地的戽水生意，要农民按田亩出钱，否则不准戽水。农民凑钱买戽水机，成立机器戽水合作社。乡绅买通了孙传芳，派人大搜所谓过激党，声言不用公司机器的人，都要重办，结果农民花掉1 000余元，戽水合作社才保留下来。

1927年

◇9月，顾复编的《农具学》出版，由商务印书馆发行，作为新学制高级农业学校教科书。该书不仅讲述了整地、播种、施肥、中耕、收获等各种农具的构造和用途，而且还比较详细地介绍了各种农用动力机，包括拖拉机的构造、原理和使用方法。

◇江苏武进县的电力灌溉面积增加到25 400亩。无锡有两处地方，用电力灌溉900亩。武进县创农社，目的在于改用机器戽水。戽水机器分柴油机和电动机两种。西北各乡多用柴油机，由各铁厂制办，农民集资购买。每马力普通售价洋80元。所用柴油机以5～20马力为多。租用时，以一季计算租金。东南各乡则多用电动机，均为戚墅堰震华电气厂制办。对此先须竖立电杆，震华厂设电杆已有120余里，合计收益面积达38 234亩。

◇民国十六至二十二年（1927—1933），经不完全调查，广西柳江有28家垦殖公司请领荒地。其中，3家已开垦完毕，每家垦荒面积各在1万亩左右。其余25家公司合并领荒153 492亩。连同已垦毕和未调查者约有800 000亩左右。规模较大的几家公司全由外县人（大概多系归国华侨）出资经营。垦民大多也来自外县，例如规模最大的无忧垦殖公司，雇佣外县长工150名，又划出6 000亩荒地代替政府收容外县等处移民200户。

1928年

◇3月，民国政府成立农矿部，掌握全国农林矿行政事务。

◇8月，中华林学会成立。次年8月发行《林学杂志》。

◇商务印书馆将制造部划出，另行成立华东机器厂。资本500 000银元，工人300多名，由工程师颜耀秋任负责人。颜耀秋自行设计一种10马力以下的小型拖拉机（装有大铁轮两只，以便越过田埂），由于没有条件，未进行试制。颜耀秋等还设计制造出4马力柴油发动机两三台。后来，商务印书馆将华东机器厂的大部分设备卖出。于是颜耀秋等又筹建上海机器厂，生产4马力柴油机，每台售价240银元。

◇江苏省创立农具制造所，设在苏州枣市街，即前省立第二工厂原址。

是年秋季筹备，翌年春正式开工。农具制造所共分5厂：铸工厂、机电厂、锻工厂、装置厂和修理厂。此外还有木模室3间。有各种动力机近90马力，大小车床20台、刨床3台、铣床2台、压力机1台、熔炉2座。1931年生产各种发动机74台，共790马力；生产抽水机、碾米机、打稻机、中耕机、玉米脱粒机402台。抽水机每台售价只有1 300～1 400银元，比进口产品便宜400～500银元。

◇无锡地方电力灌溉点增加7处，灌溉面积2 250亩。

◇沈嗣芳转任吴兴电气公司工程师，在吴兴北乡南皋桥一带试行电力灌溉。灌溉面积约3 000亩。

◇中华农学会在上海成立农学研究所，又在上海真如开办农事试验场。但为时不久，因经费不足而停办。

◇全国进口的机器价值（银，海关两）为：农业机械743 364，抽水机782 102，纺织机械4 105 157，酿造机械100 455。

1929年

◇江苏武进县电力灌溉又增加一处500亩，该县合计达42 870.87亩。从武进县定西乡开始，推广到无锡开原一带。

◇全国进口的机器价值（银，海关两）为：农业机械1 407 226，抽水机782 993，纺织机械8 931 751，制烟机械219 392。

◇10月6日，中央农业推广委员会在南京成立。成员为国民党中央党部民众运动委员会1人，实业部3～5人，教育部1～3人，内政部1～3人，其他农民团体机关若干人。委员12人，设常务委员3人，秘书主任及秘书各1人，其余为干事及书记。另聘国内专家20人为专门委员。

◇安徽省建设厅设立农业推广处，主持全省推广工作。在东流、桐城两县各设立农业推广所，介绍新农具，如玉米脱离器、改良犁、钉齿耙等。其中，车水机在一孔桥使用，成效显著。

1930年

◇全国进口的机器价值（银，海关两）为：农业机械1 489 757，抽水机1 113 245，纺织机械13 994 663，酿造机械71 441，制烟机械753 100。

◇春，上海中华职业教育社农村服务部组织中华新农具推广所后，大隆机器厂便与该所订约，将该厂生产的柴油机和水泵装在船上，使这些船游行于江苏省的昆山、常熟、无锡、苏州、青浦和南汇各县，召集民众，实地试验；广劝农民使用新式机械，以增加农业产量。

◇8月，中央模范农业推广区成立，初设办事处于江苏省江宁县第四区。1931年移设于江宁县汤山。其主要工作分四类，其中包括农业机械化的任务。

1931年

◇河北省农具改良制造厂在天津总站东种植园大街创立。秋季筹备，翌年春正式开工。筹备期每月经费500银元，开办期每月经费5 000银元，由省库拨发。全厂分机器、锻工、木工及铸造4厂，设备有电动机4台50马力，车床10台，刨床及钻床各2台，铣床1台，插床及圆锯、带锯各1台，化铜及化铁炉各2座，生产犁、锄草器等各种农具。

◇美国人何德华与美商美生洋行合作设厂，生产由颜耀秋等设计的4马力柴油机。上海每年进口小马力发动机500～600台，因此何德华一开始就以年产500台为目标，大量制造。但是由于农村购买力很低，大都销不出去。

◇全国进口的机器价值（银，海关两）为：农业机械682 198，抽水机928 120，纺织机械1 380 616，酿造机械62 040，制烟机械823 829，多由美国输入。

◇从1912年起，截至1931年，全国共建立农事实验场552个。数量以晋豫两省居首。县立者最多，占80%。总面积为64 914亩，试验面积为30 069亩。1931年收入总计为国币30.6万元。

◇民国政府农商部向美国亨利昂斯公司和万国农具公司订购一批农业机械，供政府机关及教育团体使用。

◇江苏省立农具制造所，本年内制造农具种类和数量为：25马力柴油机6台，24马力高压力柴油机8台，12马力柴油机26台，4马力柴油机34台，12英寸抽水机6台，8英寸抽水机12台，1号打稻机310台，2号打稻机26台，三齿中耕机18台，条播机2台，玉米脱粒机2台，磨红砂机1台。

◇12月，中央农业实验所成立，办公地点在南京市崔八巷。在中山陵园租地50亩，播种小麦。

1932年

◇9月，河南省农工器械制造厂（位于开封公园门街）开工。资本300 000元（国币），制造畜力双筒吸水机、手摇双筒吸水机、立式和卧式锅炉、提重高车、车床、水压榨油机、弹花机、轧花机、打包机、织布机、播种机、犁、耙和锄等。

◇河北省农具改良制造厂研制出单畜翻土锄草器、单双畜盖土播种器、玉米脱粒机、浅水灌田机。已研究尚未试验成功的有：立式和卧式柴油发动机、空气压力深水灌田机、割草搂草机和割谷机。

1933年

◇江苏省（包括上海）在1931—1933年间，共有碾米厂388家，拥有发动机454台，碾米机800台。

◇江苏省各地已采用戽水机、车水机等新式农具。

◇由伍廷飏主持开办广西垦殖水利试验区（设在柳城沙塘石碑），以机械垦荒3 000亩，建农民新村，招农民100多名。

◇广西省政府在柳州与柳城之间，建立垦殖水利试办区1个，占地2 166平方里。该区采用科学方法，改良品种和改进生产技术，以向农民示范。

◇顾复编著《农具》一书，介绍国外新式农具及农业机械，阐述它们的构造、原理和功能。该书由商务印书馆出版发行。

◇在无锡，机器戽水已占优势，畜力和人工戽水处于淘汰之中。根据庄前、孙巷两村1929年和1933年统计，大致可看出转变趋向：机器戽水、畜力戽水和人工戽水所占百分比，1929年分别为73%、5%和22%，1933年分别为76%、4%和20%。

1934年

◇日本满铁会社在东北成立天杨机械农场。伪满开拓会社成立宁年机械农场。

◇我国进口的农业机械主要来自美国，由上海慎昌洋行贩卖。这些农机具包括：发动机：3/4/6/9马力柴油发动机；播种机：五行种谷机、种棉机、玉米条播机和圆盘式播种机；耕锄机具：丁字形犁、中分犁、斜形耕犁、麦地耕犁、机器牵引犁、钉齿耙、弹簧齿耙、圆盘式机器耙、碎土机、锄地机、压地机、压地滚子机和中耕机；施肥机具：单马施肥机；收割机具：割谷机、打谷机、玉米采收机、收草机、马铃薯掘取机、干草收集机、玉米割捆机；吸水及喷雾机具：排水量200～2 000加仑/分钟的灌田机和喷雾机；加工机具：轧米机、五谷钢磨、玉米脱粒机、榨糖机和磨粉机。

◇湖北省金水农场成立，并从美国进口拖拉机15台及犁、耙、播种机、中耕机、割草机、搂草机、脱粒机和排灌机具等。

1935年

◇陈果夫、陈立夫控制中国农民银行，直接举办农业企业公司、肥料公司、农具公司、农业机械公司、农业保险公司和中国林木公司；与各省合办的有新疆林垦公司、广西水利垦殖公司、浙江林垦公司和福建林垦公司等。他们操纵了全国的农业金融。

◇苏州农具厂有工人120个，制造4马力煤油机、12和16马力柴油机，以及水泵、碾米机、新式步犁、中耕机、条播机、打稻机、掘稻根铲和桑剪等农机具。

◇吴福桢在南京中央农业试验所建立我国第一个喷雾器研究室，制成手工压缩喷雾器。

◇金陵大学农学系成立农具组招收辅修学生。1937年抗日战争爆发时终止。有毕业生3人。

◇全国稻麦改进所成立后，即向国内外采购各种式样规格的稻米调制机械，包括砻谷机、碾米机、筛谷机、筛米机、刷米机、包装机等数十种，分别进行试验研究，最后鉴定选择一批适合我国国情的稻米加工机械。此项成果原拟一面仿造、推广，一面继续研究改良，后因抗日战争爆发，研究工作被迫中断。

1936年

◇浙江机械碾米厂多兼营副业，如王店机米厂在夏季常将发动机租予农民戽水。

◇据中央统计处调查，1927—1933年电力戽水面积：1927年4 174亩，1928年42 885亩，1929年38 885亩，1930年49 034亩，1931年45 906亩，1932年45 796亩，1933年46 174亩。

◇中华新农具推广所积极推广打谷机等新农具，但效果不佳。使用打谷机必须有宽大的空场，否则谷粒四溢，损失很大，农民没有这种空场。打谷机至少要3个人同时工作，大多数农民无此人力。

1937年

◇8月，毛泽东在《矛盾论》一文中指出："不同质的矛盾，只有用不同质的方法才能解决。……在社会主义社会中工人阶级和农民阶级的矛盾，用农业集体化和农业机械化的方法去解决。"

◇1927—1937年全国进口的农业机器价值（银，海关两）为：1927年665 976，1928年743 364，1929年1 407 226，1930年1 489 754，1931年682 198，1932年58 840，1933年19 104，1934年9 443，1935年31 797，1936年73 444，1937年13 791（说明：1933—1937年原为"国币"元，按1海关两=1.558元换算为海关两）。

1938年

◇为推广七七棉纺机，开办纺织训练所，次年全国发展到60余所，广泛分布于四川、西康、广西、河南、湖南、湖北、浙江、陕西8省，1938年共推广七七棉纺机2万余架。1940年增至5万余架。1941年进一步推广到13个省共6万余架，共生产棉纱2 700余万斤。

1939年

◇陕甘宁边区农机厂在延安温家沟建立，制造犁铧、锄头、畜力水车和弹花机等。

1940年

◇华北农学会在北平（今北京）成立，事务所设立于北京大学农学院内。该会出版《华北农业》杂志，刊载华北地区的农业试验研究和调查报告等论文。

◇日伪合办垦殖公司，圈定冀东沿海地区的土地达7万顷之多。

◇在40年代初，金陵大学培养出农业工程硕士研究生2名。2名研究生都提出学位论文。他们是我国农业机械方面的第一批硕士学位研究生。

◇民国政府农林部在重庆江北良心桥设立病虫药械实验工厂，生产人力单管双管喷雾器。

1941年

◇在东北，使用拖拉机397台，总功率8 940马力，1942年机耕面积7 769公顷，占东北耕地面积的0.04%。在原兴安省，使用拖拉机92台，总功率2 397马力，耕地面积21 687公顷，占兴安省耕地面积的1.3%。

1943年

◇中国农业机械特种股份有限公司在重庆建立，提出以“制造推行新式农具，达成农业机械化，农村工业化”为宗旨。

1944年

◇1月，农林部与中国农民银行共同设立中国农业机械特种股份有限公司，不以牟利为目的，殊足称道。该公司为谋大规模制造农具，规定在中心地点设总厂，各省设18个分厂，全国各地设小铁工厂3 000处以利实施。

◇6月，邹秉文以其任联合国粮农组织（FAO）副主席和中国农林部驻美国代表的身份，莅临美国农业工程师学会年会，发表《中国需要农业工程》的演说。他说：“中国人口众多，尤其是农村人口占到全国人口的80%以上，每平方英里耕地面积要负担900至1 900人，有些地方甚至达到4 000人，结果便形成了小农。一般农户的耕地面积仅4英亩，所创造的收入不足维持农民及其家属的正常生活。”“由于这个明显的原因，提高农民生活水平的第一步工作，就是必须扩大农户的生产规模。我们希望看到中国农民把耕地面积扩大10倍，从4英亩扩大到40英亩。”“但中国农民已有的农具不适应扩大耕地面积的要求，中国需要一批有创造力的农业工程师来改进所有的手工和畜力农具，并制造拖拉机，以特别满足东北、华北以及西北广大平原地区的需要。在农民个人买不起这些设备的地方，农民应当组成合作社，联合起来购买和使用这些设备和机械。”

◇夏，民国政府农林部邹秉文与美国万国农具公司商定，进行技术人员交流。

◇金陵大学农学院和中国农业机械特种股份有限公司就农具改良、人才培养和农业机械化调查研究等问题进行协商，并签订协议。协议规定，金陵大学农学院将其十几年来关于农业机械方面的研究成果和资料，以及合作期间的新发现供公司使用，并派技术人员到公司从事研究工作，开办训练班，为公司培养人才；而公司则提供经费补助。

◇中国农具学会在重庆成立。

◇中国农业机械特种股份有限公司制定出业务大纲草案。草案规定，公司以制造推行建设农村所需要的各种新式器械为宗旨。草案规定战时业务计划和战后业务计划：战时的业务工作主要是做好调查研究和设计筹备，并尽量利用现有设备制造小型动力机和简单的农业机械，年产值以1亿元（国币）为度。战后的业务工作主要是适应大建设的需要，扩大组织，增加产量，借资本1 000万美元购置最新设备，建立动力机械制造厂、农具制造厂、机船制造厂、农村工业制造厂和工作母机制造厂等，另外还要建立工程试验所。

◇金陵大学组织教师对中国农具的现状和改进问题进行调查，写出了调查报告。调查报告包括：绪言、农具改进之重要性、农具研究之范围、农业概况、农具种类、农具制造与修理、农具投资、农具使用、农具储藏、农具改进的可能性。

◇金陵大学农学院写出《我国农业机械化方案》和《农村工业化方案》两个文件，并寄给中国农业机械特种股份有限公司。

1945年

◇2月，中国农业机械特种股份有限公司致电金陵大学农学院校长，要求林查理顾问在美休假回国之后，继续给农机公司作技术指导。

◇民国政府农林部将中国农业机械特种股份有限公司改组为中国农业机械公司，与联合国善后救济总署挂钩。

◇中国农业机械公司代表政府向联合国善后救济总署申请补助翻砂机及车床等各种机器。所有机器价值达500万美元，材料价值约200万美元。

◇民国政府成立行政院善后救济总署，下设机械农垦复员物资管理处，处长马保之。其任务是负责补充和恢复战时损失的农具，示范和推广新式农业机械，垦复战时荒废的土地，实际上就是分配联合国救济总署给我国的一些救济物资。这个管理处在日本侵占过的地方（包括台湾在内）设立14个分处，在上海设立装修供应站；同时，在各地建立面积为28万亩的示范农场和45个拖拉机复耕工作队，从事复兴农业的工作。

◇中央大学招收第一届农机专业的学生，学制为四年。

◇清华大学派机械工程专家刘仙洲赴美国考察。他回国后讲授农业机械课程。清华大学建立农业动力系。

◇美国万国农具公司向民国政府教育部提供20名留美农业机械研究生的奖学金。1948年，这批留学生大部分获得硕士学位，回国工作。其中有吴湘淦、吴起亚、李翰如、余友泰、崔引安、蔡传翰、张季高、何宪章、方正三、徐明光、陶鼎来、曾德超、王万钧、水新元、吴克騆、陈绳祖、高良润、张德骏、李克佐、徐佩综。

◇民国政府农林部选派留学生，赴美国学习农业技术，共派人员168名，其中农业机械专业7人，有胡桓、李宜璋、马逢周、柳克令、万鹤群、沈应勤等。

◇1945年后，各省筹备省农业机械公司。到1947年，山西、广西、察绥、山东、河南、湖北、江西等省分署向农林部呈报农机公司确定的地址和筹备情况。山西农业机械公司由徐士瑛筹备地址，张葬鼎负责机器运输。广西农机公司设在柳州华斗湾，察绥农机公司在张家口，山东农机公司设在济南，河南农机公司设在郑州西北郊海棠寺附近，湖北农机公司设在汉口，江西农机公司设在南昌市东北郊。

1946年

◇2月，在解放区，中共中央发出《关于改进农业技术，增加农产品的指示》，明确提出改进农具，兴修水利，增施肥料，改良种子、土壤等重要措施。

◇12月，中国农业机械公司制定各省区设立分厂和铁工铺的计划，规定公司除在上海设总厂外，并准备在江苏、河南等省设18个分厂和3 000个小型铁工铺，借此建立起全国性的修配网。但是，由于联合国善后救济总署运到中国的设备多为战后剩余物资，不适合制造农业机械，这个计划只实现了一小部分。

◇联合国善后救济总署从1945年到1946年7月运到中国的农业机械有：拖拉机2 049台，各种附属农具8 705台，各种水泵 9 100台（其中305台带动力），柴油发动机2 178台。

1947年

◇按邹秉文与美国万国农具公司的协议，民国政府农林部接受该公司3月份派来的美国农业机械专家、教授组成的4人小组及所赠送的农机具设备。4人小组组长载维生、组员马改来在南京的中央农业实验所，组员史东在中央大学，组员汉生在金陵大学，协助开展农业机械的研究和教育工作。

◇7月17日，中国农业机械公司召开第四次技术委员会会议。讨论的主要问题有：战后灾区农业机械复兴计划，中国农业机械化方案，中国农村副业复兴计划，高地灌溉应用机械的配置和设计，小型高地机械灌溉研究等。此外会议还草拟了推行农业机械化初步方案的审议案，以及为推行小型高地灌溉向中国农业银行申请48 000万元贷款的讨论案。

◇8月，中央大学农学院在农业机械组的基础上正式成立农业工程系。与此同时，金陵大学迁回南京后，也成立了农业工程组，随后又成立农业工程专修科。

◇11月，在解放区，中共中央发出《关于组织农业委员会，研究提高农业生产办法指导各地》给董必武的指示。

◇12月，国营通北机械化农场开始筹备，第二年开始生产。

◇东北解放区从苏联引进一批拖拉机和农业机具，开始建立国营机械化农场。最先建立的是原合江省的华川水利农场，这个农场采用公私合营的形式，即国营农场提供土地、房屋和农业机械等，吸收附近农民做临时工和合同工。此后这类农场越办越多，到1949年秋已发展到16个国营机械化农场。

◇联合国善后救济总署和民国政府行政院善后救济总署同时结束工作。

◇年末，民国政府农林部所属农具制造工厂仅有从重庆迁回的上海病虫药械厂、东北病虫药制造实验厂、东北农具制造实验厂和无锡农具制造实验厂。

1948年

◇3月，上海吴淞厂试制5马力汽油机。

◇5月，解放区创办冀衡农场，美国友人韩丁任技师。农场有福特拖拉机25台，还有双铧犁、圆盘耙、播种机和中耕机等。

◇7月25日，新华社发表《把解放区的农业生产提高一步》社论提出："第二个方面，就是要在现有的基础上提高农业生产技术。这是提高农业生产力的必要条件。各地经验证明：由于改良农具，或改良耕作法，或采用好的品种，或变旱地为水地等等，往往使同一土地的产量增加一倍乃至两三倍不等。过去由于封建束缚没有彻底解除，农民很少兴趣也很少可能从事技术改良；现在是有这个兴趣也有这种可能了，因此得以在更广泛的范围内普遍开展改良农业技术的运动。一切农村组织与农村工作者，应将领导与组织这一运动当作重要与经常的任务。应当采取各种有效办法，保护与增殖耕畜，并提倡养羊养猪，积肥沤粪；应当提倡和奖励改良农具，改良耕作法，选择品种，防除虫害，改良土质，兴修水利等，有益于发展农业生产的措施"。"一切解放区，不论已否完成土地改革的地区，均必须指导农村人民种好麦地，在冬季号召一切农村人民多多积肥，修理与添置农具，为1949年的大生产运动作好一切准备工作。为了做好这一切工作，政府的农业部门对于生产工具的制造与分配，牲畜的购买繁殖，大小水利的计划与举办，优良品种的选择与推广等，应该首先做好。"

◇民国政府行政院善后救济总署结束工作后，成立了善后保管委员会。该委员会农垦处在湖北、湖南、江西、广东、广西、绥远6省建立14个示范农场。一年内共用机械耕地20多万亩，耙地7.4万亩，种植2.2万亩，脱粒1.7万亩，灌溉排水5万多亩。

◇中国柴油机公司在上海市茂名南路成立，主要任务是出售美国通用及赫立特公司的柴油机，下设营业部、修理部和农村服务部。

◇江苏省常州、奔牛、万塔等地进行柴油机抽水示范。

◇江苏常州举办柴油机和农业机械使用、管理训练班，第一批学员44人，第二批学员66人。学员是由购置柴油机的农业机构保送来的，学完后仍回原单位。

◇华北大学成立，在农学院内设立农业机械系，并于同年正式招生。

◇晋察冀边区政府，通过发放水利贷款，组织专业干部，成立了专门恢复和发展水车水井事业的机构——水利推进社。水利推进社以相当于2 592

万斤小米的资金，经过一年的努力，取得了显著成绩：首先，推广新式水车13 046部（1948年为1 164部、1949年为11 882部），打新井79 488眼；其次，修理旧井31 768眼，修理旧水车21 470部；第三，保证了专款专用与按期回收；第四，组织起13 000个以水车为中心的生产互助组，不但在使用水车上互助，而且在人力、畜力和其他农具使用上也实行互助；第五，组织恢复与扶植公营和私营的制造水车工厂385个。推广使用的新式水车计有熟铁大八卦式水车、管式牙轮水车、管式五轮水车、管式轻三轮水车、管式牙轮标准水车、管式大三轮水车、斗式八卦式水车和解放式水车等10余种。

◇12月22日，刘少奇在《新中国经济的性质与经济建设方针》中指出："今天我们对农业合作社不能有过高的要求，只有在有了农业机器时，生产合作社才可能发展和巩固。目前在变工队问题上有'左'的倾向，过高的要求，以致有些群众组织起来了，也不敢向干部报告，怕我们干部去巩固扩大，'助之长者，揠苗者也'。" "五六十人的手工业生产合作社不可能维持下去，特别是没有机器的合作社，如果一定要办这样的合作社，则除非有热情的社会主义者领导，如欧文办过这样的合作社，但他死了便垮了。只有有机器，又有无产阶级的国家帮助才有可能。现在如有欧文一类的社会主义者，可以搞，而现在还没有那么多的好干部去搞那样的大合作社。当然，有些小工业合作社也可以搞，但要有国家的帮助，要靠国营商业的帮助。"

1949年

◇4月，华北农业机械总厂在北京东郊建立。随后，沈阳、西安等地也相继设立农业机械厂。

◇6月，东北人民政府农林部在哈尔滨新香坊区设立拖拉机技工学校。

◇6月，中国农业机械公司南京分厂，邀请金陵大学农学院各部门专家，研究农具改良、生产、提高及业务推广等问题。

◇6月，刘少奇在《关于新中国的经济建设方针》中指出："只有在经过长期积累资金、建设国家工业的过程之后，在各方面有了准备之后，才能向城市资产阶级举行第一个社会主义的进攻，把私人大企业及一部分中等企业收归国家经营。只有在重工业大大发展并能生产大批农业机器之后，才能在乡村中向富农经济实行社会主义的进攻，实行农业集体化。"

◇7月23日，周恩来在全国工会工作会议《恢复生产，建设中国》的讲话中说，钢铁工业、机械工业"还要增产农业工具，如水车等，使农村得到发展。"

◇7月27日，经过毛泽东审阅、新华社发表《关于农业社会主义的回答》一文指出："没有工业的大量发展，没有大量的成千成万的农业机器供给农民使用，并使农民有可能团结于集体农场之中，而要实行社会主义的农业，那只能是反动的幻想。"

◇9月29日，中国人民政治协商会议第一届全体会议通过《中国人民政治协商会议共同纲领》。共同纲领指出：人民政府应根据国家计划和人民生活的需要，争取于短时期内恢复并超过战前粮食、工业原料和外销物资的生产水平，应注意兴修水利，防洪防旱，恢复和发展畜力，增加肥料，改良农具和种子，防止病虫害，救济灾荒，并有计划地移民开垦。

附录二 1949—2009年农业机械化统计资料（一）

年份	农业机械总动力/万千瓦	拖拉机/万台	联合收割机/万台	机耕水平/%	机播水平/%	机收水平/%	农业耕种收综合机械化水平/%
1949	8.10	0.01					
1950	10.00	0.04	0.01				
1951	13.80	0.04	0.02				
1952	18.40	0.06	0.03	0.10			
1953	30.90	0.16	0.04	0.10			
1954	39.70	0.29	0.06	0.20			
1955	52.90	0.48	0.09	0.40			
1956	93.40	1.13	0.15	1.40			
1957	121.40	1.47	0.18	2.40			
1958	255.90	2.64	0.35	3.30			
1959	406.60	3.33	0.49	5.80			
1960	591.20	4.55	0.59	6.80			
1961	669.90	5.22	0.62	7.90			
1962	757.00	5.59	0.59	8.10			
1963		6.02	0.60	10.30			
1964		6.72	0.62	12.30			
1965	1098.80	7.66	0.67	15.00			
1966							
1967							
1968							
1969							
1970	2165.30	20.38	0.80	18.00			

附录二　1949—2009年农业机械化统计资料（二）

年份	农业机械总动力/万千瓦	拖拉机/万台	联合收割机/万台	机耕水平/%	机播水平/%	机收水平/%	农业耕种收综合机械化水平/%
1971		28.37	0.87	20.60			
1972		39.77	0.94	21.80			
1973	4782.90	53.63	0.92	26.40	3.70	1.40	11.59
1974	5930.30	70.19	1.09	28.50	4.20	1.40	13.08
1975	7478.60	94.31	1.26	33.30	5.20	1.50	15.33
1976	8629.60	122.20	1.42	35.10	6.80	1.70	16.59
1977	10261.70	155.80	1.57	38.70	7.30	1.80	18.21
1978	11749.90	193.04	1.90	40.90	8.90	2.10	19.66
1979	13379.50	233.78	2.30	42.40	10.40	2.60	20.86
1980	14745.70	261.89	2.70	42.40	10.90	3.10	21.16
1981	15680.10	281.50	3.13	38.40	9.70	2.70	19.08
1982	16614.20	309.94	3.39	37.70	9.40	3.20	18.16
1983	18021.90	359.08	3.57	39.60	8.80	3.20	19.44
1984	19497.20	415.19	3.59	39.10	8.60	3.30	19.21
1985	20912.50	467.64	3.46	38.93	9.43	3.55	19.47
1986	22950.00	539.25	3.09	40.85	9.12	3.41	20.10
1987	24836.00	618.10	3.38	43.63	10.80	4.49	22.04
1988	26575.00	682.82	3.50	46.69	11.66	5.37	23.79
1989	28067.00	739.12	3.66	48.13	12.96	5.95	24.93
1990	28707.70	779.45	3.87	51.00	15.00	7.00	27.00
1991	29388.60	808.85	4.40	52.45	16.47	7.78	28.26
1992	30308.40	826.59	5.11	53.75	17.72	9.10	29.55
1993	31816.60	860.46	5.63	54.50	18.13	9.73	30.16
1994	33802.50	892.98	6.39	55.27	18.97	10.48	30.94

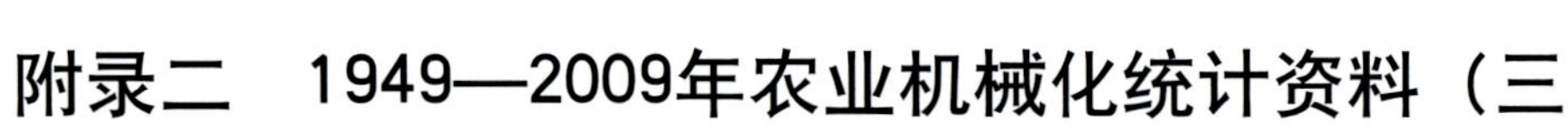

附录二　1949—2009年农业机械化统计资料（三）

年份	农业机械总动力/万千瓦	拖拉机/万台	联合收割机/万台	机耕水平/%	机播水平/%	机收水平/%	农业耕种收综合机械化水平/%
1995	36118.10	931.82	7.34	56.32	20.04	11.15	31.89
1996	38546.90	986.00	9.64	57.81	21.38	12.03	33.15
1997	42015.60	1117.39	14.13	60.66	22.60	13.87	35.21
1998	45207.70	1194.58	18.26	63.06	24.67	15.07	37.15
1999	48996.10	1278.67	22.60	65.02	25.59	16.29	38.57
2000	52573.60	1361.82	26.26	47.75	25.75	18.26	32.30
2001	55172.10	1388.07	28.29	47.41	26.06	17.99	32.18
2002	57929.90	1430.56	31.01	47.13	26.64	18.30	32.33
2003	60386.50	1475.76	36.50	46.87	26.71	19.02	32.47
2004	64027.90	1566.79	41.05	48.90	28.84	20.36	34.32
2005	68397.80	1666.49	47.70	50.15	30.26	22.63	35.93
2006	72635.96	1728.34	56.78	55.39	32.00	25.11	39.29
2007	76878.65	1834.31	63.24	58.89	34.43	28.62	42.47
2008	82190.41	2021.91	74.35	62.92	37.74	31.19	45.85
2009							

注：（1）1949—1977年数据来源为《国内外农业机械化统计资料（1949—2004）》，中国农业科技出版社，2006；

（2）1949年，拖拉机为117台，联合收割机为13台；

（3）1973—1977年农业耕种收综合机械化水平为通过加权法（即计算综合水平时机耕水平的权重为0.4，机播水平、机收水平的权重各为0.3）计算所得；

（4）1978—2007年数据来源为《中国农业机械化改革发展三十年》，中国农业出版社，2008；

（5）2008年数据来源为《2009年中国农业机械化年鉴》。

附录三　国务院部属农业机械化管理机构简表（1949—2009）（一）

任职时间	机构名称	上级主管机关	机构设置	负责人
1950.3	农业器械局	农业部	办公室、经营科、推广科、研究室	局　长 王承周 副局长 潘开茨 孙景鲁
1951.1	农具处	农业部农政司		处　长 王大明
1953.1	农业机械局	农业部	办公室、拖拉机站管理处、计划财务处、农具处	局　长 张子敬 副局长 耿光波 李子良
1954.10	农业机械管理总局	农业部		局　长 李菁玉 副局长 耿光波 张子敬 李子良
1956	农业机械管理局	农业部	办公室、生产处、农具处、科技处、计划处、供应处	局　长 李菁玉 副局长 张子敬 张　宾
1958	农业机械管理局	农业部	办公室、管理处、工具改革办公室、技术处、计财处	局　长 李菁玉 副局长 解荫杞 高志学
1960	农业机械管理局	农业部	办公室、管理处、技术处、计划处、供应处	局　长 高志学 副局长 郑　扶 王大明
1962	农业机械管理局	农业部	办公室、管理处、计划处、技术处、供应处、修配处	局　长 高志学 副局长 崔传云 郑　扶
1965.1	农业机械化管理局	第八机械工业部	办公室、管理处、半机械化处、计划处、修配处、财务处	局　长 项　南 高志学 副局长 姬　增 崔传云 郑　扶
1967.7	科技农业机械化组	第八机械工业部		组　长 王玉国 副组长 程　才
1970.7	农业机械化组	第一机械工业部		组　长 项　南 郗立铭 副组长 郭栋才

附录三 国务院部属农业机械化管理机构简表（1949—2009）（二）

任职时间	机构名称	上级主管机关	机构设置	负责人
1973.1	农业机械化局	农林部	办公室、管理处、规划处、技术处、修配处、培训处、供应处、经营处、牧机处	局长 梁双璧 副局长 焦克 张庆海 路砚农 王安谷 宋树友 张承华
1979.3	农业机械化管理局	农业机械部	办公室、管理处、规划处、技术处、培训处	局长 杨震 副局长 路砚农 唐振华 崔传云 宋树友 李品峰
1982.7	农业机械化管理局	农牧渔业部	办公室、管理处、培训处、技术处、规划处、修理处、事业管理处	局长 郭韧 副局长 杜郁哉 宋树友
1984.9	农业机械化管理局	农牧渔业部	办公室、管理处、计财处、修理处、培训处、科技处、监理处	局长 宋树友 副局长 杜郁哉 王馥 徐文兰 总工程师 胡南强
1988.4	农业机械化管理司	农业部	办公室、经营管理处、综合处、修理处、教育处、科技处、监理处	司长 宋树友 副司长 王馥 徐文兰 张承华 李昶杰 焦刚 总工程师 胡南强
1994.7	农业机械化管理司	农业部	办公室、计财处、管理处、安全监理处、培训处、科技处、调研处、企业指导处	司长 徐文兰 副司长 李昶杰 焦刚
1996.1	农业机械化管理司	农业部	设办公室、计财处、管理处、监理处、教育外经处、科技处、政策法规处、企业指导处	司长 魏克佳 副司长 李昶杰 焦刚 助理巡视员 张惠文 党委副书记 国彩同

附录三　国务院部属农业机械化管理机构简表（1949—2009）（三）

任职时间	机构名称	上级主管机关	机构设置	负责人
1998.7	农业机械化管理司	农业部	综合处、产业发展处、监督管理处、科教质量处	司　长 魏克佳 副司长 黄明洲 郭建辉 助理巡视员 屠嘉琪
1999.1	农业机械化管理司	农业部	综合处、产业发展处、监督管理处、科教质量处	司　长 牛　盾 副司长 黄明洲 郭建辉 刘　敏 巡视员 屠嘉琪
2000.11	农业机械化管理司	农业部	综合处、产业发展处、监督管理处、科教质量处	司　长 王智才 副司长 黄明洲 刘　敏 刘恒新 张天佐 巡视员 马世青 副巡视员 胡乐鸣
2006.11	农业机械化管理司	农业部	综合处、产业发展处、监督管理处、科教质量处	司　长 宗锦耀 副司长 张天佐 刘恒新 刘　宪 巡视员 马世青

注：（1）任职时间的划分以机构名称的改变、机构改革和正职的变动为准；
（2）副职为曾在此期间任过职。

附录四　国务院部属农业机械工业管理机构简表（1949—2009）（一）

任职时间	机构名称	上级主管机关	机构设置	负责人
1959	农机具生产管理局	农业机械部		
1965. 1	农机具生产管理局	第八机械工业部		
1966.9	生产办公室	第八机械工业部 生产建设指挥部		
1970	农机组	第一机械工业部		
1971	农业机械局	第一机械工业部		局　长：项　南 副局长：郄立铭 翟乃文 刘庆阁 郭栋材
1979.3	生产局	农业机械部		
1982.5	农业机械总局	机械工业部		局　长：李　本 总工程师：鹿中民
1986.12	农业机械局	国家机械工业委员会	办公室、规划处、生产处、科技处、调研处、工程机械处、内燃机处	局　长：鹿中民 副局长：李庚新 杨红旗 总工程师：刘洪林
1988.4	工程农机司	机械电子工业部	办公室、规划处、生产处、科技处、调研处、工程机械处、内燃机处	司　长：鹿中民 副司长：杨红旗 李庚新 总工程师：刘洪林

附录四　国务院部属农业机械工业管理机构简表（1949—2009）（二）

任职时间	机构名称	上级主管机关	机构设置	负责人
1991.5	工程农机司	机械电子工业部		司　长：郝贵明 副司长：杨红旗 李庚新 高　鹢 总工程师：刘洪林 （正司级）
1993.8	农业装备司	机械电子工业部	办公室、农机处、内燃机处、工程机械处	司　长：郝贵明 副司长：杨红旗 高　鹢 总工程师：刘洪林 助理巡视员：倪宏杰
1996.6	农业装备司	机械电子工业部	办公室、农机处、内燃机处、工程机械处	司　长：高元恩 副司长：高　鹢 助理巡视员：倪宏杰 助理巡视员：李金生
1998.3		国家机械工业局		
2001.2		国家经济贸易委员会		
2008.3		工业和信息化部		

后　记

HOU JI

新中国成立60年来，农业机械化对我国的经济发展和社会进步起了巨大的推动作用，它的不平凡历程和丰硕成就值得载入史册。宋树友同志提议编写《中国农业机械化大事记》，立即得到农业部农业机械化管理司、中国农业机械化科学研究院、中国农业大学和农业部农业机械试验鉴定总站等单位的领导、专家、学者的赞同和支持。

我们为农业机械化事业共同奋斗几十年，有着为后人留点可借鉴史料的强烈心愿，凝聚在一起，共同努力，编写出了《中国农业机械化大事记（1949—2009）》。本书以大事记形式，将新中国成立以来在农业机械化事业的发展中发生的重大事件、取得的重大成就记录下来，使新中国60年的农业机械化历程，有一个清晰的脉络，对人们系统了解和研究这段历史具有一定的参考价值。

为了更好地完成编写工作，组成了编委会，筹划组织编写工作。一年来，编委会做了三件事：一是确定了编写大纲，明确《中国农业机械化大事记》的收录范围和原则；二是广泛搜集资料，认真阅读文献进行编写；三是多方筹集出版经费。

《中国农业机械化大事记》的范围：党中央、国务院的有关会议和文件，党和国家领导人的有关活动和论述，部、委的有关会议和文件，部、委领导人的有关活动和论述，农业机械化的主管司局的重要会议和活动，重要媒体的重要报道，企事业单位、社会组织的有较大影响的活动及成果，对农业机械化和社会有着重要影响的人物和事件等。

《中国农业机械化大事记》中的计量单位：为了历史史料的真实性，本书中有关计量单位仍然按照当时的原样没有更改为法定计量单位，如亩（1亩=1/15公顷）、斤（1斤=0.5千克）、马力（1马力=0.735千瓦）等。

编写完成《中国农业机械化大事记》初稿后，多次召开编委会会议审定并征求意见，根据大家的意见进行了认真修改，核实资料，最终定稿。

本书编写的分工如下：1949—1970年由杨永才完成，1971—1987年由李维民、张帅完成，1988—1993年由王鲁燕、宫玉雯完成，1994—2000年由刘清水、姜红完成，2001—2004年由杨宝玲、任静瑞完成，2005—2009年由杨宝玲、钟铧完成。统稿工作由宋树友、李维民、刘清水、杨宝玲、张蓝水等完成。

在编写《中国农业机械化大事记》的过程中，农业部农业机械化管理司、农业部农垦局、林业部林业机械研究所、中国农机安全报社、农业机械杂志社、黑龙江省农垦总局农机局、新疆生产建设兵团、福田雷沃国际重工股份有限公司等单位和许多热心人士提供了大量的资料和图片，农业部农业机械化管理司、农业部农业机械试验鉴定总站、中国农业机械化科学研究院、东风汽车股份有限公司特种车事业部等单位提供了资金的支持。在此，我们向关心和支持《中国农业机械化大事记（1949—2009）》编辑出版的所有单位和朋友们致以诚挚的感谢！

中国农业机械化事业走过60年，时间久远，内容广泛，许多历史事件未能全面记录下来，本书尚有遗漏和不当之处，请读者提出宝贵意见。

本书编委会

2009年12月

图书在版编目（CIP）数据

中国农业机械化大事记：1949～2009／农业部农业机械试验鉴定总站等编.—北京：中国农业出版社，2009.12
ISBN 978－7－109－14300－5

Ⅰ.中… Ⅱ.①农… Ⅲ.农业机械化－大事记－中国－1949～2009 Ⅳ.F323.3

中国版本图书馆CIP数据核字（2009）第242908号

中国农业出版社出版
（北京市朝阳区农展馆北路2号）
（邮政编码100125）
责任编辑 段丽君 李欣芳

北京中科印刷有限公司印刷 新华书店北京发行所发行
2010年4月第1版 2010年4月北京第1次印刷

开本：787mm×1092mm 1/16 印张：26.25
字数：485千字 印数：1～2 000册
定价：160.00元